								hélium He 2
			bore B 5	carbone C 6	azote N 7	oxygène O 8	fluor F 9	néon Ne 10
			aluminium Al 13	silicium Si 14	phosphore P 15	soufre S 16	chlore Cl 17	argon Ar 18
nickel Ni	cuivre Cu 29	zinc Zn 30	gallium Ga 31	germanium Ge 32	arsenic As 33	sélénium Se 34	brome Br 35	krypton Kr 36
alladium Pd	argent Ag 47	cadmium Cd 48	indium In 49	étain Sn 50	antimoine Sb 51	tellure Te 52	iode I 53	xénon Xe 54
platine Pt	or Au 79	mercure Hg 80	thallium Tl 81	plomb Pb 82	bismuth Bi 83	polonium Po 84	astate At 85	radon Rn 86

uropium Eu	gadolinium Gd 64	terbium Tb 65	dysprosium Dy 66	holmium Ho 67	erbium Er 68	thulium Tm 69	ytterbium Yb 70	lutétium Lu 71
éricium m	curium Cm 96	berkélium Bk 97	californium Cf 98	einsteinium Es 99	fermium Fm 100	mendélévium Md 101	nobélium No 102	lawrencium Lr 103

Année	Nom, Prénom de l'élève	Classe	Etat *
99.00	GALLEGO Manon	3e5	N
00.01	Saillon Emilie	3e5	B
01-02	NAVENNEC V. 32	3e4	C
02-03	François Adrien	3e4	C
03.04	Pastré Gaëtan	3e5	C

* N = Neuf, B = Bon, C = Correct, M[illegible]auvais

PHYSIQUE CHIMIE 3^{e}

Sous la direction de **Jean GRIOTIER**

Par

Jean GRIOTIER

Jean RICHER

et

Daniel CHAMBENOIS,
Professeur au collège de Trémonteix, Clermont-Ferrand.

Anne GOUBE,
Professeur au collège Stendhal, Grenoble.

Geneviève VINCENT,
Professeur au collège Chamontin, Le Teil.

Pages « Document » et « Magazine » : **Anna Hurwic**

Schémas : **Laurent Blondel**

Illustrations : **Finzo**

BELIN **8 rue Férou, 75278 Paris cedex 06**
http://www.editions-belin.com

Sommaire

ISBN 2-7011-**2465**-4

Sommaire

Programme de Physique-Chimie 3e

A. Des matériaux au quotidien

1. Quelques propriétés des matériaux

● ***Qu'est-ce qui distingue les matériaux? Comment réalise-t-on un tri sélectif?***
Distinction entre objet et matériau.
Identification des matériaux constituant un objet.
Diversité des matériaux.

● ***Qu'est-ce que le courant électrique dans un métal ou dans une solution?***
Constituants de l'atome: noyau et électrons.
Un ion est un atome ou un groupe d'atomes qui a perdu (ion positif) ou gagné (ion négatif) un ou des électrons.
Un premier modèle du courant électrique dans un métal.
Passage du courant électrique dans une solution.
Sens du déplacement des ions selon le signe de leur charge.

2. Comportement chimique de quelques matériaux

● ***Que se passe-t-il quand le fer rouille?***
Oxydation du fer dans l'air humide.
Facteurs de formation de la rouille.
L'apparition de taches de rouille correspond à une réaction chimique: l'oxydation du fer par le dioxygène de l'air.
Composition de l'air.

● ***Quel autre type d'emballage? Un exemple: l'aluminium.***
L'aluminium s'oxyde à l'air. Il se forme une couche superficielle d'oxyde imperméable qui protège l'intérieur du métal.

● ***Les métaux peuvent-ils brûler?***
Réactions exoénergétiques de métaux avec le dioxygène. Influence de l'état de division d'un métal sur sa facilité de combustion.
Conservation de la masse au cours d'une réaction chimique. Formules des oxydes ZnO, CuO, Al_2O_3 et Fe_3O_4. Équations-bilans des réactions d'oxydation du zinc, du cuivre, de l'aluminium et du fer.
Conservation des atomes.

● ***Peut-on faire brûler sans risque les matériaux d'emballage?***
Réactions de matériaux organiques avec le dioxygène.
Réactifs.
Réaction chimique.
Produits.

● ***Les matériaux réagissent-ils avec les solutions acides? avec les solutions basiques?***
Notion de pH.
Sécurité d'emploi des solutions acides ou basiques. Précautions à prendre lors des dilutions.
Réactions chimiques de certains métaux avec des solutions acides ou basiques.
Inertie chimique de certains matériaux utilisés pour l'emballage.

● ***Comment mettre en évidence les ions présents dans le milieu avant et après ces réactions?***
Formules de quelques ions.
Quelques tests de reconnaissance d'ions.

● ***Comment interpréter les réactions du zinc et du fer avec l'acide chlorhydrique?***
Équations-bilans.
Conservation des atomes et de la charge.

3. Les matériaux dans l'environnement

B. Notre environnement physique

1. Mouvement et forces

● ***Comment peut-on décrire le mouvement d'un objet?***
Observations et description du mouvement d'un objet par référence à un autre objet.
Observation de différents types de mouvement.
Trajectoire; sens du mouvement; vitesse.
Représentations graphiques relatives au mouvement de véhicules: distance parcourue en fonction du temps, vitesse en fonction du temps.
Freinage et distance de sécurité.

● ***Pourquoi le mouvement d'un objet est-il modifié? Pourquoi un objet se déforme-t-il?***
Action exercée sur un objet (par un autre objet), effets observés: modification du mouvement; déformation.
Modélisation d'actions par des forces.
Représentation d'une force localisée par un vecteur et un point d'application.
Équilibre ou non équilibre d'un objet soumis à deux forces colinéaires.

● ***Quelle relation existe-t-il entre poids et masse d'un objet?***
Relation entre poids et masse d'un objet.
g, intensité de la pesanteur (en $N.kg^{-1}$).

2. Électricité et vie quotidienne

● ***Quelle est l'influence d'une «résistance» dans un circuit électrique?***
Notion de résistance électrique.
Unité.

● ***Comment varie l'intensité dans une résistance quand on augmente la tension appliquée?***
Caractéristique d'un dipôle.
Loi d'Ohm.

● ***Tous les matériaux ont-ils les mêmes propriétés de résistance?***
Qualités conductrices des matériaux.
Fusibles.

● ***Qu'est-ce qui distingue la tension fournie par le «secteur» de celle fournie par une pile?***
Tension continue et tension variable au cours du temps.
Intensité continue et intensité variable au cours du temps.
Tension alternative périodique.
Valeurs maximum et minimum.
«Motif élémentaire».
Période T définie comme la durée du motif.

● ***Que signifient les courbes affichées par un oscilloscope?***
Signification d'un oscillogramme.
Fréquence f définie comme le nombre de motifs par seconde.
Relation $f = 1/T$.

● ***Que signifie l'indication d'un voltmètre utilisé en position «alternatif»?***
Pour une tension sinusoïdale, un voltmètre alternatif indique la valeur efficace de cette tension. Cette valeur efficace est proportionnelle à la valeur maximum.

● ***Comment est produite une tension alternative telle que celle du secteur?***
Le déplacement d'un aimant au voisinage d'un circuit conducteur permet d'obtenir une tension variable dans le temps.

● ***Comment une alimentation branchée sur le secteur peut-elle jouer le même rôle qu'une pile?***
Le transformateur ne fonctionne qu'en alternatif, sans modifier la fréquence.
Rôle et emplois d'un transformateur.
Sécurité.
Existence de dispositifs redresseurs.

● ***Quelles sont les caractéristiques des prises du secteur (à deux ou trois bornes)?***
Distinction entre le neutre et la phase.
Valeur efficace et fréquence de la tension du secteur.
Risques d'électrocution, entre la phase et le neutre et entre la phase et la terre.

● ***Comment sont constitués les circuits électriques utilisés à la maison?***
Montage en dérivation.
L'intensité dans le circuit principal d'un montage en dérivation augmente avec le nombre de récepteurs en dérivation.
Spécificité des matériaux employés dans une installation électrique.
La mise à la terre du châssis protège de certains risques électriques.

● ***Que signifie la valeur exprimée en watts (W) qui est indiquée sur chaque appareil électrique?***
La puissance (dite nominale) indiquée sur un appareil est la quantité d'énergie électrique qu'il transforme chaque seconde dans ses conditions normales d'utilisation.

● ***À quoi correspond une facture d'électricité?***
L'intensité qui parcourt un fil conducteur ne doit pas dépasser une valeur déterminée par un critère de sécurité.
L'énergie électrique transformée pendant une durée t par un appareil de puissance constante P est égale au produit $E = t \cdot P$.

3. Lumière et images

● ***Comment obtient-on une image à l'aide d'une lentille?***
Principe de formation des images en optique géométrique.
Concentration de l'énergie.
Exemple de la lentille mince convergente. Distance focale.

● ***Quels appareils forment des images?***
Fonctionnement d'un appareil imageur.
Rôle de l'œil en tant que système imageur.

Avant-propos

Cet ouvrage est conforme au nouveau programme de physique-chimie en application dans les classes de Troisième à la rentrée de l'année scolaire 1999-2000.

L'objectif principal de ce manuel, comme celui des manuels des classes de Cinquième et de Quatrième, est d'apporter des réponses à des problèmes qui se posent dans l'environnement quotidien des élèves. Chaque chapitre est conçu pour éveiller la curiosité, susciter des interrogations, inviter les élèves à observer, manipuler et réfléchir sur les résultats d'expériences.

Le livre comprend 14 chapitres, soit 5 sur *Les matériaux*, 3 sur *Les mouvements et les forces*, 5 sur *L'électricité* et 1 sur *La lumière et les images*. Ces chapitres sont regroupés en deux grandes parties : *Les matériaux* et *L'environnement physique*.

● Les activités

Elles se proposent de répondre à une question simple, par le biais de documents à exploiter et de manipulations à réaliser et/ou à analyser, complétés par un texte d'explication. Les questions mettent l'accent sur les points importants. Les mots difficiles sont expliqués. Un titre clair pour chaque activité permet un repérage plus aisé des notions étudiées.

● L'essentiel

Ces pages reprennent les connaissances que l'élève doit acquérir et retenir. Chaque paragraphe comprend un renvoi aux activités et aux exercices. Les compétences exigibles sont indiquées en fin de la rubrique.

● Les exercices

Ils sont classés en deux rubriques. Dans chacune d'elles, les exercices sont regroupés par thème.
– **Je travaille seul :** des exercices simples permettant d'assimiler les connaissances de base. Leurs corrigés sont donnés en fin de manuel.
– **J'utilise mes connaissances :** des exercices plus complets, d'observation et de réflexion, où sont proposées des situations aussi variées que possible et parfois plus complexes.

● Les documents et les brèves

Ils sont proposés à la lecture et à l'analyse des élèves pour des informations supplémentaires attrayantes.

● La mini-bibliothèque et les fiches Savoir-faire et Méthode

Placées à la fin du livre, elles fournissent à l'élève des informations regroupées et plus complètes sur certains thèmes, ainsi que des conseils méthodologiques. Des renvois à ces informations apparaissent dans les activités et les exercices.

LES AUTEURS

Présentation du manuel

L'OUVERTURE DE CHAPITRE

L'introduction du chapitre vous permet de prendre connaissance du sujet traité et de son intérêt.

Chaque activité est présentée par une illustration et sa légende.

L'objectif de chaque activité sera de répondre à la question posée.

LES ACTIVITÉS

Les activités apportent une réponse à la question posée. Étudiez les photos, les schémas et leur légende et lisez attentivement le texte d'explication.

La rubrique Pour manipuler, dans certaines activités, vous explique comment réaliser des manipulations en classe.

Répondez aux Questions, elles vous aident à étudier et à mieux comprendre le contenu des activités.

Le sens des mots vous donne la définition des mots nouveaux ou difficiles.

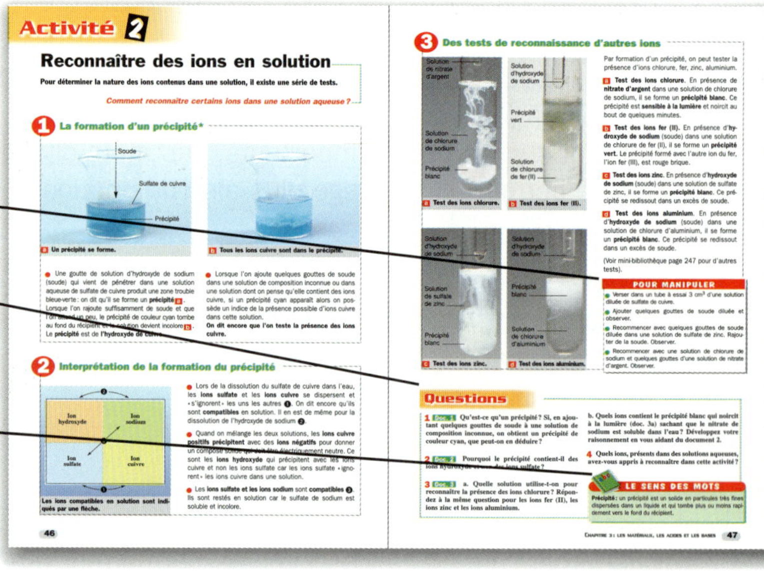

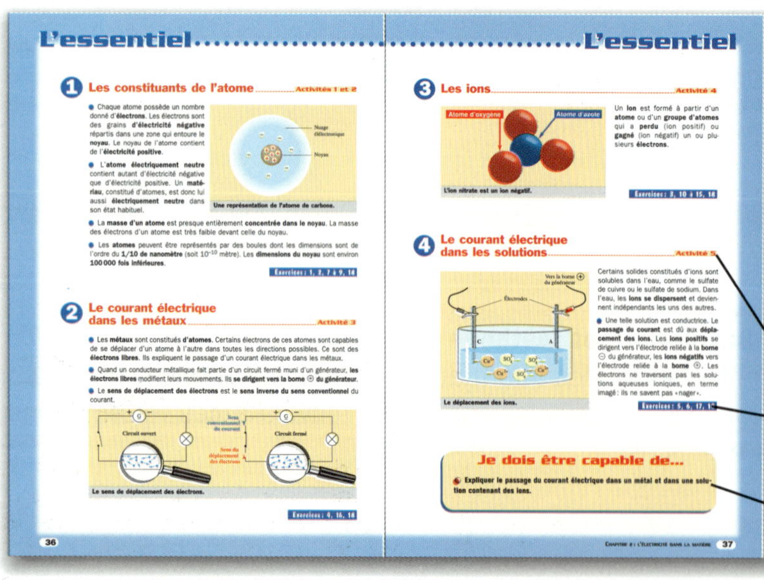

L'ESSENTIEL

L'essentiel reprend sous forme résumée ce que vous devez retenir du chapitre. Les mots-clés sont en gras.

Des renvois vous permettent de retrouver les activités et les exercices dans lesquels les notions sont abordées.

Je dois être capable de... fait le point sur les compétences que vous devez acquérir.

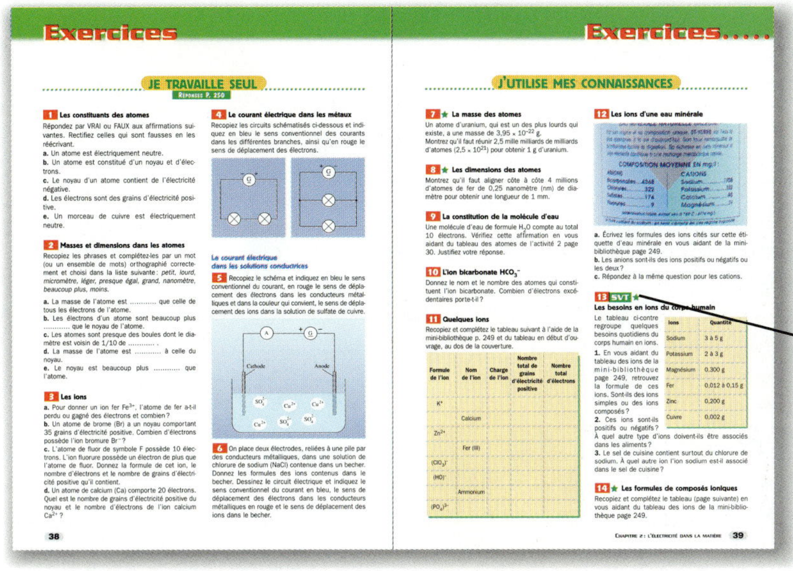

LES EXERCICES

Je travaille seul : des exercices qui vous aideront à apprendre votre leçon. Résolvez-les et vérifiez vos réponses avec les corrigés situés en fin d'ouvrage.

J'utilise mes connaissances : des exercices qui vous permettront d'utiliser vos nouvelles connaissances afin de mieux les assimiler.

Les étoiles signalent les exercices plus difficiles.

DOCUMENTS ET MAGAZINE

Des pages Document et Magazine vous proposent une ouverture sur la vie quotidienne, l'histoire des sciences ou l'actualité scientifique.

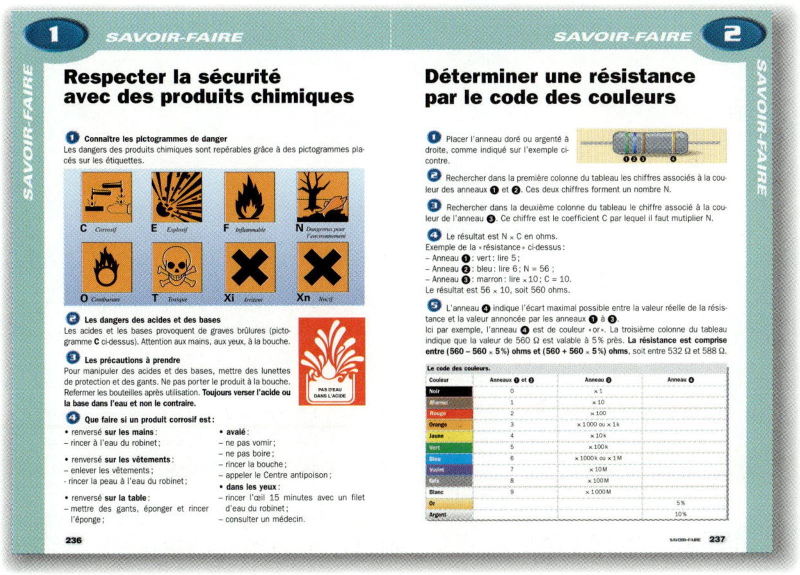

LES FICHES DE SAVOIR-FAIRE ET DE MÉTHODE

Les fiches Savoir-faire et Méthode, en fin d'ouvrage, vous donnent des conseils pratiques pour réaliser des expériences et acquérir une méthode de travail.

Les matériaux

CHAPITRE

1 Les matériaux de notre environnement

Les objets de notre environnement sont fabriqués avec des matériaux très variés. Ces matériaux sont pris directement dans la nature comme le bois, la pierre, ou extraits de minerais comme les métaux (fer, aluminium, cuivre, etc.), ou encore synthétisés comme les nombreuses matières plastiques. Les matériaux sont utilisés dans la construction de l'habitat, la fabrication des vêtements, des moyens de transport, des emballages, etc.

Activité 1

Quels sont les matériaux qui nous entourent ?

Nous connaissons les noms des objets que nous utilisons fréquemment mais nous ne savons pas toujours ceux des matériaux avec lesquels ils sont fabriqués.

Activité 2

Quels matériaux utilise-t-on pour emballer les produits alimentaires ?

Pour assurer leur conservation, leur transport, les produits alimentaires sont emballés.

Activité 3

Comment reconnaître certaines matières plastiques ?

Le nom général de « matières plastiques » désigne des produits différents.

Activité 1

Les grandes familles de matériaux

Pour réaliser les objets qui lui sont utiles, l'Homme dispose aujourd'hui d'une grande variété de matériaux. On peut les classer par familles dont les principales sont : les céramiques, les verres, les métaux, les matières plastiques, le bois et ses dérivés.

Quels sont les matériaux qui nous entourent ?

1 Les différents matériaux

Des objets fabriqués avec différents matériaux.

Un objet peut être fabriqué avec des **matériaux** différents. Par exemple : on peut utiliser une matière plastique pour réaliser la semelle d'une chaussure et du cuir pour le reste.

a **Les céramiques,** comme les poteries, sont fabriquées depuis 10 000 ans à partir d'argile (*keramos*, en grec). Aujourd'hui, des céramiques aux qualités exceptionnelles entrent dans la fabrication de tables de cuisson, de réacteurs d'avions, de revêtements d'engins spatiaux, etc.

b **Les verres** sont des matériaux très anciens élaborés à partir du sable. Le verre sert à fabriquer des bouteilles et les vitres, mais aussi de la « laine de verre » pour l'isolation des maisons, des tubes de téléviseur (écran), des fibres optiques pour les lignes téléphoniques.

c **Les métaux** sont presque tous obtenus à partir de minerais extraits du sous-sol. L'obtention du cuivre date de 7 000 ans, celle du fer de 3 000 ans et celle de l'aluminium du milieu du XIXe siècle seulement. Les métaux sont utilisés dans la fabrication des véhicules (moteurs, carrosseries, etc.), celle d'outils et d'emballages de produits alimentaires (barquettes, boîtes de boisson).

d **Les matières plastiques** sont dites plastiques car elles peuvent **prendre et garder une forme imposée.** Certaines sont issues de matières premières végétales (coton, bois) comme la « cellophane », mais la plupart sont des produits synthétisés à partir du pétrole. Les matières plastiques sont utilisées dans l'emballage (sacs, bouteilles), le bâtiment (fenêtres, tuyaux), les textiles, etc.

e **Le bois,** les agglomérés et les cartons sont utilisés dans la fabrication de matériaux de construction et d'emballages.

2 Les propriétés des matériaux

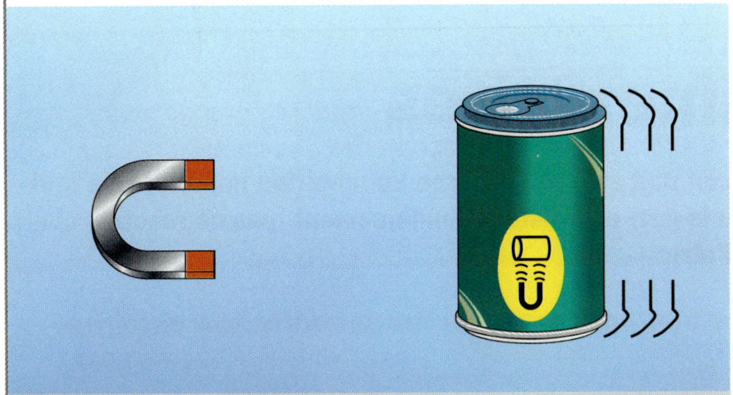

a Les emballages en acier sont recyclables* et sont facilement récupérés parmi les autres déchets domestiques grâce à un aimant.

Les matériaux possèdent des propriétés différentes selon la famille à laquelle ils appartiennent **b**.

Les matières plastiques ont des propriétés très variées suivant leur nature et leur type de fabrication. On les dit « versatiles » car, à partir d'une même matière, on peut obtenir des matériaux de qualités différentes.

Certains métaux comme le fer et l'acier (ce dernier est un mélange de fer avec un peu de carbone) sont attirés par un aimant tandis que l'aluminium ne l'est pas **a**.

b Quelques propriétés des principales familles de matériaux.

	Les céramiques	Les verres	Les métaux	Les matières plastiques	Les cartons
Résistent aux chocs	Non	Non	Oui	Certaines	Difficilement (se déchirent)
Conduisent la chaleur	Difficilement	Difficilement	Oui	Non	Non
Conduisent l'électricité	Non	Non	Oui	Non	Non
Aspects	Opaques*	Transparents* ou translucides*	Opaques*	Transparentes*, translucides* ou opaques*	Opaques*
Biodégradables*	Non	Non	Non	Très peu	Oui
Recyclables*	Non	Oui	Oui	Certaines	Oui

Questions

1 Doc. 1 **Pourquoi peut-on dire que les céramiques et certains métaux comme le fer et le cuivre sont des matériaux anciens ?**

2 Doc. 1 **Quelle est la principale matière première des céramiques ? des verres ? de la plupart des matières plastiques ?**

3 Doc. 1 **Trouvez un exemple d'objet fabriqué avec chaque type de matériau qui ne soit pas déjà cité dans le texte.**

4 Doc. 2 **Citez des propriétés communes aux céramiques et aux verres. Par quelle propriété particulière peut-on distinguer le fer de l'aluminium ?**

5 Doc. 2 **Choisissez un objet fabriqué avec un seul matériau. Quelles sont les propriétés utiles pour cet objet ?**

LE SENS DES MOTS

Transparent : qui permet de voir à travers.

Translucide : qui laisse passer la lumière mais ne permet pas de distinguer nettement les objets à travers son épaisseur.

Opaque : qui ne laisse pas passer la lumière.

Biodégradable : qui peut être décomposé par des micro-organismes (bactéries, champignons...).

Recyclable : qui peut être réutilisé pour la fabrication d'un matériau neuf.

Activité 2

L'emballage des produits alimentaires

L'emballage d'un liquide comme une boisson doit être réalisé avec un matériau imperméable (qui ne se laisse pas traverser par le liquide ou le gaz) et résistant chimiquement (pas de réaction chimique entre l'emballage et le produit ou l'air).

Quels matériaux utilise-t-on pour emballer les produits alimentaires ?

1 Les principaux matériaux d'emballage

Des produits alimentaires emballés avec différents matériaux.

a **Les matières plastiques** sont pour la plupart **imperméables** à l'eau, aux corps gras, aux arômes et aux gaz. Elles ont toutes une **grande résistance aux actions chimiques** qui leur permet de ne réagir ni avec leur contenant ni avec leur environnement extérieur. On les utilise donc souvent pour l'emballage de produits alimentaires. Elles sont généralement moulables*. Par contre, très peu d'entre elles présentent de résistance à l'élévation de température et elles peuvent être percées.

b **Le verre** est plus lourd que le plastique ou le métal qui pourraient être utilisés à sa place dans l'emballage des produits alimentaires. D'autre part, il est sensible aux chocs dont il doit être protégé pour la manutention. Il a cependant d'autres qualités intéressantes. Il est : **imperméable** à tout (air, eau, etc.) ; transparent mais il arrête les rayons ultraviolets ; moulable*, rigide et non perforable. Il présente une **grande résistance aux actions chimiques,** ainsi qu'à la **température**. On peut l'utiliser dans un four à micro-ondes.

c **Deux métaux** en tôles minces sont utilisés dans l'emballage alimentaire :
- **l'acier,** qui doit toujours être protégé par une couche d'étain (et aussi parfois par un vernis en matière plastique) pour lui donner de la résistance chimique aux produits alimentaires et à l'atmosphère ;
- **l'aluminium,** qui doit être protégé également.

Ces deux métaux sont parfaitement opaques, **imperméables** à tout (liquides, gaz). Ils **résistent aux chocs** et **à la température** mais ils ne sont pas utilisables dans un four à micro-ondes.

2 Les emballages constitués de plusieurs matériaux

a Les emballages Tétra Brik sont composés de plusieurs matériaux.

Le carton est léger et assez résistant aux chocs. Par contre, il n'est pas imperméable et peut réagir avec les produits alimentaires. Il n'est donc pas utilisé seul comme emballage.
Les emballages sous forme de brique **a** sont constitués de plusieurs matériaux : carton, polyéthylène basse densité (PEBD, une matière plastique) et aluminium.
Le carton ainsi associé à une feuille d'aluminium et à trois feuilles de PEBD, comme le montre la coupe **b**, forme un sandwich avec les qualités des trois matériaux : souplesse, légèreté, imperméabilité, résistance chimique.

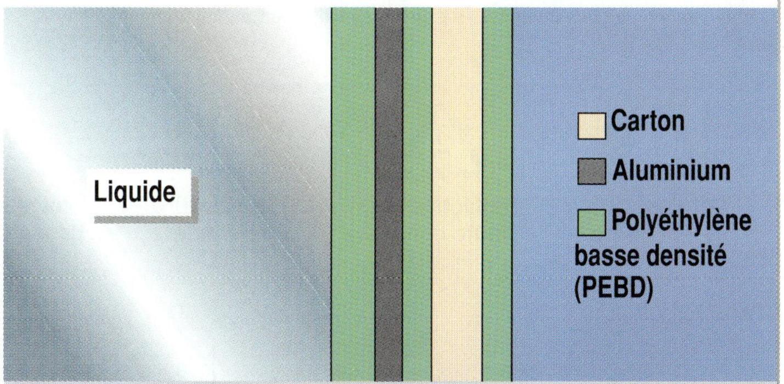

b Le carton est associé à deux autres types de matériaux aux propriétés différentes.

3 Le choix des matériaux d'emballage

C'est la nature du produit à emballer qui détermine le choix du matériau d'emballage.
Pour choisir ce matériau, il faut tenir compte de ses **propriétés :**
– **mécaniques** et **physiques** (résistance à la perforation, aux chocs, à la température, imperméabilité) ;
– **chimiques** (il ne doit réagir ni avec l'air qui l'entoure ni avec les produits qu'il contient).
À ces propriétés doivent s'ajouter des considérations de **procédés de fabrication** et de possibilités de **recyclage**. Enfin, l'esthétique de l'emballage et les habitudes des consommateurs sont à considérer.

Questions

1 Doc. 1 a. Donnez une propriété importante commune à toutes les matières plastiques utilisées pour l'emballage des produits alimentaires. Citez un inconvénient de ces matières.

b. Indiquez un inconvénient et trois propriétés intéressantes du verre.

c. Quel avantage présente le verre sur l'acier du point de vue de sa résistance chimique ? Peut-on réaliser des boîtes de boissons gazeuses en métal ? Pourquoi ?

2 Doc. 2 À quoi servent les feuilles d'aluminium et de polyéthylène basse densité dans l'emballage Tétra Brik ?

3 Doc. 3 Quels sont les principaux critères de choix d'un matériau pour l'emballage des produits alimentaires ?

4 En résumé, quels matériaux utilise-t-on pour emballer les produits alimentaires ?

LE SENS DES MOTS

Moulable : qui peut prendre la forme en creux d'un moule. Par leur aspect pâteux à chaud, le verre, certaines matières plastiques et certains métaux sont moulables.

Activité 3

Reconnaître certaines matières plastiques

La famille des matières plastiques comprend plusieurs matériaux qui ont des propriétés différentes. Certaines de ces propriétés peuvent être mises en évidence par des tests.

Comment reconnaître certaines matières plastiques ?

1 Le test de flottabilité

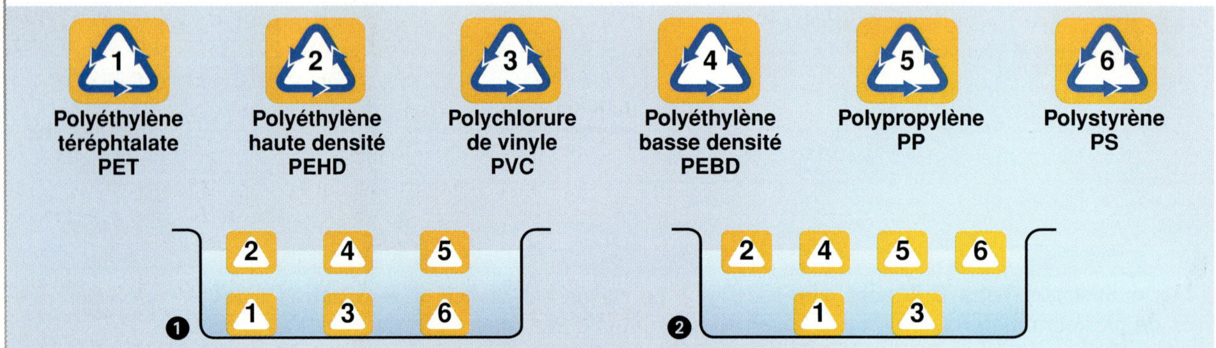

a Test de flottabilité dans de l'eau douce ❶ et dans de l'eau salée à saturation ❷.

Des échantillons de matières plastiques différentes sont immergés successivement dans de l'eau douce et de l'eau salée à saturation **a**. Certains flottent **b**. On dit alors qu'ils sont moins denses que l'eau.

b Les résultats du test de flottabilité.

Nature des échantillons qui flottent sur l'eau douce	Nature des échantillons qui flottent sur l'eau salée
Polypropylène (PP) Polyéthylène haute densité (PEHD) Polyéthylène basse densité (PEBD)	Polypropylène (PP) Polyéthylène haute densité (PEHD) Polyéthylène basse densité (PEBD) Polystyrène (PS)

POUR MANIPULER

- Remplir 2 cuvettes d'eau du robinet (eau douce) et y ajouter quelques gouttes de produit pour laver la vaisselle.
- Saler l'une d'elle à saturation.
- Découper des échantillons rectangulaires (2 x 6 cm) dans chacune des 6 matières plastiques.
- Repérer chaque échantillon à l'aide du numéro d'identification des matières plastiques.
- Immerger les échantillons successivement dans les 2 cuvettes.
- Noter la nature des échantillons qui flottent.

2 Le test d'étirement

Ce test est facilement réalisable avec des lanières fines en polystyrène, polypropylène, polyéthylène basse densité et polyéthylène haute densité. Il suffit d'étirer lentement une lanière jusqu'à sa rupture et de noter ses transformations.

Les résultats du test d'étirement.

Nature de la lanière	Observations réalisées
PS	Très faible étirement et rupture de la lanière.
PEBD	Étirement important, amincissement de la partie centrale, puis rupture de la lanière.
PEHD	Étirement très important, amincissement de la partie centrale.
PP	Étirement faible et rupture.

3 Le test de réaction à l'élévation de température

a Un échantillon de PET avant et après un passage dans l'eau bouillante.

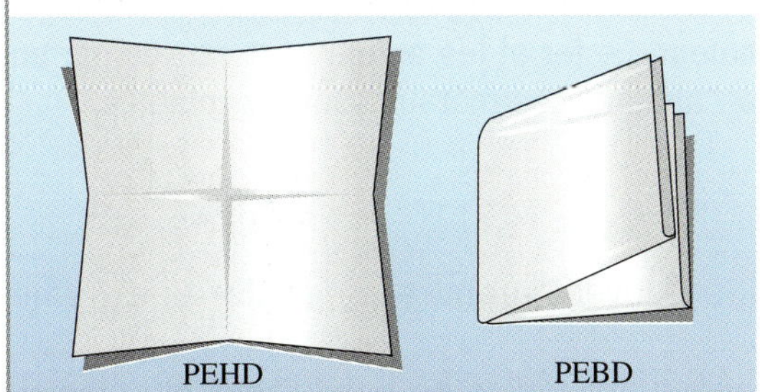

b Des échantillons de PEHD et PEBD après un passage dans l'eau bouillante salée.

- Deux échantillons de polyéthylène téréphtalate (PET) et de polychlorure de vinyle (PVC) sont plongés dans de l'eau du robinet bouillante. On constate que le morceau en PET se rétracte **a** et que celui en PVC devient mou.

- Deux carrés, l'un en polyéthylène basse densité (PEBD) et l'autre en polyéthylène haute densité (PEHD), repliés plusieurs fois sur eux-mêmes sont immergés dans l'eau bouillante salée (température supérieure à 100 °C). On constate que le carré en PEHD se déplie facilement tandis que le carré en PEBD est plus ou moins collé sur lui-même **b**.

POUR MANIPULER

- Plonger successivement des échantillons de PET et de PVC dans de l'eau bouillante à l'aide d'une pince.
- Observer les modifications des échantillons.
- Préparer 2 échantillons carrés (10x10 cm environ), l'un découpé dans un cabas en plastique (PEBD), l'autre dans un sac de sortie de caisse d'un hypermarché (PEHD).
- Plonger ces échantillons repliés dans de l'eau bouillante salée à l'aide d'une pince, pendant 20 secondes environ.
- Refroidir sous l'eau froide, déplier les échantillons en observant.

4 Le test à l'acétone

Si l'on verse à l'intérieur de l'emballage d'un pot de yaourt en polystyrène (PS) quelques gouttes d'acétone (un solvant d'usage courant), on s'aperçoit que l'acétone dissout le PS. Les autres matériaux que nous avons étudiés (PET, PEHD, PVC, PEBD, PP) ne sont pas dissous par l'acétone.

Questions

1 Doc. 1 Quels sont les matériaux qui sont moins denses que l'eau douce ? Quel est le matériau qui ne flotte pas sur l'eau douce mais flotte sur l'eau salée à saturation ? Quels sont les matériaux qui ne flottent jamais dans les deux tests ?

2 Doc. 2 Quel(s) matériau(x) s'étire(nt) le plus difficilement et le plus facilement ?

3 Doc. 3 a. À quelle température s'effectue le test dans l'eau douce bouillante ?

b. Quel est l'effet de la température sur le PVC ?

c. Quel est l'effet de la température de l'eau bouillante salée sur le PEBD ?

4 Doc. 4 Quelle est la matière plastique soluble dans l'acétone ?

5 Imaginez que vous ayez maintenant à déterminer la nature d'un échantillon de matière plastique faisant partie des matières étudiées ici. Vous avez trouvé qu'il ne flotte pas dans l'eau salée. Quelle peut être sa nature ? Quel(s) test(s) mettriez-vous en œuvre pour aller plus loin dans la détermination de la nature de la matière plastique ?

L'essentiel

1 Les grandes familles de matériaux

Activité 1

Il ne faut pas confondre objet et matériau. Un objet peut être réalisé avec des matériaux très divers. Un même matériau peut être utilisé pour fabriquer des objets différents.

Les céramiques et les verres

Les céramiques et les verres les plus courants **ne résistent pas aux chocs**. Ils **ne conduisent pas l'électricité** et mal la chaleur. Les **verres** sont **transparents** ou translucides. La plupart des **céramiques** sont **opaques**. Les céramiques et les verres **ne sont pas biodégradables**. Seuls les **verres sont recyclables**.

Les métaux

Ils sont **conducteurs de l'électricité** et **de la chaleur**. Le **fer** et les **aciers** sont **attirés par un aimant**, tandis que **l'aluminium** est **insensible à l'aimant**. Les métaux sont **recyclables**.

Les matières plastiques

Ces matières sont dites **plastiques** car elles peuvent **prendre et garder une forme** imposée.
Les plus courantes ont des propriétés très variées mais elles **ne conduisent ni l'électricité ni la chaleur**. Contrairement aux deux familles précédentes, la plupart d'entre elles n'ont **pas de résistance à la température**. Elles ne sont **pas biodégradables** et sont parfois **recyclables**.

Exercices : 1 à 6, 8, 9, 19

2 L'emballage des produits alimentaires

Activité 2

Les emballages des produits alimentaires font appel à des matériaux très divers comme des matières plastiques, du verre, des métaux (acier et aluminium), des cartons. Certains emballages sont constitués de plusieurs de ces matériaux (exemple : le Tétra Brik).

Ils doivent posséder :
– des propriétés **mécaniques** (résistance aux chocs, rigidité, etc.) ;
– des propriétés **d'imperméabilité** (aux gaz, à l'eau, aux arômes, aux corps gras, etc.) ;
– une **grande résistance chimique** vis-à-vis de notre atmosphère et du contenu des emballages.
Le choix d'un emballage dépend principalement de la nature du produit à emballer.

Exercices : 10, 11, 15 à 18

3 Reconnaître certaines matières plastiques

Activité 3

Un certain nombre de tests simples permet d'identifier les principales matières plastiques utilisées dans l'emballage alimentaire. L'organigramme suivant donne une méthode de recherche :

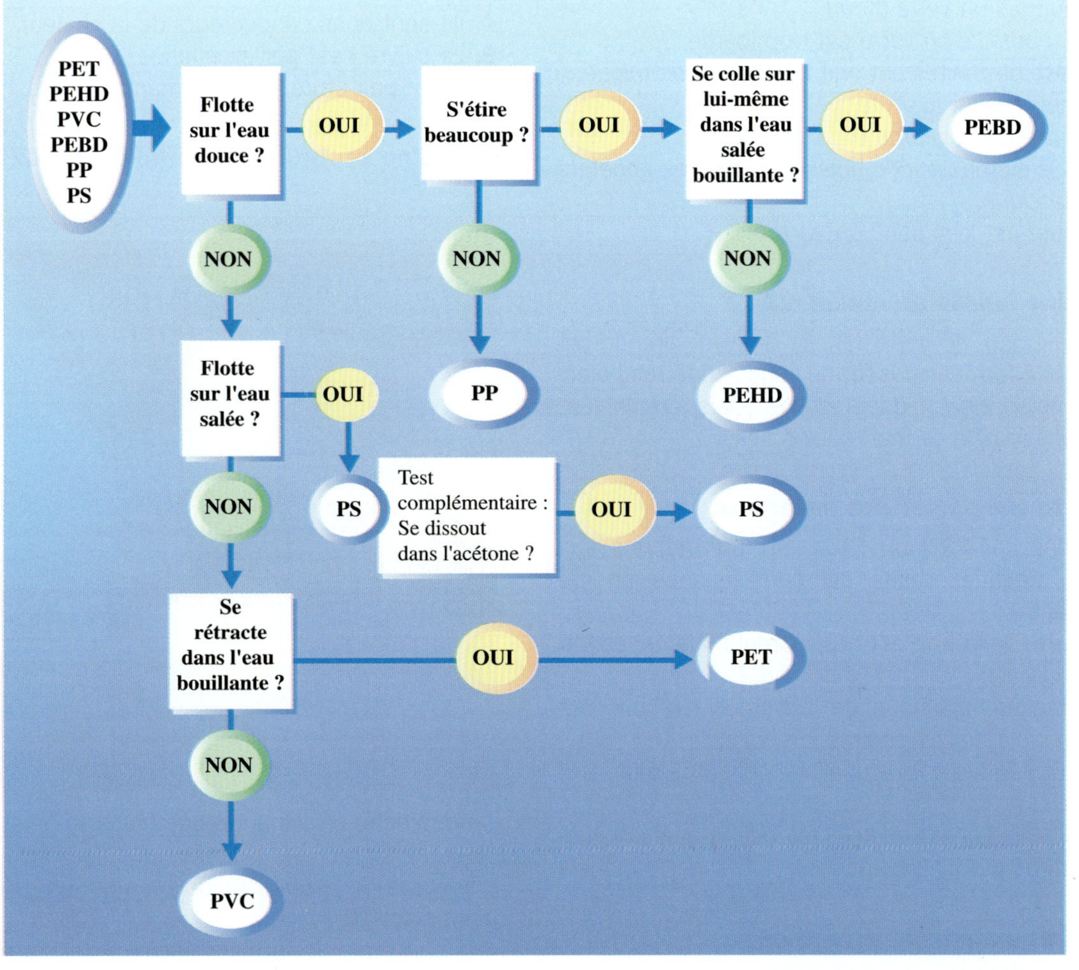

Exercices : 7, 12 à 14

Je dois être capable de…

- **Citer quelques classes de matériaux (verres, métaux, matières plastiques) et leurs principales propriétés.**
- **Conduire un test permettant de distinguer des matériaux.**

Exercices

JE TRAVAILLE SEUL

Réponses p. 250

1 Objet et matériau

Indiquez si chaque mot en italique dans les phrases ci-dessous est un objet ou un matériau.
- Je voudrais un *verre* d'eau.
- Cette *bouteille* en *verre* est trop lourde.
- Ce *vase* de Sèvres est une très belle *céramique*.
- Le cheval a perdu un *fer*.
- Je te prête ma *gourde* en *aluminium*.
- Dans le distributeur de boissons il y a des *gobelets* en *plastique*.
- Ce jouet est livré dans un *carton*.

2 Une famille de matériaux

Les matériaux de cette famille peuvent prendre et garder une forme imposée, ne conduisent pas l'électricité, ne sont pas biodégradables mais recyclables. De quelle famille de matériaux s'agit-il ?

3 Les propriétés des matériaux

Répondez par VRAI ou FAUX aux affirmations suivantes. Rectifiez celles qui sont fausses en les réécrivant.

a. Le verre de la vitre est transparent mais ne résiste pas aux chocs.

b. La matière plastique de la bouteille d'huile est imperméable aux corps gras.

c. Le Tétra Brik est un emballage constitué d'un seul matériau.

d. Les emballages en acier et ceux en aluminium sont attirés par un aimant.

4 Des matériaux recyclables

Parmi ces matériaux, lesquels sont recyclables : céramiques, verres, métaux, matières plastiques ?

5 Un matériau à découvrir

Un mot est caché dans la grille ci-dessous. Recopiez la grille et remplissez-la en utilisant la définition du mot correspondant à chaque ligne numérotée de 1 à 6.

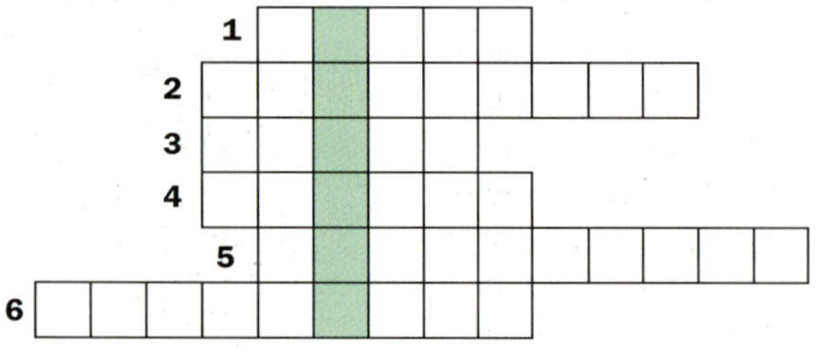

1. Est attiré par un aimant.
2. Prend la forme souhaitée.
3. Cet objet porte le même nom que le matériau qui le compose.
4. Ils sont bons conducteurs de la chaleur.
5. Le cuivre l'est par excellence.
6. N'est pas attiré par un aimant.

6 Une propriété de certains métaux

a

b

On approche un aimant d'une boîte de boisson. Des deux photographies ci-dessus déduisez si :
- le corps de la boîte de boisson est en acier ou en aluminium **a** ;
- le couvercle de la boîte est en acier ou en aluminium **b**.

7 Quelle est cette matière plastique ?

Retrouvez quelle est la matière plastique définie dans chaque ligne.

1. Elle coule dans l'eau douce et flotte dans l'eau salée.

2. Elle coule dans l'eau salée et se rétracte dans l'eau douce bouillante.

3. Elle flotte sur l'eau douce, s'étire beaucoup et ne se colle pas sur elle-même dans l'eau salée bouillante.

4. Elle coule dans l'eau douce et dans l'eau salée. Elle ne se rétracte pas dans l'eau douce bouillante.

J'UTILISE MES CONNAISSANCES

8 La lecture d'une étiquette

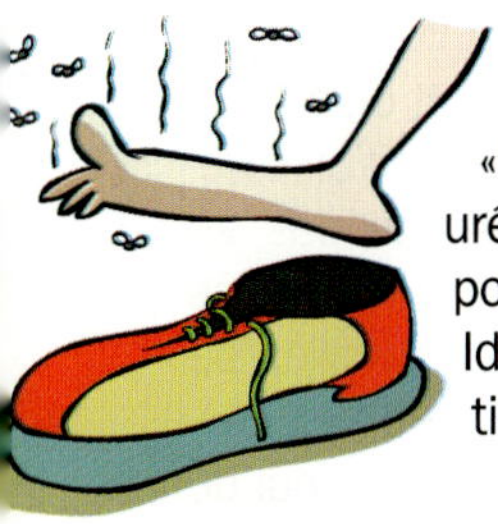

Une étiquette, accrochée à une chaussure de ville pour homme, indique : « Dessus en PVC, PU (mousse de polyuréthane), nubuck ; doublure en textile polyester ; semelle en élastomère. »
Identifiez les objets et les matériaux mentionnés sur cette étiquette.

9 Plusieurs matériaux pour un même objet

Dans le langage courant, le mot verre correspond à un objet et à un matériau. En quel autre type de matériau peut-on fabriquer aussi cet objet ?

10 Une matière plastique qui résiste à la chaleur

À l'aide du tableau sur les propriétés des matières plastiques de la mini-bibliothèque (page 249), retrouvez en quelle matière plastique alimentaire doit être réalisé l'emballage qui permet la cuisson du riz dans l'eau bouillante. Justifiez votre réponse.

11 L'association de matériaux

Les pare-brise de voitures sont fabriqués en créant un sandwich avec une feuille de matière plastique tranparente collée entre deux lames de verre. Celles-ci peuvent se fendre sous un choc violent. Pourquoi ces pare-brise sont-ils dits « de sécurité » ?

Tests de reconnaissance d'une matière plastique

12 ★ Quels tests faut-il réaliser pour s'assurer qu'un morceau de matière plastique d'un emballage alimentaire est du polychlorure de vinyle (PVC) ?

13 ★ Anouk veut identifier le matériau qui constitue un pique-saucisse. Voici les tests qu'elle réalise et les résultats obtenus :

- test de flottabilité sur l'eau douce : négatif ;
- test de flottabilité sur l'eau salée : positif ;
- test d'étirabilité : négatif ;
- test à l'acétone : positif.

Elle en déduit que le pique-saucisse est en polypropylène.
Son analyse est-elle bonne ou mauvaise ? Justifiez votre réponse. Le cas échéant, dites quel est le matériau correspondant aux résultats des tests.

14 ★ Nils veut prouver que le sac de sortie de caisse qu'il vient de récupérer est en polyéthylène haute densité. Quels tests doit-il réaliser et quels résultats doit-il observer pour arriver à ses fins ?

L'évolution des performances des matériaux d'emballage

15 Les boîtes de boisson en acier sont passées de 28 grammes à 20 grammes en 4 ans. L'épaisseur des parois en acier est devenue fine comme un cheveu. Elle est de 0,08 mm. Montrez que la boîte de boisson a perdu environ 30 % de sa masse en 4 ans.

16 ★★ Un sac en plastique de sortie de caisse qui avait une masse de 23 grammes en 1970 a une masse de 5,5 grammes actuellement. Cependant, il doit toujours servir à transporter jusqu'à 10 kg de marchandises.
1. Quel pourcentage de la masse totale du sac chargé au maximum représente la masse du sac vide en 1970 et actuellement ?
2. Un sac est fabriqué actuellement en utilisant environ 0,4 m^2 de film de PEHD. Le PEHD pèse environ 950 kg au mètre-cube. Montrez que l'épaisseur du film de PEHD vaut environ 14×10^{-3} millimètres (14 micromètres ou microns).

Le choix d'un emballage

17 ★★

Si l'on veut conserver du jus de fruit pendant une période assez longue en dehors d'un réfrigérateur, il faut que ce jus ne soit pas en contact avec l'atmosphère, qu'il soit à l'abri de toutes les lumières (visible et ultraviolets) et qu'il ne réagisse pas avec l'emballage. Aidez-vous

des tableaux sur les principales propriétés des familles de matériaux et des matières plastiques de la mini-bibliothèque (p. 248 et 249) pour répondre aux questions suivantes :

1. Quelles qualités devra posséder le matériau de l'emballage ?

2. Cet emballage doit être facile à fabriquer, transportable avec un minimum de précautions et recyclable. Montrez les avantages du polyéthylène haute densité PEHD.

3. Montrez que l'on peut aussi choisir une boîte métallique ou un emballage Tétra Brik. Comparez leurs qualités.

18 ★ L'huile de table, qui peut facilement dissoudre des arômes, ne doit pas être en contact avec l'air extérieur, ne pas se mélanger avec l'eau et ne pas se répandre sur le sol au premier choc. À l'aide des tableaux sur les principales propriétés des familles de matériaux et des matières plastiques (p. 248 et 249), indiquez avec quels matériaux il vous paraît normal de réaliser les bouteilles d'huile. Justifiez votre réponse.

J'ANALYSE UN DOCUMENT

19 HISTOIRE ★ Les métaux anciens et modernes

Le cuivre est un des métaux les plus anciennement connus. Il est utilisé depuis 7000 ans. Il a servi d'abord à confectionner des armes puis à fabriquer des ustensiles ménagers. Aujourd'hui, il est extrait de minerais, comme tous les autres métaux sauf l'or. Le cuivre est très recherché pour ses propriétés conductrices dans la fabrication de câbles électriques.

Le fer est connu depuis 3000 ans. Exploité au départ comme matériau dans les armes, les outils de l'agriculture, il est actuellement universellement utilisé : des carrosseries de voitures jusqu'aux coques de navires en passant par les emballages alimentaires.

Lors de l'Exposition Universelle de Paris en 1855, le chimiste français Sainte-Claire Deville présente un lingot d'aluminium qu'il vient de fabriquer. Le secteur des transports constitue le débouché principal de ce métal : carter, bloc moteur, rame de métro, autocar, avion, etc. Il est aussi présent dans les emballages alimentaires.

Enfin, le titane ne fut extrait de son minerai qu'en 1924. Il est très résistant aux températures élevées et très léger. Il est inclus dans des alliages utilisés dans les réacteurs d'avion et les engins spatiaux.

Lisez attentivement le texte et répondez aux questions suivantes :

1. Quels sont les métaux cités dans ce texte qui étaient connus des hommes avant l'ère chrétienne ?

2. Sont-ils toujours utilisés ? Citez une application de chacun d'eux.

3. Les autres métaux cités sont connus depuis moins de 250 ans. Vérifiez cette affirmation dans le texte.

4. Citez un exemple d'utilisation de l'aluminium.

5. Quel est le métal obtenu le plus récemment ? Citez un de ses usages.

Le caoutchouc

Les arbres qui pleurent pour faire des bottes

Le mot caoutchouc vient d'une langue indienne et signifie « larme d'arbre ». En effet, le caoutchouc, ou latex, est la sève de l'arbre amazonien hévéa ; c'est un liquide blanchâtre qui s'écoule après incision, puis durcit et noircit à l'air. Le savant français Charles de la Condamine, qui introduisit le caoutchouc en Europe au milieu du XVIIIe siècle, raconte comment les Indiens s'enduisent les pieds du latex frais : au bout de 20 minutes, le liquide se fige et forme une botte « sur mesure », élastique et imperméable. Malheureusement, elle ne dure pas longtemps : rapidement, elle durcit et se craquelle, finit par tomber en morceaux.

La récolte du latex.

Un dépôt de pneus usagés.

Du latex aux pneumatiques

Pendant 100 ans, le caoutchouc trouve peu d'applications, en dehors de l'imperméabilisation de tissus. Mais, en 1839, l'Américain Charles Goodyear découvre (par hasard) la vulcanisation : le caoutchouc bouilli avec du soufre devient dur et résistant tout en gardant son élasticité. Son utilisation industrielle est immédiate : gants, semelles, isolants, joints… Puis, en 1888, un vétérinaire britannique, John Dunlop, invente le pneumatique : une enveloppe de caoutchouc remplie d'air pour les roues de bicyclettes et d'automobiles, nouveaux moyens de transports pleins de promesses.

Comment s'en débarrasser ?

Aujourd'hui, les conducteurs français consomment 500 000 tonnes de caoutchouc par an (il s'agit de caoutchouc de synthèse) ! Ce qui pose de sérieux problèmes : on ne peut pas brûler les vieux pneus sans précautions, car ils dégagent de l'oxyde de soufre qui est toxique. Une solution consiste à les hacher, les congeler à –80 °C, puis à les broyer. Les granules obtenus, de 0,5 mm environ, peuvent être utilisés comme amortisseurs de bruits, dans les revêtements de sols, de câbles ou de chaussures et, aussi, comme combustible pour les cimenteries (à 1 100 °C, le dégagement d'oxyde de soufre peut être évité).

La combustion des pneus produit des fumées toxiques.

DOCUMENT

Un atome à tout faire

Les diamants sont utilisés en bijouterie, mais également dans l'industrie, où leur dureté trouve de nombreuses applications.

Le graphite est utilisé, entre autres, dans les mines de crayons. C'est aussi un très bon conducteur d'électricité.

Les atomes de carbone, qui pourtant sont tous identiques, peuvent former des corps très divers. Tout dépend de la manière de les assembler.

L'éclat du diamant ou le noir de fumée

Par exemple dans le diamant, très dur, ces atomes sont placés au centre et aux sommets de pyramides à base triangulaire. On trouve des diamants dans certaines roches (surtout en Afrique du Sud), dans quelques cours d'eau et, parfois, dans les météorites.

Le graphite, en revanche, est très répandu à la surface du globe. Les atomes de carbone forment des sortes de grillages hexagonaux, disposés en plans parallèles pouvant glisser facilement les uns sur les autres. C'est pour cela que le graphite est un excellent lubrifiant.

La suie et le charbon, connus, comme le diamant et le graphite, depuis l'Antiquité, se composent également d'atomes de carbone.

Des ballons et des tubes

En 1985, la famille du carbone s'est enrichie de nouveaux membres : de grosses molécules fabriquées par les scientifiques et n'existant pas dans la nature. La première, C_{60} faite de 60 atomes de carbone, ressemble à un ballon de football. C_{70} et C_{80} font penser aux ballons de rugby. Ces molécules pourraient être utilisées – entre autres – comme de minuscules roulements à billes.

Fascinés, les scientifiques n'arrêtent pas de jouer avec les atomes. En 1991, ils parviennent à fabriquer de longs tuyaux creux, pouvant comporter jusqu'à un million d'atomes de carbone, et dont le diamètre ne dépasse pas quelques nanomètres (10^{-9} m, soit un milliardième de mètre), d'où leur nom : nanotubes.

Ils sont pratiquement incassables. Si l'on parvenait à en former une corde de 2,5 cm de diamètre (un assemblage de 10^{14} brins parallèles), elle serait 100 fois plus résistante que l'acier et 6 fois plus légère ! Un matériau de choix pour construire des ponts ou des gratte-ciel antisismiques.

On appelle ces molécules « fullerènes », en l'honneur de l'ingénieur américain Buckminster Fuller, constructeur de coupoles formées de grillages géométriques.

MAGAZINE

Un couple d'éléphants d'Afrique.

Pour sauver les éléphants

En 1863, deux producteurs de boules de billard américains offrent 100 000 dollars à celui qui trouvera une matière pouvant remplacer l'ivoire, de plus en plus cher. La réponse ne vient qu'en 1869. J.W. Hyatt, imprimeur new-yorkais, invente, après six années de recherche, le Celluloïd, mélange de nitrocellulose et de camphre.

Une fibre trop résistante

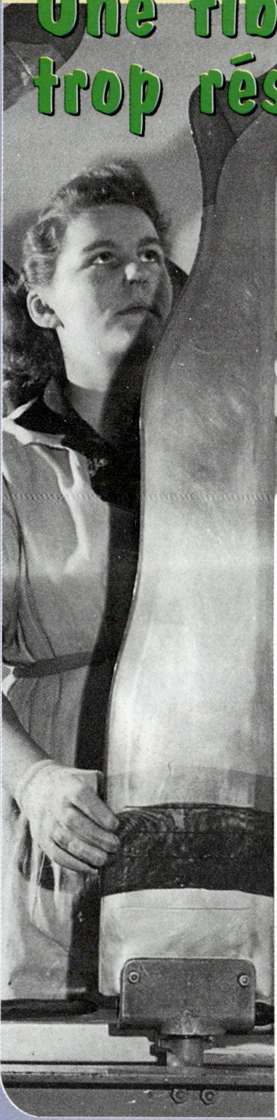

Le Nylon, une fibre révolutionnaire.

La soie artificielle, inventée en 1892, a, dit-on, révolutionné la vie des femmes, faisant baisser les prix des bas fins. Une nouvelle révolution survient en 1936, avec la sortie du premier lot de bas en Nylon, fibre synthétique inventée en 1931 par le chimiste américain Wallace Carothers. Le Nylon peut être étiré et, tressé, il devient aussi résistant qu'un câble en acier. Les premiers bas sont inusables. (D'après les mauvaises langues, leur résistance a été ensuite diminuée exprès, pour augmenter les ventes.)

Premier objet jetable

En 1895, l'Américain King C. Gillette invente le rasoir mécanique avec une lame jetable. À partir de 1975, ce n'est plus la lame qu'on change dès qu'elle est émoussée, c'est le rasoir entier qui va à la poubelle. L'idée d'un rasoir en plastique vient de la société Bic, à qui on doit déjà le fameux stylo, commercialisé en 1953.

Un rasoir à lame jetable.

Matériaux à mémoire de forme

On sait fabriquer des matériaux métalliques qui, déformés, reprennent leur forme initiale, comme s'ils l'avaient mémorisée. Imaginez, par exemple, un cylindre comprimé qui s'allonge sous l'effet de la chaleur. Dans certains satellites, ce type de matériau (en titane et nickel) sert à déployer les panneaux solaires à partir d'une certaine température.

Les panneaux solaires fournissent de l'énergie aux satellites.

CHAPITRE

2 L'électricité dans la matière

Pour les Grecs, l'atome était indivisible. Or, on sait maintenant qu'il est divisible et qu'il contient de l'électricité. Cela nous permet d'expliquer le passage du courant électrique dans les métaux et dans certaines solutions.

Activité 1

Comment ont évolué nos idées sur l'atome ?

La représentation actuelle de l'atome est loin de l'idée que s'en faisaient les Grecs Leucippe et Démocrite. (Ici, Démocrite.)

Activité 2

Quelles sont les caractéristiques des atomes ?

Représentations de molécules. Les molécules sont constituées de diverses sortes d'atomes.

Activité 3

Comment expliquer le courant électrique dans un métal ?

Le cuivre est le conducteur d'électricité le plus recherché. D'autres métaux comme l'aluminium, l'or, l'argent sont également utilisés dans les circuits électriques.

Activité 4

Comment définir et représenter un ion ?

Les ions contenus dans l'eau minérale sont indiqués sur cette étiquette.

Activité 5

Comment expliquer le courant électrique dans une solution ?

Dans cette cuve contenant une solution aqueuse, on fait passer un courant électrique pour récupérer le cuivre.

Activité 1

Historique du modèle de l'atome

Au début du XIXe siècle, les scientifiques reprennent l'hypothèse des Grecs pour qui la matière était constituée d'atomes indivisibles. Au cours de ce siècle, leurs travaux vont aboutir à l'idée que l'atome est divisible.

Comment ont évolué nos idées sur l'atome ?

1 Molécules et atomes

a **Antoine Laurent de Lavoisier.**

b **John Dalton.**

● Un des premiers soucis des chimistes étudiant un corps est de savoir s'il est ou non décomposable en d'autres corps plus simples que lui. C'est ainsi que **Lavoisier** (1743-1794) **a** montra que l'eau pouvait se décomposer en dioxygène et en dihydrogène. Personne n'a pu décomposer ni le dihydrogène ni le dioxygène en des corps plus simples. L'eau est un **corps pur composé.** Le dihydrogène et le dioxygène sont des **corps purs simples.**

● **Dalton** (1766-1844) **b** proposa que l'on nomme « atome » la plus petite partie d'un corps simple. Sa définition, nous le savons maintenant, n'était pas tout à fait générale puisque le gaz dioxygène est une **molécule** contenant deux **atomes** d'oxygène.

2 Un constituant commun à tous les atomes : l'électron

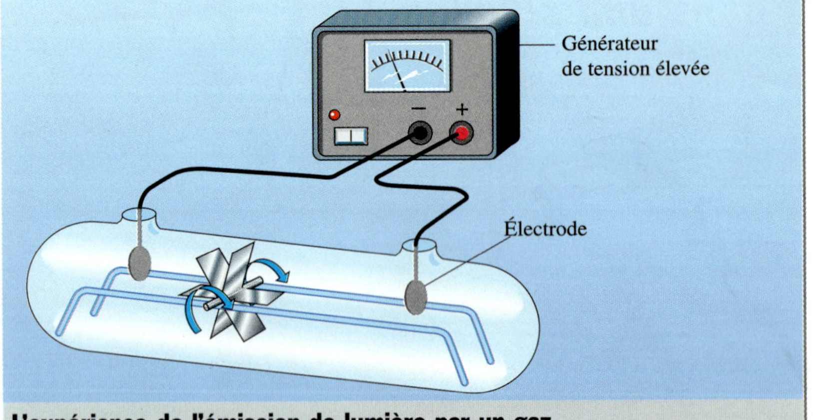

L'expérience de l'émission de lumière par un gaz.

● À partir de 1850, des physiciens placent des électrodes reliées à un générateur électrique aux extrémités et à l'intérieur d'un tube fermé contenant un gaz sous basse pression comme le dioxygène ou le dihydrogène. Ils constatent l'émission de lumière par ce gaz. Cette lumière est différente d'un gaz à l'autre.

Par ailleurs, en disposant des objets légers, ayant la forme de moulinets, entre les deux électrodes, on les voit bouger dès la fermeture du circuit électrique. Le modèle de l'atome connu à cette époque ne permettait pas d'expliquer de tels phénomènes.

● **Verley**, en 1871, lance l'idée que les moulinets tournent sous l'effet d'un courant de particules que G. J. **Stoney** appelle **électrons** en 1891. J. J. **Thomson** montre, entre 1897 et 1899, que ces particules ont toutes la même masse et contiennent de l'électricité.

● **L'électron** est donc un **constituant commun à tous les atomes** de toutes les molécules des gaz étudiés.

3 Une nouvelle représentation de l'atome

a Jean Perrin.

● On sait depuis le XVIIIe siècle qu'il existe deux sortes d'électricité, que l'on qualifie de positive et de négative. Un corps, dans son état habituel, possède autant d'électricité positive que d'électricité négative. On le dit électriquement neutre. Les électrons sont électrisés négativement. Puisque les atomes contiennent des électrons, le reste de l'atome doit être électrisé positivement pour que l'atome soit électriquement neutre.

● **J. Perrin** (1870-1942) a propose en 1901 une représentation planétaire de l'atome : autour d'un centre positif, les électrons décrivent des orbites circulaires c. **J. J. Thomson** (1856-1940) préfère l'idée d'une sphère contenant un mélange d'électrons et de particules positives.

E. Rutherford (1871-1937) b montre expérimentalement, en 1911, que l'atome possède un centre très petit chargé positivement et contenant presque toute la masse de l'atome. La matière est donc surtout faite de vide !

● Le modèle de Perrin confirmé par l'expérience de Rutherford prévalut jusqu'en **1925**. Depuis lors, les connaissances sur l'atome se sont beaucoup accrues nécessitant des améliorations et même des révolutions dans la façon de représenter l'atome, mais **l'idée simple d'un atome contenant des électrons (négatifs) et un noyau positif demeure toujours**.

b Ernest Rutherford.

c Le modèle planétaire de l'atome en 1901.

Questions

1 Doc. 1 a. Indiquez pourquoi l'eau est un corps pur composé.

b. Qu'est-ce qu'un corps pur simple ? Nommez deux corps purs simples. Écrivez la formule de chacun.

2 Doc. 2 a. Citez les observations que l'on peut faire avec des tubes contenant du gaz soumis à une tension électrique entre deux électrodes.

b. Quel nom G. J. Stoney donna-t-il aux particules qui faisaient tourner le moulinet dans les tubes remplis d'un peu de gaz ? Que montra J. J. Thomson ?

3 Doc. 3 a. Décrivez le modèle de l'atome proposé par J. Perrin.

b. Qu'a montré E. Rutherford ?

c. Jusqu'à quelle date le modèle planétaire a-t-il été utilisé ?

Activité 2

La carte d'identité des atomes

Les atomes nous ont permis de mieux comprendre les réactions chimiques en classe de Quatrième. Complétons nos connaissances sur les atomes.

Quelles sont les caractéristiques des atomes ?

1 Les différentes parties de l'atome

Les atomes possèdent tous un noyau et des électrons.

- **Les électrons** sont des grains **d'électricité négative**. L'ensemble des électrons d'un atome est souvent appelé **cortège** ou **nuage électronique** **a**. Chaque type d'atome possède un **nombre entier d'électrons** qui lui est propre **b**.

- **Le noyau** contient de l'**électricité positive** divisée en grains. Dans un atome, il existe autant de grains d'électricité positive que de grains d'électricité négative (les électrons) **a**. On dit que **l'atome est électriquement neutre**. Un matériau étant composé d'atomes, il est lui-même électriquement neutre.

- **La masse d'un atome** varie d'un type d'atome à un autre. Pour un atome donné, la **masse du noyau est beaucoup plus grande que la masse des électrons**.

Par exemple, l'atome d'hydrogène a le plus petit des noyaux mais la masse de son noyau est environ 2 000 fois supérieure à celle d'un électron. La masse des atomes est presque entièrement concentrée dans le noyau.

Il faut six cent mille milliards de milliards d'atomes d'hydrogène (soit 6×10^{23} atomes) pour obtenir un gramme d'hydrogène. **La masse d'un atome est donc très petite.**

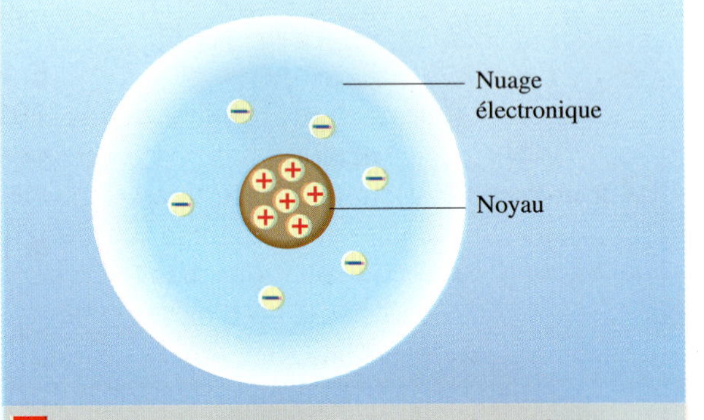

a **Une représentation de l'atome de carbone.**

b **Le nombre d'électrons de quelques atomes.**

Nom de l'atome	Hydrogène	Carbone	Oxygène	Uranium
Symbole	H	C	O	U
Nombre d'électrons	1	6	8	92

Les dimensions de l'atome

Les dimensions des atomes considérés comme des boules sont de l'ordre du **1/10 de nanomètre**, soit 10^{-10} mètre. La **dimension du noyau** est environ **100 000 fois inférieure à celle de l'atome.**

Il faut quelques milliards d'atomes placés en ligne pour faire une rangée de 1 mètre de long.

Questions

1 Quelle est la nature de l'électricité portée par le noyau ? Que signifie l'expression « électriquement neutre » ?

2 Les électrons d'un atome sont-ils plus légers ou plus lourds que son noyau ? Quel est l'atome qui a le plus petit des noyaux ?

3 Indiquez quelles sont la forme et les dimensions approximatives d'un atome.

4 Nommez l'atome qui possède 6 électrons. Un atome peut-il posséder 2,5 électrons ?

5 Résumez en quelques phrases les principales caractéristiques des atomes.

Activité 3

Le courant électrique dans les métaux

Les métaux sont de très bons conducteurs de l'électricité. Utilisons le modèle de l'atome pour expliquer ce phénomène.

Comment expliquer le courant électrique dans un métal ?

1 La conduction des métaux

● La structure du métal cuivre

Au microscope, on découvre que le cuivre est constitué de minuscules cristaux. Dans chaque cristal, les atomes de cuivre sont rangés de façon régulière **a**. La plupart des électrons d'un atome de cuivre sont solidement rattachés au noyau positif, mais certains peuvent se déplacer avec facilité d'un atome à l'autre. Ces électrons sont appelés « **électrons libres** » (libres de se déplacer). Leurs déplacements se font dans toutes les directions. Globalement, le métal reste électriquement neutre car les électrons libres ne quittent pas le métal.

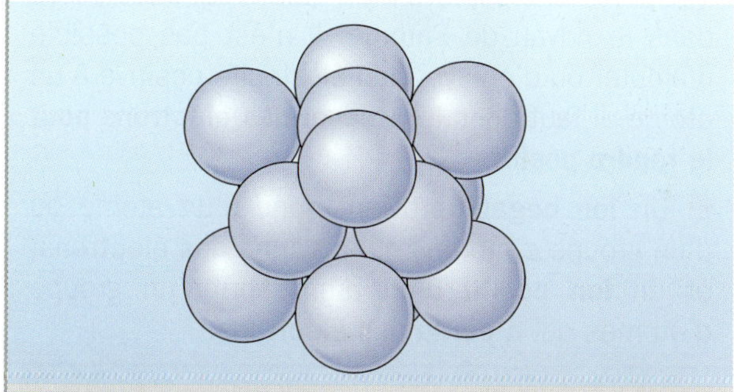

a Empilement d'atomes dans un cristal de cuivre.

● Que se passe-t-il dans un circuit électrique ?

Dans un circuit fermé, le métal est soumis à l'influence du générateur. Le mouvement désordonné des électrons libres du métal est modifié.

Tout se passe comme si les électrons étaient attirés par la borne ⊕ du générateur. Ils sont très nombreux à se déplacer et chacun d'entre eux se déplace peu. Le générateur agit comme une pompe à électrons : il les attire vers le pôle ⊕ et les rejette par le pôle ⊖ **b**.

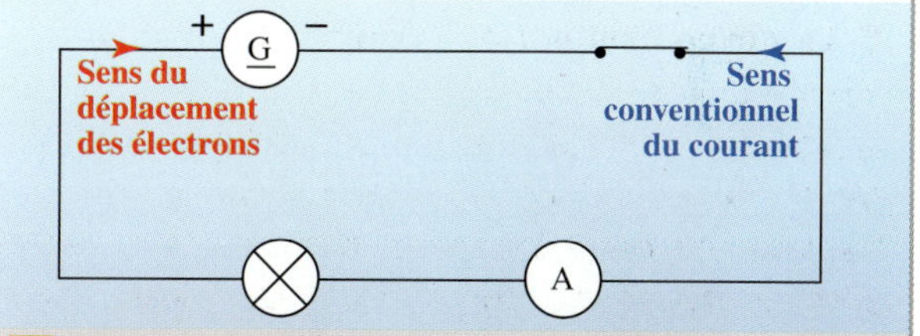

b Le sens de déplacement des électrons est le sens inverse du courant.

Le sens de déplacement des électrons est donc le sens inverse du sens choisi conventionnellement pour le courant.

● Que compte l'ampèremètre ?

Quand l'interrupteur est ouvert, autant d'électrons traversent l'ampèremètre dans un sens que dans l'autre : le bilan est équilibré, l'ampèremètre indique zéro.

Si l'interrupteur est fermé, les électrons allant vers la borne ⊕ du générateur sont plus nombreux. Le bilan n'est plus équilibré et l'ampèremètre indique un même débit en tout point du circuit série.

Questions

1 Qu'appelle-t-on un électron libre ? Les électrons du cuivre sont-ils tous libres ?

2 Comment se déplacent les électrons libres dans le cuivre quand le circuit est ouvert ? Quand l'interrupteur est fermé, quel est le sens du déplacement global des électrons ?

3 Pourquoi un ampèremètre placé dans un circuit ouvert indique-t-il une valeur nulle de l'intensité ?

4 À l'aide de vos connaissances, expliquez en quelques phrases comment un courant électrique peut exister dans un métal.

Activité 4

Les ions

Sur une étiquette d'eau minérale, nous pouvons lire la composition en ions de cette eau. Faisons connaissance de ces ions grâce au modèle de l'atome.

Comment définir et représenter un ion ?

1 Qu'est-ce qu'un ion ?

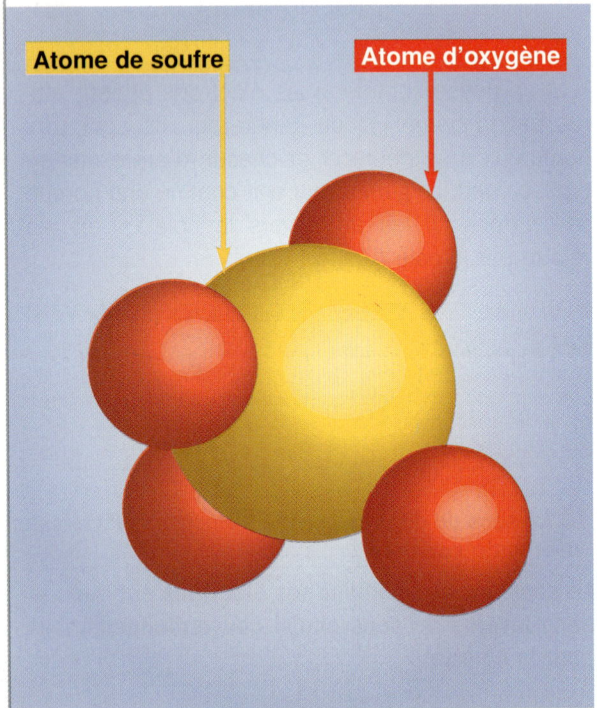

L'ion sulfate est un ion négatif. Il est constitué à partir d'un atome de soufre et de quatre atomes d'oxygène.

Le mot **ion** est apparu, pour la première fois, sous la plume de Michael Faraday en 1834.

- Il désigne un édifice **qui n'est pas électriquement neutre**. L'ion est électrisé soit positivement soit négativement. On parle d'**ion positif** ou d'**ion négatif**.
- Un ion formé à partir d'un seul atome est un ion **simple** ou **monoatomique**. Si l'ion est formé de plusieurs atomes, alors c'est un ion **composé** ou **polyatomique** (par exemple, l'ion sulfate).
- Avec un ou plusieurs **électrons** (négatifs) ajoutés à un atome ou à un groupe d'atomes, on obtient un **ion négatif.**
- L'électricité positive d'un atome est prisonnière dans le noyau de l'atome. Il n'est pas possible d'ajouter ou d'enlever de l'électricité positive à un atome. Il faut donc lui **enlever des électrons pour le rendre positif**.
- Un **ion négatif** provient donc d'un atome ou d'un groupe d'atomes qui **a gagné des électrons**, et un **ion positif** d'un atome ou d'un groupe d'atomes qui **a perdu des électrons**.

2 Les ions dans une eau minérale

Une même eau minérale est commercialisée avec deux étiquettes différentes. Sur l'une apparaît le nom des ions **a**, sur l'autre leur formule **b**. On lit, par exemple, en comparant les deux tableaux que l'ion calcium a pour formule : Ca^{2+}.

a Nom de l'ion	Composition moyenne en mg/L
Bicarbonate	1403
Chlorure	27,2
Sulfate	38,9
Potassium	32,8
Sodium	453
Calcium	45,2
Magnésium	21,2
Nitrate	<1

b Formule des ions	Composition moyenne en mg/L
HCO_3^-	1403
Cl^-	27,2
SO_4^{2-}	38,9
K^+	32,8
Na^+	453
Ca^{2+}	45,2
Mg^{2+}	21,2
NO_3^-	<1

Les étiquettes d'une eau minérale avec le nom a et la formule b des ions présents.

3 Le nom et la formule d'un ion

a La formule de l'ion sodium est Na^+. L'ion sodium est donc positif. Il est constitué à partir d'un atome de sodium qui a **perdu** un électron. Il **porte le nom « sodium »** parce qu'il a **le même noyau que l'atome de sodium**. Dans la formule, la charge de l'ion est indiquée en haut et à droite. L'ion sodium n'a qu'une charge positive.

b La formule de l'ion chlorure est Cl^-. L'ion chlorure est donc négatif. C'est un atome de chlore qui a gagné un électron. Il garde la racine *chlor* dans son nom car il a le **même noyau que l'atome de chlore**.

c La formule de l'ion sulfate est $(SO_4)^{2-}$. Ce groupe d'atomes comporte un atome de soufre de symbole S et 4 atomes d'oxygène de symbole O. L'ensemble de ces atomes a **gagné 2 électrons,** donc **deux charges négatives**. Il a fallu choisir, pour cet ion polyatomique, un nom différent de celui des atomes qu'il contient. C'est le groupe d'atomes qui a gagné deux électrons et non un atome d'oxygène. Les parenthèses indiquent ici que les deux électrons sont affectés au groupe d'atomes SO_4. Elles n'apparaîtront plus par la suite.

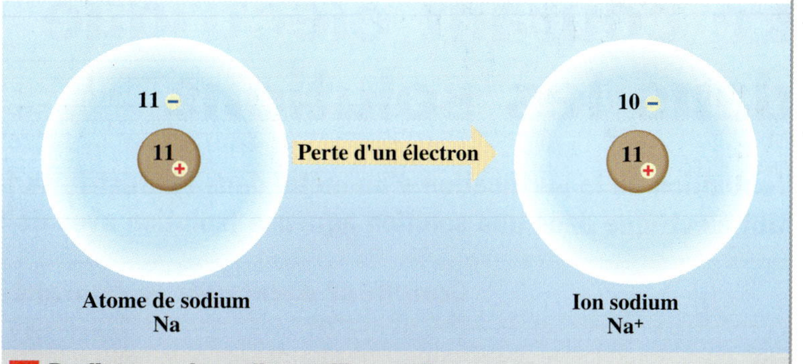

a De l'atome de sodium à l'ion sodium.

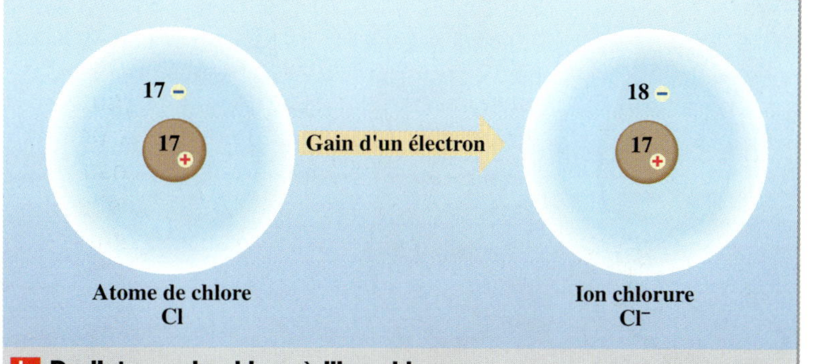

b De l'atome de chlore à l'ion chlorure.

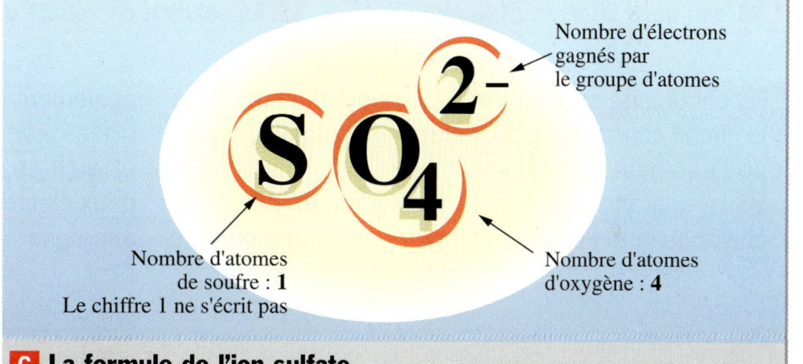

c La formule de l'ion sulfate.

Questions

1 Doc. 1 a. Précisez ce que désigne le mot « ion ». Comment appelle-t-on un ion formé à partir d'un seul atome ?

b. Peut-on enlever des charges positives à un atome ? Expliquez comment un ion peut être négatif puis comment un ion peut être positif.

2 Doc. 2 Pour tous les ions de l'étiquette d'eau minérale, complétez le tableau suivant après l'avoir recopié.

Nom de l'ion	Formule de l'ion	Nature de l'ion
Chlorure	Cl^-	Simple

3 Doc. 3 a. Combien d'électrons et de charges positives contient l'ion sodium ? (L'atome de sodium possède 11 électrons.)

b. Pourquoi l'ion chlorure et l'atome de chlore ont-ils en commun la racine *chlor* dans leurs noms ?

4 Comment définir et représenter un ion ?

Activité 5

Le courant électrique dans les solutions

L'obtention ou la purification d'un métal dans l'industrie se fait parfois en faisant passer du courant électrique dans une solution aqueuse (solution avec de l'eau) contenant des ions.

Comment expliquer le courant électrique dans une solution ?

1 Le courant électrique dans une solution

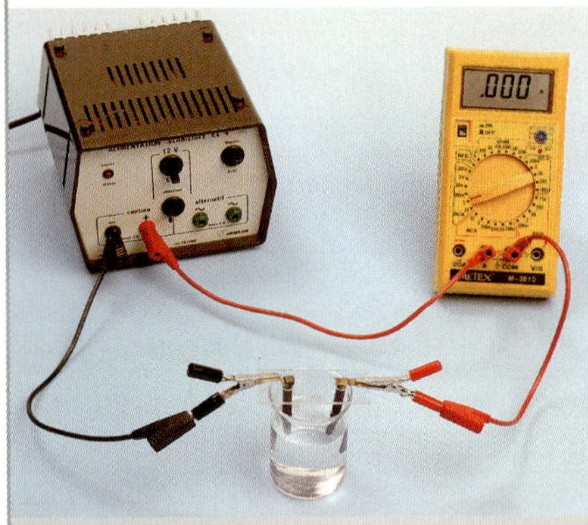

a L'eau pure interrompt le circuit.

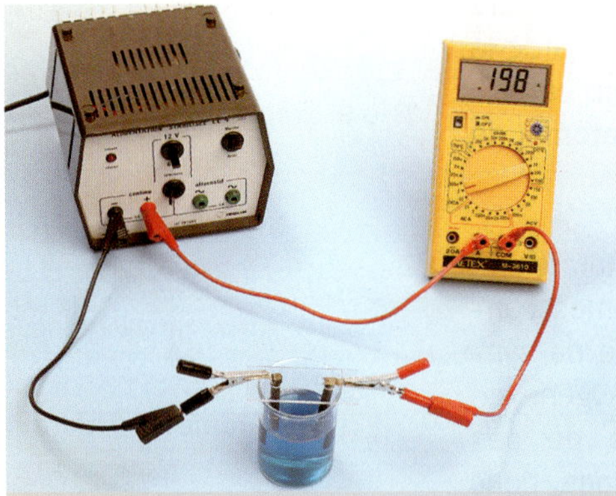

b La solution de sulfate de cuivre n'interrompt pas le circuit.

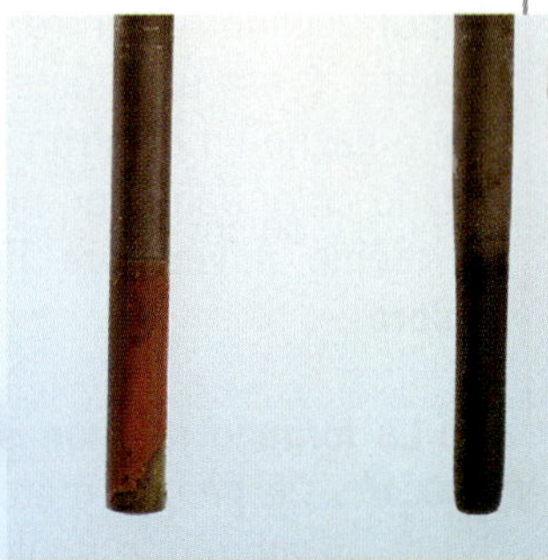

Une électrode du circuit est recouverte de cuivre.

a L'intensité du courant électrique qui passe dans le circuit comportant deux électrodes plongées dans de l'eau pure est nulle.

b Le courant passe dans la solution de sulfate de cuivre comme l'indique l'ampèremètre. On constate également que du métal cuivre se dépose sur l'électrode directement reliée au pôle ⊖ du générateur et qu'il se dégage un gaz à l'autre électrode. Les deux électrodes sont le lieu de **réactions chimiques** que nous n'étudierons pas.

2 Des cristaux aux solutions ioniques

● Le sulfate de cuivre est un solide bleu ❶ contenant des ions sulfate incolores et des ions cuivre bleus. Il est **électriquement neutre** : ce qui veut dire qu'il contient **autant d'ions sulfate avec deux charges négatives** que **d'ions cuivre avec deux charges positives**. Les ions positifs attirent les ions négatifs, ce qui assure la solidité du cristal.

● Le permanganate de potassium est un solide violet très sombre ❷. Il contient **un ion potassium avec une charge positive pour un ion permanganate violet avec une charge négative.**

● Le sulfate de cuivre se dissout dans l'eau pure pour donner une solution bleue. La solution de permanganate de potassium est violette.

● Nous admettrons qu'en se dissolvant, **les ions de ces solides dits ioniques se dispersent dans l'eau**. Ces ions deviennent indépendants les uns des autres.

Des cristaux de sulfate de cuivre ❶ et de permanganate de potassium ❷.

3 La migration des ions

● On a imbibé un papier filtre d'une solution de sulfate de sodium incolore contenant des ions sulfate et des ions sodium. On dispose quelques cristaux de sulfate de cuivre et de permanganate de potassium sur le papier filtre à égale distance de deux électrodes A et C.
Si le circuit reste ouvert ❶, on observe, après quelques minutes, une tache violette autour du permanganate de potassium. Cette couleur est due aux ions permanganate dissous dans l'eau du papier filtre et qui diffusent* dans tous les sens. De même, les ions cuivre donnent une tache bleue.

● Dès que le circuit est fermé ❷, l'ampèremètre indique le passage d'un courant. Après quelques minutes, on constate que la **tache violette s'allonge vers l'électrode A (anode) reliée à la borne ⊕** du générateur.
Quand une tension est appliquée entre les deux électrodes, **les ions permanganate négatifs se dirigent vers l'anode**. Les ions incolores se déplacent aussi mais cette expérience ne permet pas de les voir. Un phénomène identique se produit à partir du tas de sulfate de cuivre. Les **ions cuivre positifs se déplacent vers la cathode C.**

● **Le courant électrique dans une solution est dû au déplacement des ions présents dans cette solution. Les ions négatifs (anions) se déplacent vers l'anode et les ions positifs (cations) vers la cathode.**
Les électrons des conducteurs métalliques ne vont pas dans la solution.

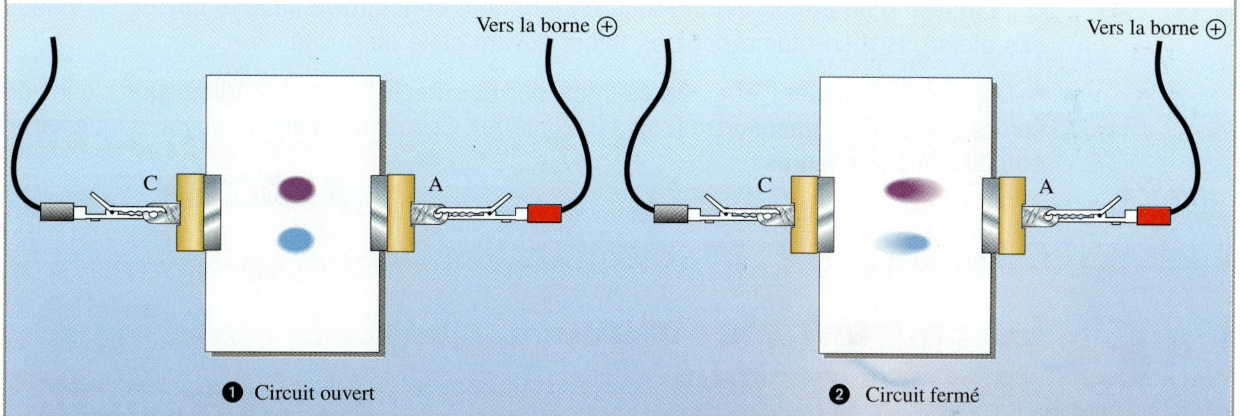

L'expérience de migration des ions.

Questions

1 Doc. 1 **a. L'eau pure conduit-elle l'électricité ?**
b. Comment a-t-on procédé pour montrer que la solution de sulfate de cuivre est conductrice ? Que se passe-t-il aux deux électrodes ?

2 Doc. 2 **a. Nommez les ions contenus dans les cristaux de sulfate de cuivre.**
b. Pourquoi existe-t-il un ion potassium pour un ion permanganate dans le permanganate de potassium ?

3 Doc. 2 **En vous aidant de la mini-bibliothèque page 249, donnez les formules des ions présents dans le permanganate de potassium.**

4 Doc. 3 **a. Comparez les taches violettes du permanganate de potassium. Quelle est la différence ?**
b. Dans quel sens se déplacent les ions permanganate ? Et les ions cuivre ?

5 Doc. 3 **a. Les électrons des électrodes traversent-ils la solution ?**
b. En conclusion, comment expliquer le courant électrique dans les solutions ?

LE SENS DES MOTS

Diffuser : on dit qu'un ion diffuse quand il peut se déplacer dans toutes les directions.

L'essentiel

1 Les constituants de l'atome — Activités 1 et 2

● Chaque atome possède un nombre donné d'**électrons**. Les électrons sont des grains **d'électricité négative** répartis dans une zone qui entoure le **noyau**. Le noyau de l'atome contient de l'**électricité positive**.

● L'**atome électriquement neutre** contient autant d'électricité négative que d'électricité positive. Un **matériau**, constitué d'atomes, est donc lui aussi **électriquement neutre** dans son état habituel.

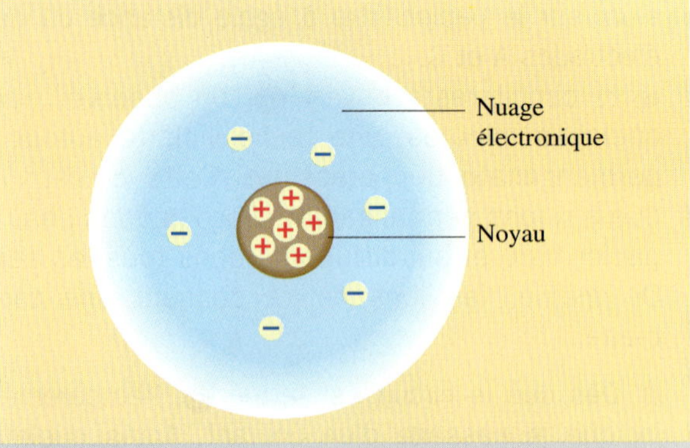

Une représentation de l'atome de carbone.

● La **masse d'un atome** est presque entièrement **concentrée dans le noyau**. La masse des électrons d'un atome est très faible devant celle du noyau.

● Les **atomes** peuvent être représentés par des boules dont les dimensions sont de l'ordre du **1/10 de nanomètre** (soit 10^{-10} mètre). Les **dimensions du noyau** sont environ **100 000 fois inférieures**.

Exercices : 1, 2, 7 à 9, 18

2 Le courant électrique dans les métaux — Activité 3

● Les **métaux** sont constitués **d'atomes**. Certains électrons de ces atomes sont capables de se déplacer d'un atome à l'autre dans toutes les directions possibles. Ce sont des **électrons libres**. Ils expliquent le passage d'un courant électrique dans les métaux.

● Quand un conducteur métallique fait partie d'un circuit fermé muni d'un générateur, **les électrons libres** modifient leurs mouvements. Ils **se dirigent vers la borne ⊕ du générateur**.

● Le **sens de déplacement des électrons** est le **sens inverse du sens conventionnel** du courant.

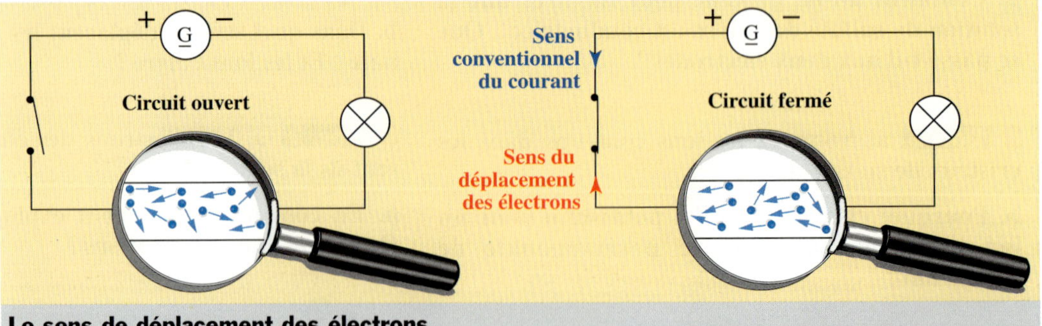

Le sens de déplacement des électrons.

Exercices : 4, 16, 18

3 Les ions

Activité 4

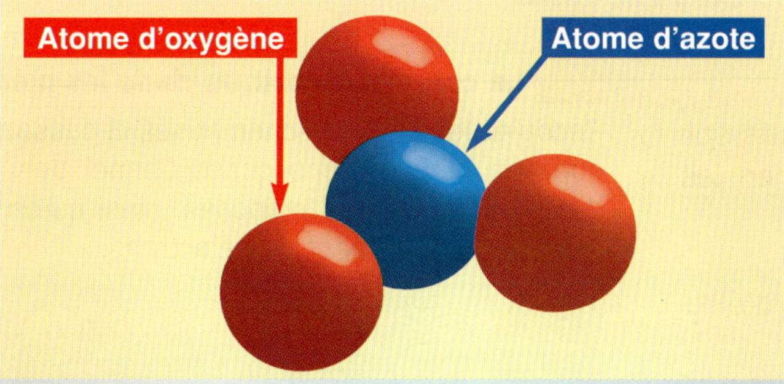

L'ion nitrate est un ion négatif.

Un **ion** est formé à partir d'un **atome** ou d'un **groupe d'atomes** qui a **perdu** (ion positif) ou **gagné** (ion négatif) un ou plusieurs **électrons**.

Exercices : 3, 10 à 15, 18

4 Le courant électrique dans les solutions

Activité 5

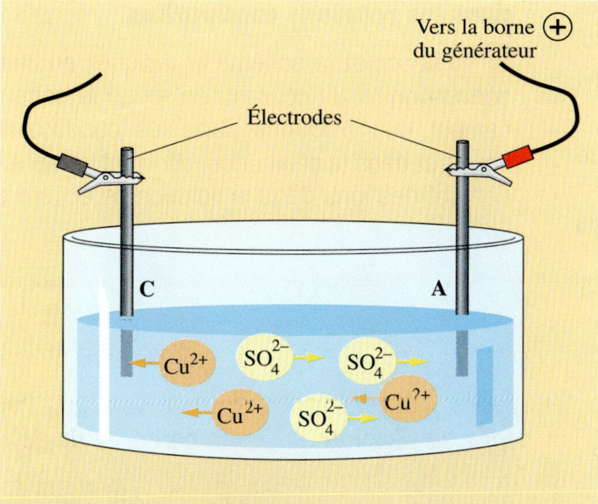

Le déplacement des ions.

Certains solides constitués d'ions sont solubles dans l'eau, comme le sulfate de cuivre ou le sulfate de sodium. Dans l'eau, les **ions se dispersent** et deviennent indépendants les uns des autres.

- Une telle solution est conductrice. Le **passage du courant** est dû aux **déplacement des ions**. Les **ions positifs** se dirigent vers l'électrode reliée à la **borne** ⊖ du générateur, les **ions négatifs** vers l'électrode reliée à la **borne** ⊕. Les électrons ne traversent pas les solutions aqueuses ioniques, en terme imagé : ils ne savent pas « nager ».

Exercices : 5, 6, 17, 18

Je dois être capable de...

- **Expliquer le passage du courant électrique dans un métal et dans une solution contenant des ions.**

Exercices

JE TRAVAILLE SEUL

RÉPONSES P. 250

1 Les constituants des atomes

Répondez par VRAI ou FAUX aux affirmations suivantes. Rectifiez celles qui sont fausses en les réécrivant.

a. Un atome est électriquement neutre.
b. Un atome est constitué d'un noyau et d'électrons.
c. Le noyau d'un atome contient de l'électricité négative.
d. Les électrons sont des grains d'électricité positive.
e. Un morceau de cuivre est électriquement neutre.

2 Masses et dimensions dans les atomes

Recopiez les phrases et complétez-les par un mot (ou un ensemble de mots) orthographié correctement et choisi dans la liste suivante : *petit, lourd, micromètre, léger, presque égal, grand, nanomètre, beaucoup plus, moins.*

a. La masse de l'atome est .... que celle de tous les électrons de l'atome.
b. Les électrons d'un atome sont beaucoup plus .... que le noyau de l'atome.
c. Les atomes sont presque des boules dont le diamètre est voisin de 1/10 de ....
d. La masse de l'atome est .... à celle du noyau.
e. Le noyau est beaucoup plus .... que l'atome.

3 Les ions

a. Pour donner un ion fer Fe^{3+}, l'atome de fer a-t-il perdu ou gagné des électrons et combien ?
b. Un atome de brome (Br) a un noyau comportant 35 grains d'électricité positive. Combien d'électrons possède l'ion bromure Br^- ?
c. L'atome de fluor de symbole F possède 10 électrons. L'ion fluorure possède un électron de plus que l'atome de fluor. Donnez la formule de cet ion, le nombre d'électrons et le nombre de grains d'électricité positive qu'il contient.
d. Un atome de calcium (Ca) comporte 20 électrons. Quel est le nombre de grains d'électricité positive du noyau et le nombre d'électrons de l'ion calcium Ca^{2+} ?

4 Le courant électrique dans les métaux

Recopiez les circuits schématisés ci-dessous et indiquez en bleu le sens conventionnel des courants dans les différentes branches, ainsi qu'en rouge le sens de déplacement des électrons.

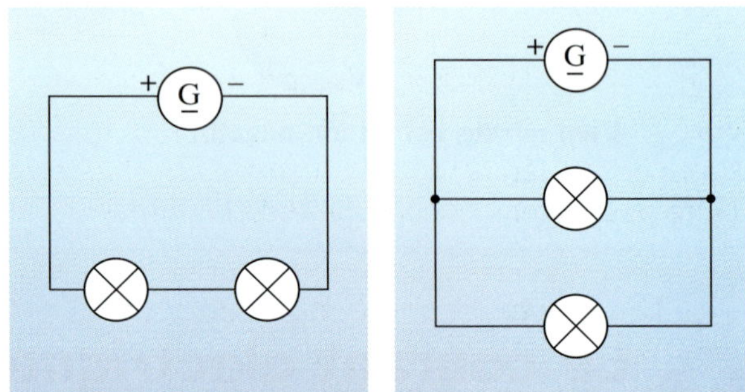

Le courant électrique dans les solutions conductrices

5 Recopiez le schéma et indiquez en bleu le sens conventionnel du courant, en rouge le sens de déplacement des électrons dans les conducteurs métalliques et dans la couleur qui convient, le sens de déplacement des ions dans la solution de sulfate de cuivre.

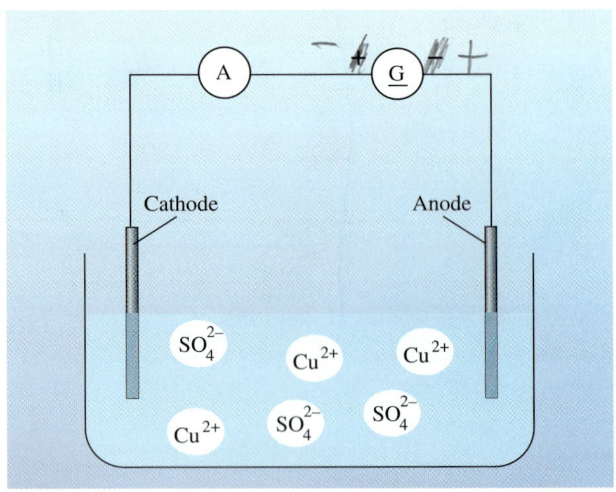

6 On place deux électrodes, reliées à une pile par des conducteurs métalliques, dans une solution de chlorure de sodium (NaCl) contenue dans un becher. Donnez les formules des ions contenus dans le becher. Dessinez le circuit électrique et indiquez le sens conventionnel du courant en bleu, le sens de déplacement des électrons dans les conducteurs métalliques en rouge et le sens de déplacement des ions dans le becher.

J'UTILISE MES CONNAISSANCES

7 ★ La masse des atomes

Un atome d'uranium, qui est un des plus lourds qui existe, a une masse de $3{,}95 \times 10^{-22}$ g.
Montrez qu'il faut réunir 2,5 mille milliards de milliards d'atomes ($2{,}5 \times 10^{21}$) pour obtenir 1 g d'uranium.

8 ★ Les dimensions des atomes

Montrez qu'il faut aligner côte à côte 4 millions d'atomes de fer de 0,25 nanomètre (nm) de diamètre pour obtenir une longueur de 1 mm.

9 La constitution de la molécule d'eau

Une molécule d'eau de formule H_2O compte au total 10 électrons. Vérifiez cette affirmation en vous aidant du tableau des atomes de l'activité 2 page 30. Justifiez votre réponse.

10 L'ion bicarbonate HCO_3^-

Donnez le nom et le nombre des atomes qui constituent l'ion bicarbonate. Combien d'électrons excédentaires porte-t-il ?

11 Quelques ions

Recopiez et complétez le tableau suivant à l'aide de la mini-bibliothèque p. 249 et du tableau en début d'ouvrage, au dos de la couverture.

Formule de l'ion	Nom de l'ion	Charge de l'ion	Nombre total de grains d'électricité positive	Nombre total d'électrons
K^+				
	Calcium			
Zn^{2+}				
	Fer (III)			
$(ClO_3)^-$				
$(HO)^-$				
	Ammonium			
$(PO_4)^{3-}$				

12 Les ions d'une eau minérale

a. Écrivez les formules des ions cités sur cette étiquette d'eau minérale en vous aidant de la mini-bibliothèque page 249.
b. Les anions sont-ils des ions positifs ou négatifs ou les deux ?
c. Répondez à la même question pour les cations.

13 SVT ★
Les besoins en ions du corps humain

Le tableau ci-contre regroupe quelques besoins quotidiens du corps humain en ions.

Ions	Quantité
Sodium	3 à 5 g
Potassium	2 à 3 g
Magnésium	0,300 g
Fer	0,012 à 0,15 g
Zinc	0,200 g
Cuivre	0,002 g

1. En vous aidant du tableau des ions de la mini-bibliothèque page 249, retrouvez la formule de ces ions. Sont-ils des ions simples ou des ions composés ?
2. Ces ions sont-ils positifs ou négatifs ? À quel autre type d'ions doivent-ils être associés dans les aliments ?
3. Le sel de cuisine contient surtout du chlorure de sodium. À quel autre ion l'ion sodium est-il associé dans le sel de cuisine ?

14 ★ Les formules de composés ioniques

Recopiez et complétez le tableau (page suivante) en vous aidant du tableau des ions de la mini-bibliothèque page 249.

Nom des corps	Nom et formule du cation	Nom et formule de l'anion	Proportion entre anion et cation
Sulfate de cuivre	Ion cuivre : Cu^{2+}	Ion sulfate : $(SO_4)^{2-}$	1 ion sulfate pour 1 ion cuivre
Chlorure de sodium			
Nitrate d'ammonium			
Chlorure de cuivre			
Sulfate de sodium			
Carbonate de calcium			
Hydroxyde de sodium			

15 ★★ Quel ion suis-je ?

En vous reportant au tableau des atomes en début d'ouvrage et à celui des ions en page 249, retrouvez l'ion qui se cache sous l'énigme ci-dessous.

« Je possède 5 noyaux d'atomes dont 4 identiques avec chacun 8 grains d'électricité positive. Je possède 50 électrons au total ce qui me donne une charge négative de 2 électrons. »

Aide

- Trouvez d'abord quel est l'atome dont le noyau possède 8 grains d'électricité positive.
- Cherchez combien de grains d'électricité positive possède cet ion au total.
- Calculez le nombre de grains d'électricité positive contenu dans le noyau du cinquième atome différent des quatre autres.

16 Le courant électrique dans les métaux

Recopiez les phrases et complétez-les par un mot (ou un ensemble de mots) orthographié correctement choisi dans la liste suivante : *fermé, contraire, métal, petit, générateur, libre, plus, moins, atome, filament, courant, électron.*

Dans un métal, il existe des électrons capables de se déplacer d'un ...... à l'autre. Quand un conducteur métallique, comme le ...... d'une lampe à incandescence, est placé dans un circuit fermé contenant un ......, les ...... libres du ...... se déplacent dans le sens ...... du sens conventionnel du .... Le déplacement de chaque électron ...... est très ...... devant la longueur du circuit. Le ...... joue le même rôle qu'une pompe. Il oblige les électrons à se déplacer de la borne ...... vers la borne ...... dans le circuit.

17 ★ La migration d'ions

Un papier pH trempé dans de l'eau pure ou dans une solution de sulfate de sodium devient orangé.

L'acide sulfamique, soluble dans l'eau, donne une solution acide incolore capable de rougir ce papier pH imbibé. C'est l'ion hydrogène H^+ qui est responsable du passage de l'orangé au rouge.

L'hydroxyde de sodium NaOH, soluble dans l'eau, donne une solution incolore capable de faire verdir le même papier pH. C'est l'ion hydroxyde OH^- qui est responsable du passage de l'orangé au vert.

On place, horizontalement et à plat, une bande de ce papier pH imbibé d'une solution incolore de sulfate de sodium entre deux pinces métalliques reliées à un générateur électrique.

On met sur le papier pH un petit tas de quelques cristaux d'acide sulfamique et un autre petit tas de cristaux d'hydroxyde de sodium. On constate qu'une tache rouge se développe sur le papier pH à partir de l'un des tas en direction d'une des électrodes et qu'une tache verte se développe à partir de l'autre tas vers l'autre électrode ; ces deux taches se déplacent en sens opposés et ne se croisent pas.

Réalisez un schéma de cette expérience et expliquez la présence de ces taches ainsi que leur déplacement.

18 ★ Le mot caché

Recopiez la grille ci-dessous. Complétez-la à l'aide des définitions pour découvrir le mot caché dans la colonne colorée en vert.

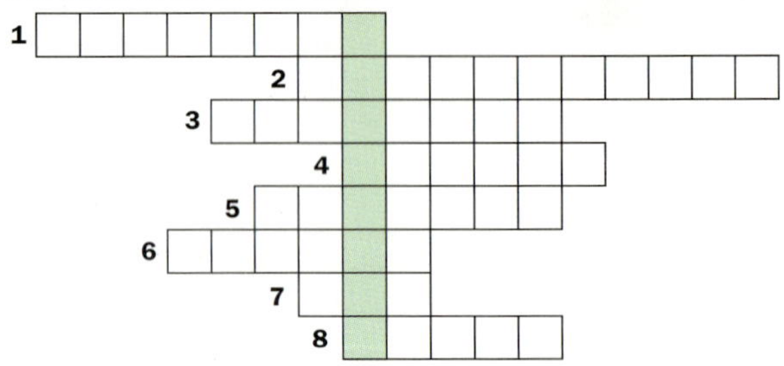

1. Nature de l'électricité du noyau.
2. Il en existe de deux signes différents dans un atome.
3. Électriquement neutre et constituée d'atomes.
4. Ion positif.
5. Nom de l'ion qui a pour formule NO_3^-.
6. Atome qui possède 17 électrons.
7. Possède une charge électrique positive ou négative.
8. Contient presque la totalité de la masse de l'atome.

Les débats sur l'atome

Les savants mettent parfois du temps à admettre les nouvelles idées. Jusqu'à la fin du XIXe siècle, de nombreux chimistes, et non des moindres, refusent l'idée que la matière est faite d'atomes. Leur argument principal : personne n'a vu ni isolé ces atomes (en effet, c'était impossible à l'époque) ; or la chimie est une science expérimentale. Voici quelques citations, à méditer.

Jean-Baptiste Dumas

(1800-1884), chimiste

« Si j'en étais le maître, j'effacerais le mot atome de la science, persuadé qu'il va plus loin que l'expérience ; et jamais en chimie, nous ne devons aller plus loin que l'expérience. »
« Que nous reste-t-il de l'ambitieuse excursion que nous nous sommes permise dans la région des atomes ? Rien, rien de nécessaire, du moins. Ce qui nous reste, c'est la conviction que la chimie s'est égarée, comme toujours, quand abandonnant l'expérience, elle a voulu marcher sans guide au travers des ténèbres. »

Leçons sur la philosophie chimique, 7e leçon, p. 246, 1836.

Henri Sainte-Claire Deville

(1818-1881), auteur du premier procédé industriel de préparation de l'aluminium

« Toutes les fois que l'on a voulu imaginer, dessiner des atomes, des groupements de molécules, je ne sache pas qu'on ait réussi à faire autre chose que la reproduction grossière d'une idée préconçue, d'une hypothèse gratuite, enfin de conjectures stériles. Ces représentations n'ont jamais inspiré une expérience sérieuse : elles sont toujours venues non pour prouver, mais pour séduire ; et ces illustrations qui sont aujourd'hui si fort en vogue sont, pour nos écoles, un danger plus sérieux qu'on ne pense. Elles frappent les yeux et satisfont l'esprit d'une manière trompeuse : elles font croire à une interprétation réelle des faits et oublier notre ignorance. Car savoir qu'on ignore est nécessaire pour vouloir apprendre. »

Leçons de la Société chimique, 1866-1867, p. 52.

Friedrich Kekule Von Straponitz

(1829-1896), chimiste

« Je n'ai aucune hésitation à dire que, d'un point de vue chimique, je ne crois pas à l'existence réelle des atomes, si l'on prend le mot dans sa signification littérale de particule indivisible de la matière. J'espère plutôt que nous trouverons un jour, pour ce que nous appelons maintenant atomes, une explication mathématico-mécanique, qui rendra compte du poids atomique. »

The Laboratory, I, 27 juillet 1897.

CHAPITRE

3 Les matériaux, les acides et les bases

De nombreux liquides de notre alimentation, comme les jus de fruits, ou de notre environnement, comme le liquide des batteries, sont acides. D'autres comme les savons, certaines lessives et quelques liquides de nettoyage sont basiques. Mais très souvent, les fabricants de produits ménagers ou de toilette cherchent des produits à pH « neutre » comme les shampooings. Les emballages de tous ces produits ne doivent pas réagir avec leur contenu.

Activité 1

Par quoi se caractérisent les solutions acides ou basiques ?

Ces liquides sont acides, basiques ou neutres.

Activité 2

Comment reconnaître certains ions dans une solution aqueuse ?

Dans une solution, les ions ne sont pas visibles à l'œil nu, ni au microscope mais certains tests permettent de les reconnaître.

Activité 3

Quelle est l'action de l'acide chlorhydrique sur le fer ?

Pour conserver des aliments, en général acides, dans une boîte de conserve en acier, on doit recouvrir l'intérieur d'une couche protectrice car le fer est attaqué par les acides.

Activité 4

Comment interpréter et écrire la réaction entre le fer et un acide ?

La réaction d'un acide sur le fer fait disparaître des ions, des atomes et apparaître des molécules et d'autres ions.

Activité 5

Sur quels matériaux agissent les acides ou les bases ?

Le bac en matière plastique de cette batterie doit résister à l'acide concentré qu'il contient.

Activité 1

Les caractéristiques des solutions acides et basiques

Un liquide contenant de l'eau peut être acide, basique ou neutre. Le pH que l'on a étudié en Cinquième est un nombre qui caractérise cette propriété. Les solutions acides ou basiques ont d'autres caractéristiques et il faut être prudent lorsqu'on les utilise.

Par quoi se caractérisent les solutions acides ou basiques ?

1 Le pH des solutions aqueuses

a Le pH du liquide assouplissant est de 4,2.

b La mesure du pH de différents liquides : ❶ eau du robinet (pH = 7) ; ❷ vinaigre (pH = 3) ; ❸ solution de bicarbonate de soude (pH = 8).

La mesure du pH

Le **pH** est un nombre qui caractérise l'**acidité** ou la **basicité** d'une solution aqueuse. Il est mesuré avec un pH-mètre **a** ou estimé avec un papier indicateur de pH **b**.

Acide — **Neutre** — **Basique**

0 — 7 — 14

Pour les solutions peu concentrées, le pH est compris entre 0 et 14 :
– si le pH est inférieur à 7 ($0 \leqslant pH < 7$), la solution est acide ;
– si le pH est égal à 7, la solution est neutre ;
– si le pH est supérieur à 7 ($7 < pH \leqslant 14$), la solution est basique (ou alcaline).

Pour les solutions concentrées comme celles du commerce, on ne peut plus mesurer l'acidité ou la basicité avec un pH-mètre.

L'effet sur le pH de la dilution par l'eau

On mesure le pH de quatre solutions contenant chacune autant d'acide chlorhydrique et de plus en plus d'eau **c**.

On constate que le pH de la solution augmente au fur et à mesure que l'on ajoute de l'eau.

Le pH des solutions acides augmente avec la dilution, c'est-à-dire avec la diminution de la concentration en acide de la solution (acidité).

c La dilution d'une solution acide.

Acide chlorhydrique	5 mL	5 mL	5 mL	5 mL
Eau	50 mL	100 mL	150 mL	200 mL
Valeur du pH de la solution	0,5	0,8	0,9	1,0

Une expérience semblable réalisée avec une solution **basique** montre que son **pH diminue avec la dilution**.

2 La conduction des solutions acides et basiques

● Deux électrodes en graphite, reliées à un générateur et à un ampèremètre, trempent dans une cuve contenant soit une solution d'acide sulfamique dans l'eau, soit une solution d'hydroxyde de sodium. **Dans chaque cas, l'ampèremètre détecte un courant.**

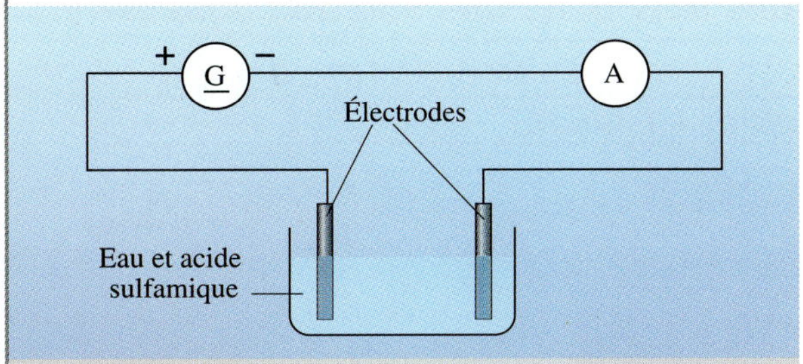

Une solution d'acide sulfamique est conductrice.

● Lorsqu'on dissout de l'acide sulfamique dans l'eau, des ions sulfamate et des ions hydrogène (H^+) se dispersent dans la solution. Dans le cas de l'hydroxyde de sodium, ce sont des ions sodium et des ions hydroxyde (HO^-) qui se dispersent. Ces ions sont responsables du caractère conducteur de ces solutions. L'eau pure ne conduit que très peu le courant.

Une solution acide contient toujours des ions hydrogène (H^+) et une solution basique des ions hydroxyde (HO^-).

3 Les dangers des solutions acides et basiques

● Les acides et les bases sont capables **d'attaquer** par contact la peau, les muqueuses* et les yeux. Toute manipulation d'un acide concentré comme l'acide chlorhydrique, ou d'une base concentrée comme la soude* (voir aussi page 248) doit se faire en **respectant** des **consignes de sécurité** :
- travailler dans un local aéré avec gants et lunettes ;
- diluer, si besoin est, en versant l'acide ou la base dans l'eau et non l'inverse ;
- bien reboucher les bouteilles de stockage.

● Il est important d'**ajouter l'acide (ou la base) dans l'eau et non le contraire**. La dilution s'accompagne d'un échauffement brutal. Si l'eau touche l'acide concentré, elle est vaporisée avec des projections d'acide. Inversement, l'acide versé dans l'eau plonge immédiatement et il n'y a pas de projections.

● Le milieu naturel est pollué par les rejets dont le pH est trop éloigné de 7. **Il faut donc contrôler le pH des solutions et les amener entre 6 et 8** par dilution, avant de les jeter dans l'évier.

Il faut verser l'acide dans l'eau et non le contraire.

Questions

1 Doc. 1 Comment mesure-t-on le pH d'une solution ? Quand dit-on qu'une solution est acide ou basique ? Comment qualifie-t-on une solution de pH égal à 7 ?

2 Doc. 1 La dilution a-t-elle une influence sur le pH des solutions ? Laquelle ?

3 Doc. 2 Quel est l'ion que contiennent toutes les solutions acides ? Quel est l'ion que contiennent toutes les solutions basiques ?

4 Doc. 3 Pourquoi faut-il respecter des règles de sécurité quand on utilise des acides ou des bases ? Quelles sont ces règles ?

LE SENS DES MOTS

Muqueuse : membrane qui tapisse certaines cavités du corps (nez, bouche).

Soude : nom courant de l'hydroxyde de sodium. Le mot soude s'applique surtout à la solution aqueuse de ce corps.

Activité 2

Reconnaître des ions en solution

Pour déterminer la nature des ions contenus dans une solution, il existe une série de tests.

Comment reconnaître certains ions dans une solution aqueuse ?

1 La formation d'un précipité*

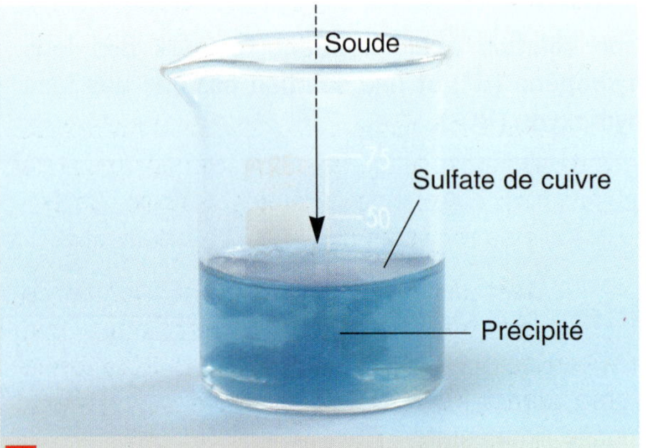

a Un précipité se forme.

b Tous les ions cuivre sont dans le précipité.

● Une goutte de solution d'hydroxyde de sodium (soude) qui vient de pénétrer dans une solution aqueuse de sulfate de cuivre produit une zone trouble bleue-verte : on dit qu'il se forme un **précipité*** a. Lorsque l'on rajoute suffisamment de soude et que l'on attend un peu, le précipité de couleur cyan tombe au fond du récipient et la solution devient incolore b. Le **précipité** est de **l'hydroxyde de cuivre.**

● Lorsque l'on ajoute quelques gouttes de soude dans une solution de composition inconnue ou dans une solution dont on pense qu'elle contient des ions cuivre, si un précipité cyan apparaît alors on possède un indice de la présence possible d'ions cuivre dans cette solution.
On dit encore que l'on teste la présence des ions cuivre.

2 Interprétation de la formation du précipité

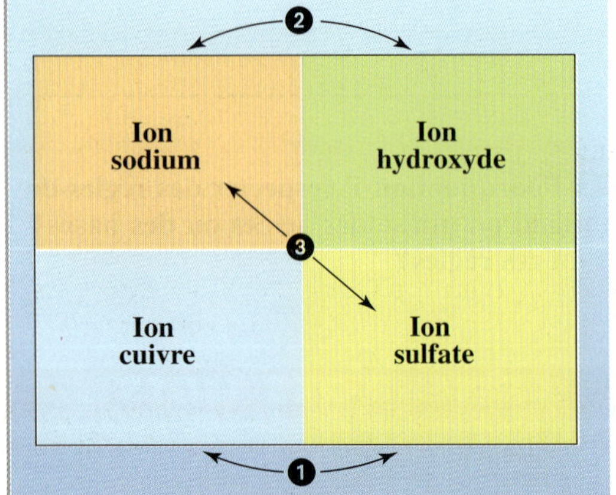

Les ions compatibles en solution sont indiqués par une flèche.

● Lors de la dissolution du sulfate de cuivre dans l'eau, les **ions sulfate** et les **ions cuivre** se dispersent et « s'ignorent » les uns les autres ❶. On dit encore qu'ils sont **compatibles** en solution. Il en est de même pour la dissolution de l'hydroxyde de sodium ❷.

● Quand on mélange les deux solutions, les **ions cuivre positifs précipitent** avec des **ions négatifs** pour donner un composé solide qui doit être électriquement neutre. Ce sont les **ions hydroxyde** qui précipitent avec les ions cuivre et non les ions sulfate car les ions sulfate « ignorent » les ions cuivre dans une solution.

● Les **ions sulfate et les ions sodium** sont **compatibles** ❸. Ils sont restés en solution car le sulfate de sodium est soluble et incolore.

3 Des tests de reconnaissance d'autres ions

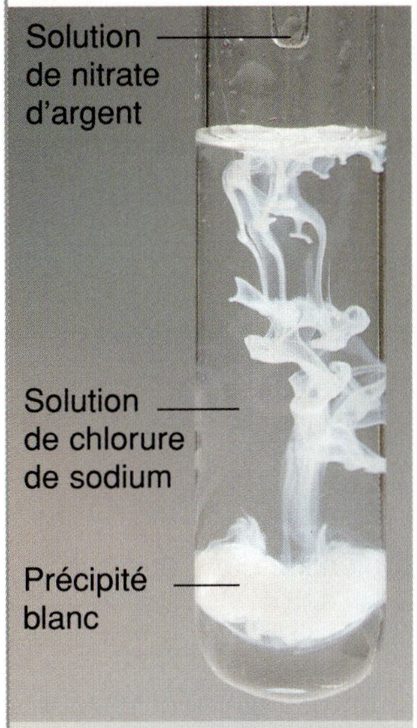

a Test des ions chlorure.

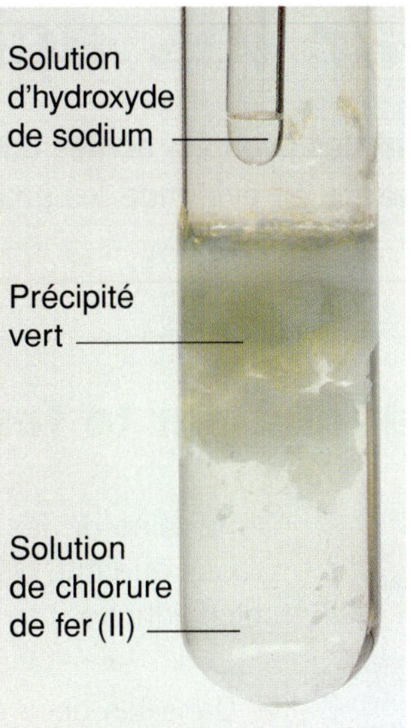

b Test des ions fer (II).

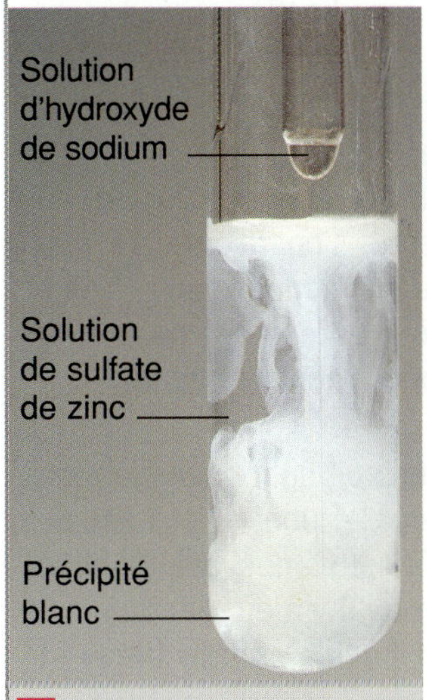

c Test des ions zinc.

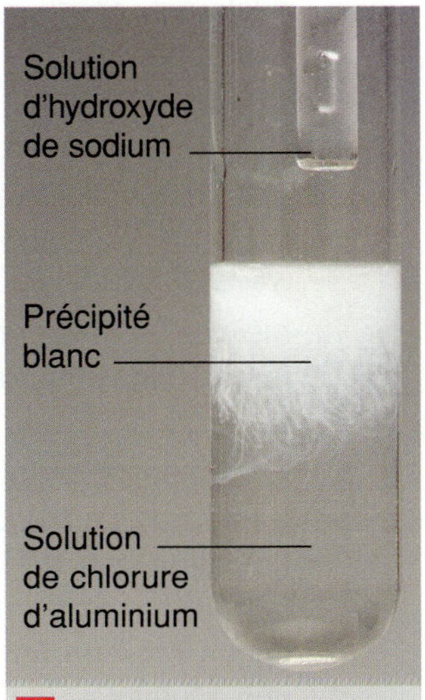

d Test des ions aluminium.

Par formation d'un précipité, on peut tester la présence d'ions chlorure, fer, zinc, aluminium.

a Test des ions chlorure. En présence de **nitrate d'argent** dans une solution de chlorure de sodium, il se forme un **précipité blanc**. Ce précipité est **sensible à la lumière** et noircit au bout de quelques minutes.

b Test des ions fer (II). En présence d'**hydroxyde de sodium** (soude) dans une solution de chlorure de fer (II), il se forme un **précipité vert**. Le précipité formé avec l'autre ion du fer, l'ion fer (III), est rouge brique.

c Test des ions zinc. En présence d'**hydroxyde de sodium** (soude) dans une solution de sulfate de zinc, il se forme un **précipité blanc**. Ce précipité se redissout dans un excès de soude.

d Test des ions aluminium. En présence d'**hydroxyde de sodium** (soude) dans une solution de chlorure d'aluminium, il se forme un **précipité blanc**. Ce précipité se redissout dans un excès de soude.

(Voir mini-bibliothèque page 247 pour d'autres tests).

POUR MANIPULER

- Verser dans un tube à essai 3 cm^3 d'une solution diluée de sulfate de cuivre.
- Ajouter quelques gouttes de soude diluée et observer.
- Recommencer avec quelques gouttes de soude diluée dans une solution de sulfate de zinc. Rajouter de la soude. Observer.
- Recommencer avec une solution de chlorure de sodium et quelques gouttes d'une solution de nitrate d'argent. Observer.

Questions

1 Doc. 1 Qu'est-ce qu'un précipité ? Si, en ajoutant quelques gouttes de soude à une solution de composition inconnue, on obtient un précipité de couleur cyan, que peut-on en déduire ?

2 Doc. 2 Pourquoi le précipité contient-il des ions hydroxyde et non des ions sulfate ?

3 Doc. 3 a. Quelle solution utilise-t-on pour reconnaître la présence des ions chlorure ? Répondez à la même question pour les ions fer (II), les ions zinc et les ions aluminium.

b. Quels ions contient le précipité blanc qui noircit à la lumière (doc. 3a) sachant que le nitrate de sodium est soluble dans l'eau ? Développez votre raisonnement en vous aidant du document 2.

4 Quels ions, présents dans des solutions aqueuses, avez-vous appris à reconnaître dans cette activité ?

LE SENS DES MOTS

Précipité : un précipité est un solide en particules très fines dispersées dans un liquide et qui tombe plus ou moins rapidement vers le fond du récipient.

Activité 3

L'attaque du fer par les acides

Les récipients en acier (99 % de fer) qui contiennent des produits acides doivent être protégés car les acides attaquent le fer. Des tests permettent de mettre en évidence les produits de cette réaction.

Quelle est l'action de l'acide chlorhydrique sur le fer ?

1 L'action de l'acide chlorhydrique sur le fer

a ❶ Des bulles de gaz se forment autour de la laine de fer. ❷ Au bout de quelques minutes, il n'y a plus de laine de fer.

b ❶ Un important dégagement de gaz se produit autour de la laine de fer. ❷ Au bout de quelque temps, il n'y a plus de bulles qui se dégagent de la laine de fer.

De la laine de fer en petite quantité **a** et en grosse quantité **b** est plongée dans de l'acide chlorhydrique.

- Dans les deux cas, un dégagement gazeux se produit autour de la laine de fer.
Le tube **a** ne contient plus de laine de fer au bout de quelques minutes. Si l'on rajoute quelques brins de fer, l'action précédente recommence.

- Dans le tube **b**, au bout d'un temps un peu plus long, le dégagement gazeux autour de la laine de fer s'arrête. Si l'on rajoute un peu d'acide chlorhydrique, le dégagement recommence. **Le dégagement gazeux est donc dû à la présence simultanée d'acide et de fer.**

- La disparition totale, soit du fer dans le tube **a** soit de l'acide dans le tube **b** et l'apparition d'un gaz qui n'existait pas avant, nous permettent d'affirmer qu'**il y a** eu **réaction chimique entre le fer et l'acide chlorhydrique** et non dissolution du fer.

- L'acide sulfurique donnerait une réaction semblable avec un dégagement de gaz. La ressemblance entre les acides étant seulement due aux ions hydrogène, on peut estimer que **la plupart des ions hydrogène du tube b ont disparu.**

POUR MANIPULER

- Remplir 2 tubes à essai au tiers de leur capacité avec de l'acide chlorhydrique.
- Introduire dans un des tubes quelques brins de laine de fer (tube **a**) et dans l'autre un tampon de laine de fer (tube **b**). Observer.

Remarque : la réaction demande un certain temps d'attente.

2 L'analyse de la réaction

Quel est le gaz apparu ?

Quel gaz (ou quels gaz) peut (ou peuvent) se dégager au contact de l'acide et du fer ?
L'acide chlorhydrique contient de l'eau, des ions chlorure et des ions hydrogène. L'eau contient des atomes d'hydrogène et des atomes d'oxygène.
Il existe quelques gaz qui pourraient se former à partir des ions et des atomes présents dans l'acide chlorhydrique : le dichlore (Cl_2), le dihydrogène (H_2), le dioxygène (O_2).
Des tests permettent de mettre en évidence la présence de ces gaz : le dichlore noircit un papier imbibé d'iodure de potassium amidonné ; le dioxygène enflamme à nouveau une bûchette incandescente ; l'allumage du dihydrogène se fait avec un petit bruit caractéristique.
Seul le test montrant la **présence de dihydrogène** donne un résultat positif **a**. Nous admettrons qu'il se dégage seulement du dihydrogène.

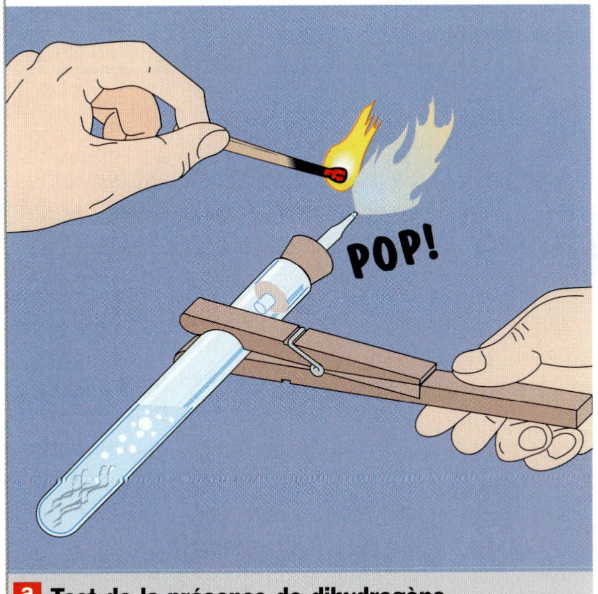

a **Test de la présence de dihydrogène.**

Que sont devenus les atomes de fer ?

Les atomes de fer peuvent s'être transformés en ions. Utilisons les tests de reconnaissance des ions fer sur le liquide restant dans le tube du document 1b en fin de réaction **b**.
En présence d'hydroxyde de sodium, un **précipité vert** se forme. Il atteste de la présence d'ions **Fe (II)** uniquement.

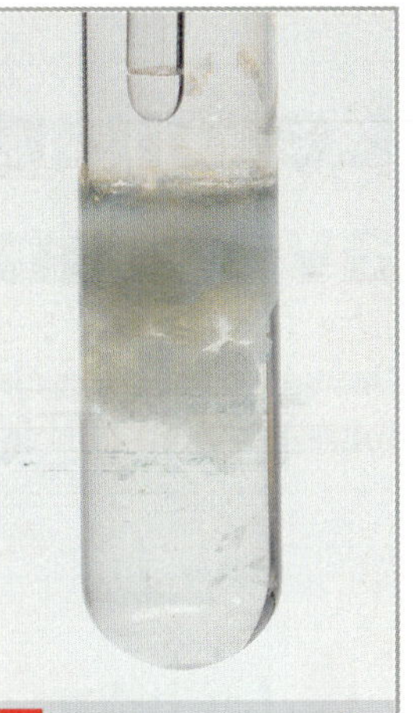

b **Test de reconnaissance des ions fer (II).**

Reste-t-il des ions chlorure et de l'eau dans la solution ?

La solution contenant des ions positifs doit aussi contenir des ions négatifs pour qu'elle soit neutre électriquement. Le test de reconnaissance des ions chlorure confirme leur présence après la réaction. Nous admettrons que les **ions chlorure du départ sont tous présents à la fin de la réaction.**
Le test de présence de l'eau avec le sulfate de cuivre anhydre montre qu'il existe toujours de l'eau dans la solution. Nous admettrons qu'**il existe autant d'eau au début qu'à la fin.**

POUR MANIPULER

- Remplir un tube à essai au tiers de sa capacité avec de l'acide chlorhydrique. Placer un tampon de laine d'acier au fond du tube (doc. 1b).
- Boucher ce tube avec un bouchon troué muni d'un petit tube de verre effilé à l'extrémité supérieure. Laisser le gaz s'échapper pendant une vingtaine de secondes.
- Réaliser successivement les tests de reconnaissance de Cl_2, H_2 et O_2.
- Quand la réaction est arrêtée dans le tube, réaliser, avec la solution restante, le test de reconnaissance de l'ion fer (II), puis ceux de l'ion chlorure et de l'eau.

Questions

1 **Doc. 1** Quels sont les réactifs dans la réaction chimique ?

2 **Doc. 1** Quel corps a complètement disparu du tube **a** ? Lorsque la réaction dans le tube **b** s'arrête, quelle espèce d'ions a disparu ?

3 **Doc. 2** De quels gaz peut-on supposer l'existence en partant des atomes présents dans la réaction entre le fer et l'acide chlorhydrique ? Quel est le nom du gaz qui se dégage réellement ?

4 **Doc. 2** Quel type d'ions est apparu dans la réaction ? Quels ions négatifs reconnaît-on grâce au test ?

5 Quelles entités chimiques (ion, atome ou molécule) existent avant puis après la réaction de l'acide chlorhydrique avec le fer ?

Activité 4

Le bilan de la réaction du fer avec un acide

Dans une réaction chimique, il y a disparition de réactifs et formation de nouveaux produits. Comme toute réaction chimique, la réaction du fer avec un acide peut se traduire par une équation-bilan.

Comment interpréter et écrire la réaction entre le fer et un acide ?

1 Le bilan de l'action de l'acide chlorhydrique sur le fer

a Les réactifs et des produits de la réaction.

Avant la réaction	Après la réaction
• Acide chlorhydrique : – molécules d'eau ; – ions chlorure : Cl^- ; – ions hydrogène : H^+. • Métal fer (atomes de fer : Fe).	• Gaz dihydrogène (molécules H_2). • Solution de chlorure de fer (II) : – ions fer (II) : Fe^{2+} ; – ions chlorure : Cl^- ; – molécules d'eau.

Remarque : Les quantités d'eau et d'ions chlorure restent identiques avant et après la réaction.

● D'où viennent les atomes du dihydrogène ?

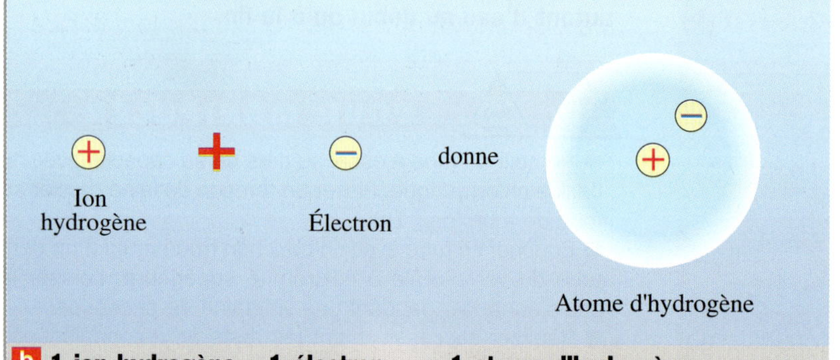

b 1 ion hydrogène + 1 électron ⟶ 1 atome d'hydrogène.

La quantité d'eau n'ayant pas varié au cours de la réaction entre l'acide et le fer, le dihydrogène ne peut pas provenir des atomes d'hydrogène de l'eau. Par contre les ions hydrogène de l'acide ont disparu (activité 3, doc. 1). Ils ont servi à fabriquer les molécules de dihydrogène. Cependant, il a fallu qu'un autre atome donne un électron à chaque ion hydrogène pour obtenir un atome d'hydrogène **b**.

● Qu'est-il arrivé aux atomes de fer ?

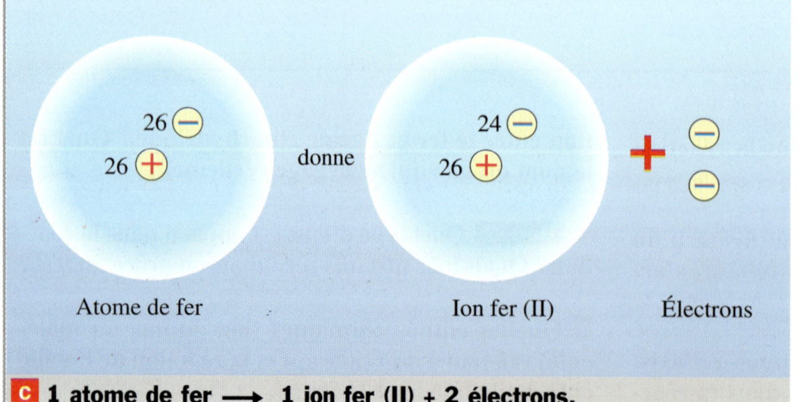

c 1 atome de fer ⟶ 1 ion fer (II) + 2 électrons.

Des atomes de fer (Fe) disparaissent dans la réaction entre l'acide et le fer. Nous avons reconnu précédemment (activité 3, doc. 2) des ions fer (II) dans la solution. Un atome de fer a donc perdu 2 électrons en se transformant en un ion fer (II) (Fe^{2+}) **c**.

2 La conservation des charges électriques et des atomes

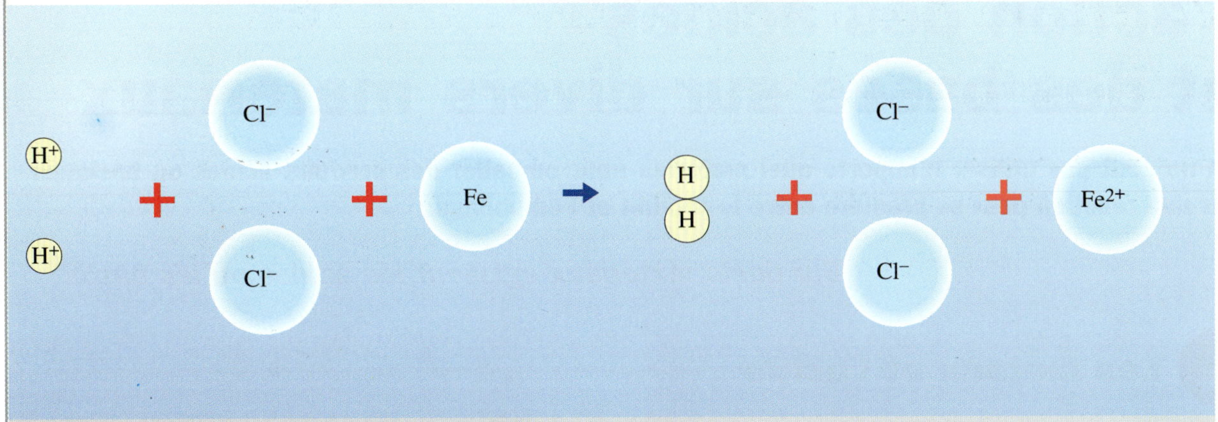

Ce schéma résume les informations du tableau du document 1.

● La conservation des charges électriques

Le nombre d'ions chlorure ne change pas lors de la réaction : le nombre total de charges négatives reste donc le même. **La solution devant être électriquement neutre**, il faut que le nombre total de charges positives reste également le même.
La charge totale positive de tous les ions fer (II) créés doit donc être égale à la charge totale positive de tous les ions hydrogène disparus. Ainsi, il faut que **2 ions hydrogène portant chacun 1 charge positive soient remplacés par 1 ion fer (II) portant 2 charges positives**.

● L'équation-bilan

La réaction de l'acide chlorhydrique et du fer donne du dihydrogène et du chlorure de fer (II).
L'équation-bilan de cette réaction s'écrit :

$$2\,(H^+ + Cl^-) + Fe \longrightarrow H_2 + (Fe^{2+} + 2\,Cl^-)$$

On peut aussi adopter une écriture simplifiée qui ne fait pas apparaître les ions chlorure. Ils n'interviennent pas dans la réaction mais ils sont indispensables pour que la solution soit neutre électriquement.

$$2\,H^+ + Fe \longrightarrow H_2 + Fe^{2+}$$

Cette équation simplifiée est aussi valable pour l'action de l'acide sulfurique sur le fer.

● Une autre écriture de l'équation-bilan

Pour un petit nombre de corps purs comme l'eau, la formule H_2O représente une molécule.
Mais on peut aussi écrire $FeCl_2$ pour le chlorure de fer (II). Cette formule donne seulement la nature et les proportions de chaque espèce d'atomes (1 atome de fer pour 2 atomes de chlore dans ce cas). Cette écriture ne distingue pas un corps à structure moléculaire comme l'eau d'un corps à structure ionique comme le chlorure de fer (II).

L'équation-bilan de l'action de l'acide chlorhydrique sur le fer peut s'écrire :

$$2\,HCl + Fe \longrightarrow H_2 + FeCl_2$$

Questions

1 Doc. 1 D'où proviennent les atomes de dihydrogène ? Comment un atome de fer se transforme-t-il en ion fer (II) ?

2 Doc. 2 a. La charge totale des ions négatifs contenus dans la solution change-t-elle au cours de la réaction ? À quoi doit être égale la charge totale des ions positifs pour que la solution reste neutre électriquement ?

b. Par quels ions positifs sont remplacés les ions hydrogène dans la solution lors de la réaction ?

3 Doc. 2 Que signifie la formule $FeCl_2$ du chlorure de fer (II) ? Représente-t-elle une molécule ?

4 En conclusion, écrivez l'équation-bilan simplifiée de l'action d'un acide sur le fer.

Activité 5

L'action des acides et des bases sur divers matériaux

On ne peut pas utiliser n'importe quel matériau pour emballer des produits acides ou basiques car une réaction peut se produire entre le produit et l'emballage.

Sur quels matériaux agissent les acides ou les bases?

1 Les métaux et l'acide

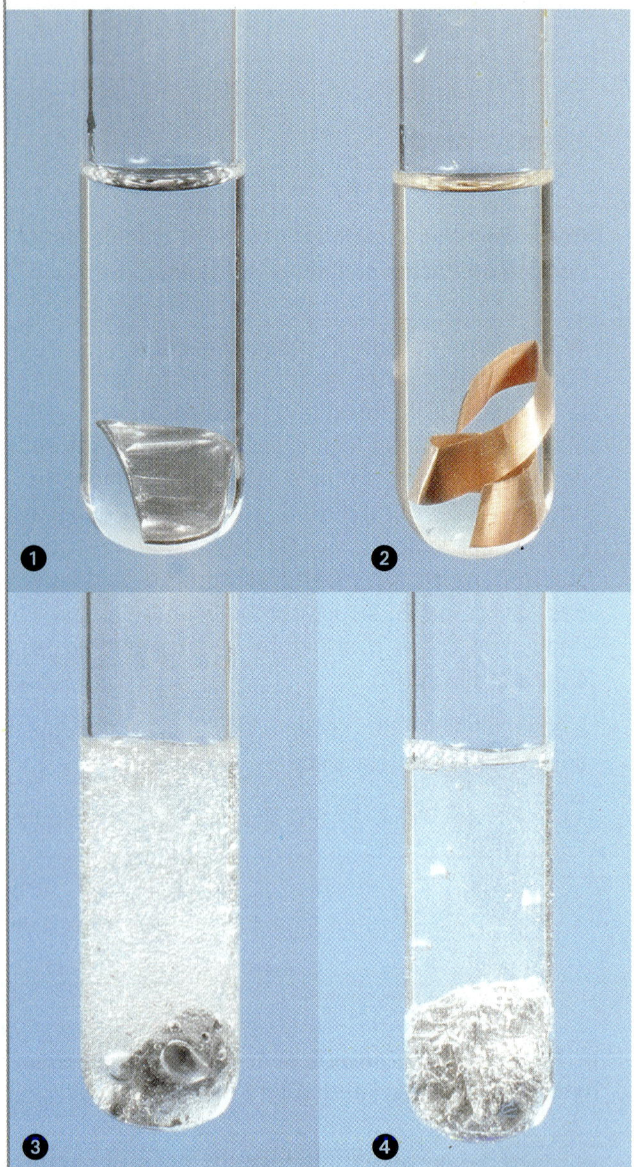

Tubes à essais contenant de l'acide et un morceau d'acier inoxydable ❶, des copeaux de cuivre ❷, de la grenaille de zinc ❸ et d'aluminium ❹. Un dégagement gazeux de dihydrogène est observé dans les tubes ❸ et ❹.

- Alors que le fer est attaqué par les acides (activité 3), **l'acier inoxydable,** contenant principalement du fer, mais aussi du nickel et du chrome **n'est pas attaqué par les acides** ❶. L'acier recouvert d'étain, comme celui des boîtes de conserve et de boissons, est également protégé de l'action des acides que contiennent les boissons et les aliments. Le fer non protégé ne peut pas être un matériau pour l'emballage des produits alimentaires car les ions fer formés seraient toxiques et les emballages se détérioreraient.

- **Le cuivre** (Cu) non plus **n'est pas attaqué** par l'acide chlorhydrique ❷.

- Par contre, **le zinc** (Zn) ❸ et **l'aluminium** (Al) ❹ **sont attaqués par les acides** de la même façon que **le fer**. Une réaction chimique se produit entre l'acide et le métal. Il y a dégagement de dihydrogène et les tests de reconnaissance montrent la formation d'ions zinc (Zn^{2+}) et aluminium (Al^{3+}).

POUR MANIPULER

- Remplir d'acide dilué 4 tubes à essai ❶, ❷, ❸ et ❹, au tiers de leur capacité.
- Placer respectivement dans ❶, ❷, ❸ et ❹ un échantillon d'acier inoxydable, de cuivre, de zinc et d'aluminium. Observer.
- Boucher le tube contenant du zinc ❸ avec un bouchon troué muni d'un petit tube de verre effilé à l'extrémité supérieure ; enflammer le gaz sortant du tube après 1 minute d'attente. Conclure.
- Quand les réactions sont arrêtées, réaliser les tests de reconnaissance d'ions seulement sur les solutions des tubes ❸ et ❹.

2 Les métaux et la soude

La soude est une base qui **ne réagit pas avec le fer ❶ et le cuivre ❷. Elle attaque le zinc ❸ (à chaud) et l'aluminium ❹**. Il se dégage du dihydrogène. Il ne se forme pas d'ions zinc ni aluminium mais des ions polyatomiques : zincate $[Zn(OH)_4]^{2-}$ ou aluminate $[Al(OH)_4]^{-}$.

Tubes à essais contenant de la soude et un clou en fer ❶, des copeaux de cuivre ❷, de la grenaille de zinc ❸ et d'aluminium ❹. Un dégagement gazeux est observé dans les tubes ❸ et ❹.

3 Les matières plastiques, les verres et les céramiques

● Les jus de fruits contiennent de l'acide citrique, les laitages de l'acide lactique, les condiments de l'acide acétique, etc. Tous ces produits acides peuvent être conditionnés dans des emballages en matières plastiques (PET, PEHD, PP, PS), dans du verre ou de la céramique sans qu'il se produise une réaction.
On recouvre parfois les boîtes métalliques d'une couche plastique pour les isoler des aliments acides ou des boissons acides.

● Les produits basiques comme l'ammoniaque, la soude, etc. peuvent être emballés dans des matières plastiques ou du verre.

Produits acides ou basiques contenus dans des emballages en matière plastique, en verre ou en céramique.

Questions

1 Doc. 1 **a. Parmi les métaux cités, quels sont ceux attaquables par un acide ?**

b. Quel est le gaz dégagé dans l'action d'un acide sur le zinc ? En quoi se transforment les atomes de zinc ?

2 Doc. 2 **Quels métaux sont attaqués par la soude ? Dans l'action de la soude sur le zinc, quelles entités chimiques (ion, atome ou molécule) apparaissent pendant la réaction ?**

3 Doc. 3 **a. Les matières plastiques sont-elles attaquées par les produits acides ? Par les produits basiques ?**

b. Le verre, la porcelaine sont-ils attaqués par les produits acides ? Par les produits basiques ?

4 **Parmi les matériaux étudiés, quels sont ceux qui sont attaqués à la fois par les produits acides et basiques ?**

L'essentiel

1 Les caractéristiques des solutions acides et basiques — Activité 1

● On peut mesurer le **pH** d'une solution avec un **pH-mètre** si la solution n'est pas trop concentrée.

– Le pH est **inférieur à 7** (pH < 7) pour les **solutions acides.**
– Le pH est **supérieur à 7** (pH > 7) pour les **solutions basiques.**
– Le pH est **égal à 7** (pH = 7) pour les **solutions neutres.**

● Les **solutions acides** contiennent des **ions hydrogène** ; les **solutions basiques** des **ions hydroxyde**.

● La **dilution** fait **augmenter le pH** des **solutions acides** et **diminuer** celui des **solutions basiques**.

● Les solutions acides et basiques sont **conductrices** puisqu'elles contiennent des ions.

⚠ Les produits **acides et basiques concentrés** sont **dangereux** à manipuler. Ils attaquent la peau, les muqueuses et les yeux par contact et inhalation. Leur **dilution** doit se réaliser en **ajoutant l'acide ou la base à l'eau** et non l'inverse.

● Le **rejet dans l'évier** de ces solutions doit s'effectuer **après dilution**.

Exercices : 1 à 5 et 11 à 15

2 Reconnaître des ions en solution — Activité 2

● Quand on **dissout** un corps solide formé d'ions, les ions se dispersent dans l'eau et « s'ignorent » entre eux. On les dit **compatibles**. C'est le cas des ions sulfate et des ions cuivre du sulfate de cuivre ou de ceux de l'hydroxyde de sodium ou soude (ions sodium et ions hydroxyde).

● Si une **espèce d'ions** introduite n'est **pas compatible** avec une **autre espèce d'ions** de **signe contraire** déjà présente dans la solution, alors il se forme un **précipité**.

● **Un précipité** est un ensemble de particules solides fines qui tombent (précipitent) lentement au fond du récipient contenant la solution.

● Pour déceler la présence d'un ion en solution, on peut utiliser un **test de reconnaissance** : par exemple, l'**ion cuivre** du sulfate de cuivre **précipite** avec l'**ion hydroxyde** de la soude en donnant un précipité de couleur « cyan » facilement reconnaissable. Ce précipité est de l'hydroxyde de cuivre.

Exercices : 6 à 8 et 16 à 19

3 Les acides agissent sur le fer

Activités 3 et 4

- Le fer (Fe) est attaqué par l'acide chlorhydrique. Il se **produit** du gaz **dihydrogène** et des **ions fer (II)**. Des **atomes de fer** et des **ions hydrogène** disparaissent. Les ions chlorure de l'acide et l'eau de la solution n'interviennent pas dans la réaction. Pour chaque ion fer qui apparaît, il disparaît 2 ions hydrogène : la solution reste ainsi électriquement neutre.

- **L'équation-bilan** de la réaction s'écrit :

$$2\,(H^+ + Cl^-) \;+\; Fe \longrightarrow H_2 + (Fe^{2+} + 2\,Cl^-)$$

Avec tous les acides réagissant avec le fer, on peut écrire l'équation-bilan générale :

$$2\,H^+ \;+\; Fe \longrightarrow H_2 \;+\; Fe^{2+}$$

Cette écriture ne fait pas apparaître les ions de l'acide qui ne réagissent pas.

- **Dans une réaction chimique, il y a conservation de la charge électrique et des atomes (mais ceux-ci peuvent être transformés en ions).**

Exercices : 9, 20

4 D'autres matériaux réagissent avec les produits acides et basiques

Activité 5

- Le zinc (Zn) et l'aluminium (Al) réagissent avec les acides de la même façon que le fer (Fe). Le cuivre (Cu) n'est pas attaqué par l'acide chlorhydrique.

- La soude agit uniquement sur le zinc et l'aluminium avec un dégagement de dihydrogène.

- Les matières plastiques des matériaux d'emballage ne sont attaquées ni par les acides ni par les bases. Les verres et les céramiques sont pratiquement inattaquables.

Exercices : 10, 21 à 27

Je dois être capable de...

- **Identifier les solutions acides (pH<7) ou basiques (pH>7).**
- **Citer les constituants d'une solution d'acide chlorhydrique et d'hydroxyde de sodium (soude).**
- **Citer la formule et le nom des ions : hydrogène (H^+), hydroxyde (HO^-), chlorure (Cl^-), sodium (Na^+), zinc (Zn^{2+}), cuivre (Cu^{2+}), aluminium (Al^{3+}), fer (II) (Fe^{2+}) et fer (III) (Fe^{3+}).**
- **Réaliser et expliquer une réaction chimique entre un métal et un acide.**

Exercices

JE TRAVAILLE SEUL

Réponses p. 250

1 Le pH

Répondez par VRAI ou FAUX aux affirmations suivantes. Rectifiez celles qui sont fausses en les réécrivant.

a. Une solution aqueuse ne contient pas d'eau.
b. Une solution de pH = 3 est acide.
c. Une solution de pH = 9 est basique.
d. Une eau de pH = 7 est acide.

2 Les ions dans les solutions acides et basiques

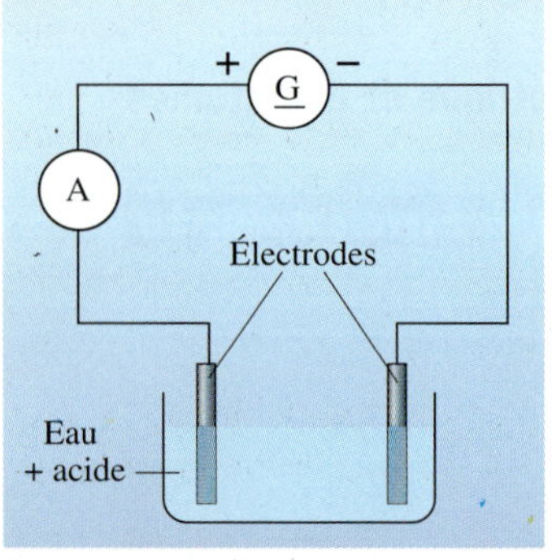

On verse un acide dans l'eau du becher représenté ci-contre. L'ampèremètre indique 10 mA.

a. Quels sont les ions positifs qui ont été introduits dans l'eau ?

b. L'ampèremètre indiquerait-il aussi le passage d'un courant si au lieu d'un acide on versait de la soude dans l'eau ? Quels sont les ions apportés par la soude ?

La dilution d'une solution aqueuse

3 Laura verse 2 cL de jus de citron concentré dans un verre. Elle y ajoute 100 cL d'eau. L'acidité (concentration en ions H^+) de sa boisson a-t-elle augmenté ou diminué ? Son pH augmente-t-il ou diminue-t-il ?

4 On place un pH-mètre dans une solution aqueuse. On ajoute de l'eau et le pH diminue. La solution est-elle acide ou basique ?

5 Les dangers des acides

Pour nettoyer un objet métallique, un antiquaire veut utiliser un acide. Il ne possède que de l'acide très concentré. Pour diluer cet acide sans dangers il se demande s'il doit :

– agir à mains nues ou porter des gants ;
– verser de l'eau dans un peu d'acide ou l'inverse.

Quels conseils lui donneriez-vous ?

6 Un précipité

Choisissez la ou les propositions correctes.
Un précipité c'est :

a. une solution contenant des ions compatibles ;
b. un solide dispersé dans l'eau et formé à partir de deux ions non compatibles ;
c. un mélange de deux solutions ;
d. un solide ne contenant que des ions positifs.

7 Les ions en solution

Répondez par VRAI ou FAUX aux affirmations suivantes. Rectifiez celles qui sont fausses en les réécrivant.

a. Les ions chlorure et les ions hydrogène de l'acide chlorhydrique sont compatibles dans l'eau.
b. Les ions sodium sont compatibles avec les ions hydroxyde dans l'eau.
c. Les ions sulfate ne sont pas compatibles avec les ions cuivre dans une solution de sulfate de cuivre.

8 Le test de l'ion cuivre

Quels sont les ions non compatibles entre eux qui ont permis l'apparition d'un précipité de couleur cyan dans le becher ci-contre ?

9 L'action de l'acide chlorhydrique sur le fer

Recopiez et complétez :

a. De l'acide chlorhydrique et du fer donnent .... et du chlorure de fer (II).
b. 2 (......+ Cl^-) + ... H_2 + (......+......)

Justifiez vos réponses et précisez quels sont les réactifs et les produits de la réaction.

10 L'action de l'acide chlorhydrique et de la soude sur les métaux

Recopiez ce tableau et complétez les cases par OUI ou par NON.

	l'aluminium	le cuivre	le fer	le zinc
L'acide chlorhydrique réagit avec				
La soude réagit avec				

J'UTILISE MES CONNAISSANCES

11 Une solution ionique neutre

On mélange deux solutions :
– une solution A de chlorure de sodium (sel de cuisine) dont le pH est égal à 7 ;
– une solution B de sucre qui n'est pas conductrice du courant électrique.
On constate que ce mélange est conducteur du courant et que son pH vaut toujours 7. Justifiez ces observations.

12 L'effet de la dilution sur le pH

Aurélien ajoute de l'eau à une solution A et son pH augmente. Mathilde dilue une solution B avec de l'eau et son pH diminue. Arthur ajoute de l'eau à une solution C et son pH ne change pas.
Indiquez pour chaque solution si elle est neutre, acide ou basique. Donnez un exemple de solution analogue à chacune des solutions précédentes.

13 ★ La dilution d'un acide

Benoît a versé 5 mL d'acide chlorhydrique dans un becher contenant 50 mL d'eau. Il a mesuré le pH de cette solution, puis il a ajouté deux fois de suite 50 mL d'eau en mesurant le pH de la solution à chaque fois. Il note sur son cahier les conclusions suivantes. « Lorsqu'on ajoute de l'eau :
a. le volume de la solution augmente ;
b. le pH de la solution diminue ainsi que son acidité ;
c. le nombre d'ions hydrogène reste le même ;
d. la concentration en ions hydrogène diminue d'une solution à l'autre. »
Justifiez chacune de ces affirmations ou corrigez celles qui vous paraissent fausses.
Rappel de Cinquième : la concentration est la masse en grammes du corps dissous par litre de solution.

14 ★ La dilution d'une solution de soude

Répondez par VRAI ou FAUX aux affirmations suivantes. Rectifiez celles qui sont fausses en les réécrivant.
En utilisant la même quantité de soude dans des volumes d'eau de plus en plus grands, on peut dire que :
a. le nombre d'ions hydroxyde reste le même d'un becher à l'autre ;
b. le volume de la solution augmente d'un becher à l'autre ;
c. la concentration en ions hydroxyde augmente d'un becher à l'autre ;
d. le pH diminue d'un becher à l'autre ;
e. plus le pH diminue (7<pH<14) plus la concentration en ions hydroxyde est faible.

15 Une solution conductrice

On place deux électrodes en acier inoxydable dans une cuve contenant de l'eau pure. Les électrodes sont reliées à un générateur par l'intermédiaire d'un ampèremètre. On ajoute progressivement de l'acide sulfurique (H_2SO_4).
1. Dessinez le schéma du montage en utilisant les symboles habituels.
2. Quel est l'effet de l'ajout d'acide sulfurique sur l'indication donnée par l'ampèremètre ? Si un courant existe, alors indiquez son sens et le sens de déplacement des ions dans la solution.
3. Le pH de la solution évolue-t-il ? Si oui, comment ?

16 La reconnaissance d'un ion

À une solution A de chlorure de cuivre, on ajoute une solution B d'hydroxyde de sodium. On observe la formation d'un précipité.
1. Quels ions contiennent séparément la solution A et la solution B ?
2. À quels ions est due la formation du précipité ?

17 Le test de l'ion chlorure

On suspecte la présence d'ions chlorure dans l'eau du robinet. Quelles manipulations faut-il réaliser pour reconnaître cet ion ?

18 Le test de l'ion sulfate

(Voir mini-bibliothèque p.247). Le chlorure de baryum est soluble dans l'eau tandis que le sulfate de baryum ne l'est pas. On ajoute quelques gouttes d'une solution de chlorure de baryum à une solution de sulfate de cuivre. On constate l'apparition d'un précipité. Quels sont les ions qui constituent ce précipité ?

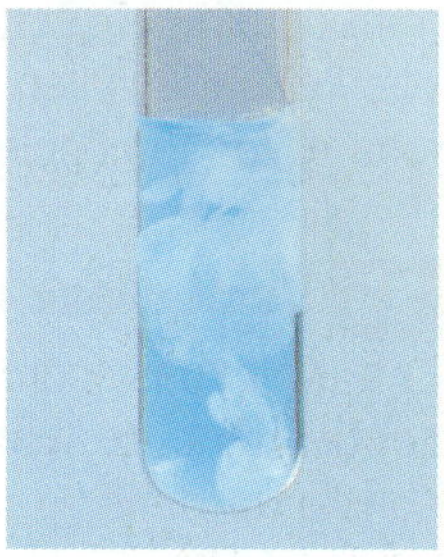

19 ★ Les tests des ions aluminium et chlorure

Lors du test de l'ion aluminium, il se forme un précipité d'hydroxyde d'aluminium, insoluble dans l'eau. Dans le test de l'ion chlorure avec le nitrate d'argent, il se forme du chlorure d'argent qui noircit à la lumière. Supposons qu'on effectue des tests sur une solution de chlorure d'aluminium que l'on partage dans deux bechers A et B.

1. On verse quelques gouttes de soude dans le becher A. Quels ions sont incompatibles dans ce becher ? Quels ions restent en solution ?

2. Quelle solution faut-il verser dans le becher B pour montrer l'existence des ions chlorure ? Quels ions sont alors incompatibles dans ce becher B ? Quels ions restent en solution ?

20 ★ L'action de l'acide chlorhydrique sur le fer

On place dans un becher de l'acide chlorhydrique de pH égal à 1. On y introduit des brins de laine de fer qui disparaissent assez rapidement alors qu'il se produit un dégagement gazeux. Le pH de la solution restante a augmenté et est égal à 2.

1. Écrivez l'équation-bilan de l'action de l'acide chlorhydrique sur le fer.

2. La solution restante contient-elle encore de l'acide ? Justifiez votre réponse.

3. Expliquez pourquoi le pH de la solution restante a augmenté.

21 L'action de l'acide chlorhydrique sur le zinc

On propose l'équation-bilan suivante pour décrire la réaction de l'acide chlorhydrique sur le zinc :

$$(H^+ + Cl^-) \ + \ Zn \longrightarrow H_2 + \ (Zn^{2+} + Cl^-)$$

Cette écriture est-elle correcte ? Sinon corrigez-la en justifiant votre réponse.

22 ★ L'attaque de l'aluminium par l'acide chlorhydrique

L'acide chlorhydrique réagit sur l'aluminium en donnant du dihydrogène et du chlorure d'aluminium. Écrivez l'équation-bilan correspondante en utilisant les ions et les molécules qui conviennent.

23 L'emballage des boissons acides

Les boissons comme le Coca-Cola ou le Fanta contiennent de l'acide phosphorique. Peut-on les conserver dans :

a. des boîtes uniquement réalisées en acier ou en aluminium ?

b. des boîtes en acier étamé ou en aluminium protégées par un vernis en matière plastique ?

c. des bouteilles en verre ou en PEHD ?

Justifiez vos réponses.

24 ★★ L'attaque de l'aluminium par la soude

La soude agit sur l'aluminium. Complétez l'écriture de l'équation-bilan ci-dessous en vous assurant que la solution est électriquement neutre et que la conservation globale des atomes est respectée.

$$\ldots Al + 2\,(Na^+ + HO^-) + 6\,H_2O \longrightarrow 2\,(Na^+ + [Al(OH)_4]^-) + \ldots H_2$$

25 ★★ L'attaque du fer par l'acide phosphorique

L'acide phosphorique attaque le fer. Voici l'équation-bilan de cette réaction :

$$2\,H_3PO_4 + 3\,Fe \longrightarrow Fe_3(PO_4)_2 + 3H_2$$

Réécrivez ce bilan en vous servant des ions existants dans l'acide phosphorique et le phosphate de fer (II) (voir mini-bibliothèque p.249).

Justifiez ensuite cette écriture simplifiée :

$$2\,H^+ + Fe \longrightarrow H_2 + Fe^{2+}$$

26 ★★ L'action d'un acide sur le cuivre et le zinc

Pour décaper un pied de lampe en laiton recouvert d'oxydes, un brocanteur le plonge dans une solution acide. Le pied de lampe est décapé mais apparaît rouge comme le métal cuivre. En le polissant avec un abrasif très fin, le pied redevient brillant et jaune comme le laiton.

Sachant que le laiton est un alliage de cuivre et de zinc, c'est-à-dire un mélange intime d'atomes de cuivre et d'atomes de zinc, et que les oxydes le recouvrant sont détachés par les acides, expliquez pourquoi le pied de lampe est devenu rouge par action de l'acide et jaune après polissage.

27 ★ La reconnaissance de métaux

On veut connaître la composition d'une poudre métallique grise. Pour cela, on réalise plusieurs tests :

– un aimant attire certaines particules de la poudre et non les autres ;

– la soude attaque seulement une partie de la poudre avec un dégagement de dihydrogène ; il reste de la soude à la fin de cette opération ;

– la partie de la poudre non attaquée par la soude réagit avec l'acide sulfurique en donnant un dégagement de dihydrogène ;

– le test à la soude pratiqué sur la solution résultante de la réaction précédente donne un précipité vert.

Quels métaux ont pu être mélangés pour former cette poudre ? Argumentez votre réponse.

Les pluies acides

Qu'est-ce que c'est ?

Depuis les années 1950, l'acidité des pluies a nettement augmenté dans un certain nombre de régions du globe. La ville de Los Angeles aux États-Unis bat tous les records avec un brouillard dont le pH est parfois égal à 2, comme celui du jus de citron. En général, on appelle acides les pluies dont le pH est inférieur au pH moyen naturel de précipitations, estimé à 5,6.

Une forêt malade en République tchèque.

D'où viennent-elles ?

La combustion des combustibles fossiles (pétrole, charbon) produit du dioxyde de soufre (SO_2). Les voitures rejettent des oxydes d'azote (NO_2 surtout). En contact avec l'eau de l'atmosphère, ces oxydes se transforment en acides sulfurique et nitrique.

Où les rencontre-t-on ?

Les pluies acides se rencontrent malheureusement un peu partout. Formées à proximité des régions industrielles (les bassins miniers des États-Unis, Angleterre, Allemagne, Pologne, République tchèque…), elles peuvent être transportées jusqu'à 2000 km de distance. On les retrouve au Canada et en Scandinavie notamment.

Quels sont leurs effets ?

C'est sur les forêts que l'action des pluies acides serait la plus dévastatrice. Les conifères, qui gardent les mêmes aiguilles toute l'année, voient leur croissance ralentir ; leurs cimes jaunissent et se dénudent. Des millions d'hectares sont atteints en Allemagne et en Pologne, 700 000 en France.

Les eaux sont polluées : en Scandinavie et au Canada, toute vie a disparu de certains lacs : plus de poissons, plus d'algues. En s'infiltrant dans les sols, les pluies acides entraînent des produits toxiques vers les réserves d'eau.

Elles s'attaquent aux métaux et aux bâtiments, détruisant les constructions et les monuments historiques. On parle de la « maladie de la pierre ».

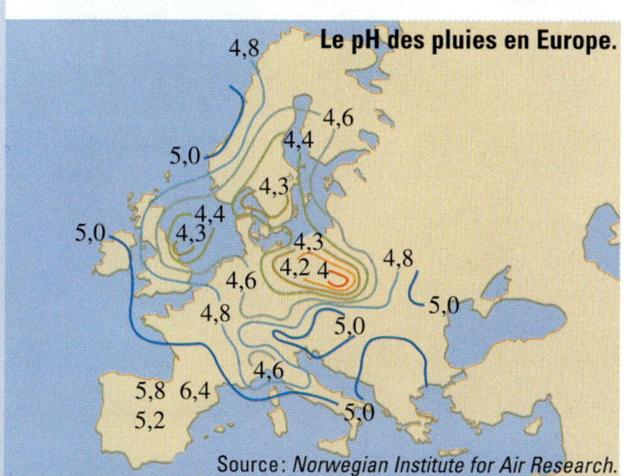

Le pH des pluies en Europe.

Source : *Norwegian Institute for Air Research.*

Chez l'homme, les pluies acides irritent les bronches.

Que faire ?

Pour limiter les pluies acides, il convient surtout de limiter les émissions polluantes dans l'atmosphère. L'Union européenne impose la réduction de la teneur en soufre des combustibles et des fumées industrielles à 0,2 % de la masse. Équiper les voitures de pots catalytiques permet par ailleurs de réduire les rejets de dioxyde d'azote.

Cette sculpture polonaise du XVIe siècle est rongée par les pluies acides.

CHAPITRE

4 Les matériaux et l'air

L'air qui nous entoure contient du dioxygène qui peut agir, à température ambiante, sur certains matériaux de notre environnement. Par exemple, des objets en fer rouillent s'ils ne sont pas protégés. Par contre, tous les objets en matière plastique ou en verre semblent rester intacts. Mais, si on porte les matières plastiques et certains métaux à haute température, ils peuvent brûler.

Activité 1

Dans quelles circonstances le fer rouille-t-il ?

Un objet en fer au bord de la mer rouille plus vite qu'en haute montagne ou au Sahara.

Activité 2

Faut-il protéger tous les métaux contre l'air ?

L'acier de la carcasse de cette voiture est recouvert de zinc pour le protéger.

Activité 3

Les métaux usuels peuvent-ils brûler ?

Les métaux en poudre sont parfois utilisés dans les feux d'artifice.

Activité 4

Comment les matériaux d'emballage brûlent-ils ?

Il est facile d'enflammer du carton ou des matières plastiques.

Activité 5

Pourquoi brûle-t-on les combustibles usuels et les déchets ?

L'énergie issue de la combustion de ce sac peut être transformée en énergie électrique.

Activité 1

L'action de l'air sur le fer

Les coques de navires, les carrosseries de voiture, les grilles de clôture en acier rouillent plus facilement en bord de mer que dans une atmosphère sèche. Leur acier est constitué généralement de 99 % de fer.

Dans quelles circonstances le fer rouille-t-il ?

1 Le fer dans l'air

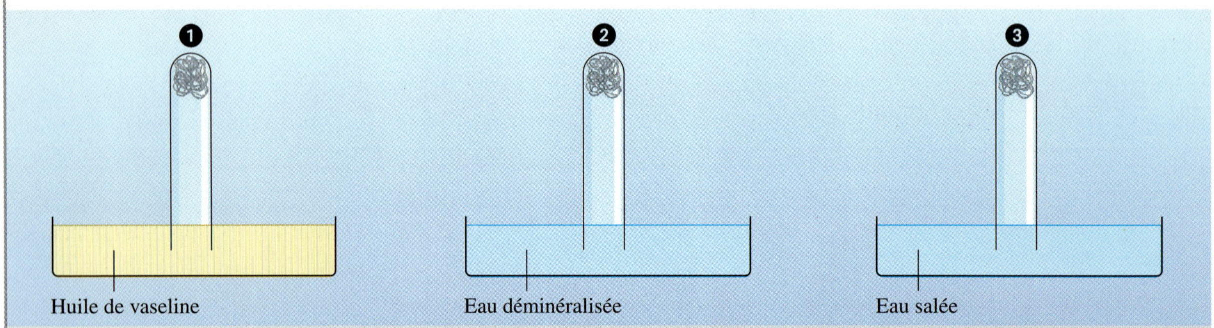

a Trois tubes à essais contenant de la laine de fer sont renversés sur des liquides différents.

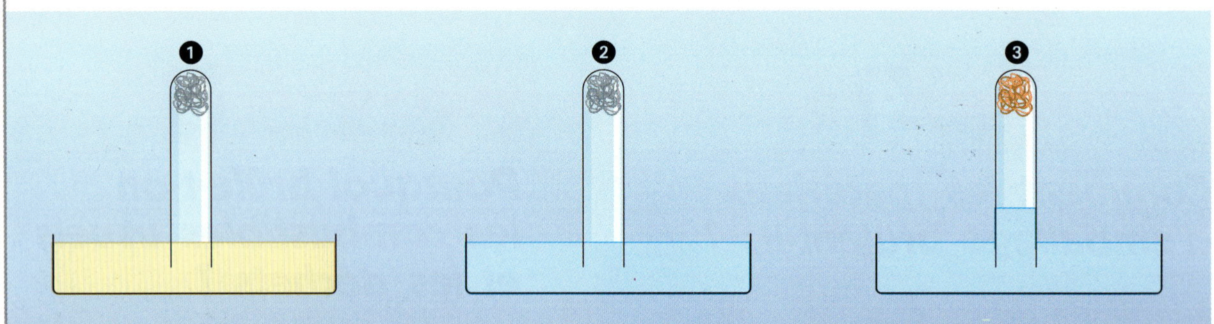

b L'aspect des tubes une semaine plus tard.

Les objets en acier abandonnés dans un désert, lieu presque toujours sec, échappent largement à la rouille. Par contre, **les ferrailles qui subissent l'air marin sont fortement attaquées.**
L'expérience ci-dessus confirme ces observations.

- Au bout d'une semaine, l'aspect des tubes ❶ et ❷ a peu changé. Dans le tube ❶, l'huile ne produit pas d'humidité et la laine de fer est restée intacte. Dans le tube ❷, la laine de fer préalablement humectée d'eau déminéralisée est peu altérée.

- Par contre dans le tube ❸, l'eau salée est montée et le volume de gaz contenu dans le tube a diminué d'environ un cinquième du volume initial. Le gaz restant éteint une bûchette de bois présentant un point rouge et ne réagit pas non plus avec l'eau de chaux. Le dioxygène contenu dans ce tube a pratiquement disparu et il n'y a pas de dioxyde de carbone. Il reste surtout du diazote. **La laine de fer** est couverte d'un corps qu'on appelle « **rouille** ». On dit aussi que **le fer s'est oxydé.**

POUR MANIPULER

- Placer, avec une pince, de la laine de fer dans 4 tubes à essais ❶, ❷, ❸ et ❹ après l'avoir humectée d'eau déminéralisée pour le tube ❷ et d'eau salée pour les tubes ❸ et ❹.
- Verser de l'huile dans le premier becher, de l'eau déminéralisée dans le second et de l'eau salée dans les deux derniers.
- Retourner les tubes à essai sur leur becher respectif et les fixer à un support.
- Attendre une semaine environ en observant les 4 tubes de temps à autre.
- Réaliser le test de recherche du dioxygène avec le tube ❸ et celui du dioxyde de carbone avec le tube ❹.

2 Que contiennent 100 litres l'air ?

● **L'air sec contient principalement du diazote et du dioxygène**.
En volume, l'**air** contient **4 fois plus de diazote que de dioxygène**.

● **L'air** contient aussi **du dioxyde de carbone** et **de l'eau à l'état de vapeur,** en quantité variable selon les régions. L'air des déserts est très sec et l'air marin est assez humide. Le volume de vapeur d'eau peut atteindre 4 litres pour 100 litres d'air.

● Il y a aussi **d'autres gaz** dans l'air, qui sont liés à l'activité humaine : oxydes d'azote, oxyde de soufre, chlorure d'hydrogène, etc. On y trouve également des **solides en suspension** qui peuvent être des petits cristaux de sel marin ou des oxydes de soufre solides. Ces **solides** permettent la **formation de minuscules gouttes d'eau** à partir de la vapeur d'eau présente.

La composition de 100 litres d'air.

Nom du gaz	Formule	Volume
Diazote	N_2	78,08 L
Dioxygène	O_2	20,90 L
Argon	Ar	0,92 L
Dioxyde de carbone	CO_2	30 mL
Néon	Ne	15 mL
Hélium	He	1,5 mL
Krypton	Kr	1,5 mL
Xénon	Xe	0,1 mL

3 Comment la rouille se forme-t-elle ?

● Nous avons vu que la rouille se développait en présence d'eau salée. Ce milieu contient des ions. La rouille qui se forme au centre de la goutte est un mélange d'ions fer (II) et (III) et d'ions hydroxyde. Le fer de l'objet est donc transformé en ions fer par action de l'air humide. La formation de la rouille est une réaction chimique qui se produit lentement et à température ambiante. Les réactifs sont le fer, le dioxygène et l'eau provenant de l'air.
La production de la rouille est une oxydation lente du fer à température ambiante.
Avec une goutte d'eau pure (sans ions), le phénomène ne se produit pas.

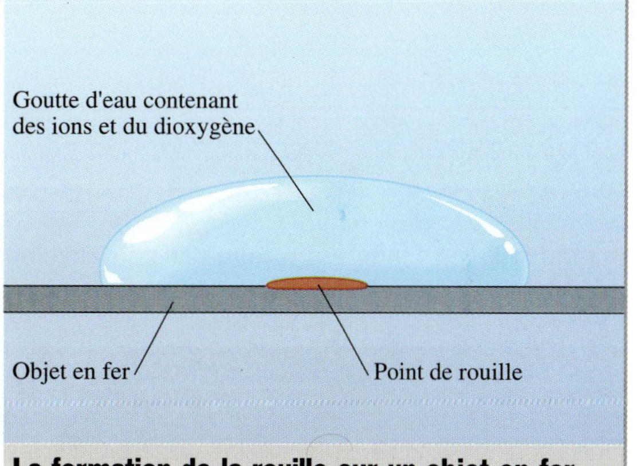

La formation de la rouille sur un objet en fer.

Questions

1 Doc. 1 **Quel genre d'atmosphère permet le mieux un développement de la rouille ? Pourquoi le fer ne rouille-t-il pas dans le tube ❶ ? Quelle différence existe-t-il entre les liquides des expériences ❷ et ❸ ?**

2 Doc. 1 **Après une semaine, dans quel tube la rouille apparaît-elle le plus ? Quelles propriétés possède le gaz restant dans le tube ❸ ? Quel est ce gaz ?**

3 Doc. 2 **Quels sont les deux gaz les plus importants en quantité dans l'air ? La quantité de vapeur d'eau dans l'air est-elle toujours la même ?**

4 Doc. 3 **Où se forme la rouille développée sous une goutte d'eau salée ? De quoi est formée la rouille ? La rouille se forme-t-elle avec de l'eau pure ?**

5 **En conclusion, quelles sont les conditions nécessaires pour que le fer rouille dans l'air ?**

Activité 2

La protection des métaux

Tous les objets en fer exposés aux intempéries doivent être protégés par une couche de peinture sinon ils se détériorent. On dit aussi qu'ils subissent une corrosion. Par contre, les objets en aluminium n'ont pas besoin d'être peints.

Faut-il protéger tous les métaux contre l'air ?

1 La couche protectrice de certains métaux

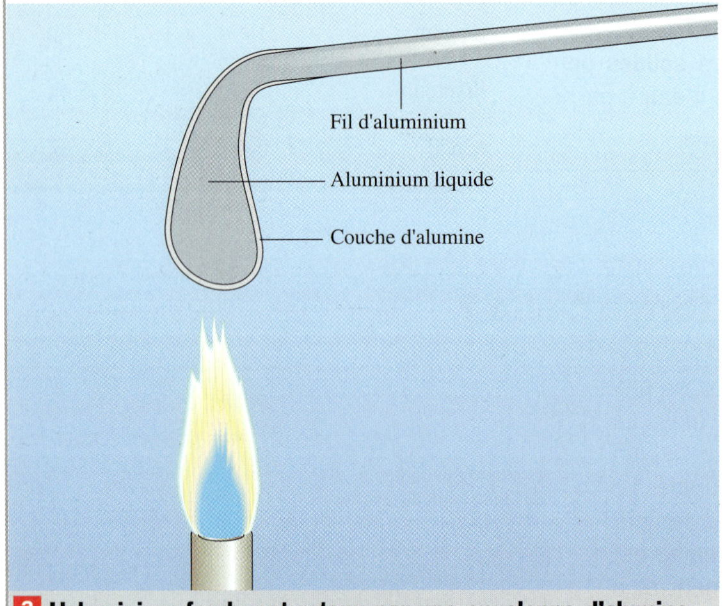

a L'aluminium fondu est retenu par une enveloppe d'alumine.

b Le zinc des façades est recouvert d'une couche autoprotectrice.

● **L'aluminium** réagit, à la température ambiante, avec le dioxygène de l'air et se recouvre d'**oxyde d'aluminium** ou **alumine** de formule Al_2O_3. On dit que l'aluminium s'oxyde. L'alumine est un oxyde très adhérent au métal. Il constitue une couche fine superficielle imperméable à l'eau et à l'air, contrairement à la rouille du fer. La couche d'alumine ne permet pas au dioxygène de l'air de réagir avec l'aluminium. L'alumine est une couche **protectrice** de l'aluminium.

On peut montrer l'existence de cette enveloppe protectrice en chauffant un fil d'aluminium. L'aluminium fondu (température de fusion : 660 °C) reste prisonnier dans le sac d'alumine qui ne peut fondre qu'à la température de 2 050 °C, nettement supérieure à celle de la flamme **a**.

● **Le zinc** se recouvre d'une couche mince et compacte d'**oxyde de zinc**, de formule **ZnO**, par réaction à froid avec l'air en atmosphère sèche. La vapeur d'eau de l'air réagit avec l'oxyde de zinc et le transforme en hydroxyde de zinc qui réagit lui-même avec le dioxyde de carbone de l'atmosphère pour donner de l'hydroxycarbonate de zinc. **Ce carbonate de zinc** forme aussi une **couche protectrice pour le zinc** **b**.

● **Le cuivre** se recouvre également d'une couche d'oxyde protectrice ou de carbonate que l'on appelle vert-de-gris.

2 Le fer doit être protégé

a Cette porte médiévale du Mont-Saint-Michel rouille dans l'air marin.

b Des tonnes de peinture protègent la Tour Eiffel de la corrosion.

● Dans une atmosphère humide à température ambiante, le fer se recouvre d'une couche d'oxyde, la rouille a. Cette couche ne protège pas le fer car elle est poreuse et adhère mal. L'attaque du fer par l'air humide peut donc se prolonger jusqu'à disparition totale du fer. Il est donc nécessaire de protéger le fer contre l'action de l'air.

● Quand le fer est mélangé avec d'autres métaux, il peut acquérir une grande résistance à la corrosion. C'est le cas de l'acier inoxydable (« inox ») qui contient du fer, du chrome et du nickel.

● On peut aussi protéger le fer de la corrosion en le recouvrant d'un métal ou d'une peinture. Par exemple :
– **le zinc** forme **un revêtement très efficace sur le fer ou l'acier** contrairement à l'aluminium qui n'adhère pas au fer. Après avoir trempé les tôles ou les fils dans un bain de zinc fondu, un film de zinc se forme à la surface de l'objet. Ce film protège l'acier ou le fer en se recouvrant lui-même d'oxyde de zinc ;
– **l'étain** recouvre **l'acier des emballages alimentaires**. On obtient du « **fer blanc** », ainsi appelé à cause de la couleur de l'étain. Un vernis supplémentaire permet d'imprimer du texte ou des images directement sur l'emballage métallique ;
– **une peinture antirouille** protège l'acier en empêchant la formation de la rouille grâce à certains de ses composants et à une isolation totale par rapport à l'atmosphère b.

Questions

1 Doc. 1 a. Qu'est-ce que l'alumine ? Quelles propriétés possède la couche d'alumine qui recouvre l'aluminium ?

b. Comment peut-on montrer l'existence de l'enveloppe d'alumine autour d'un morceau d'aluminium ?

2 Doc. 1 De quoi est recouvert le zinc en atmosphère sèche ? en atmosphère humide ?

3 Doc. 2 La rouille est-elle imperméable à l'air et à l'eau ? Est-elle adhérente au fer ?

4 Doc. 2 Citez un métal qui n'adhère pas au fer. Quel métal choisit-on pour recouvrir les boîtes de boisson ? Citez une autre façon de protéger le fer.

5 En conclusion, quels sont parmi les métaux étudiés ceux qui s'autoprotègent et ceux qui ne s'autoprotègent pas contre l'action de l'air ?

Activité 3

La combustion de certains métaux

Lorsqu'un maréchal-ferrant chauffe dans sa forge le fer d'un cheval, ce fer ne brûle pas. Par contre, les anciens photographes faisaient brûler du magnésium pour obtenir une forte lueur dans leur flash.

Les métaux usuels peuvent-ils brûler ?

1 La combustion du fer dans l'air

a Le fer a un aspect brillant.

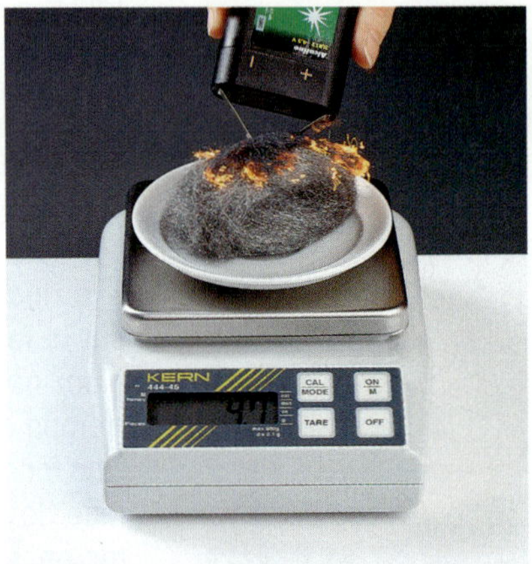

b La laine de fer brûle dans l'air.

c Les fils sont devenus ternes et ne sont plus conducteurs.

- On pèse dans une soucoupe 4,5 grammes de fer sous forme de fils très fins (laine de fer) **a**. La combustion est déclenchée en plaçant brièvement les lames d'une pile en court-circuit sur la laine. Certains fils sont portés au rouge et la combustion démarre assez vivement **b**. La balance indique 5,8 grammes quand la combustion s'arrête **c**.

- La masse a augmenté lors de la réaction de combustion car des atomes d'oxygène se sont associés aux atomes de fer pour donner un oxyde de fer.

- Dans le dioxygène pur, la combustion est encore plus vive et plus rapide mais elle donne le même produit : un oxyde de fer.

2 La combustion de poudres métalliques dans l'air

- De la poudre d'aluminium, projetée dans la flamme d'un bec Bunsen, brûle vivement dans l'air en produisant une fumée formée de particules d'oxyde d'aluminium. Il y a réaction chimique entre l'aluminium porté à haute température et le dioxygène de l'air. Le produit de cette réaction est le même que pour l'oxydation à l'air à température ambiante.

- Une expérience analogue peut être réalisée avec de la poudre de cuivre, de zinc ou de fer.

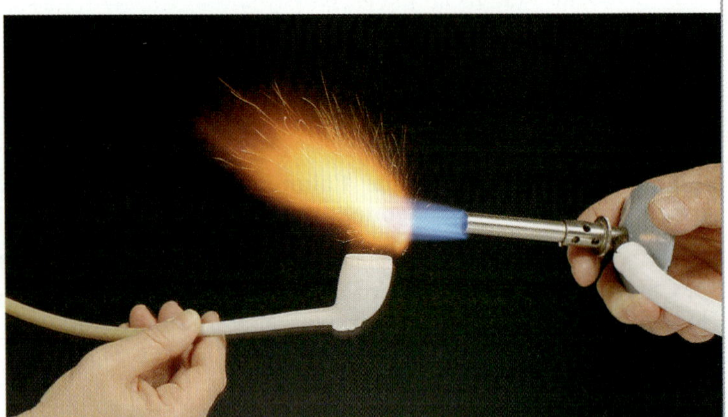

La poudre d'aluminium brûle dans la flamme d'un bec Bunsen.

3 Les équations-bilans des combustions précédentes

Le bilan des combustions.

	Réactifs	Produit
Dioxygène (gaz) et	Fer (laine de fer ou poudre)	Oxyde de fer (gris) : Fe_3O_4
	Aluminium (poudre brillante grise)	Alumine (poudre blanche) : Al_2O_3
	Cuivre (poudre rouge)	Oxyde de cuivre (poudre noire) : CuO
	Zinc (poudre grise)	Oxyde de zinc (poudre blanche) : ZnO

● Les métaux comme le fer, le cuivre, le zinc et l'aluminium peuvent brûler à haute température mais il faut qu'ils soient finement divisés (poudre par exemple). Les objets sous forme compacte (fer à cheval, casserole) ne brûlent pas.

● Ces métaux peuvent s'oxyder également lentement à l'air sec. Dans le cas du cuivre, du zinc et de l'aluminium, les produits formés sont les mêmes que dans les combustions à haute température.

● La combustion des métaux est une réaction chimique rapide et vive. Le produit formé est un oxyde métallique. Nous admettrons que c'est le seul produit formé.
Chaque combustion libère de l'énergie sous forme de chaleur et de lumière. On dit qu'elle est **exoénergétique**.

● Le bilan de la combustion d'un métal dans l'air s'écrit :

Métal et dioxygène réagissent pour donner un oxyde du métal.

Cette réaction d'un métal avec le dioxygène peut être appelée une oxydation.

– **Pour le fer**, l'équation-bilan est :

$$3\ Fe + 2\ O_2 \longrightarrow Fe_3O_4$$

L'oxyde obtenu, qui contient 3 atomes de fer pour 4 atomes d'oxygène, est différent de la rouille. Il n'est pas obtenu avec les mêmes réactifs.

– **Pour l'aluminium**, l'équation-bilan est :

$$4\ Al + 3\ O_2 \longrightarrow 2\ Al_2O_3$$

– **Pour le cuivre**, l'équation-bilan est :

$$2\ Cu + O_2 \longrightarrow 2\ CuO$$

– **Pour le zinc**, l'équation-bilan est :

$$2\ Zn + O_2 \longrightarrow 2\ ZnO$$

● Chaque équation-bilan traduit le fait que la nature et le nombre des atomes se conservent pendant la réaction et que la masse de l'oxyde formé est égale à la somme des masses du métal et du dioxygène qui ont réagi. (Voir fiche n° 9.)
Dans l'écriture de ces équations-bilans, on ne note pas l'apparition de chaleur et de lumière.

Questions

1 Doc. 1 Sous quelles formes peut-on faire brûler du fer ? Qu'est-ce qui prouve que la combustion du fer est une réaction chimique ? Expliquez pourquoi la masse mesurée augmente.

2 Doc. 2 Dans quelles conditions l'aluminium brûle-t-il ? Quels sont les réactifs et le produit dans la combustion de l'aluminium ?

3 Doc. 3 Pourquoi dit-on que les réactions de combustion des métaux sont exoénergétiques ?

4 Doc. 3 Quelle est la formule de l'alumine ? Que signifie-t-elle ? À quoi est égale la masse de l'alumine qui est formée dans une combustion ?

5 Quels sont les métaux qui peuvent brûler dans l'air ? Dans quels corps retrouve-t-on leurs atomes ?

La combustion des matériaux d'emballage

Pour éliminer les emballages, on peut les brûler dans des usines d'incinération après les avoir séparés des verres et des céramiques qui ne sont pas combustibles. Certains produits de la combustion des déchets peuvent polluer l'air.

Comment les matériaux d'emballage brûlent-ils ?

1 La combustion du carton

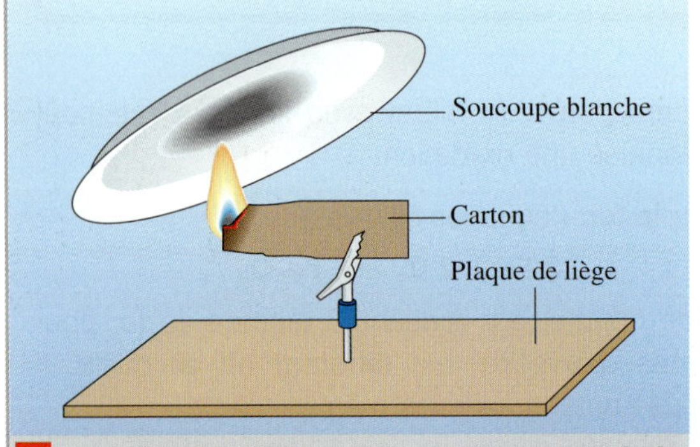

a Le carton brûle dans l'air en dégageant de la fumée noire.

b Lors de la combustion du carton, il y a formation de vapeur d'eau et de fumée.

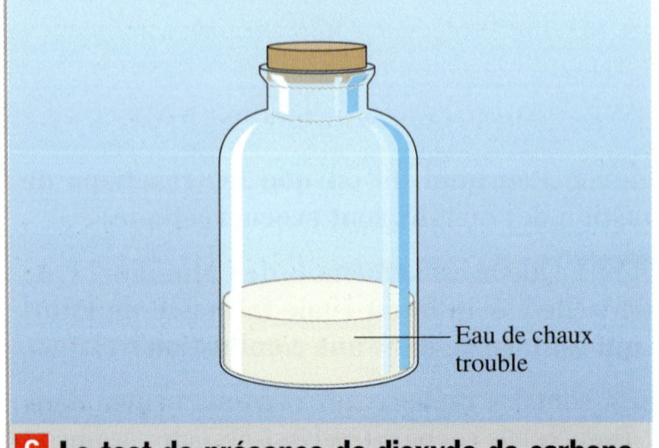

c Le test de présence de dioxyde de carbone.

● Le carton est fabriqué à partir de la cellulose extraite du bois. La cellulose est un composé constitué d'atomes de carbone, d'hydrogène et d'oxygène.
Quels corps peuvent se former lors de la combustion du carton avec le dioxygène de l'air ? Par exemple, les atomes de carbone peuvent être libérés pour donner une fumée noire ou peuvent s'associer avec les atomes d'oxygène pour donner du dioxyde de carbone. Les atomes d'hydrogène peuvent donner de l'eau avec les atomes d'oxygène.

● Une soucoupe blanche placée au-dessus d'un morceau de carton enflammé **est noircie** **a**. Cela s'explique par la présence de particules de **carbone** dans les gaz de combustion.
Dans un flacon sec rempli d'air, on observe la formation de **buée** sur les parois et de fumée **b**. **De l'eau de chaux** versée dans le flacon retourné devient **trouble** **c**. Ce test met en évidence la présence de **dioxyde de carbone**.
La combustion du carton est une réaction chimique car il y a formation de corps nouveaux.

● La présence de carbone, la formation de dioxyde de carbone et de vapeur d'eau confirment que la cellulose du **carton** contient des atomes de **carbone** et des atomes d'**hydrogène.**
Une matière organique, comme la cellulose, contient toujours des atomes de carbone et des atomes d'hydrogène.

POUR MANIPULER

● Porter des lunettes et une blouse.
● Enflammer un morceau de carton tenu dans une pince crocodile.
● Placer une soucoupe au-dessus de la flamme. Observer.
● Renverser un flacon sec sur le dispositif et le maintenir jusqu'à extinction de la combustion. Observer.
● Retourner ensuite le flacon et y verser de l'eau de chaux. Boucher le flacon.
● Agiter et observer.

2 La combustion des matières plastiques et ses dangers

a Certaines matières plastiques ne contiennent que des atomes de carbone et d'hydrogène. D'autres contiennent aussi des atomes d'azote (mousse de polyuréthane), d'oxygène ou de chlore.

Matière plastique	Polyéthylène (PE) Polypropylène (PP) Polystyrène (PS)	Polyéthylène téréphtalate (PET) Polycarbonate	Polychlorure de vinyle (PVC)
Atomes présents dans les molécules	Carbone et hydrogène	Carbone, hydrogène et oxygène	Carbone, hydrogène et chlore

● Les matières plastiques sont presque toutes fabriquées à partir d'une matière première : le pétrole. Le pétrole est le résultat d'une lente et complexe transformation de végétaux (arbres, plantes, etc.) qui contenaient tous de la cellulose. Les matières plastiques contiennent donc toutes des atomes de carbone et d'hydrogène **a**.

● La combustion dans le dioxygène de l'air des matières plastiques (ou des matières végétales) qui contiennent seulement des atomes de carbone, d'hydrogène et d'oxygène produit de la vapeur d'eau et du dioxyde de carbone, corps non toxiques. Si le dioxygène est en quantité insuffisante, la combustion devient incomplète. Il peut alors se former du **monoxyde de carbone** (CO), gaz inodore, **poison mortel** pour les animaux et l'homme.

● Lors de la combustion des matières plastiques, il peut se produire un dégagement de gaz toxique. Par exemple, la combustion du PVC qui contient des atomes de chlore produit du **chlorure d'hydrogène,** gaz irritant et toxique. Du **cyanure d'hydrogène (gaz mortel)** peut se former lors de la combustion des matières qui contiennent de l'azote.

● Il est donc très dangereux pour soi-même et pour l'environnement de brûler des matières plastiques sans précautions. Ces combustions doivent être réalisées dans les **usines d'incinération b** équipées pour éliminer les produits qui présentent un danger pour l'environnement et pour récupérer la chaleur produite.

b Une usine d'incinération des déchets.

Questions

1 Doc. 1 a. De quelle matière première la cellulose provient-elle ? Quelles espèces d'atomes la cellulose contient-elle ?

b. Quels sont les produits obtenus dans la combustion du carton avec le dioxygène ?

2 Doc. 1 Comment montre-t-on que le carbone, l'eau, le dioxyde de carbone sont des produits de la réaction ?

3 Doc. 2 Quelles sortes d'atomes les matières plastiques peuvent-elles contenir ?

4 Doc. 2 Quel corps dangereux peut être produit lors d'une combustion incomplète, c'est-à-dire avec trop peu de dioxygène ? Quel corps dangereux se forme toujours au cours de la combustion du PVC ?

5 Doc. 2 Quels avantages présente la combustion des emballages en usine d'incinération ?

Activité 5

Des combustions utiles

Pour le chauffage des bâtiments, on brûle dans l'air du méthane, du bois, etc. ou des déchets ménagers et industriels. Mais ce ne sont pas les produits de ces combustions qui sont utiles.

Pourquoi brûle-t-on les combustibles usuels et les déchets ?

1 L'utilisation de la chaleur libérée dans une combustion

a Une chaudière de chauffage central.

b L'intérieur d'un moteur.

c La fusée Ariane au décollage.

Les fours d'incinération des déchets ménagers servent souvent de chaudière pour les chauffages collectifs des villes. Les constituants principaux des déchets ménagers brûlent avec le dioxygène en **produisant de la chaleur** comme le font les combustibles (ou carburants) usuels tels le méthane, le butane, le fuel, l'essence, le charbon, le bois, etc. Ces réactions chimiques sont dites **exoénergétiques**.

● Si l'on apporte de la chaleur à de l'eau liquide ou à de l'air, on élève sa température : c'est le cas dans les dispositifs de chauffage central à eau **a** ou à air pulsé. L'eau chauffée dans la chaudière véhicule la chaleur jusqu'aux radiateurs qui vont à leur tour réchauffer l'air de la pièce.

● Si l'on réalise une combustion de l'essence, par exemple, dans un moteur **b** comme celui d'une voiture automobile, les produits de la combustion sont gazeux. Portés à haute température, ils se dilatent et mettent en **mouvement** les pièces mécaniques du véhicule. Le dispositif est différent dans une turbine à gaz mais on obtient aussi du mouvement. Une turbine à gaz, un moteur à combustion peuvent mettre également en mouvement une machine appelée alternateur qui a la propriété de produire une **tension électrique** entre ses bornes. Les fours d'incinération des déchets ménagers ou industriels servent aussi à produire de la vapeur d'eau faisant tourner un alternateur.

● Si la combustion est réalisée dans les moteurs des fusées ou des avions, les gaz très chauds s'évacuent dans un sens et il se produit **un mouvement** de la fusée ou de l'avion dans l'autre sens **c**.

2 La puissance

Deux brûleurs d'une cuisinière à gaz.

Des exemples de puissances

Chaudière de chauffage central pour un appartement de taille moyenne :

23 000 W ou 23 kilowatts (kW).

Brûleurs à gaz d'une table de cuisson :

2 790 W (ou 2,79 kW) et 1 620 W (ou 1,62 kW).

Plaques chauffantes électriques :

2 kW et 1,5 kW.

Lampes à incandescence :

100 W, 75 W, 60 W, etc.

● Les deux brûleurs ❶ et ❷ possèdent tous les deux une flamme bleue. Cette couleur bleue indique que la température de la flamme est la même dans les deux cas. Imaginons respectivement sur ❶ et sur ❷ des **casseroles identiques** contenant la **même quantité d'eau**. Le temps nécessaire pour amener l'eau des casseroles à l'ébullition n'est pas le même. Il faut plus de temps au brûleur ❶ car il est plus petit.

● Si nous admettons qu'il faut autant de chaleur pour amener à l'ébullition l'eau de chacune des deux casseroles, on en déduit que la quantité de chaleur produite par ❶ et par ❷ pendant la même durée de fonctionnement est différente.

On définit la puissance d'un appareil de chauffage par la quantité de chaleur produite en une seconde.

Cette quantité de chaleur est liée à la quantité de gaz débitée et brûlée. Le brûleur à gros débit de gaz ❷ possède une puissance plus grande que le brûleur ❶ à petit débit de gaz.

● On peut définir également une puissance pour un moteur qui transforme de la chaleur en mouvement. Ce moteur peut entraîner, par exemple, un alternateur qui alimentera des appareils de chauffage électriques. Ces appareils fournissent à leur tour de la chaleur. Leur puissance et celle du moteur sont liées.

● Une puissance s'exprime en **watt** (symbole W).

Questions

1 Doc. 1 Que produit l'ensemble des combustions ? Pourquoi les déchets ménagers peuvent-ils brûler ?

2 Doc. 1 Quel effet produit un apport de chaleur sur l'eau ? Que véhicule l'eau de la chaudière jusqu'aux radiateurs dans un chauffage central ?

3 Doc. 1 Expliquez brièvement comment la chaleur peut produire du mouvement dans un moteur à combustion comme celui d'une voiture automobile. Comment produit-on une tension électrique à partir de la chaleur ?

4 Doc. 2 a. Des deux brûleurs, ❶ et ❷, quel est celui qui fait bouillir le plus vite la casserole contenant de l'eau ?

b. Qu'est-ce que la puissance d'un brûleur ? Quelle est l'unité de puissance ?

5 En conclusion, pourquoi brûle-t-on les combustibles usuels et les déchets ménagers ?

1 La composition de l'air — Activité 1

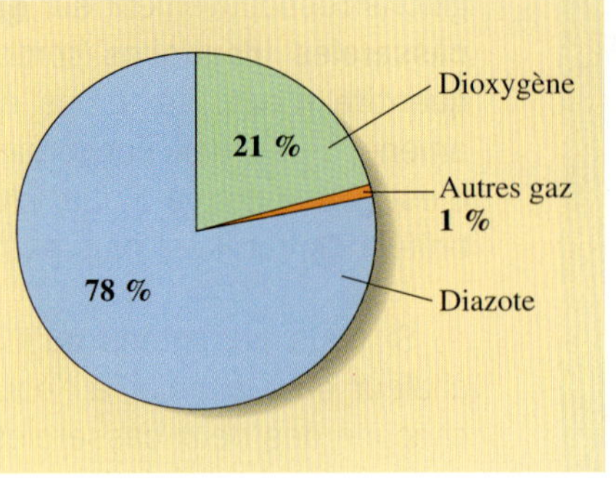

● L'air contient principalement du **diazote** et du **dioxygène**, soit 4 volumes de diazote pour 1 volume de dioxygène.

● L'air contient d'autres gaz, comme la **vapeur d'eau** et le **dioxyde de carbone** et en quantité infime des oxydes d'azote, de soufre. Il y a aussi dans l'air, en petite quantité, des solides en suspension comme des petits cristaux de sel marin, etc.

Exercices : 1, 8

2 L'oxydation des métaux à la température ambiante — Activité 2

a. Le fer

● **Le fer s'oxyde lentement dans l'air humide.** Il se forme de la **rouille** par réaction chimique du fer avec le dioxygène de l'air et les gouttelettes d'eau contenant des ions. En atmosphère sèche, le fer n'est pas attaqué.

● La rouille est poreuse. Elle ne protège donc pas le fer de l'attaque de l'eau et de l'air.

● Pour éviter la corrosion du fer, on peut le recouvrir d'un autre métal comme l'étain ou le zinc. L'étain est utilisé pour protéger l'acier des boîtes alimentaires ; le zinc pour protéger les carrosseries des voitures.

b. Les autres métaux

Quelques métaux usuels, comme **l'aluminium et le zinc,** se recouvrent d'une **couche protectrice** contre l'action de l'air. Par exemple, une fine couche d'**alumine** imperméable à l'air se forme sur l'aluminium.

Exercices : 2 à 4, 9 à 16, 30

3 La combustion de certains métaux — Activité 3

● À température ordinaire, les métaux usuels ne brûlent pas dans l'air. La combustion du fer, de l'aluminium, du cuivre et du zinc dans l'air est possible si ces métaux sont en **poudre** ou en **fils fins** (pour le **fer**) et s'ils sont portés à **haute température**.

● Les réactifs de ces combustions sont le métal utilisé et le dioxygène de l'air. Le produit obtenu est toujours un oxyde métallique : Fe_3O_4, Al_2O_3, CuO, ZnO.
Par exemple, le bilan de la combustion du fer dans le dioxygène s'écrit :

fer et dioxygène réagissent pour donner de l'oxyde de fer.

Ce bilan se traduit par l'équation-bilan : $3\,Fe + 2\,O_2 \longrightarrow Fe_3O_4$
(Voir la fiche n°9 sur les équations-bilans.)

● **La nature et le nombre des atomes**, ainsi que **la masse totale sont conservés** au cours d'une réaction chimique.

● Les réactions de combustion s'accompagnent d'un dégagement d'énergie : chaleur et lumière. On dit qu'elles sont **exoénergétiques**.

Exercices : 5, 6, 17 à 24

4 La combustion des matériaux d'emballage Activité 4

● Les cartons, les matières plastiques sont des matériaux organiques. Ils **contiennent** tous **des atomes de carbone et d'hydrogène** mais certains contiennent aussi d'autres types d'atomes : oxygène, azote, chlore, etc.

● Ils peuvent brûler dans le dioxygène de l'air en donnant du dioxyde de carbone et de l'eau si la quantité de dioxygène est suffisante.
Mais il peut aussi se former d'autres corps s'il existe d'autres types d'atomes dans le combustible ou si la combustion est incomplète.

Exercices : 7, 25, 26, 29, 31

5 L'utilisation des combustions Activité 5

● La combustion de combustibles comme le méthane ou celle de déchets produit de la chaleur. À partir de cette chaleur on peut obtenir du mouvement à l'aide de dispositifs techniques comme les moteurs à combustion, les turbines à gaz.

● La puissance d'un appareil de chauffage est la quantité de chaleur que peut produire cet appareil en 1 seconde. Elle se mesure en watt (W).

Exercices : 27, 28

Je dois être capable de…

- **Comprendre pourquoi le fer non protégé ne convient pas pour un emballage et pourquoi l'oxydation superficielle de l'aluminium joue un rôle protecteur.**
- **Comprendre que la combustion dans l'air des métaux divisés (poudre) est une réaction avec le dioxygène au cours de laquelle il y a conservation des atomes.**
- **Reconnaître la formation de carbone, de dioxyde de carbone et d'eau dans la combustion de cartons et de matières plastiques.**
- **Connaître les dangers de la combustion de certaines matières plastiques.**

JE TRAVAILLE SEUL

RÉPONSES P. 250

1 La composition de l'air

Répondez par VRAI ou FAUX aux propositions suivantes et rectifiez celles qui sont fausses.

a. L'air contient principalement du diazote et du dioxyde de carbone.

b. L'air humide contient de la vapeur d'eau.

c. L'air sec ne contient pas de dioxyde de carbone.

d. L'air contient environ 4 volumes de dioxygène pour 1 volume de diazote.

2 La rouille

Choisissez la bonne réponse parmi celles qui sont proposées.

La rouille se forme facilement sur le fer :

a. dans une atmosphère sèche ;

b. dans une atmosphère humide et salée ;

c. dans du dioxygène pur.

3 La protection du fer

Choisissez les bonnes réponses parmi celles qui sont proposées.

Pour protéger le fer contre l'action de l'air, on peut le recouvrir :

a. de zinc ;

b. d'aluminium ;

c. de peinture anti-rouille ;

d. d'étain.

4 La protection des métaux

Pourquoi l'aluminium est-il protégé de l'action de l'air, même humide ?

5 La combustion des métaux

a. Citez les conditions qui permettent de faire brûler un métal comme le fer, l'aluminium ou le zinc dans l'air.

b. Ces combustions sont dites exoénergétiques. Pourquoi ?

6 Les équations-bilans de combustions

Complétez les équations-bilans ci-dessous :

a. ... Fe + ... O_2 ⟶ ... Fe_3O_4

b. ... Al + ... O_2 ⟶ ... Al_2O_3

c. ... Zn + ... O_2 ⟶ ... ZnO

7 La combustion des matières plastiques

Quels sont les corps qui peuvent se former lors de la combustion dans l'air d'un emballage de polyéthylène téréphtalate (PET) qui contient des atomes de carbone, d'hydrogène et d'oxygène ? Que peut-il se passer si la quantité d'air est insuffisante ?

J'UTILISE MES CONNAISSANCES

8 Une analyse de l'air par formation de rouille

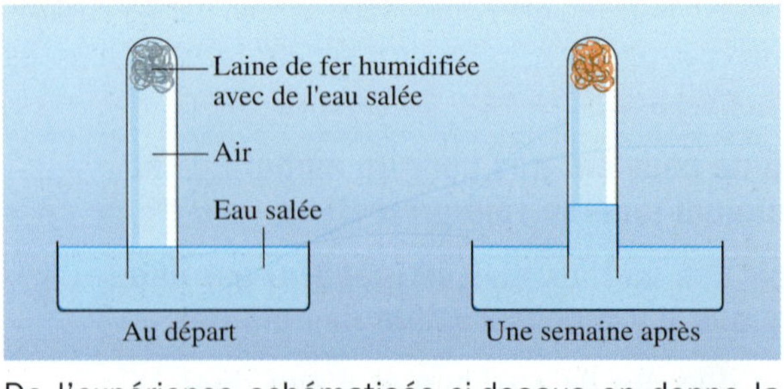

De l'expérience schématisée ci-dessus on donne la conclusion suivante :

« L'eau salée est montée dans le tube et le volume de gaz a diminué d'environ un cinquième du volume initial. Le gaz restant éteint une bûchette de bois incandescent et ne réagit pas non plus avec l'eau de chaux. La laine de fer s'est couverte d'un corps qu'on appelle rouille. Le dioxygène contenu dans le tube a pratiquement disparu et il reste surtout du diazote. »

1. Pourquoi le volume du gaz contenu dans le tube a-t-il diminué d'environ un cinquième de son volume initial ?

2. Quel est le gaz qui réagirait avec l'eau de chaux ?

3. Citez les trois arguments permettant de dire que c'est du diazote qui reste principalement dans le tube.

La formation de la rouille

9 Un tampon de laine d'acier est placé dans un récipient plein d'air. On l'arrose avec un peu d'eau salée. Le récipient est ensuite fermé hermétiquement. On le pèse juste après la fermeture puis huit jours après. Indiquez si les propositions suivantes sont vraies ou fausses.

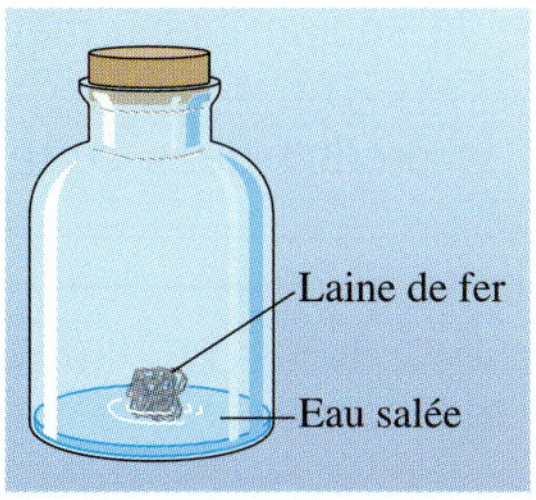

a. Le tampon ne se recouvre pas de rouille parce que le récipient est fermé.
b. La rouille peut se former parce que des gouttes d'eau salée peuvent entrer en contact avec le fer.
c. La rouille arrêtera de se former quand il n'y aura plus de diazote dans le récipient.
d. La masse totale du récipient augmente parce que de la rouille se forme sur le fer.
e. La masse du tampon de laine de fer augmente parce que du fer s'est combiné à des atomes d'oxygène pour former de la rouille.

10 La rouille qui se développe sur le fer occupe un volume plus grand que le fer qu'elle remplace. Les bétons armés de mauvaise qualité, c'est-à-dire très perméables à l'air s'effritent au cours du temps et laissent apparaître les tiges métalliques. Comment peut-on expliquer cette détérioration ?

11 ★★ Les courbes suivantes donnent la perte de masse de tôles en acier ordinaire dans différentes atmosphères au cours du temps. Un dm^2 est l'aire d'un carré de un décimètre de côté.

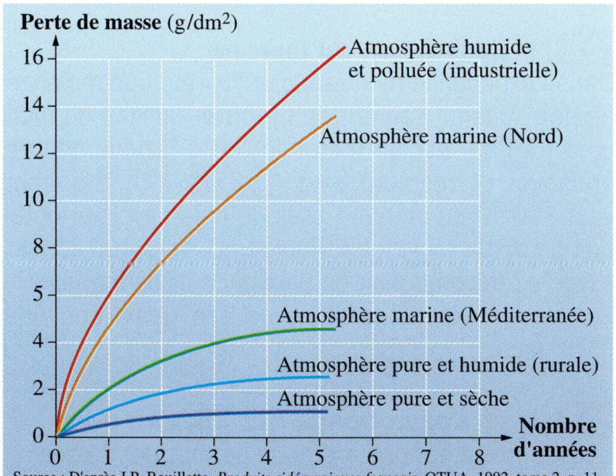

Source : D'après J.P. Bouillette, *Produits sidérurgiques français*, OTUA, 1992, tome 2, p. 11.

1. Selon les différentes atmosphères, la tôle perd de la masse. De quelle masse s'agit-il ?
2. Quelle est la perte de masse d'un morceau de tôle de 1 dm^2 de surface à Marseille au bout de 2 années d'exposition à l'atmosphère marine méditerranéenne ? Au bout de 4 années ?
3. Quelle est la perte de masse de 1 dm^2 de tôles placé à Rotterdam en mer du Nord au bout de 2 ans ?
4. Comparez la perte de masse en 4 ans de 1 dm^2 de tôle situé en Haute Provence, en atmosphère pure et sèche, et d'un autre situé en atmosphère industrielle humide et polluée.
5. Les valeurs données par le graphique selon les différentes atmosphères, sont-elles en accord avec ce que vous savez de la corrosion du fer (par exemple pour 2 ans) ? Justifiez votre réponse.

12 ★ Une citerne en acier contenant de l'huile n'est pas protégée extérieurement. Elle est entourée d'une atmosphère humide et polluée. Dans cette atmosphère, 1 dm^2 de tôle perd 9,5 grammes de fer en 2 ans, soit en moyenne 0,12 mm d'épaisseur. La citerne est réalisée dans une tôle de 2 mm d'épaisseur et possède une surface extérieure de 6 m^2.
1. Quelle masse de fer perd-elle en 2 ans ?
2. Un décimètre carré de cette tôle a subi une perte de fer de 6 grammes au bout de 1 an, de 12 grammes au bout de 3 ans et 14,3 grammes au bout de 4 ans. La perte de masse en fer est-elle proportionnelle au vieillissement de la citerne ?

Le comportement de métaux dans l'air ambiant

13 L'or est un métal brillant, excellent conducteur et très malléable : les feuilles peuvent avoir une épaisseur de l'ordre du 1/10 000 de millimètre. Allié au cuivre, à l'argent ou au zinc pour le rendre moins déformable, il sert à fabriquer des bijoux (en France, au maximum 75 % de la masse du bijou est en or, soit 18 carats). Pur, il recouvre par exemple la coupole de l'Hôtel des Invalides à Paris, la reliure ou la tranche de certains livres, des sculptures, etc. Il sert enfin à relier entre eux les composants électroniques des ordinateurs (20 % de la consommation mondiale).
Quelle propriété l'or possède-t-il par rapport à l'air ?

14 ★ Le nickel (Ni), métal brillant des pièces de 1, 2 et 5 francs, s'autoprotège avec son oxyde qui contient 1 atome de nickel pour 1 atome d'oxygène. Quelles qualités peut-on prévoir pour cet oxyde et quelle est sa formule ?

15 L'étain se recouvre dans l'air d'oxyde stanneux (SnO). Sachant que l'étain est utilisé pour protéger le fer même en atmosphère humide, donnez les propriétés de cet oxyde stanneux.

16 Le plomb sert à relier entre eux les morceaux de verre qui composent les vitraux. Il se recouvre à l'air d'un mélange assez complexe d'oxydes de couleur grise. Sachant que certains vitraux sont en place depuis des siècles dans les cathédrales, quelles propriétés peut-on en déduire pour ce mélange d'oxydes ?

17 ★★ La combustion de l'aluminium

Une masse de 2,7 grammes d'aluminium en poudre brûle dans le dioxygène en donnant 5,1 grammes d'alumine.

1. Quelle masse d'oxygène est contenue dans 5,1 grammes d'alumine ?

2. Cette masse d'oxygène est contenue dans 1,8 litres de dioxygène pur. Quel est le volume d'air minimal nécessaire pour brûler complètement 2,7 grammes d'aluminium en poudre ?

3. Quelle est la masse de dioxygène nécessaire pour brûler 54 grammes d'aluminium ?

18 ★ La combustion du magnésium

Le magnésium est un métal qui peut brûler dans l'air. Il était, jusqu'à une période assez récente, utilisé dans les lampes « Flash » en photographie. La combustion dans le dioxygène de l'air donne de l'oxyde de magnésium de formule MgO.

1. Quels sont les réactifs et le produit de cette combustion ?

2. Écrivez l'équation-bilan de cette réaction.

3. Le magnésium peut aussi réagir avec le dioxyde de carbone quand il est porté à haute température. Il se forme de l'oxyde de magnésium et de la poudre de carbone (C). Écrivez l'équation-bilan de cette réaction.

19 ★ L'oxydation du sodium

Le sodium est un métal brillant qui s'enflamme spontanément dans l'air sec quand on le porte à une température voisine de son point de fusion, soit environ 100 °C. Il se forme de l'oxyde de sodium blanc mat de formule Na_2O.

1. Quels sont les réactifs et le produit dans cette réaction ?

2. Écrivez l'équation-bilan de cette réaction

3. On brûle 23 grammes de sodium avec 8 grammes de dioxygène. Quelle est la masse de l'oxyde de sodium formé ?

20 L'oxydation du cuivre

Quand on place une lame de cuivre dans un tube de verre ouvert aux deux bouts et chauffé par un bec Bunsen, on constate la formation de taches noires et rouges mates. Il s'agit de deux oxydes de cuivre différents : le rouge de formule Cu_2O et le noir de formule CuO.

Écrivez l'équation-bilan de la formation de l'oxyde rouge et celle correspondant à la formation de l'oxyde noir.

21 Les filaments en tungstène

Les filaments des lampes à incandescence sont en tungstène. Ces filaments sont placés dans des ampoules en verre remplies de diazote à basse pression et portés à très haute température. Pour quelle raison n'utilise-t-on pas de l'air à basse pression pour remplir les ampoules ?

22 ★ L'oxydation du mercure

Dans l'expérience montrant que l'air était un mélange de gaz, Antoine Laurent de Lavoisier utilisait du mercure (Hg) qui est un métal liquide à la température ordinaire. Le mercure bout à 357 °C. En chauffant vers 300 °C du mercure avec de l'air, Lavoisier obtenait un oxyde rouge de formule HgO. Vers 400 °C, cet oxyde se décomposait en dioxygène et en mercure.

Écrivez les équations-bilans de ces deux réactions chimiques.

23 ★★ L'oxycoupage des tôles en acier

L'oxycoupage est une méthode permettant de découper les tôles en acier. Un point de la tôle est porté à une température voisine de la température de fusion du fer à l'aide d'un chalumeau fonctionnant avec de l'acétylène (C_2H_2) et du dioxygène. Ensuite, seul le jet d'oxygène est envoyé sur la tôle. Il se produit alors une combustion du fer et la tôle est trouée. En déplaçant le jet de dioxygène, la combustion peut se poursuivre car la chaleur dégagée par la combustion est suffisante pour porter les parties voisines du trou à la température où la combustion se réalise.

1. La combustion de l'acétylène dans le dioxygène produit du dioxyde de carbone et de la vapeur d'eau. Écrivez l'équation-bilan de cette combustion.

2. Écrivez l'équation-bilan de la réaction du fer contenu dans l'acier avec le dioxygène.
3. Les réactions précédentes sont-elles exoénergétiques ? Justifiez votre réponse.

24 ★ Le meulage d'un outil en acier

Pour aiguiser un outil en acier, on utilise une meule qui arrache par frottement des particules très fines de métal. On constate que les particules éjectées forment un jet très lumineux, capable de brûler la peau et donnent une poudre noire très dure en refroidissant. Cette observation peut-elle être rapprochée de la combustion d'une poudre de fer dans un bec Bunsen ? Justifiez votre réponse en utilisant dans des phrases les expressions suivantes : *l'acier contient du fer, la combustion produit de la lumière et de la chaleur, oxyde de fer noir, particules d'acier, le frottement crée de la chaleur, les particules sont portées à haute température, combustion dans l'air.*

La combustion des matières plastiques

25

Le Nylon contient des atomes de carbone, d'hydrogène, d'oxygène et d'azote.
1. Quels corps peuvent se former lors de la combustion du Nylon dans l'air ?
2. Parmi ces corps, quels sont ceux qui présentent un danger pour l'environnement ?

26

Sur un sac en polyéthylène haute densité (PEHD) de sortie de caisse d'une grande surface, on peut lire le texte suivant :

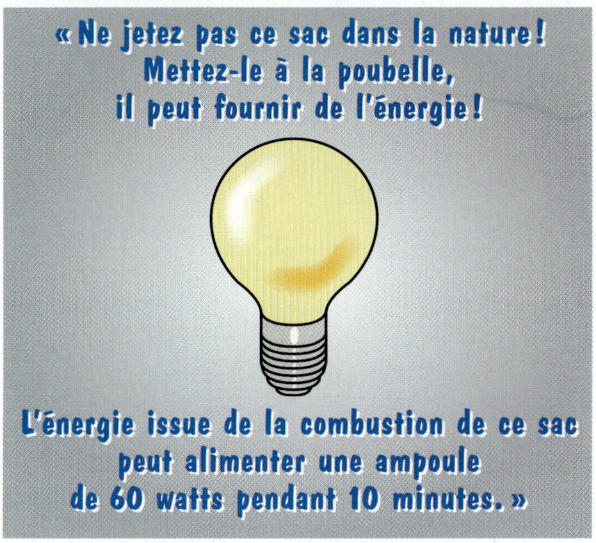

1. Le polyéthylène haute densité contient des atomes de carbone et d'hydrogène. Quels sont les produits de la combustion complète de ce sac ?
2. Quelle forme d'énergie la combustion produit-elle ?
3. Comment peut-on obtenir de « l'énergie électrique » à partir de la combustion de ce sac ?
4. L'énergie électrique alimente l'ampoule. En quoi cette énergie électrique est-elle transformée dans l'ampoule ?
5. Que représente l'indication « 60 watts » ?

27 La propulsion d'une fusée

La fusée Ariane possède plusieurs moteurs dont un qui éjecte de la vapeur d'eau, produit de la combustion du dihydrogène avec le dioxygène. Écrivez l'équation-bilan de cette réaction.

28 L'utilisation des combustions

Une chaudière à gaz de 23 kW est utilisée pour alimenter en eau chaude un appartement et en assurer le chauffage. Le combustible est du méthane (CH_4).
1. Écrivez l'équation-bilan de la combustion complète du méthane.
2. Quel est ici l'intérêt de la combustion du méthane ?
3. Que représente l'indication « 23 kW » ?

29 ★★ La recherche d'un produit inconnu

Une substance inconnue brûle dans le dioxygène. Les produits gazeux de la combustion font virer au bleu du sulfate de cuivre anhydre, troublent de l'eau de chaux et font diminuer fortement le pH en se dissolvant dans l'eau. Par ailleurs, la solution obtenue réagit avec le nitrate d'argent en donnant un précipité blanc.
1. Quels sont les atomes pouvant entrer dans la composition de cette substance ? Justifiez votre réponse.
2. Peut-on affirmer qu'elle ne contient pas d'atome d'oxygène ?
3. Cette substance était un échantillon d'un emballage alimentaire en matière plastique. De quel matériau peut-il s'agir ?

J'ANALYSE DES DOCUMENTS

30 ★ Les pièges à dioxygène

Le dioxygène est capable de détériorer certains aliments. Lors du conditionnement, il est emprisonné dans l'espace compris entre l'emballage et l'aliment et il s'infiltre aussi depuis l'extérieur vers l'intérieur à travers les pores de l'emballage. Il peut également exister sous forme dissoute dans la nourriture ou la boisson.
Si le dioxygène agit peu les premiers jours de conservation, il provoque ensuite la décoloration ou le rancissement des aliments. Pire, il contribue au développement de certaines bactéries, champignons ou moisissures.
Pour éliminer en partie ces inconvénients, on place dans les emballages des pièges à dioxygène sous forme de sachets absorbeurs. Mais ces sachets, non consommables, doivent rester invisibles pour l'acheteur (ils pourraient être confondus avec des sachets d'épices, par exemple). On les cache donc dans des barquettes à double fond comme pour les fromages de chèvre, dans le joint des capsules des bouteilles, etc. Ces pièges à dioxygène évitent d'ajouter des conservateurs directement dans les aliments ou les boissons.
Ils fonctionnent de la façon suivante : du fer en poudre et quelques grains de sel, le tout humidifié, sont enfermés dans des sachets perméables au gaz.

D'après Laura Denac, *Sience et Vie Junior*, n° 105 de juin 1998, pp. 76-79.

Lire attentivement le texte avant de répondre aux questions suivantes :
1. Pourquoi les sachets sont-ils perméables au gaz ? À quel gaz en particulier ?
2. À quoi servent le sel et l'humidité introduits ?
3. Quel est le nom du corps qui se forme dans les sachets ? Quelles entités chimiques contient-il (atomes, ions, molécules) ?
4. Quels sont les réactifs de cette réaction chimique ?

31 ★ La combustion des matières organiques

Certaines matières organiques peuvent prendre feu lors d'un incendie. L'élévation de température provoque la décomposition puis la combustion des très nombreux produits naturels ou artificiels présents dans une maison.
Parmi les produits formés, citons :
– le monoxyde de carbone, incolore et inodore, qui est émis par tous les matériaux. C'est un poison mortel et il est responsable de la plupart des décès par asphyxie ;
– les composés gazeux. Par exemple, la décomposition des lambris en pin ou en sapin produit de l'essence de térébenthine ; des matières plastiques comme le Plexiglas se volatilisent ;
– le cyanure d'hydrogène dégagé lors de la combustion des polyuréthanes (cependant en très faibles quantités).

1. Quelle est la formule du monoxyde de carbone ?
2. Le cyanure d'hydrogène est constitué de molécules contenant 1 atome de carbone, 1 d'azote et 1 d'hydrogène. Quelle est sa formule ?
3. À quoi est due l'élévation de température dans un incendie ?
4. Quelles conséquences a l'élévation de température sur les lambris en pin ?

Feux d'artifice

La pyrotechnie (du grec *pyro*, feu) ou la technique de production des feux d'artifice est un art très ancien. Les feux sont obtenus par la combustion d'un mélange de poudres judicieusement choisies et dont certaines sont métalliques. La couleur dépend des ingrédients et certaines « recettes » sont restées pendant longtemps des secrets bien gardés. La propulsion et l'éclatement sont assurés par un mélange de nitrate de potassium, de charbon et de soufre, appelé la « poudre noire ». C'est par le même procédé que l'on fabrique les fusées de détresse.

Les feux follets

Jadis, on attribuait aux fantômes le feu dansant qu'on pouvait apercevoir dans les cimetières ou au-dessus des marécages. En réalité, les petites flammes bleues résultent de la combustion du méthane et des composés du phosphore. Ces derniers sont produits par la décomposition des matières organiques et s'enflamment dans l'air.

Protection antirouille

Une fine couche de zinc constitue une excellente protection contre la rouille. Mais comment enduire de zinc les voitures ? Grâce à l'électrolyse : la carrosserie est une des électrodes. On obtient ainsi une couche antirouille régulière, qui atteint tous les recoins de la tôle métallique.
On utilise un procédé similaire pour argenter et pour dorer les objets.

L'argenture des couverts par électrolyse.

Des bactéries très spéciales

Une source d'eau chaude sulfureuse des profondeurs océaniques.

Tous les êtres vivants ont besoin d'énergie pour se maintenir ou pour se développer. Cette énergie est tirée de l'oxydation lente de matières organiques au niveau des cellules, en présence de dioxygène : c'est la respiration. Certains organismes cependant tels les levures, les moisissures ainsi que certains champignons, peuvent se passer de dioxygène. En découvrant leur existence, Louis Pasteur les qualifia d'« anaérobies », par opposition aux « aérobies » (du grec *aêr*, air et *bio*, vie).
Premiers chaînons de la chaîne alimentaire, les végétaux fabriquent leur matière organique grâce à l'énergie tirée du Soleil : c'est la photosynthèse. Il existe certains rares endroits cependant où la photosynthèse non plus n'est pas indispensable : dans certains fonds marins très profonds que la lumière du Soleil n'atteint jamais, près de sources d'eau chaude sulfureuse, on peut trouver des communautés animales qui en sont totalement indépendantes. Dans ces communautés, les végétaux sont remplacés par des bactéries qui tirent leur énergie de l'oxydation d'un composé chimique présent dans l'eau, formé d'hydrogène et de soufre. En 1992, on découvrit en Roumanie, sur la terre ferme, une grotte renfermant toute une faune d'invertébrés vivant grâce à ce genre de bactéries.

CHAPITRE

5 Les déchets

Que faire de nos ordures ménagères, des résidus de l'industrie, de l'agriculture, etc. ? Il faut gérer ces déchets efficacement, car ils s'accumulent et polluent le sol et l'eau. Pour limiter le gaspillage, il est également impératif de récupérer certains matériaux comme le verre, les métaux ou les matières plastiques.

Activité 1

D'où proviennent les déchets ?

Voici la quantité de déchets dont s'est débarrassée cette famille en un an.

Activité 2

Comment les déchets sont-ils valorisés actuellement ?

Les déchets peuvent souvent trouver un autre usage.

Activité 3

Quelles sont les pollutions engendrées par nos déchets ?

Il n'est pas acceptable de jeter n'importe quoi n'importe où !

Activité 4

Que doit-on faire des déchets réutilisables ou dangereux ?

Les ordures seront de plus en plus triées par type comme le montre cette bande dessinée.

Activité 5

Comment peut-on fabriquer puis réutiliser du verre d'emballage ?

Ce tas de verre pilé attend d'être fondu.

Activité 6

Comment peut-on fabriquer puis réutiliser de l'acier ?

L'acier des canettes peut resservir après usage.

Activité 1

Des déchets très divers

Les exemples ci-dessous vous aideront à vous rendre compte de la diversité de la provenance et de la nature des déchets.

D'où proviennent les déchets ?

Questions

1 **Citez des exemples d'emballages plastiques et métalliques ; de produits chimiques utilisés pour le bricolage et le ménage.**

2 **Quels sont les grands secteurs d'activité cités dans ce document qui produisent des déchets ?**

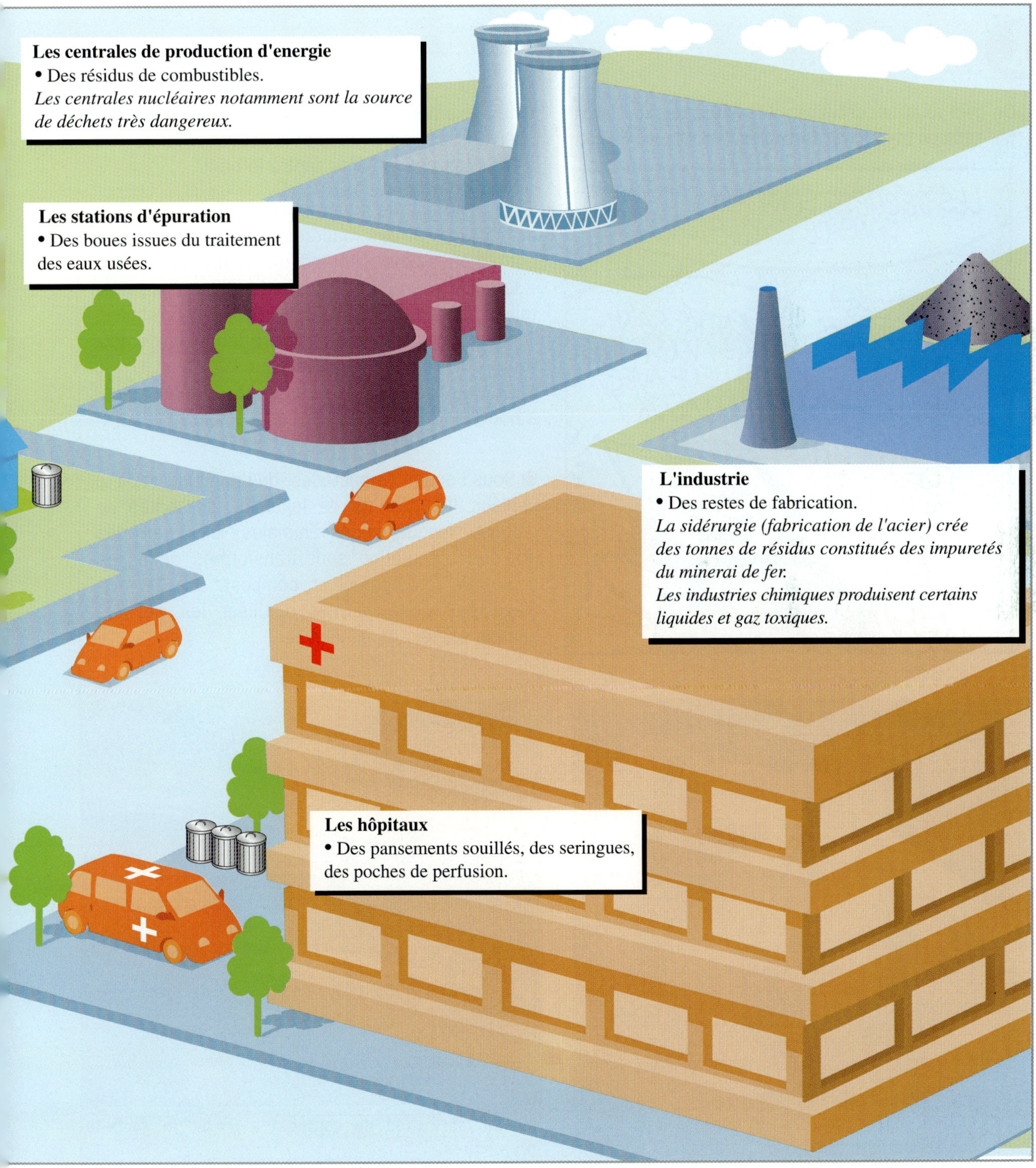

Activité 2

L'utilisation des déchets

Il est souvent possible de réutiliser les déchets jetés ou de les transformer en de nouveaux objets. Dans le cas contraire, ils peuvent être brûlés dans des usines d'incinération : on récupère alors l'énergie issue de leur combustion.

Comment les déchets sont-ils valorisés actuellement ?

1 Le recyclage de matériaux

On peut réutiliser certains matériaux après leur avoir fait subir un traitement particulier : c'est le **recyclage**.

● Un exemple de réutilisation de matériau : les pneus usagés sont rapés et la poudre obtenue sert à fabriquer des isolants contre le bruit.

● Le recyclage de matériaux permet d'économiser de l'énergie et des matières premières comme le pétrole ou le bois. Citons deux exemples :
– les objets en PET (chapitre 1), comme les bouteilles de soda, sont lavés et réduits en granulés. Fondus, ces derniers serviront à fabriquer de nouveaux objets en matière plastique **a** ;
– les vieux papiers sont traités pour confectionner à nouveau des enveloppes par exemple.

● Sous l'action de bactéries, de l'humidité et de la chaleur, les déchets de légumes, de tontes de pelouse, les déjections animales, les boues des stations d'épuration sont transformés dans des usines de retraitement en **compost*** **b**. Ce recyclage biologique permet d'utiliser les déchets comme engrais en agriculture.

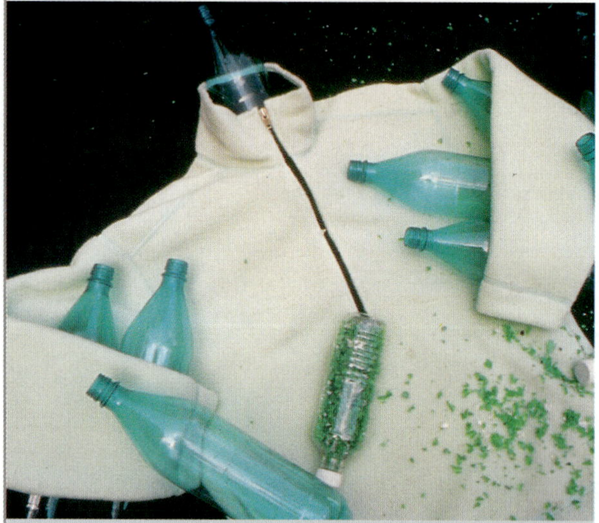

a Ce pull en maille polaire a été fabriqué à partir de bouteilles en matière plastique.

b La fabrication de compost à partir de déchets organiques.

2 La récupération d'objets

● On peut réemployer un objet pour un usage identique après réparation ou nettoyage. C'est le cas des vêtements, des meubles récupérés dans les greniers **a** et des appareils ménagers remis en état par certaines associations humanitaires.

● Il est aussi possible de réutiliser un objet pour un usage non prévu : c'est le cas des pneus protégeant les coques des bateaux contre les chocs **b** ou des carrosseries de camions transformées en abri.

a Ces meubles sont à vendre, après avoir été remis en état.

b Les vieux pneus peuvent trouver un autre usage sur les bateaux.

3 La production d'énergie

Cette usine d'incinération produit de l'énergie à partir de déchets.

Le recyclage des ordures n'est pas toujours possible : il est souvent coûteux et difficile à réaliser techniquement. Dans ce cas, l'incinération permet de récupérer de l'énergie de certains déchets : c'est la **valorisation énergétique**. Leur combustion dégage en effet de la chaleur ; cette énergie sera utilisée par la suite pour chauffer des appartements en milieu urbain (200 000 bureaux et logements sont chauffés de cette façon grâce aux poubelles parisiennes), ou encore pour produire de l'électricité (voir le chapitre 4).

Questions

1 Quels sont les différents moyens de valoriser les déchets ?

2 Quel est l'intérêt de recycler ? Quel autre avantage, non cité dans les documents, pouvez-vous donner ?

LE SENS DES MOTS

Compost : engrais formé par la décomposition des débris organiques.

Activité 3

Les pollutions liées à nos déchets

En France, chaque habitant jette en moyenne 350 kg d'ordures par an. Certains déchets peuvent présenter des dangers pour l'être humain et son environnement s'ils ne sont pas bien gérés.

Quelles sont les pollutions engendrées par nos déchets ?

1 La nature n'est pas une poubelle

a Dans cette décharge « sauvage », ces objets défigurent le paysage et polluent.

b S'ils sont déversés dans la nature, les déchets des usines chimiques polluent.

- En France, il reste encore 6 000 lieux où des citoyens et des entreprises peu respectueux de l'environnement abandonnent des déchets de toutes sortes. On parle de « décharges sauvages » a.
  – Les déchets organiques se décomposent. Lorsque l'eau de pluie les lave, elle peut devenir acide et ainsi attaquer plus facilement les objets métalliques. Les ions métalliques qui se forment s'infiltrent alors dans le sol et empoisonnent les réserves d'eau souterraines. Les résidus végétaux de l'agriculture libèrent les pesticides qu'ils ont absorbés : ces insecticides, désherbants, etc. contaminent aussi les sols et l'eau.
  – S'infiltrent aussi dans le sol certains liquides toxiques comme les produits chimiques industriels b, les huiles de vidange ou les restes de peinture par exemple. On les retrouve dans les cours d'eau où ils forment à la surface un film qui empêche le dioxygène de passer : la vie aquatique peut alors disparaître.
- Rejetés à l'évier, les produits chimiques pour le bricolage finissent également par rejoindre les cours d'eau ou perturber le fonctionnement des stations d'épuration en détruisant les bactéries chargées de purifier les eaux usées.
- Certains objets ou produits ne peuvent pas non plus être directement jetés à la poubelle. Pour éviter la pollution du sol des décharges, les liquides toxiques doivent être collectés à part dans des conteneurs spécifiques pour être traités séparément, de même que les batteries de voiture et les piles usagées qui contiennent des métaux dangereux pour l'être humain.

Questions

1 Quels sont les différents effets exercés sur la nature par le dépôt sauvage des déchets ménagers ?

2 Citez quelques métaux attaqués par les eaux acides.

3 a. Pourquoi ne peut-on pas tout jeter directement à la poubelle ?

b. Quels sont les déchets qui doivent être déposés dans les conteneurs spéciaux ?

Activité 4

Le tri des déchets ménagers

Nos déchets représentent un énorme gaspillage. Pour pouvoir récupérer les matériaux qui les constituent et les réutiliser, il est nécessaire de trier les ordures par type : matières plastiques, verres, métaux, papiers. De plus, certains objets ou produits peuvent polluer l'environnement. Il existe divers dispositifs de collecte pour les déchets réutilisables ou dangereux.

Que doit-on faire des déchets réutilisables ou dangereux ?

1 Trier nos déchets : une démarche citoyenne

a **Des conteneurs de récupération des matériaux.**

b **Cette déchetterie collecte les ordures par type de matériaux.**

● Les citoyens devraient effectuer un tri de leurs déchets en les déposant dans des conteneurs spécifiques placés sur la voie publique, ou encore à l'aide de plusieurs poubelles **a**. Il s'agit de trier, en vue de leur réutilisation, les emballages en verre, les papiers et cartons, les bouteilles en matière plastique ainsi que les emballages métalliques.

● Les « déchetteries » **b** sont des lieux publics gardés par un surveillant chargé d'aider au tri des déchets apportés par les citoyens. Ces déchetteries sont généralement situées en dehors des villes. Des conteneurs de grande taille permettent de recevoir séparément : les gravats, les déchets de tailles de haies et de tontes de pelouses, les objets métalliques, les objets encombrants comme les vieux matelas ou canapés, les papiers, et enfin les déchets toxiques comme les piles, les batteries d'automobile ou les huiles de vidange.

● Cependant, avant de jeter ses déchets, réduire leur quantité est toujours une bonne idée. Il faut privilégier les emballages rechargeables comme certains barils de lessive et réutiliser ce qui peut l'être : les sacs en plastique peuvent très bien resservir comme sacs poubelles.

Questions

1 Quels sont les différents moyens mis à notre disposition pour effectuer le tri des déchets ménagers ?

2 Décrivez la façon dont le tri s'effectue dans votre commune. Pourrait-on l'améliorer ?

Fabrication et recyclage du verre

Le verre représente plus de 10 % de la masse des déchets ménagers, soit 35 kg par habitant et par an. Collecter à part les emballages en verre est impératif, car ils sont facilement recyclables alors qu'ils ne se prêtent pas à l'incinération.

Comment peut-on fabriquer puis réutiliser du verre d'emballage ?

1 La fabrication du verre d'emballage

Un four de verrerie industriel.

- La fabrication du verre est réalisée à une température de 1550°C par fusion d'un mélange contenant, entre autres du sable, de la soude et du calcaire. Les réactions chimiques qui ont lieu produisent un dégagement de dioxyde de carbone qui contribue à la pollution atmosphérique.

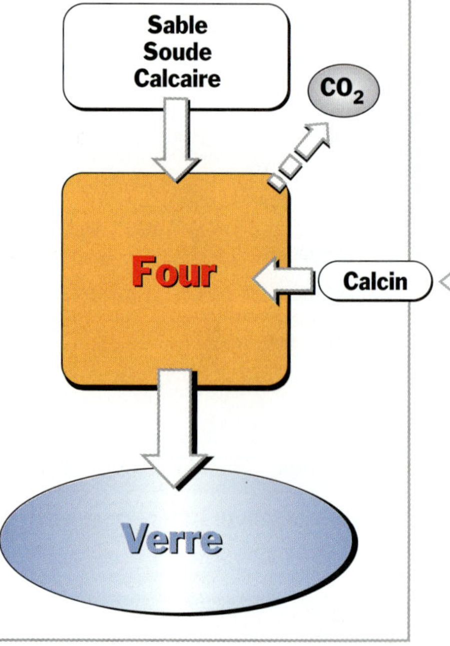

2 La confection des bouteilles

La fabrication de bouteilles en verre.

- Pour confectionner des bouteilles, une certaine masse de verre en fusion est soufflée dans un moule ayant la forme voulue. Le verre est ensuite refroidi très progressivement car des écarts de température trop importants le rendraient fragile.

4 Le tri et le recyclage

a Les emballages en verre sont ensuite triés pour en extraire les corps étrangers (capsule métallique, porcelaine, poterie, etc.) qui les rendraient inutilisables pour la fabrication du verre.

b Le verre trié est broyé pour donner une poudre dont les morceaux font moins de 2 cm : c'est le **calcin**. La valeur du calcin dépend de deux facteurs : la pureté (absence de corps étrangers) et la couleur du verre récupéré. Il est ensuite fondu puis incorporé au verre obtenu à partir des matières premières.

L'utilisation du calcin augmente chaque année. Elle permet :
- d'employer moins de matières premières et de réduire de ce fait l'exploitation des carrières de calcaire et de sable ;
- de diminuer la production de dioxyde de carbone rejeté dans l'atmosphère ;
- de diminuer la consommation de carburant pour chauffer les fours des verreries.

L'utilisation d'une masse de **1 tonne de calcin économise 1,2 tonne de matières premières et 100 kg de pétrole**. On obtient ainsi **1 tonne de verre d'emballage**, prêt à resservir.

a L'élimination des déchets indésirables.

b Le calcin.

3 La collecte des emballages en verre

Un conteneur de récupération du verre.

La **collecte** des emballages en verre a débuté en 1976 (premier choc pétrolier). Elle se fait dans des conteneurs placés sur la voie publique, dans les déchetteries ou par le service de ramassage des ordures ménagères.
1,3 million de tonnes de verre fut collecté en 1996 auprès de 30 000 communes soit près de **60 % des emballages ménagers en verre** mis sur le marché. Ce taux de recyclage devrait atteindre 75 % d'ici 2003. Cette collecte est aidée en partie par une taxe payée pour chaque emballage mis sur le marché.

Questions

1 Quelles sont les matières premières employées pour la fabrication du verre ?

2 Recherchez quelles sont les différentes couleurs du verre.

3 Quelle est la masse de verre d'emballage ménager mis sur le marché en 1996 ?

4 Quelles sont les quatre principales étapes du cycle du verre d'emballage ?

Fabrication et recyclage de l'acier

L'acier est, après le bois, devant le béton et les matières plastiques, le matériau le plus utilisé dans le monde. En France, la quantité de ferrailles recyclables est considérable.

Comment peut-on fabriquer puis réutiliser de l'acier ?

1 Du minerai de fer à la tôle d'acier

- Le minerai de fer est constitué d'oxyde de fer (Fe_2O_3) mêlé à d'autres minéraux. Pour séparer le fer de l'oxygène, le minerai est mélangé dans un haut fourneau **a** à du « coke », constitué à 90 % de carbone et obtenu par traitement de la houille.
Les réactions chimiques qui se produisent sont assez complexes mais elles peuvent se résumer par cette équation-bilan :
$3\,C + 2\,Fe_2O_3 \rightarrow 3\,CO_2 + 4\,Fe$

- Le processus a lieu à des températures où le fer est liquide, de sorte que l'on récupère une coulée de métal. On obtient ainsi de **la fonte**, alliage de fer et de carbone.

- Pour passer de la fonte à **l'acier**, il faut cependant diminuer la teneur en carbone. On traite alors la fonte dans un « convertisseur », sorte de grosse marmite **b**. Le carbone qui brûle mieux que le fer est éliminé en grande partie par combustion avec du dioxygène pur.

- En faisant passer l'acier formé à travers une série de rouleaux cylindriques ou **laminoirs**, on obtient des bobines de tôle très mince **c**. C'est cette tôle qui servira à fabriquer les boîtes de conserve par exemple.

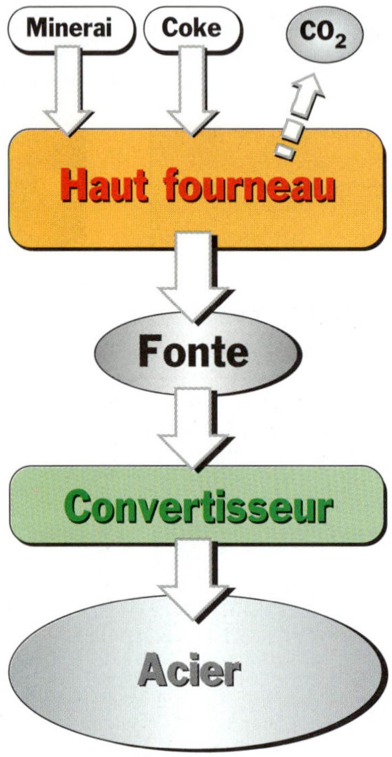

a Un haut fourneau.

b Une coulée d'acier à la sortie d'un convertisseur.

c Une étape de la fabrication des emballages métalliques.

3 Le recyclage des ferrailles

Un four électrique de traitement des vieilles ferrailles.

● Les ferrailles sont fondues dans des fours électriques. Du dioxygène est utilisé pour éliminer le carbone excédentaire. On obtient ainsi de l'acier, prêt à être réutilisé.

Il faut 4 fois moins d'énergie et beaucoup moins d'étapes pour fabriquer de l'acier à partir des ferrailles qu'à partir du minerai. De plus, comparés aux convertisseurs, les fours électriques consomment un peu moins de dioxygène et rejettent une quantité moins importante de dioxyde de carbone. Le recyclage des ferrailles représente ainsi environ 40 % de la production française d'acier.
Le recyclage du fer est donc particulièrement intéressant puisqu'il préserve l'environnement tout en restant économiquement rentable.

2 La collecte des ferrailles

L'électro-aimant attire les ferrailles.

● Les restes de fabrication, par exemple les morceaux de tôles d'acier neuf qui restent après découpage ou emboutissage*, représentent 20 % des 10 millions de tonnes de ferrailles récupérées par an en France. Les automobiles hors d'usage en fournissent 10 %. Les emballages alimentaires sont aussi une source de ferraille, mais il faut les extraire des ordures ménagères. Chaque français jette en moyenne 17 kg/an d'acier, dont seulement 17 % est recyclé. Le tri du fer dans les ordures ménagères est réalisé avant ou après leur incinération, en utilisant le fait que le fer est attiré par les aimants. Le tri sélectif à la source commence à se développer : il implique les citoyens comme la récupération du verre d'emballage.

Questions

1 Doc. 1 Dans le haut fourneau, que devient l'oxygène présent dans l'oxyde de fer ? À quoi sert le coke ?

2 Doc. 2 Citez trois sources de récupération de ferrailles. Pourquoi recycle-t-on peu d'emballages alimentaires ? Quelle solution commence à se mettre en place ?

3 Doc. 3 Quelle est la proportion d'acier directement produit à partir du minerai ? Quel intérêt y a-t-il à réduire cette proportion ?

LE SENS DES MOTS

Emboutissage : travail d'une feuille de métal pour lui donner une forme en exerçant sur elle une pression ou un choc.

Préparation de visites documentaires

Il est souvent possible, à tous ceux qui le souhaitent, de visiter les centres de traitement des déchets comme les usines d'incinération, les stations d'épuration et de s'en faire expliquer les objectifs et le fonctionnement.

Comment une usine d'incinération d'ordures ménagères est-elle organisée ?

Voici quelques questions que vous pourriez poser lors de la visite de l'usine :

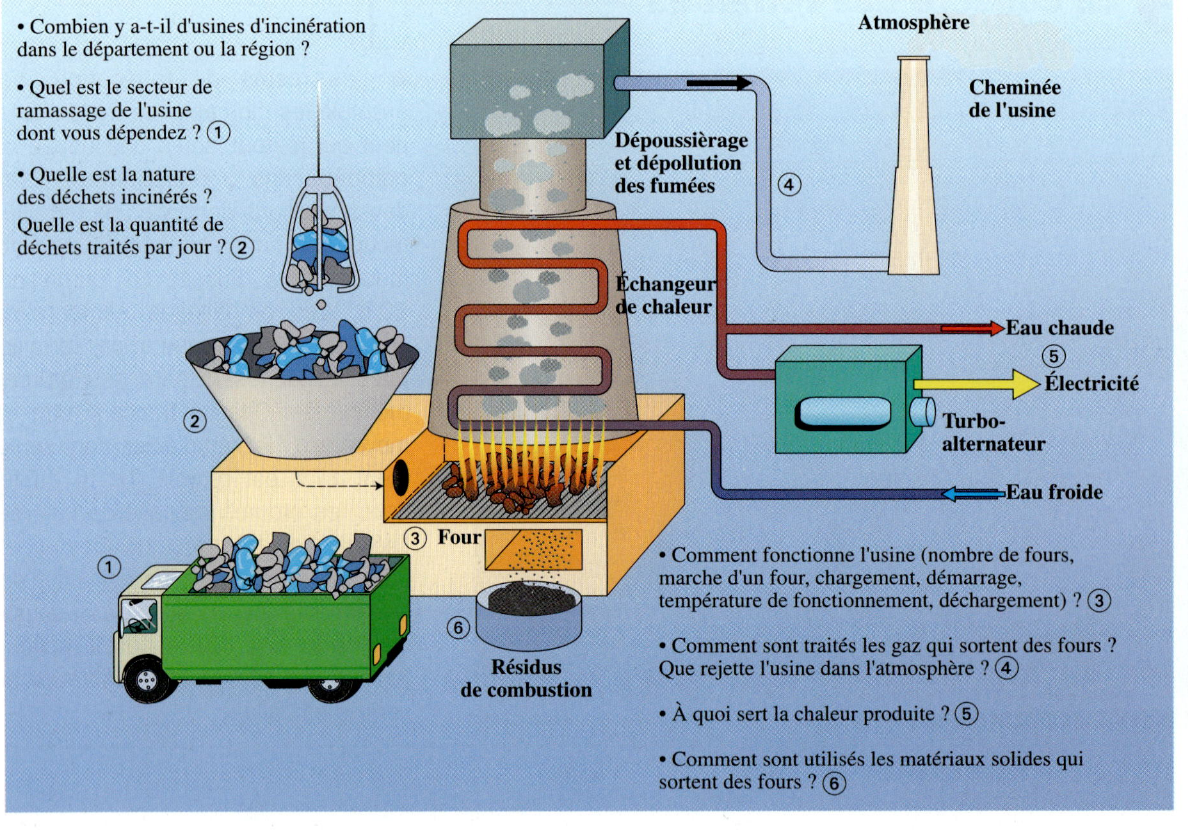

Un centre d'enfouissement technique (CET)

Pour répondre aux obligations de la loi, se mettent en place des centres d'enfouissement technique en remplacement des décharges à l'air libre : les déchets y sont enterrés, après que le sol a été rendu étanche. Ces centres seront eux-mêmes remplacés par des centres de stockage à partir de 2002 ; on n'y conservera que les résidus de déchets ne pouvant pas être valorisés (déchets ultimes).

Voici quelques pistes de recherche :
- Quels sont les objectifs de ces centres ?
- Comment le site de leur installation a-t-il été choisi ?
- Quels sont les types de déchets amenés dans ces centres ? Comment les enfouit-on ? Comment réaménage-t-on le site ?
- Quel est l'avenir de ces centres ?

Une photo prise au microscope électronique d'*Aspergillus Niger*.

UN CHAMPIGNON 100 % ÉCOLO

A*spergillus Niger* est le nom savant d'un champignon microscopique promis à un brillant avenir… dans les usines d'incinération de déchets. Car brûler les déchets ne suffit pas pour s'en débarrasser. Les métaux tels le cadmium, le manganèse, le zinc, le cuivre, etc. rendent les cendres très toxiques. Ils peuvent être isolés à l'aide d'acides, mais les systèmes de traitement seraient de vraies installations industrielles, produisant à leur tour des déchets… Or notre champignon, grand producteur d'acide citrique, fait le travail proprement et avec un excellent rendement. Mieux : il peut être réutilisé une fois sa tâche accomplie. Les cendres dépolluées serviront ensuite de matériaux de construction et les métaux récupérés seront recyclés. En réalité, pour éliminer complètement tous les métaux nuisibles, *Aspergillus Niger* devrait être associé à quelques autres champignons et bactéries. La recette est en cours d'élaboration.

Le comble du gaspillage

La fabrication d'un vélo de 10 kg laisse derrière elle au moins 6 kg de déchets : restes métalliques, bains acides, divers fluides, boues polluées…
C'est encore pire avec un ballon de foot. S'il ne pèse que 450 g, il est à l'origine de 1,7 kg de déchets ! Ce sont des morceaux de peaux, des poils, des bains de tannage, des colorants, des boues contenant du sel, du chrome, du soufre …

Que deviennent les vieux satellites ?

Cette plaque du satelitte russe Cosmos 1984 est retombée en France en 1989.

La durée d'utilisation d'un satellite varie entre 4 et 15 ans. Mais personne ne les récupère ensuite : ils continueront à tourner sur leurs orbites pendant des siècles, voire des millions d'années pour certains. Premier problème : l'espace s'encombre. 30000 déchets, représentant 3000 tonnes, tournent actuellement dans le ciel. Deuxième problème : le rayon des orbites diminue avec le temps et les satellites finissent par rentrer dans l'atmosphère, qu'ils polluent en se désintégrant.

Monsieur Poubelle

Eugène René Poubelle était préfet du département de la Seine entre 1883 et 1896. Le 15 janvier 1884, il imposa par ordonnance que chaque immeuble s'équipe d'une boîte à ordures ménagères. Tout Paris n'avait que Poubelle à la bouche. Le mot devint si populaire qu'il fut introduit au *Grand Larousse* dès 1890.

DEUXIÈME PARTIE

L'environnement physique

CHAPITRE

6 Le mouvement

On dit qu'un objet est « en mouvement » lorsqu'il change de position au cours du temps. On peut étudier le « mouvement » d'un objet, c'est-à-dire la manière dont il se déplace. Une bonne connaissance des caractéristiques du mouvement d'un véhicule, en particulier, permet de conduire de manière plus sûre sur la route.

Activité 1

La description d'un mouvement dépend-elle du lieu où l'on se place ?

Cette sportive est en mouvement par rapport au tapis roulant, mais on peut dire également qu'elle fait du sur-place dans la salle de sport.

Activité 2

Comment analyser un mouvement ?

Quand un mouvement est très rapide, il faut, pour l'observer et l'analyser, faire appel à des techniques d'observation sophistiquées.

Activité 3

Qu'est-ce que la vitesse ?

Cet automobiliste semble ne pas savoir ce qu'est une limitation de vitesse !

Activité 4

Quelles sont les précautions à prendre sur la route ?

On déplore encore de trop nombreux accidents sur la route. Ils sont souvent dus à une vitesse excessive ou à une maîtrise insuffisante du véhicule par le conducteur.

Activité 1

La description d'un mouvement

Cela vous est déjà sûrement arrivé. Vous êtes assis dans un train arrêté en gare et le train de la voie adjacente démarre. Pendant un moment, vous êtes incapable de dire lequel des deux trains se met en mouvement. Le voyageur posté sur le quai voit les choses différemment.

La description d'un mouvement dépend-elle du lieu où l'on se place ?

1 Qui bouge ?

a Théotime voit le tramway s'approcher de la station.

b Sarah est assise dans le tramway. Le tramway s'approche de la station.

c Sarah et Théotime sont assis chacun dans une barque. Ils ne voient pas le rivage.

a Théotime voit la distance qui le sépare du tramway diminuer au fur et à mesure que le temps s'écoule. Pour lui, le tramway est en mouvement. Par contre Théotime voit les arbres **toujours à la même place** ; ils sont **immobiles** par rapport à lui.

b Sarah, qui est assise dans le tramway, voit la distance qui la sépare de la station diminuer au fur et à mesure que le temps s'écoule. De même, **la distance** qui la sépare des arbres **varie au cours du temps**. Elle pourrait en conclure que la station et les arbres sont **en mouvement**. Pour elle par contre, le tramway est immobile.

c Sarah et Théotime constatent que les barques se rapprochent sous l'effet de courants invisibles. Comme ils n'ont aucun repère, Sarah et Théotime ne peuvent pas savoir avec ce seul renseignement si les deux barques sont en mouvement ou s'il n'y en a qu'une.

D'instinct, nous nous repérons par rapport au sol pour dire si un objet est immobile ou en mouvement. Mais l'état de mouvement ou d'immobilité dépend en fait de celui qui observe (Sarah ou Théotime) et du lieu où il se place (station, tramway, barque). On dit qu'il dépend du **repère** choisi. Un observateur peut simplement dire qu'un objet est en **mouvement** lorsque la **distance** qui le sépare de cet objet **varie en fonction du temps**.

2 La trajectoire

a Deux coccinelles, Aldo (A) et Boubou (B), sont posées sur le vélo d'Estelle. Une troisième, Caro (C), se repose sur le bord de la route.

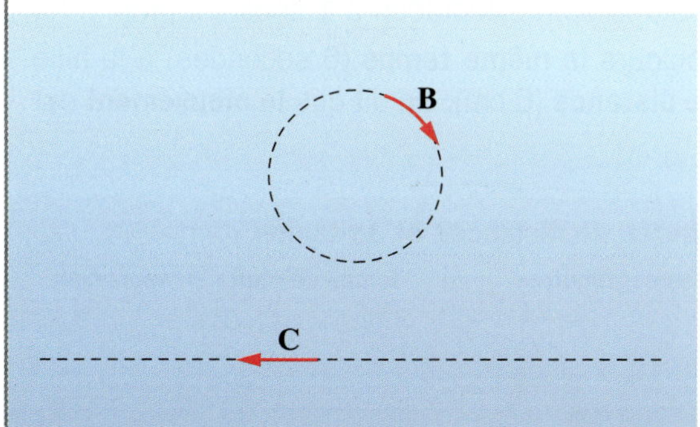

b Aldo décrit ce qu'elle a vu.

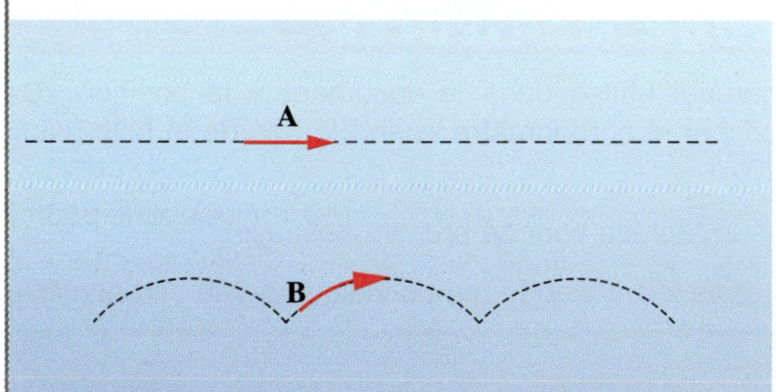

c Caro décrit ce qu'elle a vu.

a Le vélo d'Estelle roule. Aldo (A) est posée sur le garde-boue avant et Boubou (B) sur la jante de la roue avant. Caro (C) les regarde passer depuis le bord de la route.

b Pour Aldo, Boubou et Caro sont en mouvement. Les courbes qu'elles décrivent au fur et à mesure de leur déplacement s'appellent des **trajectoires**.
La trajectoire de Caro est un segment de droite. On dit que Caro est en **mouvement rectiligne**. La flèche indique le sens de sa progression. Caro se déplace sur sa trajectoire en sens inverse du mouvement d'Estelle.
La trajectoire de Boubou est un cercle centré sur l'axe de la roue, on dit que sa **trajectoire** est **circulaire** ou qu'elle a un **mouvement circulaire.**

c Pour Caro, les deux autres coccinelles sont en mouvement. Aldo est en mouvement rectiligne car sa trajectoire est un segment de droite. Elle se déplace dans le même sens qu'Estelle.
Boubou décrit une courbe qu'on appelle cycloïde. Sa trajectoire n'est ni rectiligne, ni circulaire.

● La trajectoire décrite par Boubou n'est pas la même selon que l'on se place du point de vue d'Aldo par rapport au vélo ou de celui de Caro par rapport au sol. **La forme de la trajectoire d'un objet dépend du repère que l'on a choisi. Il en est de même du sens de son mouvement.**

POUR MANIPULER

- Faire rouler, sans glisser, un disque de carton de 5 cm de diamètre le long d'une règle posée sur une feuille de papier.
- Marquer au crayon la position d'un trou situé à 5 mm du bord du disque tous les seizième ou huitième de tour comme indiqué sur le schéma. Faire faire plus d'un tour complet au disque.
- Observer la courbe obtenue.

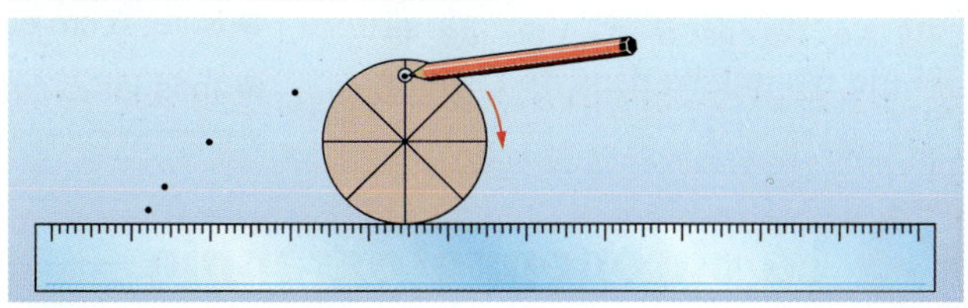

Questions

1 Doc. 1 **Pourquoi, lorsqu'elle est assise dans le tramway, Sarah pourrait-elle dire que celui-ci est immobile ?**

2 Doc. 2 **a. Qu'est-ce qui distingue les deux mouvements rectilignes de Caro et d'Aldo ?**

b. Pour Estelle, quelle est la trajectoire de Boubou ?

c. Pourquoi le terme de « cycloïde », qui désigne la courbe décrite par Boubou par rapport à Caro, est-il bien adapté ?

3 **La Terre tourne autour du Soleil et sur elle-même. Avez-vous cette impression ? Expliquez votre réponse.**

Activité 2

Les techniques d'observation d'un mouvement

Sur une même trajectoire, des véhicules peuvent se déplacer à des allures très différentes. Chaque véhicule peut également changer d'allure en cours de route. Il est intéressant de pouvoir analyser la façon dont chacun d'eux parcourt sa trajectoire.

Comment analyser un mouvement ?

1 L'observation directe

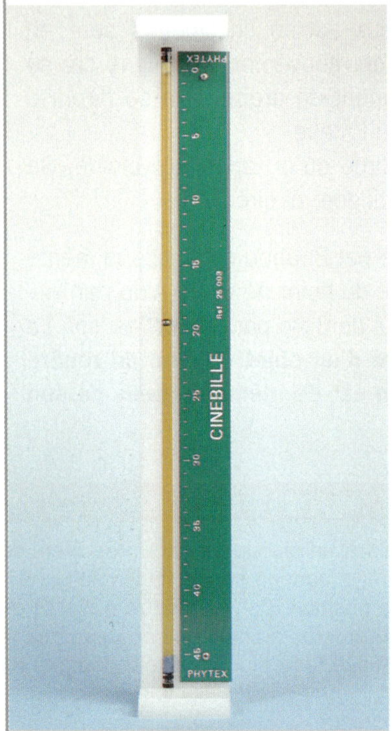

a Le dispositif d'étude de la chute d'une bille dans de l'huile.

- Une bille en acier tombe dans un tube vertical rempli d'huile. Le mouvement de la bille est suffisamment lent pour que l'on puisse noter la distance parcourue par la bille en fonction du temps.
- Après avoir déclenché le chronomètre, on note le temps écoulé tous les 5 cm. Les mesures sont effectuées à 1 seconde près.
- Il faut à peu près toujours **le même temps** (6 secondes) à la bille pour parcourir **la même distance** (5 cm). On dit que **le mouvement** est **uniforme.**

b Le tableau des mesures de distances et de temps.

Distance parcourue en centimètres	Temps de chute en secondes
0	0
5	6
10	13
15	19
20	26

POUR MANIPULER

- Mettre la bille du matériel utilisé dans le document à la position « 0 ». Retourner le bâti. Déclencher le chronomètre quand le bas de la bille passe devant la graduation « 10 ».
- Noter 0 cm et 0 s sur un tableau pour ce premier passage.
- Tous les 5 cm, noter dans le tableau le temps indiqué par le chronomètre.

2 La chronophotographie

- Dans le noir, on utilise un flash qui éclaire à intervalles de temps réguliers un objet en mouvement. Sur une même photographie, on peut visualiser les différentes positions de l'objet au cours du temps : c'est la chronophotographie.
- Sur la chronophotographie **a**, la distance parcourue par la voiture entre deux éclairs augmente au cours du temps. On dit que le mouvement est **accéléré**. Sur la chronophotographie **b**, c'est le contraire, la voiture a un mouvement **ralenti**.

a Sur cette chronophotographie, la voiture va de plus en plus vite.

b La voiture va de plus en plus lentement.

3 Du « fusil » de Marey au cinéma et à la vidéo

a Les images des positions successives d'un athlète prises par Marey avec son fusil photographique (1887).

La caméra de cinéma enregistre une image tous les 1/24 de seconde ou moins. Les objets filmés sont constamment éclairés. Les films sont faits sur le même principe que les pellicules photographiques ; on peut les tirer sur papier pour les étudier. Étienne Marey (1830-1904) fut un précurseur de cette technique (document page 115) a.

La caméra vidéo enregistre une image tous les 1/25 de seconde sur une bande magnétique. En se servant d'un magnétoscope qui lit la bande « image par image », on peut reporter la trajectoire d'un objet sur un papier calque b.
Ici, la trajectoire de la balle n'est pas rectiligne, mais courbe. La distance qu'elle parcourt entre deux images diminue pendant la montée : le mouvement est **ralenti**. Pendant la descente, c'est le contraire : le mouvement est **accéléré**.

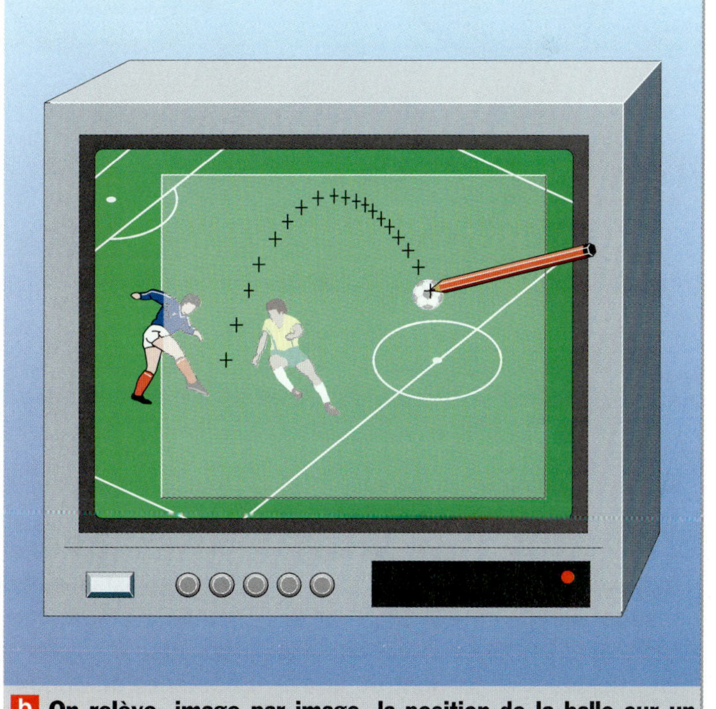

b On relève, image par image, la position de la balle sur un papier calque.

Questions

1 Doc. 2 On réalise une chronophotographie du mouvement de la bille du document 1. Les intervalles de temps entre deux prises successives sont de 6 secondes. Comment les différentes positions de la bille seront-elles réparties sur la chronophotographie ?

2 Doc. 2 Dessinez, comme sur une chronophotographie, les positions de la voiture si celle-ci a un mouvement uniforme.

3 Quels sont les différents moyens d'analyse du mouvement d'un objet présentés dans cette activité ?

Activité 3

La vitesse d'un véhicule

Quand un automobiliste affirme avoir « fait une bonne moyenne », c'est la notion de vitesse qui est sous-entendue dans cette expression. Malgré sa « bonne moyenne », cet automobiliste peut très bien avoir été bloqué pendant quelque temps derrière un tracteur !

Qu'est-ce que la vitesse ?

1 La définition de la vitesse

a Un collégien parcourt, en vélomoteur, la distance de Basic à Arrivic. Son allure varie au cours du temps.

● Un vélomoteur a parcouru les 27,5 km séparant Basic de Arrivic en 1 heure **a**. Sur ce trajet, sa **vitesse moyenne** (***v***) a été de 27,5 kilomètres *par* heure ou 27,5 km/h. Cette vitesse moyenne est obtenue en effectuant le **quotient de la distance parcourue (*d*) par le temps écoulé (*t*) :** $v = d/t$.
L'unité de la vitesse *v* est le **km/h** ou **km.h⁻¹** si la distance *d* est en kilomètre (km) et le temps *t* en heure (h). On peut aussi exprimer la vitesse en mètre par seconde (**m/s** ou **m.s⁻¹**) si *d* est en mètre (m) et *t* en seconde (s). (Voir fiche n°10.)

● Cette vitesse moyenne ne représente pas la vitesse du vélomoteur tout le long du trajet. Le compteur de vitesse donne la vitesse à chaque instant en kilomètre *par* heure. Cette vitesse est appelée **vitesse instantanée**. Par exemple, au point A, le compteur indique une vitesse instantanée de 30 km/h et une vitesse instantanée nulle au point B où le vélomoteur est arrêté.
Si le vélomoteur avait gardé tout le long du trajet la même allure (mouvement uniforme), sa vitesse instantanée aurait constamment été égale à sa vitesse moyenne.

● La vitesse indiquée par un panneau de limitation de vitesse est une vitesse instantanée en km/h à ne pas dépasser **b**.

b Un panneau de limitation de vitesse.

2 Des représentations graphiques

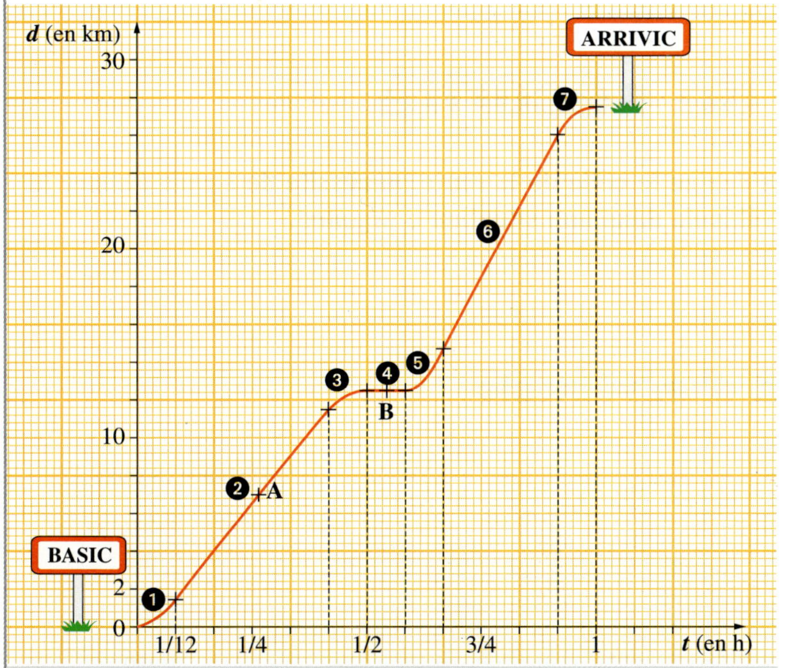

a La représentation de la distance *d* parcourue en fonction du temps.

● Sur le graphique a, on a représenté la distance parcourue par le vélomoteur du document 1, en fonction du temps. Sur la partie ❷ du graphique, la distance croît de façon régulière au cours du temps : le mouvement est uniforme. En ❺, le graphique s'incurve vers le haut : le mouvement est accéléré. En ❸, c'est le contraire : le mouvement est ralenti. Quand le graphique présente un palier (en ❹), la distance mesurée par rapport à Arrivic ne croît plus, le véhicule est alors arrêté.

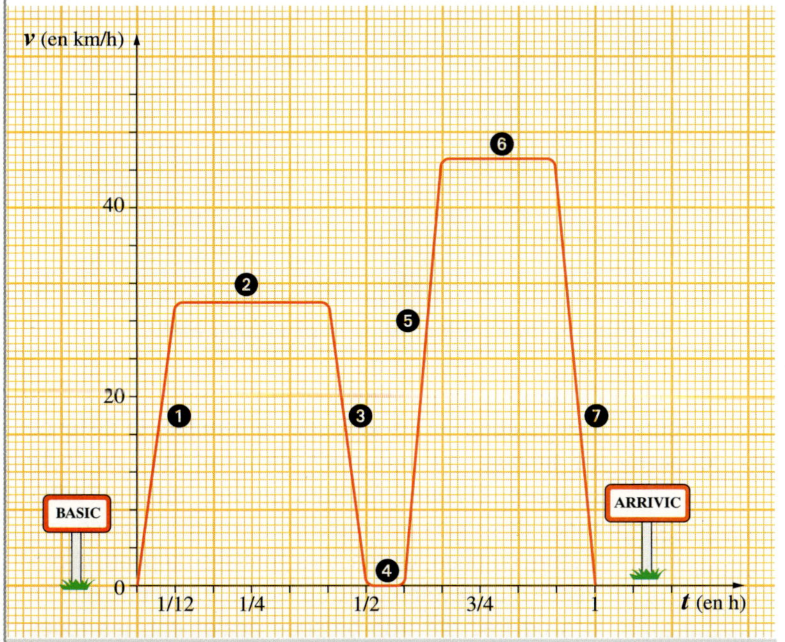

b La représentation de la vitesse *v* du vélomoteur en fonction du temps.

● La vitesse indiquée par le compteur (vitesse instantanée) est représentée sur le graphique b en fonction du temps. Le palier en ❷ indique que le mouvement en cet endroit est uniforme : la vitesse reste la même au cours du temps. En ❺, la vitesse augmente au cours du temps : le mouvement est accéléré. En ❸, elle diminue au fur et à mesure que le temps s'écoule : le mouvement est ralenti. Sur la partie ❹, la vitesse est nulle car le véhicule est arrêté à ce moment-là.

Questions

1 Doc. 1 Un athlète parcourt le 100 mètres en 10 secondes. Quelle est, en m/s, sa vitesse moyenne ? Cette vitesse correspond-elle à la vitesse instantanée du coureur tout le long du trajet ? Justifiez votre réponse.

2 Doc. 2 En observant les deux graphiques a et b, indiquez la nature du mouvement de la mobylette dans la partie ❻. Le compteur de vitesse indique-t-il une vitesse instantanée constante ? Si oui, entre quelles graduations l'aiguille se situera-t-elle ?

Activité 4

Le freinage et la distance de sécurité

Rester maître de son véhicule, comme l'exige le code de la route, nécessite de savoir évaluer la distance nécessaire pour arrêter son véhicule dans une situation d'urgence.

Quelles sont les précautions à prendre sur la route ?

1 Les distances d'arrêt d'un véhicule

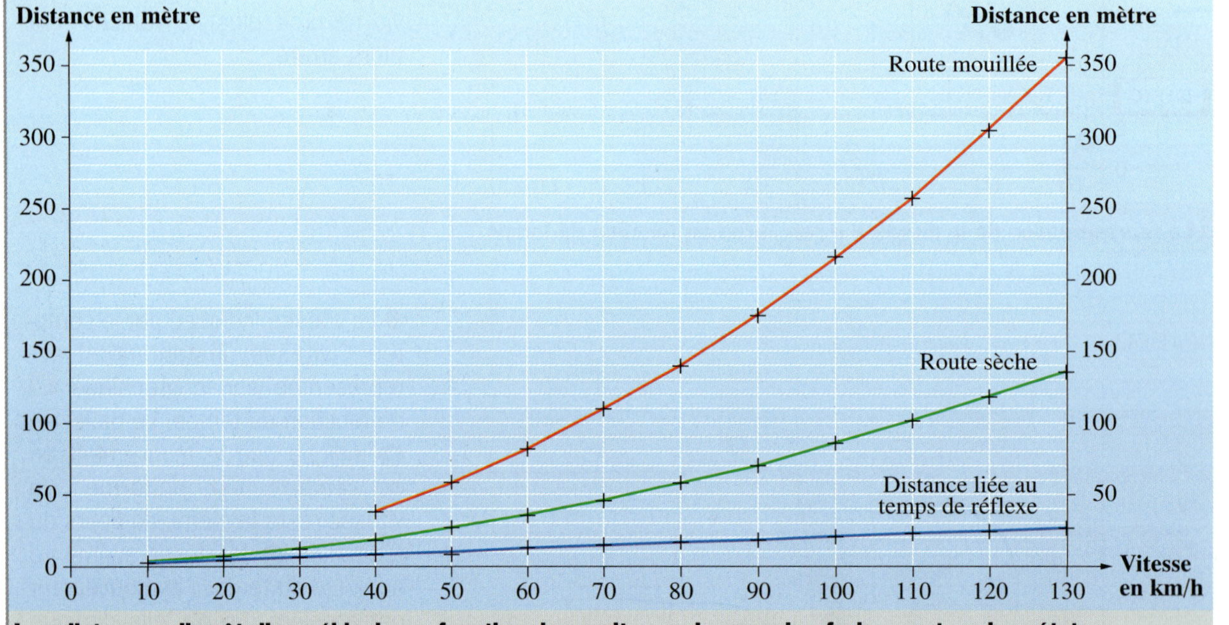

Les distances d'arrêt d'un véhicule en fonction de sa vitesse, lorsque les freins sont en bon état.

● En cas d'urgence, la distance nécessaire pour arrêter sans dégâts un véhicule dépend de plusieurs facteurs.

– Le temps de réflexe. Même pour un automobiliste parfaitement habitué à la conduite et attentif, il s'écoule toujours un certain temps entre le moment où l'œil voit un obstacle et le moment où l'on appuie sur la pédale de frein. Ce temps est toujours à peu près le même, soit 0,75 seconde. La courbe en bleu donne, en fonction de la vitesse, la distance parcourue par un véhicule avant que le frein n'agisse sur la roue.

– L'adhérence de la roue à la route. Pour assurer un bon freinage, il faut que les roues adhèrent à la route, c'est-à-dire que pendant le freinage, elles continuent à rouler sans glisser. Ainsi, lorsque la route est mouillée ou verglacée, le freinage est moins efficace. Les courbes vertes et rouges présentent la distance de freinage sur une route sèche et sur une route mouillée. D'autres facteurs peuvent réduire l'adhérence des roues à la route et augmenter les risques : l'usure du pneu, un mauvais gonflage du pneu, la présence d'un revêtement trop lisse sur la route, etc. En cas de freinage trop brusque également, les roues peuvent se bloquer et glisser sur la chaussée.

● Un véhicule lancé à une certaine vitesse a ce qu'on peut appeler de l'« énergie de mouvement ». Lorsqu'ils sont actionnés, les freins transforment cette énergie en chaleur, ce qui permet d'arrêter le véhicule. Mais cette transformation requiert un certain temps. Sur le graphique, on constate qu'il faut une distance de 135 m pour arrêter un véhicule lancé à 130 km/h sur une route sèche. Cette distance d'arrêt est parcourue en 7 secondes environ.

2 La distance de sécurité sur route et autoroute

a Sur la route, il faut toujours rester à une certaine distance de la voiture qui précède.

a Lorsque deux véhicules sont trop proches l'un de l'autre, il y a danger si celui de devant doit s'arrêter en urgence. Le véhicule qui suit n'a pas suffisamment d'espace en effet pour pouvoir s'arrêter sans heurter celui qui le précède. C'est l'accident.

b Afin d'anticiper au mieux un freinage d'urgence sur route ou sur autoroute, il faut conserver entre deux véhicules une distance minimale, appelée **distance de sécurité**. Celle-ci permet de s'arrêter sans dégâts en cas d'urgence. Elle tient compte du temps de réflexe du conducteur qui est derrière et des distances de freinage des deux véhicules. Sur autoroute, et par temps sec, la vitesse maximale autorisée est de 130 km/h. La distance de sécurité est alors de 90 mètres.
Cette distance doit être d'autant plus importante que la vitesse est grande et que la route est rendue plus glissante par la pluie, la neige ou le verglas.

b Ce panneau indique la distance de sécurité sur une autoroute.

Questions

1 Doc. 1 **Déterminez sur le graphique, pour une vitesse de 50 km/h, la distance parcourue par un véhicule avant que les freins n'agissent sur les roues.**

2 Doc. 1 **Montrez que sur route sèche, le rapport des distances d'arrêt pour une vitesse de 50 km/h et pour une vitesse double de 100 km/h est supérieur à 3.**

3 Doc. 1 **Vérifiez que si l'on passe d'une route sèche à une route mouillée, la distance d'arrêt pour une vitesse de 50 km/h est multipliée par un facteur supérieur à 2.**

4 Doc. 2 **Pour un véhicule roulant à 90 km/h sur route sèche, la distance de sécurité est-elle supérieure ou inférieure à 90 mètres ?**

5 Doc. 2 **Expliquez pourquoi, lorsque deux véhicules se suivent, il y toujours un certain délai entre le moment où le véhicule de devant freine et le moment où le véhicule qui suit freine à son tour.**

L'essentiel

1 La description d'un mouvement

Activités 1 et 2

● **Un mouvement est relatif à celui qui l'observe** : il dépend du **repère** choisi.
La **suite des positions d'un objet** en mouvement forme sa **trajectoire**. La forme de la trajectoire dépend du repère choisi.
Si la trajectoire est un segment de droite, le mouvement est dit **rectiligne**. Si la trajectoire est un cercle, le mouvement est dit **circulaire**.

● Pour observer le mouvement d'un objet par rapport à un repère, il faut pouvoir déterminer les différentes positions de l'objet dans le repère au cours du temps.
L'observation des positions peut se faire de **manière directe** avec un repère de position gradué et un chronomètre. Seuls des mouvements lents sont observables de cette façon.
Pour des mouvement rapides, on peut enregistrer les positions successives de l'objet à dates régulières en utilisant la **chronophotographie**, le **cinéma** ou la **vidéo**.

● Si les distances parcourues pendant des intervalles de temps égaux sont égales, le mouvement est dit **uniforme**. Si pour un même intervalle de temps, la distance parcourue est de plus en plus grande, le mouvement est dit **accéléré**. Dans le cas contraire, il est dit **ralenti**.

Exercices : 1 à 3, 8 à 10

2 La vitesse et la représentation du mouvement d'un véhicule

Activité 3

● La vitesse est par définition le quotient de la distance parcourue (d) par la durée (t) du déplacement :

$$v = d/t.$$

La vitesse v est en mètre par seconde (m/s ou $m.s^{-1}$), si d est exprimée en mètre (m) et t en seconde (s). Elle est en kilomètre par heure (km/h ou $km.h^{-1}$), si d est en kilomètre (km) et t en heure (h).

● Pendant un déplacement, l'allure d'un véhicule peut changer. La vitesse alors calculée est une **vitesse moyenne**.
Un compteur de vitesse mesure une **vitesse instantanée** ou vitesse à un instant donné.

● On peut représenter sur un graphique la distance parcourue par un véhicule en fonction du temps ou sa vitesse en fonction du temps. Ce type de graphique permet de reconnaître les phases de mouvement accéléré, de mouvement uniforme ou de mouvement ralenti.

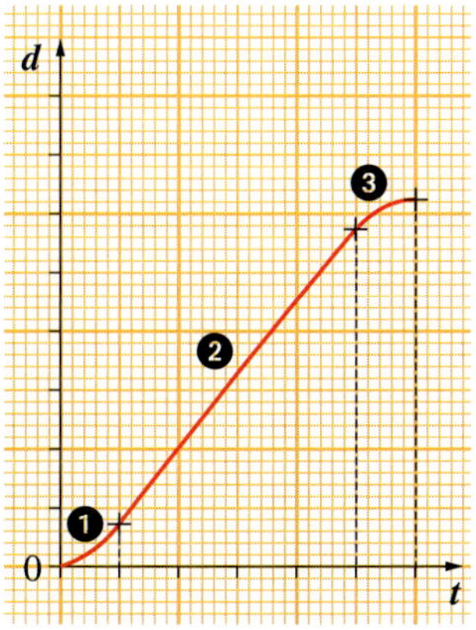

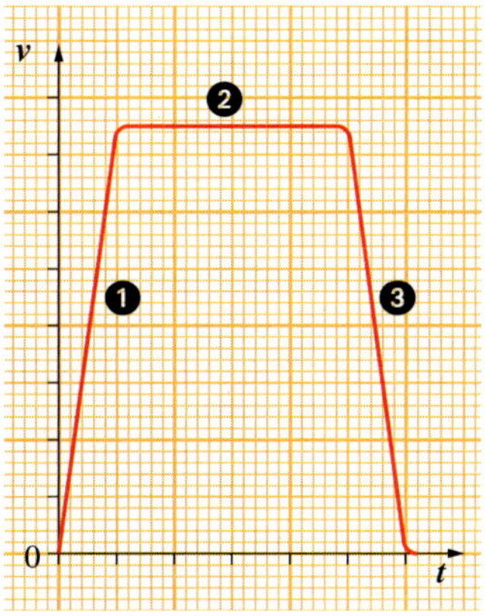

❶ Phase de mouvement accéléré.
❷ Phase de mouvement uniforme.
❸ Phase de mouvement ralenti.

Exercices : 4 à 6, 10 à 17

❸ Le freinage et la distance de sécurité

Activité 4

● Le freinage d'un véhicule consiste à exercer un frottement sur les roues pour lui faire perdre de sa vitesse. Il peut perdre de son efficacité si les freins ou les pneus sont usés, si le revêtement de la chaussée est lisse ou humide, ou encore si les roues sont bloquées par un freinage trop brusque.

● Lorsque la chaussée est rugueuse et sèche et pour une voiture équipée d'un bon système de freinage et de bons pneus, il faut 7 secondes et 135 mètres pour arrêter un véhicule lancé à 130 km/h (36 m/s), en tenant compte du temps de réflexe.

● Un bon conducteur doit pouvoir anticiper un freinage d'urgence. Il faut qu'il évalue la distance de sécurité qui doit le séparer du véhicule qui le précède. Le respect de cette distance permet une conduite plus sûre pour soi-même et pour les autres usagers de la route. Sur autoroute et par temps sec, cette distance est de 90 mètres à 130 km/h.

Exercices : 7, 17, 18

Je dois être capable de...

- **Reconnaître un état de mouvement ou de repos d'un objet par rapport à un autre objet.**
- **Reconnaître un mouvement accéléré, ralenti, uniforme.**
- **Calculer à partir de mesures de longueur et de durée une vitesse moyenne exprimée en mètre par seconde (m/s ou m.s^{-1}) ou en kilomètre par heure (km/h ou km.h^{-1}).**
- **Interpréter un graphique relatif au mouvement rectiligne d'un véhicule.**

JE TRAVAILLE SEUL

Réponses p. 250

1 Le téléphérique

Un téléphérique est constitué de deux groupes de trois cabines liées à un câble qui se déplace sur des poteaux porteurs. On envisage des passagers A, B, etc. situés dans des cabines différentes. Deux roues, l'une au départ et l'autre à l'arrivée, mettent le câble en mouvement.

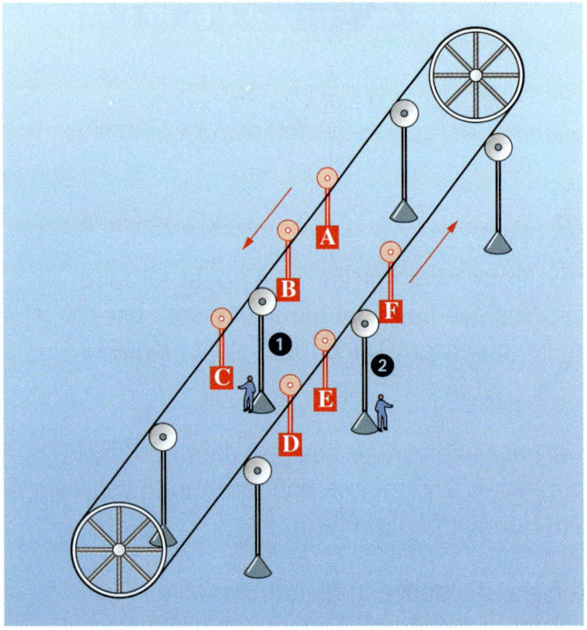

Dans les positions données par le schéma, indiquez si les affirmations suivantes sont correctes et dans le cas contraire, corrigez les :

a. Le passager A voit le passager B immobile.
b. Le passager B voit le poteau ❶ s'éloigner de lui.
c. Le passager C voit le poteau ❶ s'éloigner de lui.
d. Le passager B voit le passager E s'éloigner puis se rapprocher de lui.
e. Un promeneur immobile au pied du poteau ❶ voit le passager B se rapprocher de lui.
f. Les passagers D et C circulent en sens contraire.
g. Un promeneur immobile au pied du poteau ❷ voit le passager F s'éloigner.

2 Le mouvement d'une balle au bout d'un élastique

Une petite balle est suspendue à un fil élastique (position **a**). On étire verticalement le fil en abaissant la balle (position **b**). On lâche ensuite la balle en chronophotographiant son mouvement de remontée (document **c**).

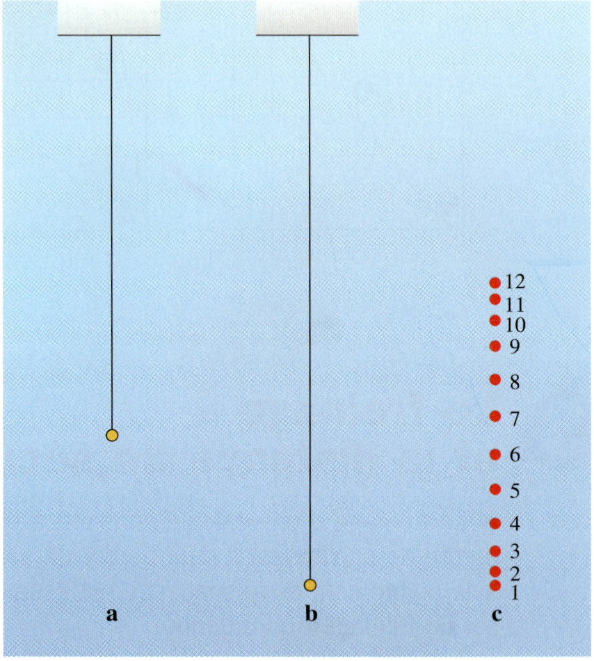

Quelle est la nature du mouvement de la balle :
– entre les positions 1 et 4 ?
– entre les positions 4 et 7 ?
– entre les positions 8 et 12 ?

3 La trajectoire d'une boule

On enregistre avec une caméra vidéo, à raison d'une image toutes les 1/25 de seconde, la trajectoire d'une boule lancée vers le haut. On restitue toutes les images de la boule sur un même document.

1. Le mouvement est-il rectiligne ?
2. Quel temps s'écoule entre les positions 0 et 10 sur le document ?
3. Quelle est la nature du mouvement entre les positions 0 et 6 ? entre les positions 14 et 20 ?

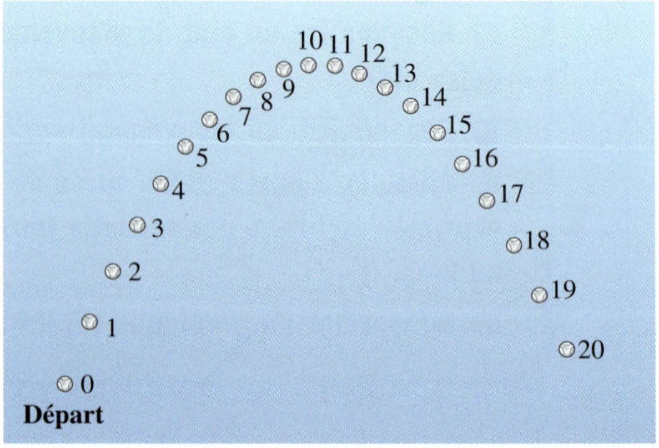

4 La distance en fonction du temps

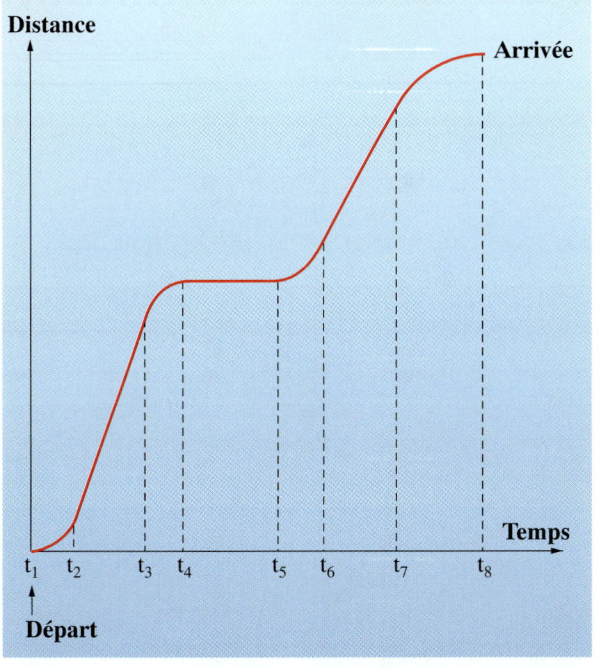

Utilisez la représentation de la distance parcourue par un véhicule en fonction du temps donnée par le graphique et répondez par VRAI ou FAUX à chacune des affirmations. Corrigez celles qui sont fausses.

a. Entre t_4 et t_5, le mouvement est uniforme.
b. Entre t_2 et t_3, le mouvement est uniforme.
c. Entre t_7 et t_8, le mouvement est ralenti.
d. Entre t_1 et t_2, le mouvement est accéléré.
e. Entre t_5 et t_6, le mouvement est accéléré.
f. La distance s'accroît toujours au cours du temps.

5 La vitesse en fonction du temps

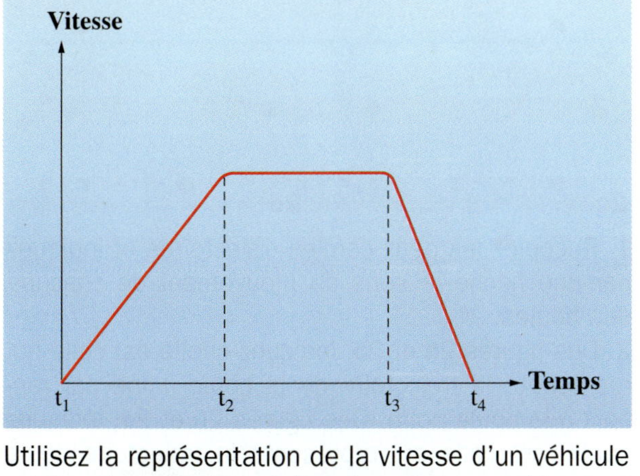

Utilisez la représentation de la vitesse d'un véhicule en fonction du temps donnée par le graphique et répondez par VRAI ou FAUX pour chacune des affirmations. Rectifiez celles qui sont fausses.

a. Entre les dates t_1 et t_2, le mouvement est uniforme.
b. Entre les dates t_2 et t_3, la vitesse est constante.
c. Entre les dates t_3 et t_4, le mouvement est ralenti.
d. C'est la vitesse moyenne qui est représentée sur le graphique.
e. Entre les dates t_2 et t_3, la vitesse instantanée est aussi la vitesse moyenne.

6 La distance, la vitesse, la durée

a. Un lapin parcourt 150 mètres en 8 secondes. Quelle est sa vitesse moyenne en km/h ?
b. Le T.G.V. roule pendant 20 minutes à la vitesse de 280 km/h. Quelle distance parcourt-il ?
c. Quel temps, en secondes, faut-il à un corbeau qui vole à 40 km/h pour rejoindre un arbre qui se trouve à 300 mètres de lui ?
d. La vitesse moyenne d'un coureur cycliste étant de 36 km/h, exprimez cette vitesse en m/s.
e. Un cheval galope à 17 m/s. Quelle est sa vitesse en km/h ?

7 Les distances d'arrêt

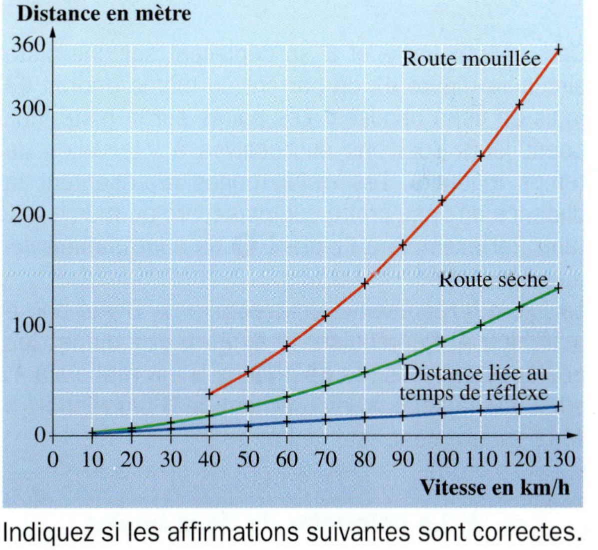

Indiquez si les affirmations suivantes sont correctes. Dans le cas contraire, corrigez-les.

En cas de freinage d'urgence, un automobiliste parcourt :

a. 25 mètres environ avant d'actionner les freins et 350 mètres environ avant de s'arrêter sur route mouillée, s'il est lancé à 130 km/h sur l'autoroute ;
b. 80 mètres de plus sur route mouillée que sur route sèche à 100 km/h ;
c. une distance d'environ *x* mètres quand il est lancé à *x* km/h sur route sèche, pour les vitesses comprises entre 110 km/h et 130 km/h.

J'UTILISE MES CONNAISSANCES

8 Deux marcheurs sur une piste circulaire

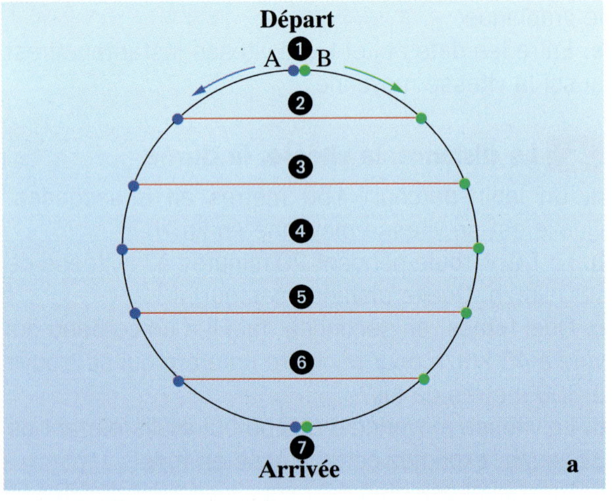

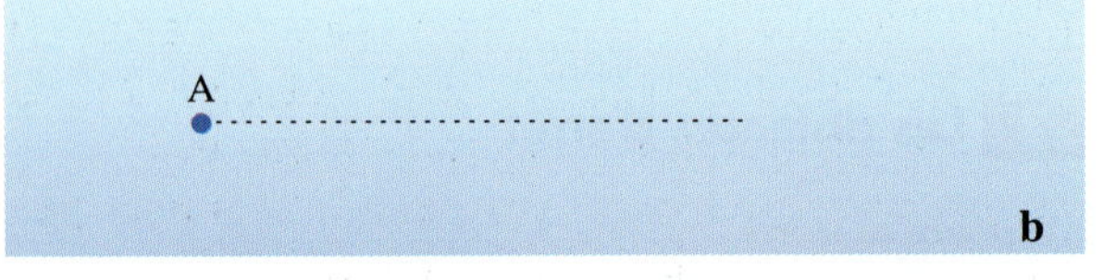

Deux marcheurs A et B se déplacent sur une piste circulaire (figure **a**). Ils partent du même endroit ❶ mais en sens opposés. Les points sur la piste indiquent leurs positions successives à intervalles de temps réguliers. Les traits rouges représentent la distance en ligne droite qui les sépare au même instant. Par exemple à l'instant ❹ ils sont diamétralement opposés.

La figure **b** représente la trajectoire de B vue par le marcheur A. Reproduisez la figure **b** et indiquez les positions successives ❶ à ❼ de B par rapport à A, ainsi que le sens du mouvement de B par rapport à A. Le mouvement est-il uniforme ?

9 ★★ La trajectoire de deux boules

Une boule noire et une boule jaune tournent dans le même sens sur deux cercles de rayons différents et de même centre. Ce centre est immobile par rapport à l'observateur. Au départ, la boule noire et la boule jaune sont sur un même diamètre (positions **1** et **a**). On a représenté les positions respectives des deux boules à des dates successives. Par exemple, la boule noire est en **2** quand la boule jaune est en **b**. Les traits rouges représentent les distances entre les deux boules au même instant (figure 1).

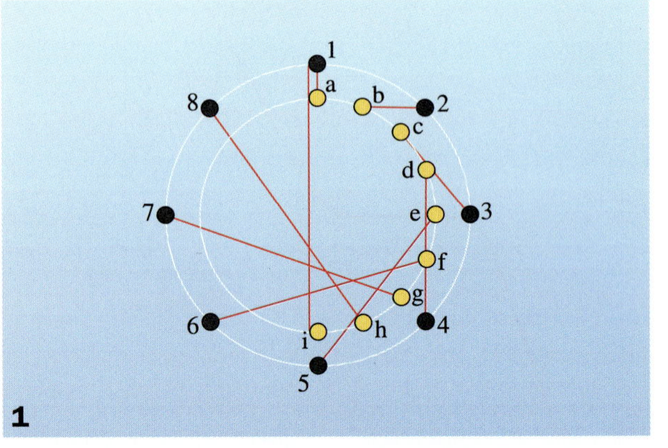

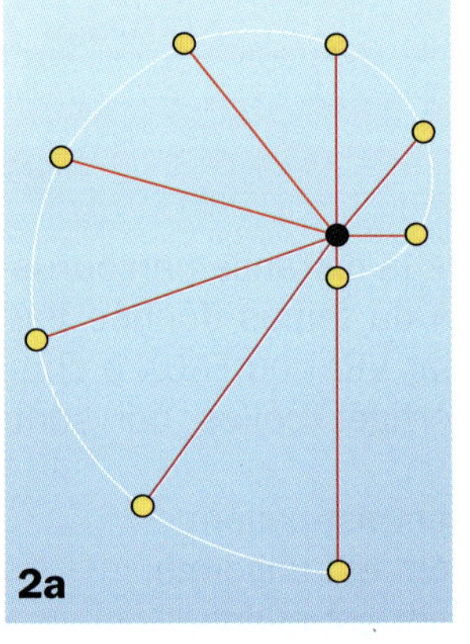

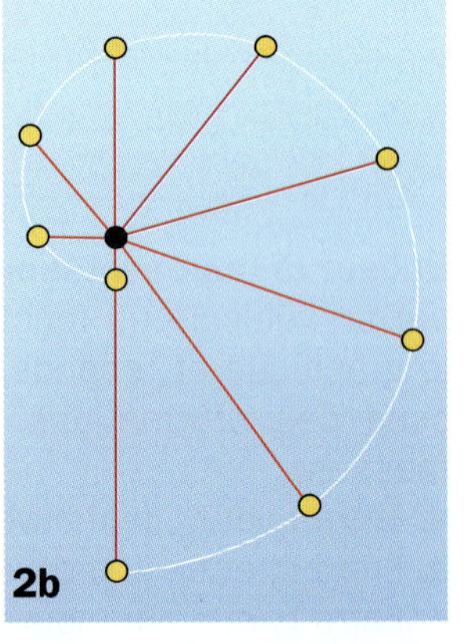

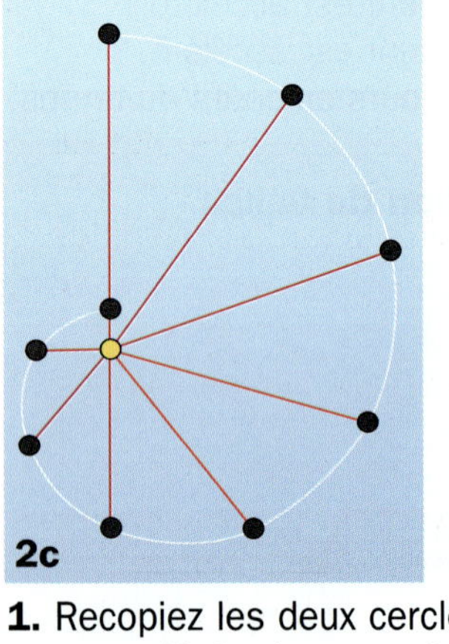

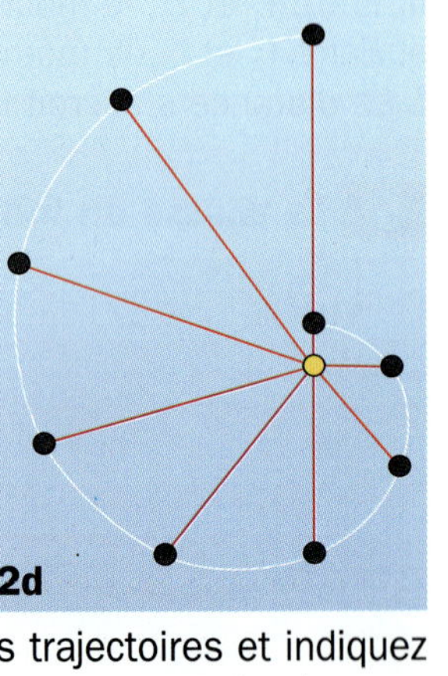

1. Recopiez les deux cercles trajectoires et indiquez par une flèche le sens du mouvement de chacune des boules.

2. Des figures 2**a** et 2**b**, indiquez quelle est celle qui représente la trajectoire de la boule jaune par rapport à la boule noire. Des figures 2**c** et 2**d**, indiquez quelle est celle qui représente la trajectoire de la boule noire par rapport à la boule jaune. Recopiez les deux bonnes trajectoires et indiquez le sens des mouvements.

10 ★ La Terre et Mars

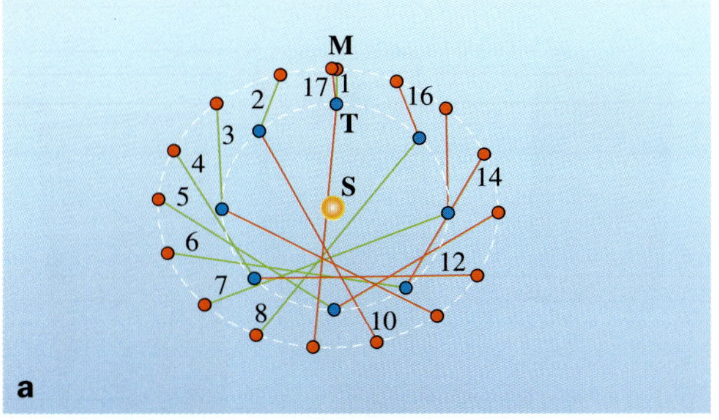
a

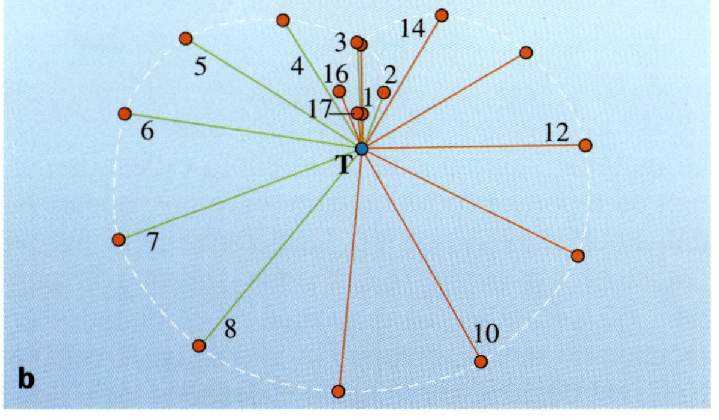
b

Les planètes Terre (T) et Mars (M) décrivent chacune une orbite presque circulaire autour du Soleil (S). Mars est plus éloignée du Soleil. Elle fait un tour complet autour du Soleil en 686 jours et la Terre en 365 jours. Sur la figure **a** sont représentées les positions respectives de la Terre et de Mars à intervalles de temps réguliers. Le point de départ est le moment où les deux planètes sont les plus proches. Les traits en vert puis en rouge joignent les planètes à la même date. La figure **b** représente le périple de Mars vu de la Terre. La position **17** est voisine de la position initiale des deux planètes et Mars recommence alors un périple vu de la terre presque identique.

1. En combien de temps la courbe de la figure **b** est-elle décrite dans le ciel ?

2. Repérez la position **15** sur la figure **a**.

3. La trajectoire de Mars vue de la Terre est-elle circulaire ? Quelle particularité présente-t-elle ?

4. La vitesse de déplacement de Mars est elle toujours la même pour un Terrien ?

11 Imaginer la course de la Terre sur son orbite

Quand la Lune est dans son dernier quartier, elle croise approximativement l'orbite de la Terre autour du Soleil (voir dessin ci-après, position ❶).
La Terre et la Lune ont un mouvement d'ensemble autour du Soleil. Elles mettent environ 3 heures et demi pour passer de la position ❶ à la position ❷.
La Terre avance sur son orbite à une vitesse d'environ 30 km/s. La Lune tourne autour de la Terre à une distance moyenne de 380 000 km et fait un tour de Terre en 28 jours environ.

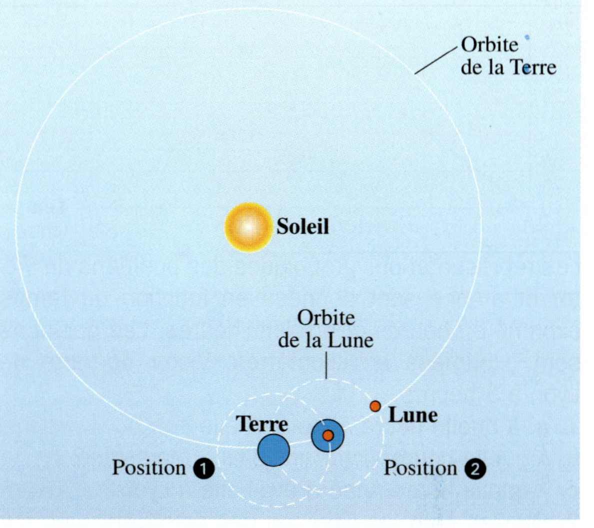

En position ❷, la Terre prend la place qu'occupait la Lune en position ❶. De la position ❶ à la position ❷, la Terre a donc parcouru environ 380 000 km. (La figure ne respecte pas l'échelle de distance).
Vérifiez que la Terre met bien 3,5 heures pour passer de la position ❶ à la position ❷.

12 La vitesse de la lumière

En avril 1999, la planète Vénus est visible dans le ciel, au sud de la constellation des Pléïades. Elle est alors à 175 millions de kilomètres de la Terre. La lumière se déplace à 300 000 km/s.

1. Combien de temps, en secondes, la lumière partie de Vénus met-elle pour nous atteindre ?

2. Les étoiles de la constellation des Pléïades se trouvent très loin de nous. La lumière qu'elles émettent met 410 années pour nous parvenir. Vérifiez que ces étoiles sont distantes d'environ 4 millions de milliards de km (4×10^{15} km) de la Terre.

3. Les astronomes utilisent l'année-lumière comme unité de distance. Une année-lumière est la distance parcourue par la lumière en une année. Quelle est la distance en années-lumière entre les Pléïades et la Terre ?

13 ★ Sur l'autoroute

Anne et Victor empruntent l'autoroute entre Lyon et Marseille. Victor part de Lyon pour aller à Marseille et Anne, partant de Marseille, se rend à Lyon. Les vitesses des deux automobiles sont assez régulières et peuvent être considérées comme constantes au cours du temps.

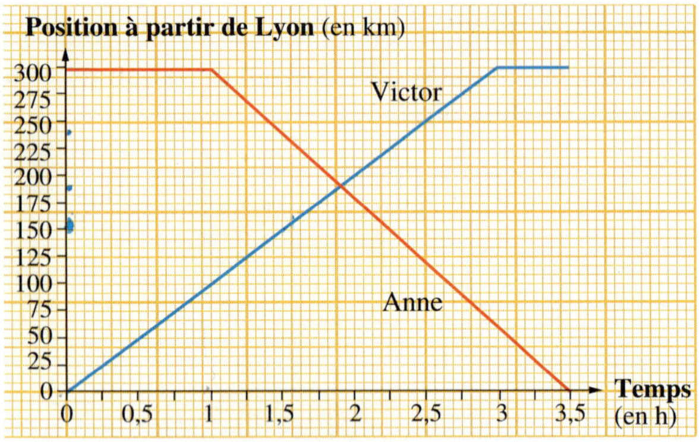

Les représentations graphiques des positions de Victor et d'Anne sont données en fonction du temps exprimé en heures et en demi-heures. Les positions sont exprimées en kilomètres. Victor démarre de Lyon à 8 heures.

1. a. À quelle heure Anne part-elle ?
b. À quelle heure Victor arrive-t-il à Marseille ?
c. À quelle heure Anne arrive-t-elle à Lyon ?
2. Quelles sont les vitesses des deux véhicules sur le trajet ?
3. À quelle distance de Marseille les deux véhicules se croisent-ils ?
4. À quelle distance se trouvent-ils l'un de l'autre à 9 heures et demi ?
5. Quelle distance Victor a-t-il parcouru 1,5 heures après son départ ?

14 Le graphique des vitesses

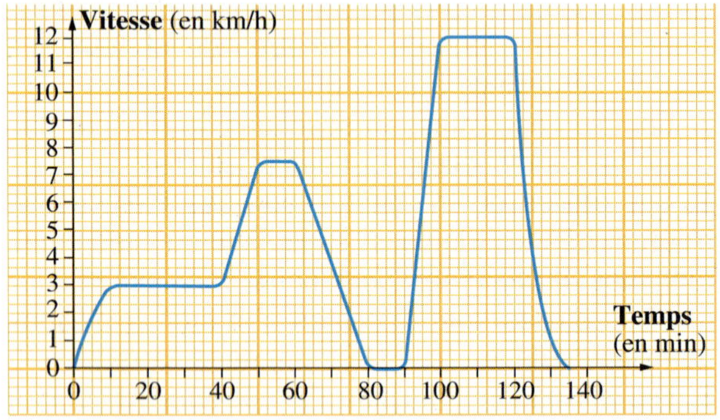

Un cycliste se promène. La vitesse du vélo est indiquée sur le graphique en km/h, en fonction du temps en minutes.

1. Quelle est la vitesse maximale du cycliste ?
2. Entre quelles dates roule-t-il à 7,5 km/h de façon constante ?
3. Quel type de mouvement a-t-il entre 40 et 50 minutes après son départ ?
4. Entre quelles dates a-t-il un mouvement retardé ?
5. Pose-t-il le pied à terre ? Si oui, entre quelles dates ?
6. Quelle distance parcourt-il entre les dates 100 et 110 minutes ?

15 Le graphique des distances

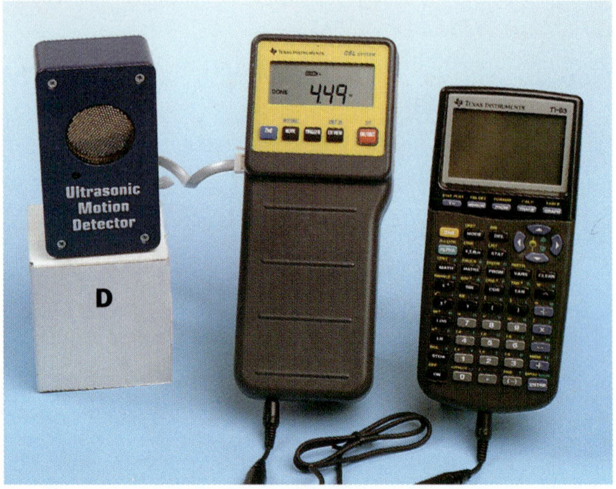

Le matériel informatique de la photo ci-dessus permet de repérer la position d'un élève par rapport au détecteur de mouvement D. La distance de l'élève au détecteur est enregistrée chaque seconde et pendant 60 secondes. Le graphique de la distance en fonction du temps, obtenu sur l'écran de la calculatrice, est dessiné sur la figure ci-dessous.

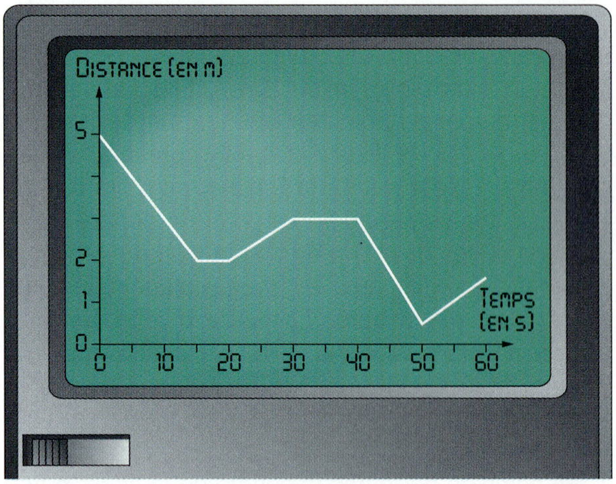

1. Dans quel sens par rapport au détecteur l'élève se déplace-t-il entre les dates 0 et 15 secondes ? Quelle distance parcourt-il pendant ce temps ? Quelle est, en m/s, sa vitesse ?
2. Qu'a fait l'élève entre les dates 15 et 21 secondes ?
3. Dans quel sens l'élève se déplace-t-il entre les dates 21 et 30 secondes ? Quelle distance parcourt-il ? À quelle vitesse ?
4. Indiquez ce que fait l'élève entre les dates 30 et 60 secondes.

16 Le mouvement d'une balle

Une balle est jetée verticalement vers le haut et son mouvement est filmé par vidéo. On a reporté le long d'un axe gradué les positions de la balle : en bleu au cours du mouvement ascendant et en rouge au cours du mouvement de chute (**A**).

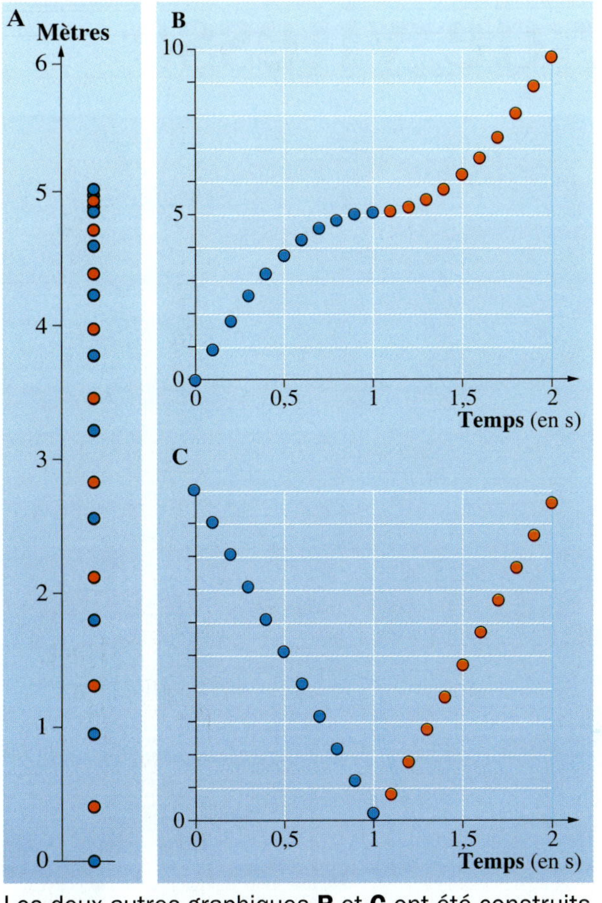

Les deux autres graphiques **B** et **C** ont été construits à partir de cette expérience.
Que représente chacun des graphiques **B** et **C** ?

17 Les distances d'arrêt

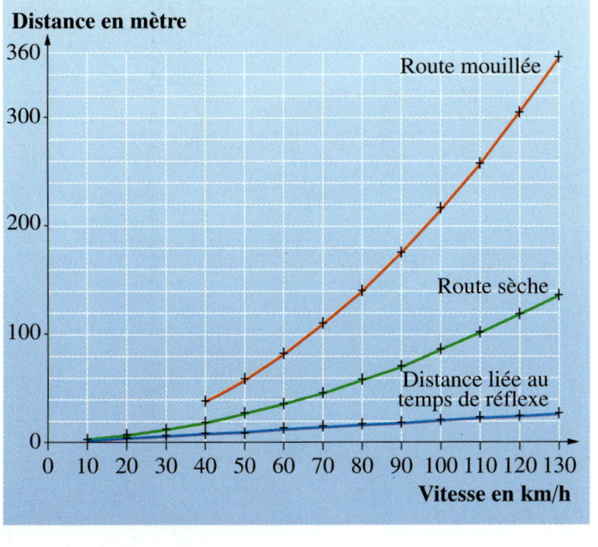

Un automobiliste voit subitement, à la sortie d'un virage, un obstacle incontournable sur la route. L'obstacle est à 100 mètres et la route est sèche. Le véhicule roule alors à 80 km/h.

1. Quelle distance le véhicule parcourt-il environ avant que le conducteur n'actionne le dispositif de freinage ?
2. Le conducteur évite le choc. Pourquoi ?
3. Qu'en serait-il sur une route mouillée ?

18 ★ La distance de sécurité

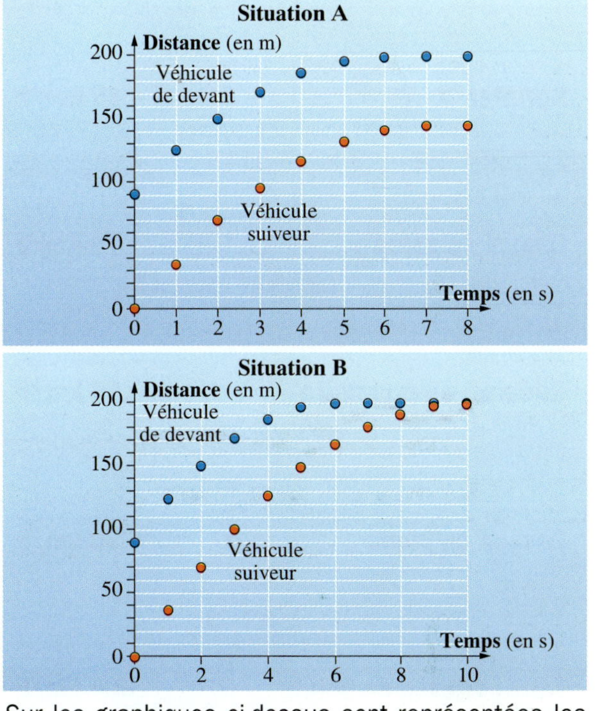

Sur les graphiques ci-dessus sont représentées les positions respectives de deux véhicules qui se suivent. Les deux véhicules doivent effectuer un arrêt d'urgence. L'arrêt du véhicule suiveur est déclenché par l'allumage du feu « stop » du véhicule de devant (origine des temps sur l'axe des abscisses).
Les deux situations présentées **A**, **B** sont différentes.

1. Qu'a-t-on choisi comme référence pour l'axe des distances en ordonnées ?
2. Quelle distance sépare les deux véhicules quand le conducteur du véhicule suiveur perçoit l'allumage des feux « stop » du véhicule de devant, dans chacune des situations **A** et **B** ?
3. Dans la situation **A**, le véhicule de devant s'arrête au bout de 7 secondes. La distance entre les deux véhicules diminue-t-elle entre les dates 7 s et 8 s ? À quel instant le véhicule suiveur s'arrête-t-il ?
4. Dans la situation **B**, les deux véhicules se rencontrent-ils ? À quel instant ? Quelles peuvent être les causes d'un tel accident ?

DOCUMENT

Quelques ordres de grandeur de vitesse

Escargot	**4 m/h**
Sprinter	**35 km/h**
Cheval au galop	**70 km/h**
Guépard en poursuite	**110 km/h**
Faucon en piqué	**290 km/h**
T.G.V., vitesse de pointe	**300 km/h**
Concorde	**2200 km/h**
Fusée	**30000 km/h**
Terre autour du soleil	**108000 km/h**
Lumière	**300000 km/s**

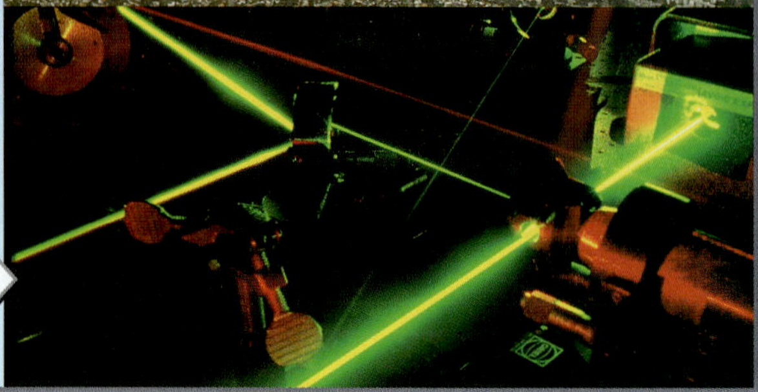

Le fusil photographique d'Étienne Marey

Étienne Jules Marey (1830-1904) était médecin. Afin d'étudier les muscles et le cœur, il a mis au point un moyen graphique d'enregistrement des contractions. Mais c'est le mouvement en général qui le passionnait. Aussi Marey voulait-il comprendre l'ordre des posés et des levés de chacune des jambes du cheval au pas, au trot et au galop. Pour cela, il plaça sous chaque sabot d'un cheval une poire de caoutchouc reliée à un cylindre enregistreur. Les résultats furent surprenants : ils montraient que les attitudes des chevaux sur de nombreux tableaux, de Géricault par exemple, étaient loin d'être conformes à la réalité. Les peintres, dont Edgar Degas, furent impressionnés.

Petit à petit, Marey perfectionna ses dispositifs, dont le principal fut le « fusil photographique », construit en 1882. C'était, d'après les paroles de Marey lui-même, « *un appareil en forme de fusil permettant de viser et de suivre dans l'espace un oiseau qui vole, pendant qu'une glace tournante reçoit une série d'images montrant les attitudes successives des ailes* ». L'appareil permettait de prendre 12 images par seconde, avec un temps de pose de 1/700 de seconde chacune. Dans les versions suivantes, plusieurs attitudes successives d'un animal en mouvement pouvaient être fixées sur une même plaque, puis la plaque fut remplacée par un film (dès l'apparition de la pellicule, en 1887). Marey, précurseur du cinématographe, était surtout un savant : son objectif était le progrès de la recherche scientifique.

Derby à Epsom, Théodore Géricault (1791-1824).

Étienne Marey : la chronophotographie du saut d'un cheval.

CHAPITRE

7 Le poids et la masse

Les astronautes américains qui marchaient sur la Lune, en 1969, évoluaient avec une apparente facilité malgré un important et volumineux matériel sur le dos. Vous avez certainement déjà vu également des images de stations orbitales habitées. Dans ces vaisseaux en orbite autour de la Terre, les hommes et les objets paraissent ne rien peser : ils flottent dans l'air. Les choses peuvent donc être plus ou moins lourdes selon l'endroit où elles se trouvent.

Activité 1

Le poids et la masse sont-ils des grandeurs différentes ?

La pesée d'un jockey. Dans le langage courant, on ne fait pas de distinction entre le poids et la masse. Le verbe « peser », par exemple, s'applique à la mesure des deux.

Activité 2

Comment expliquer le poids ?

Isaac Newton (1642-1727) a donné en 1687 une loi générale expliquant à la fois le mouvement des planètes et l'existence du poids.

Activité 1

Le poids et la masse d'un objet

Quand on pèse une lettre à la poste, la balance indique une « masse » en grammes. Si on regarde l'étiquette d'une boîte de petits pois par exemple, il y apparaît un « poids » en grammes. Ces deux termes : « poids » et « masse » ne désignent pourtant pas la même chose, même si on les confond souvent.

Le poids et la masse sont-ils des grandeurs différentes ?

1 Des situations inhabituelles

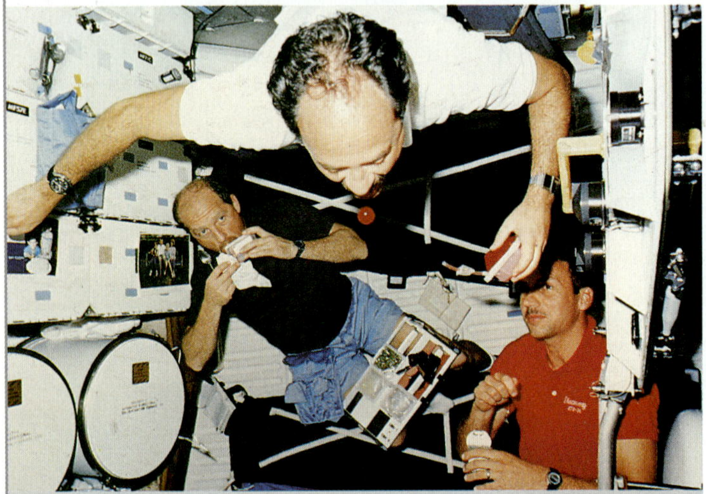

a À l'intérieur de la navette spatiale *Discovery* (1988).

b Sur la Lune, le poids de la boule de pétanque n'est plus le même.

a À l'intérieur d'une navette spatiale ou d'une station orbitale, les astronautes vivent dans une cabine où il y a de l'air. Les hommes et les objets, qu'ils soient lourds ou légers, semblent flotter et restent là où on les immobilise. Dans les parties du vaisseau où il n'y a pas d'air, on observe le même phénomène. Sur notre planète, nous avons l'habitude que les objets soient **attirés vers le bas**, donc **vers la Terre**. On dit qu'ils ont un **poids**. Dans la navette, les objets semblent ne pas avoir de poids.
Que ce soit sur Terre ou dans la navette, il est plus difficile de déplacer les objets lourds que les objets légers. Les objets gardent leur **masse** respective. Cette masse est liée à la **difficulté à modifier leur mouvement** et à la **quantité de matériau** qui les constitue.

b Un astronaute bouliste qui lancerait une boule de pétanque de la même façon sur la Terre et sur la Lune s'apercevrait que sur la Lune, la boule monte 6 fois plus haut et touche le sol 6 fois plus loin. Ce n'est pas l'absence d'air qui peut expliquer de telles différences. Sur la Lune, la boule a moins tendance à être attirée vers le bas. Le **poids** de la boule sur la Lune est donc plus faible que le poids de la boule sur la Terre.
Que ce soit sur La Terre ou sur la Lune cependant, la boule est faite de la même quantité d'acier. Elle possède donc la même **masse**.

2 La relation entre le poids et la masse

● Si l'on suspend un objet à un ressort, la déformation du ressort est d'autant plus grande que le poids de l'objet est important. Pour un même sac de pommes suspendu, le ressort est moins déformé sur la Lune que sur la Terre, même si on réalise l'expérience sur Terre en plaçant le ressort et le sac sous une cloche que l'on a vidée d'air. Dans la navette, le ressort n'est pas déformé. **Le poids** du sac de pommes **change** donc **selon le lieu.** Mais il y a toujours autant de pommes dans le sac. **La masse** des pommes **ne dépend pas du lieu**.

● Nous admettrons que **le poids *P* d'un objet est proportionnel à sa masse *M*. Le coefficient de proportionnalité, noté *g*, dépend du lieu où se trouve l'objet.** Cela se traduit par la formule :

$$P = M \cdot g.$$

Dans cette formule :
- l'unité du **poids** est le **newton** (**N**) **;**
- la **masse** de l'objet doit être mesurée en **kilogramme** (**kg**) ;
- le coefficient ***g***, appelé **intensité de la pesanteur**, s'exprime en newton par kilogramme (**N/kg** ou $N.kg^{-1}$).

Sur la Lune, *g* est plus petit que sur la Terre.

● En France, l'intensité de la pesanteur vaut en moyenne 9,81 N/kg, ce qui signifie qu'un objet de masse 1 kilogramme possède un poids de 9,81 newtons. Pour un sac de pommes de masse 2 kg, le poids se calcule ainsi :

$m = 2$ kg ; $g = 9{,}81$ N/kg ;

donc $P = 2 \times 9{,}81 = 19{,}62$;

$P = 19{,}62$ N.

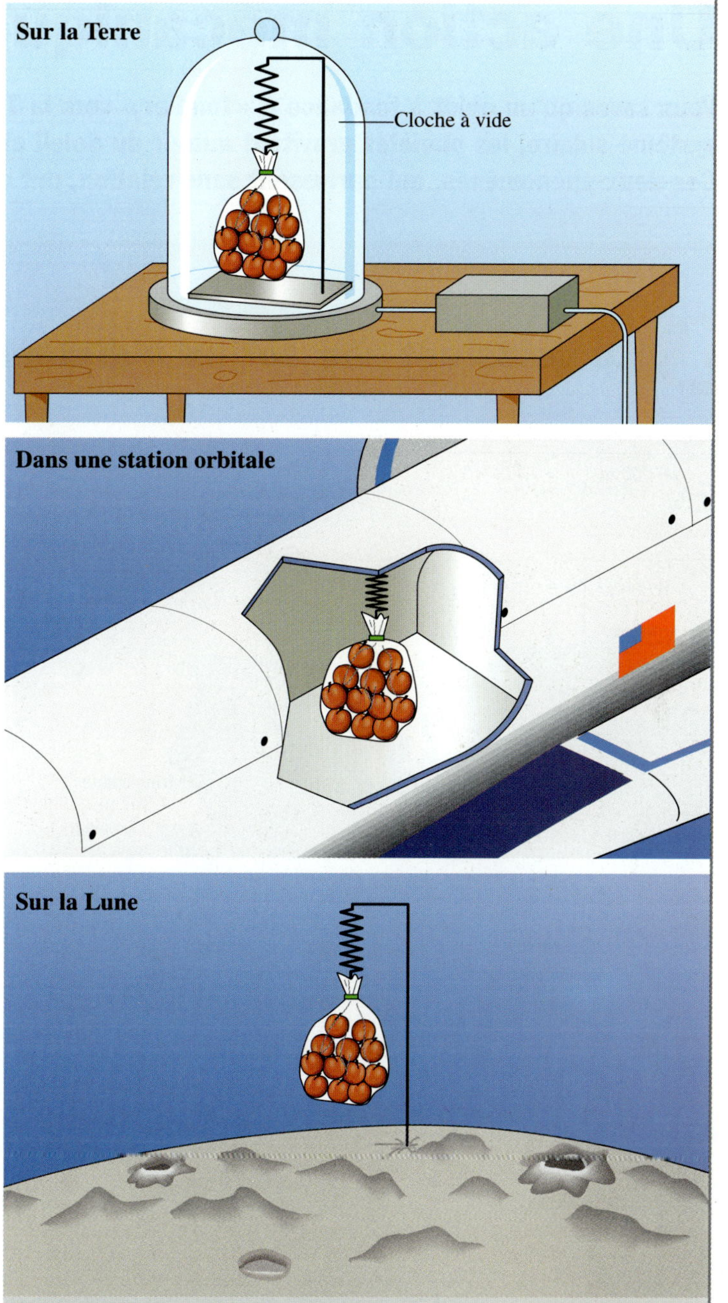

Un ressort, auquel on suspend un sac de pommes, ne subit pas la même déformation selon le lieu. Il garde cependant les mêmes propriétés.

Questions

1 Doc. 1 Quelles sont les observations qui permettent de dire que le poids et la masse d'un objet sont deux grandeurs différentes ?

2 Doc. 2 Calculez votre poids en newton. Seriez-vous plus léger ou plus lourd sur la Lune ? Quel serait votre poids dans une station orbitale ?

3 Doc. 2 Des deux grandeurs : poids et masse, quelle est celle qui dépend du lieu ?

Une action mécanique universelle

Vous savez qu'un objet à tendance à « tomber » vers la Terre. Vous savez également que dans le système solaire, les planètes gravitent autour du Soleil et que la Lune gravite autour de la Terre. Ces deux phénomènes, qui paraissent sans relation, ont en fait la même origine.

Comment expliquer le poids ?

1 Le poids est une action à distance

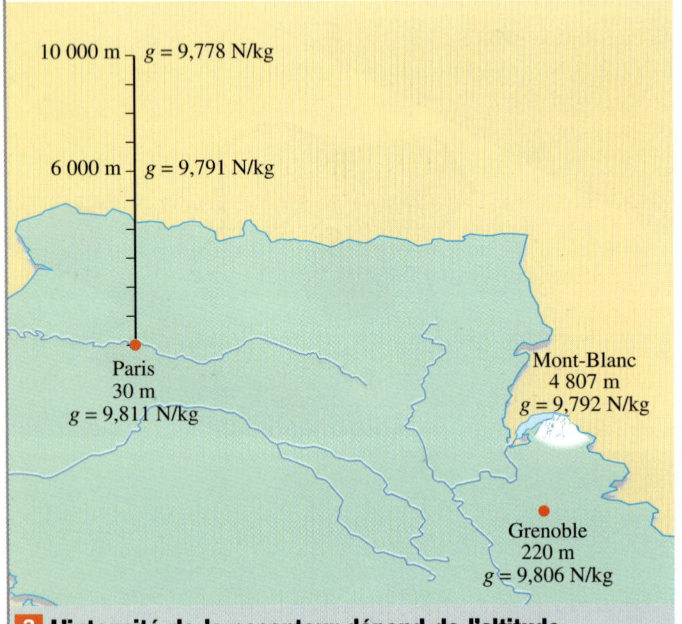

a L'intensité de la pesanteur dépend de l'altitude.

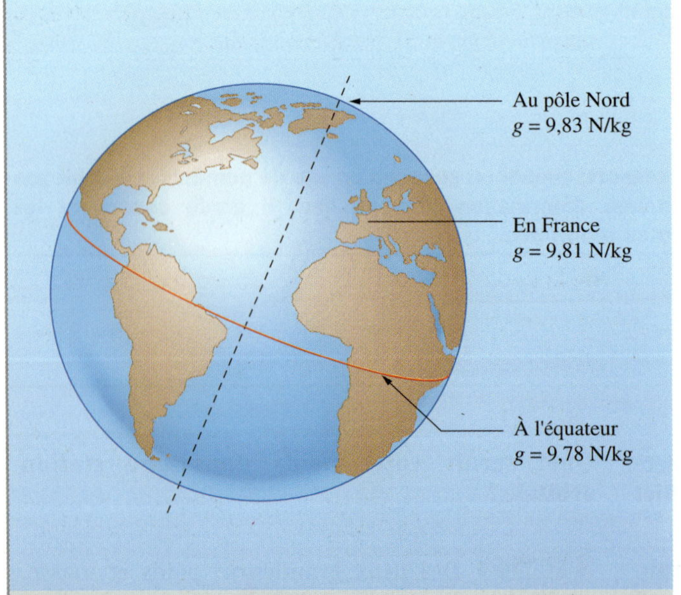

b L'intensité de la pesanteur dépend de la latitude*.

● Depuis Isaac Newton (1642-1727), on comprend mieux à quoi est dû le poids. Ce savant a émis l'idée que **tous les objets, quels qu'ils soient, s'attirent entre eux.** Cette **attraction** varie selon la **distance** qui les sépare. Elle est due à la **masse** de chaque objet.

● Entre une pomme et la Terre, par exemple, il y a attraction mutuelle. Si une pomme tombe vers la Terre, c'est parce que la Terre attire la pomme. La Terre est attirée également vers la pomme. Si nous voyons les objets « tomber » toujours vers le bas, c'est parce que nous sommes liés à la Terre (par cette même attraction). Pour nous, « vers le bas » est équivalent à « vers la Terre ».
Les objets de petite masse (par exemple deux pommes) s'attirent aussi entre eux, mais cette attraction est si faible qu'elle n'a pas d'effet observable.

● **L'attraction que la Terre exerce** sur la pomme est appelée **poids** de la pomme. C'est une action à **distance** car il n'y a pas besoin de contact entre la pomme et la Terre. Cette action a une **direction :** une pomme lâchée tombe **verticalement*** ; cette action a un **sens :** la pomme tombe vers la Terre ; cette action a une **valeur** calculée en multipliant la masse de la pomme par l'intensité de la pesanteur g.
g tient compte de la masse de la Terre et varie selon l'éloignement entre l'objet et la Terre **a**. Les différentes valeurs de g à sa surface **b** s'expliquent par l'aplatissement de la Terre vers les pôles et par son mouvement de rotation.

2 Le poids sur les autres astres

La pesanteur sur différents astres.

Astres	Masse en milliers de milliards de milliards de kg (10^{21} kg)	Diamètre en km	Intensité de la pesanteur en N/kg
Mercure	330	4 878	3,7
Vénus	4 871	12 101	8,8
Terre	5 974	12 756	9,8
Lune	73	3 476	1,6
Mars	641	6 794	3,7
Jupiter	1 899 000	140 000	23,1

● Depuis les voyages humains sur la Lune et l'envoi d'engins télécommandés sur Mars par exemple, on connaît mieux la pesanteur sur ces astres.
L'intensité de la pesanteur varie beaucoup **d'un astre à l'autre.** Elle croît avec la masse de l'astre et décroît avec son diamètre. Elle est environ 6 fois plus faible sur la Lune et 3 fois plus faible sur Mars que sur la Terre. On peut dire aussi que le poids d'un objet sur Mars est trois fois plus faible que sur la Terre ou encore que « l'action exercée par Mars sur l'objet » est trois plus faible que « l'action exercée par la Terre sur l'objet ».

3 L'attraction entre les astres

● Les astres s'attirent entre eux. Dans le système solaire, c'est le Soleil qui a la plus grande masse, c'est pourquoi toutes les planètes tournent autour. De même, les satellites tournent autour des planètes : la Lune par exemple autour de la Terre.

● La Lune possède une grande vitesse par rapport à la Terre (3700 km/h). Si la Terre n'attirait pas la Lune, celle-ci filerait en ligne droite **a**. Mais la Terre attire la Lune : elle modifie sa trajectoire, un peu comme l'action qu'exerce un enfant sur un objet tournoyant au bout d'une ficelle **b**. **L'attraction exercée par la Terre sur la Lune** oblige la Lune à tourner autour de la Terre. On peut dire que la Lune est en chute éternelle autour de la Terre. Il en est de même pour les satellites artificiels.

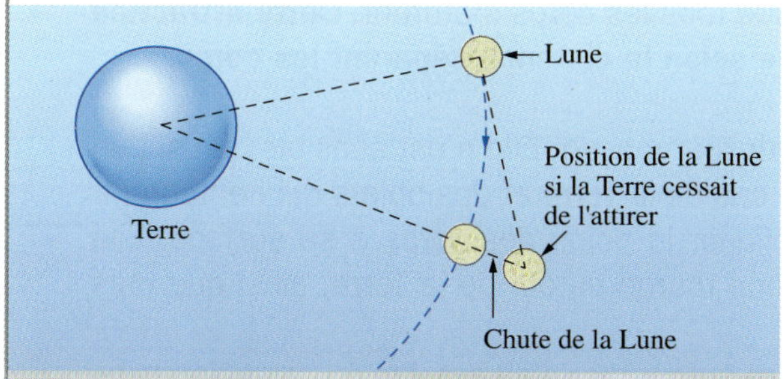

a La Terre « force » la Lune à tourner autour d'elle.

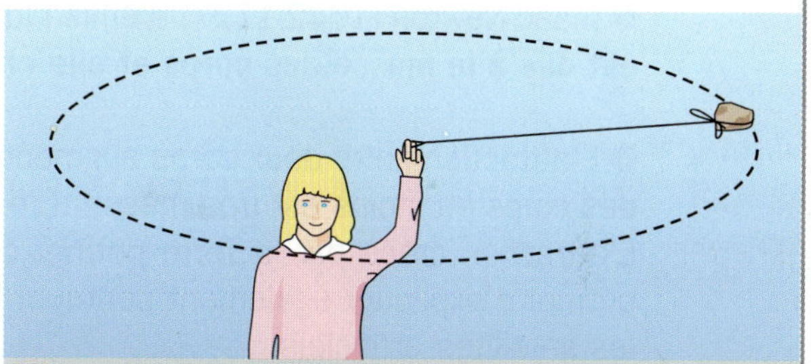
b On peut « forcer » de la même façon un objet à tournoyer en le fixant à une ficelle.

Questions

1 Doc. 1 **Quelle idée Isaac Newton a-t-il eu ?**

2 Doc. 1 **a. Un objet est-il plus lourd aux pôles ou à l'équateur ?**
b. Comment varie l'intensité de la pesanteur lorsque l'on s'éloigne de la Terre ?

3 Doc. 2 **Quel est l'astre sur lequel vous seriez le plus léger ? le plus lourd ? Pourquoi l'intensité de la pesanteur sur Jupiter est-elle si importante ?**

4 Doc. 2 **Vénus et la Terre ayant pratiquement le même diamètre, comment justifier que l'intensité de la pesanteur soit plus faible sur Vénus que sur la Terre ? La masse de Mars est plus importante que celle de Mercure. Comment expliquer que l'intensité de la pesanteur soit la même sur ces deux astres ?**

5 Doc. 3 **Pourquoi la Lune tourne-t-elle autour de la Terre ?**

LE SENS DES MOTS

Latitude : grandeur qui caractérise la position d'un lieu sur la Terre par rapport à l'équateur. Elle se mesure en degrés et varie de –90° (pôle sud) à +90° (pôle nord).

Verticalement : suivant la direction (verticale) donnée par un fil au bout duquel est suspendu un corps lourd.

L'essentiel

1 Le poids et la masse d'un objet

Activité 1

● Le poids et la masse d'un objet sont deux grandeurs différentes.
Un objet possède toujours une masse quel que soit le lieu où il se trouve. Cette **masse** dépend de la quantité de matériau qui le constitue.
Le **poids** d'un objet est proportionnel à sa masse. Le coefficient de proportionnalité, appelé **intensité de la pesanteur**, dépend du lieu où se trouve l'objet.

● La relation permettant de calculer le poids s'écrit :

$$P = M \cdot g$$

– ***P*** est le poids de l'objet évalué en **newton** (**N**) ;
– ***M*** est la masse de l'objet en **kilogramme** (**kg**) ;
– ***g*** est l'intensité de la pesanteur du lieu, exprimée en newton par kilogramme (**N/kg** ou $N.kg^{-1}$).
L'intensité de la pesanteur vaut en France en moyenne 9,81 N/kg.

Exercices : 1 à 3, 9, 17

2 L'attraction universelle

Activité 2

● Isaac Newton (1642-1727) a émis l'idée que tous les corps s'attirent. **Cette attraction est due à la masse des corps et elle change selon la distance séparant les corps.**

● L'attraction entre deux corps augmente avec leur masse. Elle n'est sensible que si l'un des corps au moins est très massif. C'est le cas de la Terre et des objets qui l'entourent. L'attraction créée par la Terre permet d'expliquer le poids des corps à sa surface. Elle permet d'expliquer également pourquoi la Lune tourne autour de la Terre, ainsi que tous les satellites artificiels.
La gravitation des planètes du système solaire autour du Soleil est due à l'attraction exercée par le Soleil sur ces planètes.

● La valeur de l'intensité de la pesanteur *g* sur Terre varie avec l'altitude et avec la latitude, à cause de l'aplatissement de la planète vers les pôles et de son mouvement de rotation.
La pesanteur existe aussi sur les autres astres. Son intensité est 6 fois plus faible sur la Lune que sur la Terre.

Exercices : 4 à 8, 10 à 16

Je dois être capable de…

● **Distinguer la masse et le poids d'un objet.**

● **Utiliser la relation de proportionnalité entre le poids et la masse en un lieu donné.**

JE TRAVAILLE SEUL

RÉPONSES P. 250

1 Le poids et la masse

Répondez par VRAI ou FAUX aux affirmations suivantes et corrigez celles qui sont fausses.

a. Le poids d'un corps est l'action exercée par la Terre sur ce corps.

b. La valeur du poids d'un objet ne dépend que de l'objet.

c. La masse d'un objet est indépendante du lieu où se trouve l'objet.

d. L'intensité de la pesanteur dépend des objets.

e. L'unité de poids est le newton.

2 Les indications courantes

a. Les guichets de La Poste sont équipés de balances pour peser le courrier. On peut lire par exemple : « masse nette : 47 g ».

b. Sur l'étiquette d'une boîte de pâté, on peut lire : « poids net : 380 g ».

c. Une caisse d'emballage porte une étiquette avec l'indication : « poids brut : 40 KG ».

Rectifiez, si besoin est, ces trois indications.

3 Le pèse-personne

Un pèse-personne est gradué en kg. On souhaite lire ses indications en newtons en un lieu où l'intensité de la pesanteur est voisine de 10 N/kg. Que faut-il faire ?

4 Le poids d'un satellite artificiel

Sur Terre, un satellite pèse 12 000 N. Calculez son poids quand il se trouvera à 300 km d'altitude autour de la Terre. L'intensité de la pesanteur à cette altitude vaut 8,9 N/kg.

5 Les plumes et le plomb

Un sac de plumes et un morceau de plomb, placés l'un à côté de l'autre, ont la même masse. Possèdent-ils le même poids ? Justifiez votre réponse.

Sur la Lune

6 Avec 250 grammes de farine, 100 grammes de sucre, 50 grammes de beurre et 3 œufs, on peut faire sur Terre un gâteau pour 6 personnes. La même recette conviendrait-elle pour 6 personnes sur la Lune ?

7 Si les Jeux Olympiques avaient lieu sur la Lune, indiquez les sports où les performances seraient meilleures que sur Terre.

8 Un poids inhabituel

Un œuf a un poids de 0,09 N et une masse de 55 grammes. À quel endroit a-t-on mesuré son poids ? sa masse ?

J'UTILISE MES CONNAISSANCES

9 Une signalisation routière

Un panneau de signalisation, entouré de rouge, est parfois installé à l'entrée des ponts. S'il indique « 15 tonnes », donnez la signification du panneau.

10 ★ Les balances électroniques

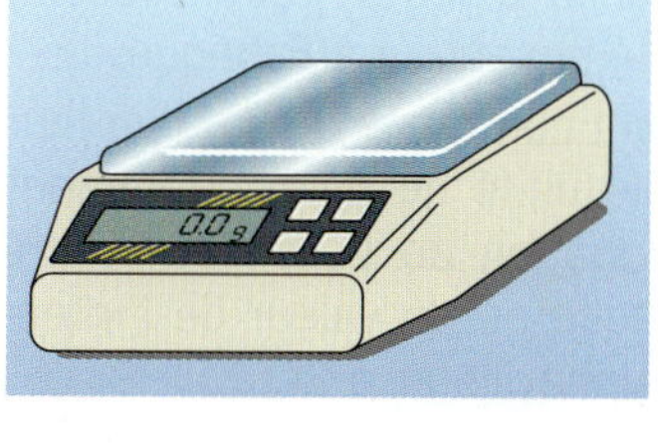

Les balances actuellement commercialisées comportent un élément électronique qui transforme le poids de l'objet placé sur le plateau en une tension électrique. Un afficheur donne directement la masse de l'objet en prenant une valeur moyenne de l'intensité de la pesanteur g sur le territoire français.

1. Si une telle balance est transportée sur la Lune, indiquera-t-elle la même valeur de la masse des objets que l'on placera sur le plateau ?

2. Si la balance indique 700 grammes pour un objet sur Terre, qu'indiquera-t-elle sur la Lune pour cet objet ?

11 ★ Le poids diminue avec l'altitude

La valeur du poids diminue de 1/1000 de sa valeur quand on s'élève de 3000 mètres au-dessus de la Terre. Calculez le poids d'un objet de 50 kg sur le sol en France et à 11 000 mètres d'altitude dans un avion.

Des pesanteurs différentes

12 Un objet A sur Terre possède le même poids qu'un objet B sur la Lune. Ont-ils la même masse? Sinon, quel est le plus massif, et de combien?

13 Le centre de Kourou en Guyane est proche de l'équateur. Quel est le poids d'une fusée Ariane 4, dotée d'une masse de 420 tonnes à Kourou? Quels seraient sa masse et son poids sur le territoire de la métropole française?

14 Le poids d'une personne sur différentes planètes

À la Cité des Sciences et de l'Industrie de Paris, on peut connaître, en montant sur une balance, son propre poids sur certaines planètes. Un visiteur monte sur la balance et peut lire les indications ci-contre.

Terre	706 N
Lune	115 N
Mars	
Jupiter	1664 N
Vénus	

Vérifiez que les valeurs sur la Lune et sur Jupiter correspondent à la valeur sur la Terre et complétez le tableau en vous servant des données de l'activité 2.

15 La pesanteur sur Vénus

On veut calculer la valeur de l'intensité de la pesanteur sur Vénus. On dispose des indications suivantes:

1. L'objet est un livre d'astronomie;
2. L'intensité de la pesanteur sur Terre, en moyenne et en France, vaut 9,81 N/kg;
3. Le poids de l'objet sur la Lune vaut 0,8 N;
4. Le poids de l'objet en France vaut 5 N;
5. Le poids de l'objet sur Vénus vaut 4,5 N;
6. L'intensité de la pesanteur sur la Lune vaut 1,6 N/kg.

De quelles données a-t-on besoin? Comment doit-on les utiliser? On ne demande pas de calcul.

16 Les satellites de la Terre ont-ils tous une pesanteur?

Un astronaute qui sort de la station Mir ou de la navette Discovery doit rester lié au vaisseau par un câble. Un astronaute qui débarque sur la Lune est attiré par la Lune et n'a pas besoin de câble pour s'y maintenir. Pourquoi?

17 ★★ La construction d'une physique

Sur une planète vivent deux physiciens Arnold et Bertrand, habitant l'un à Alphaville, l'autre à Bétaville. Norbert, un fabricant d'appareils scientifiques installé à Fabriqueville, leur vend deux appareils en tout point identiques. Ces appareils indiquent la même valeur quand on leur suspend un même objet: le « kigo ».

La valeur indiquée pour un kigo est: « 10 » à Fabriqueville, « 15 » à Alphaville et « 5 » à Bétaville. Arnold décide de choisir comme unité de poids l'« alpha » (Al), Bertrand le « béta » (Bé) et Norbert le « nor » (N).

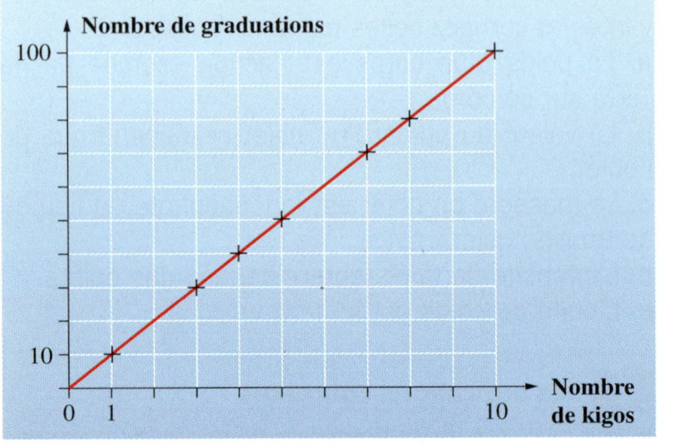

Un kigo pèse donc 15 alphas pour Arnold, 5 bétas pour Bertrand et 10 nors pour Norbert.

1. Norbert transmet à ses clients un graphique indiquant le nombre lu sur le cadran à Fabriqueville en fonction du nombre de « kigos » suspendus.
Reproduisez ce graphique sur du papier millimétré et reportez sur le même graphique les mesures faites par Arnold à Alphaville et Bertrand à Bétaville (1 mm par graduation de l'appareil et 1 cm pour 1 kigo).

2. Arnold annonce un jour à Bertrand par téléphone qu'il a tué un lièvre pesant 42 Al. Quelle serait la valeur du poids de ce lièvre si Bertrand l'avait pesé à Bétaville en bétas? Si Norbert l'avait pesé à Fabriqueville en nors?

3. Norbert indique par lettre à ses deux clients que l'Académie des sciences a décidé, pour toute la planète, de prendre la masse d'un kigo comme unité de masse. Le symbole choisi pour la nouvelle unité est « kg ». Quel est alors le symbole de l'unité d'intensité de pesanteur pour Arnold et Bertrand? Graduez l'axe des abscisses du graphique en unité de masse.

4. Quelle est la masse d'un kigo à Alphaville et à Bétaville?

5. L'Académie des sciences prend une nouvelle décision: l'unité de poids sera le nor sur toute la planète et cette unité sera définie par « 1 kigo pèse 10 nors à Fabriqueville ». Quelle est alors l'unité d'intensité de pesanteur pour toute la planète? Quelle est la valeur de l'intensité de la pesanteur à Fabriqueville?

6. Arnold et Bertrand sont contraints de graduer leur appareil avec la nouvelle unité de poids. Comment peut-on modifier la graduation de l'axe des ordonnées du graphique? Quelle est la valeur de l'intensité de la pesanteur à Alphaville et à Bétaville?

Une éclipse totale de Soleil.

Le poids de la lumière

L'éclipse totale de Soleil de 1919 a été attendue avec impatience par les physiciens. Le plus préoccupé était sans doute Albert Einstein : sa théorie allait passer un test crucial. En effet, d'après Einstein, la lumière aussi subit l'attraction des astres et, lorsqu'elle passe à côté d'un corps très massif, sa trajectoire est légèrement déviée. Le phénomène devait être observable lors de l'éclipse. Et il a vraiment eu lieu ! La déviation, extrêmement faible, correspondait exactement aux calculs d'Einstein. Depuis, on a observé d'autres « mirages gravitationnels », où une étoile, comme une lentille, change (d'une manière infime) le trajet de la lumière.

Des particules sans masse

La masse des photons, les « grains » qui composent la lumière, est égale à zéro : les photons ne sont que de l'énergie (c'est pour cela que la vitesse de la lumière ne peut pas être dépassée). Les photons ne sont pas les seuls : les neutrinos, particules émises en permanence par le Soleil, n'ont pas de masse du tout ou peut-être, (le problème n'est pas encore complètement résolu) ont une masse extrêmement faible, presque nulle. Or la quantité de neutrinos dans l'Univers est énorme, des milliards de fois celle des particules « ordinaires » (celles qui constituent la matière notamment). Donc, même si leur masse est minime, cela ferait beaucoup au total, au point d'influer éventuellement sur l'avenir de l'Univers, qui dépend de la masse de toutes les particules qui le composent. C'est pour cela que les physiciens cherchent à bien étudier les neutrinos, particules extrêmement difficiles à mettre en évidence : pour enregistrer leur passage, il faut construire d'énormes dispositifs enfouis dans des tunnels souterrains.

Un détecteur de neutrinos.

Rien ne se crée, tout se transforme...

La très célèbre formule d'Einstein $E = mc^2$ dit tout simplement que la masse (m) peut être transformée en énergie (E) et réciproquement (c^2 est un facteur de proportionnalité). Cela est étrange mais on peut observer ce genre de transformation dans les accélérateurs de particules des physiciens par exemple. Si on fait se rencontrer par exemple un électron et un positron (ou positon), ces deux particules disparaissent (s'annihilent) en fournissant de l'énergie. Le positron est une particule de même masse que l'électron mais qui possède de l'électricité positive. On dit que c'est l'antiparticule de l'électron. Ce phénomène a trouvé des applications pratiques, par exemple en médecine dans une caméra à positrons qui permet d'étudier le cerveau.

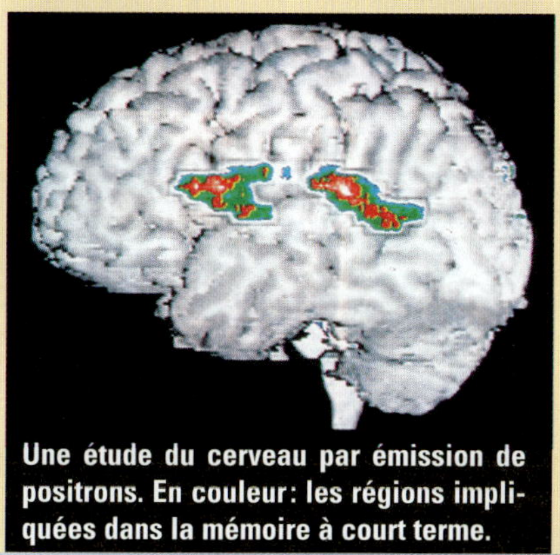
Une étude du cerveau par émission de positrons. En couleur : les régions impliquées dans la mémoire à court terme.

CHAPITRE

8 Les forces

Un objet n'est jamais seul. Il existe dans un environnement qui agit sur lui et sur lequel l'objet agit également. Par exemple, quand un ballon de football touche le filet au fond de la cage, il agit sur le filet en le déformant. Le filet agit également sur le ballon, en arrêtant son mouvement. La « mécanique » étudie les actions subies par les objets et les effets qui en résultent.

Activité 1

Quelles actions un objet subit-il de la part de son environnement ?

Lorsque le basketteur *« dribble »*, il exerce une action sur le ballon.

Activité 2

Comment représenter les actions subies par un objet ?

Le vent et l'eau agissent sur le voilier. Pour étudier les relations entre le mouvement du voilier et les actions qu'il subit, on a besoin de représenter simplement ces actions.

Activité 3

Quelles actions l'eau et l'air exercent-ils ?

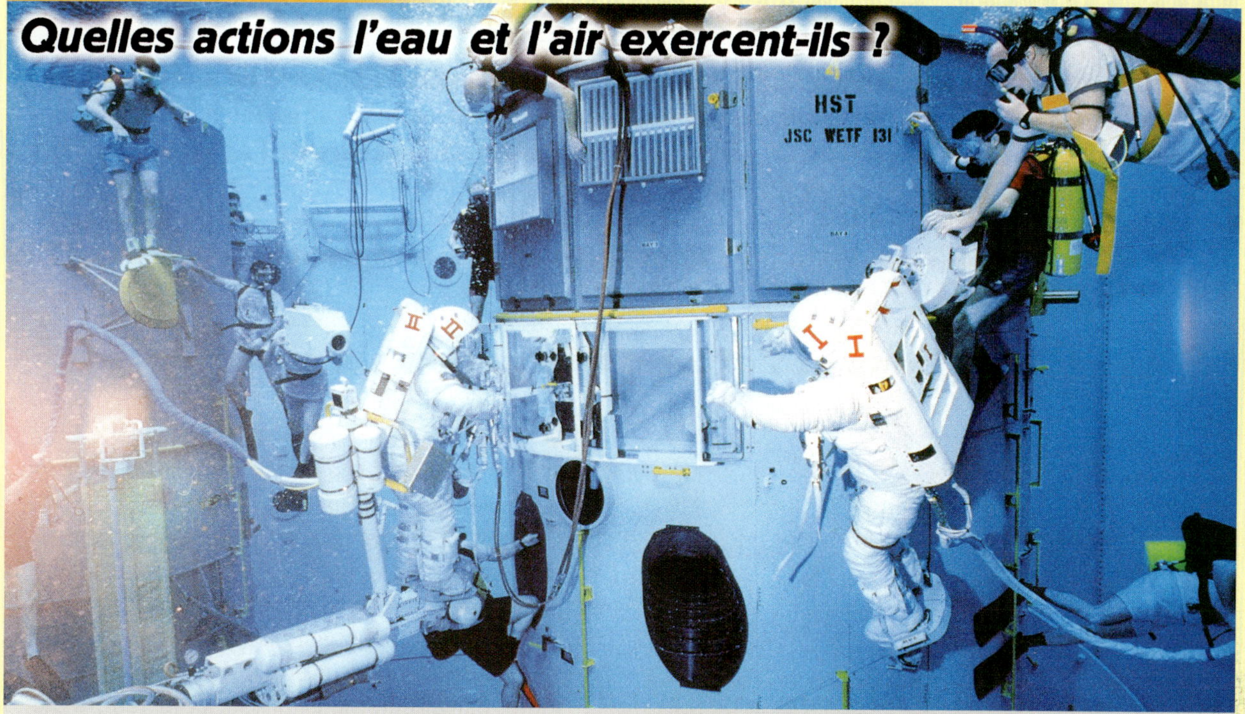

Des astronautes en entraînement. Dans leur lourd et encombrant scaphandre, ils peuvent se mouvoir plus aisément dans une piscine que sur la terre ferme.

Activité 4

À quelles conditions un objet peut-il être en équilibre ?

Dans le langage courant, quand on dit qu'un objet ou une personne est en équilibre, c'est qu'il risque de tomber. En mécanique, un objet en équilibre est un objet immobile.

Activité 1

Un objet et son environnement

Tout objet, même un engin spatial lancé loin de la Terre, est sous l'influence de son environnement. Les engins spatiaux sont attirés par les planètes les plus proches, par le Soleil. Cette attraction a un effet sur leur mouvement. La trajectoire d'un ballon va dépendre de l'action que lui fait subir le footballeur ou du vent, lors d'un tir au but.

Quelles actions un objet subit-il de la part de son environnement ?

1 Les interactions et l'effet d'une action sur un objet

a Un gymnaste s'enfonce dans un trampoline.

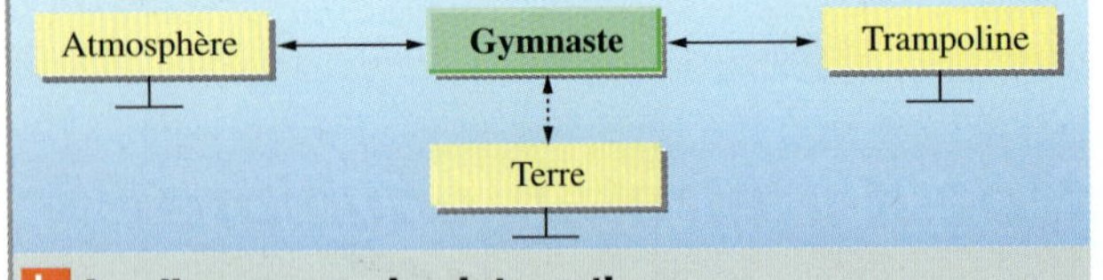

b Le diagramme des interactions.

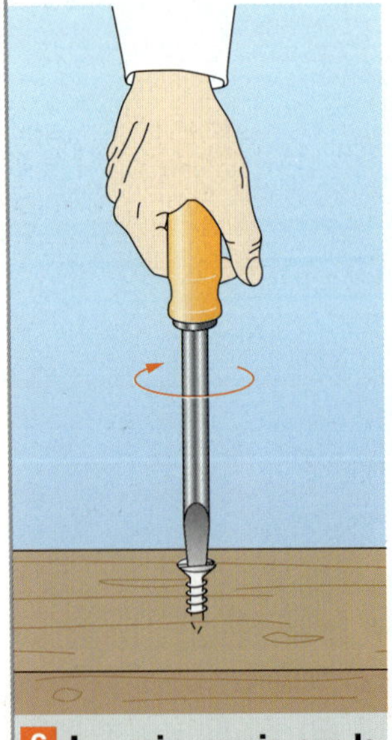

c La main appuie sur le tournevis et le fait tourner.

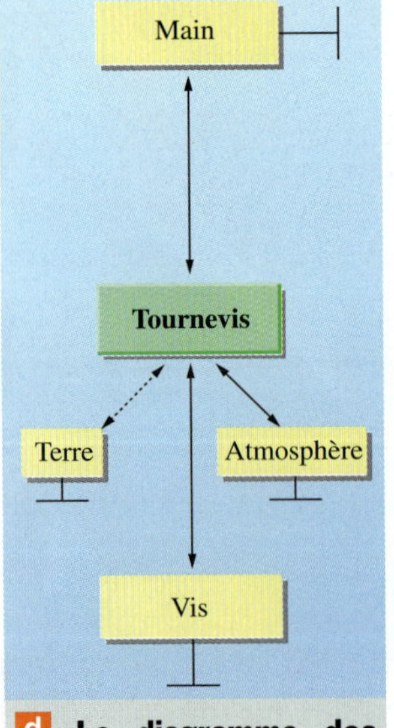

d Le diagramme des interactions.

● On peut faire l'inventaire des interactions entre le gymnaste a et son environnement. On dit alors qu'on **analyse la situation**.
Les pieds du gymnaste et le trampoline sont en contact. Ils exercent une action l'un sur l'autre. On dit que le **gymnaste** et le **trampoline interagissent** par **contact**. Le gymnaste est également en interaction, par contact, avec l'atmosphère qui l'entoure. Par ailleurs, le gymnaste et la Terre s'attirent mutuellement (voir le chapitre 7) ; ils interagissent à distance.
En mécanique, un gymnaste, un trampoline, la Terre sont des **objets**.

● Il peut être pratique de schématiser les différentes interactions auxquelles un objet participe b. On peut représenter chaque objet par une étiquette et chacune des interactions par une double flèche. Les interactions de contact sont dessinées en trait plein et les interactions à distance en pointillés. Le gymnaste n'est pas le seul à interagir avec son environnement, le trampoline également interagit avec d'autres objets autour de lui. Mais si l'on s'intéresse plus particulièrement au gymnaste, on ne veut pas représenter toutes les interactions existantes. On utilise alors le symbole ⊥ que l'on accroche à l'étiquette des autres objets.

● Dans l'interaction entre le gymnaste et le trampoline, le gymnaste déforme le trampoline et le trampoline freine le mouvement du gymnaste vers le bas. Dans la situation c, le tournevis interagit essentiellement par contact avec la main et avec la vis d. L'action de la main sur le tournevis a pour effet de le faire tourner et de l'appuyer sur la vis.
L'effet d'une action sur un objet est soit de le déformer, soit de modifier son mouvement, soit de le mettre en mouvement.

2 Les interactions changent selon les situations

● En athlétisme, le marteau est constitué d'une boule en fonte reliée à une chaîne munie d'une poignée. L'athlète tient la poignée et tourne sur lui-même de plus en plus vite pour mettre en rotation l'ensemble et ainsi donner de la vitesse (de l'énergie de mouvement) au marteau avant de le lâcher **a**. Dès que le marteau est lâché, il n'est plus en contact avec l'athlète.

● Pendant la phase de lancement, le marteau interagit par contact avec l'athlète, l'atmosphère et à distance avec la Terre **b**. L'action de l'athlète sur le marteau a pour effet d'augmenter la vitesse du marteau et de le faire tourner. L'action de l'air sur le marteau se compose essentiellement d'un frottement qui freine le mouvement du marteau.

● Lorsque le marteau est lâché, l'interaction entre le marteau et l'athlète n'existe plus ; seules demeurent les interactions avec la Terre et avec l'atmosphère **c**. **Les interactions se modifient selon la situation dans laquelle se trouve l'objet.**
L'action de la Terre modifie le mouvement du marteau : celui-ci est attiré vers le sol par son poids. L'action de l'atmosphère est négligeable par rapport à celle de la Terre.

● Le poids tire verticalement le marteau vers le bas : la « direction » du poids est verticale. Cependant le marteau ne descend pas en ligne droite vers le sol. Il a une trajectoire courbe. **La direction du mouvement d'un objet et la direction de l'action qui s'exerce sur lui ne sont pas nécessairement les mêmes.**

a Un lanceur de marteau en phase d'élan.

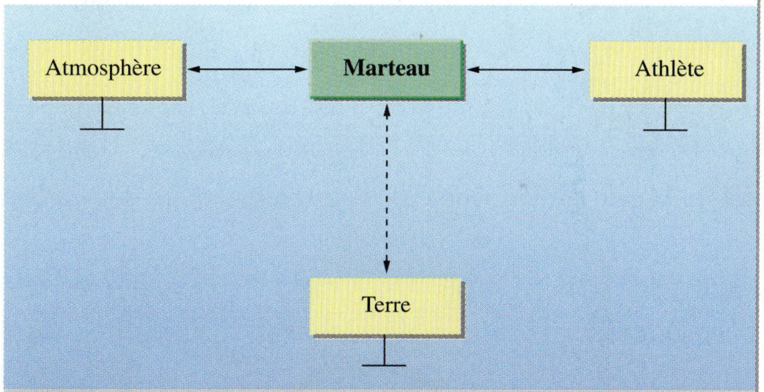

b La schématisation de la situation pendant le lancement.

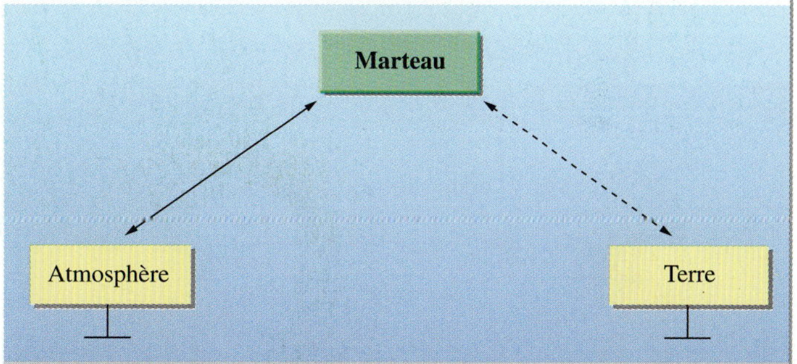

c La schématisation de la situation après la libération du marteau.

Questions

1 Doc. 1 Dans quelles différentes catégories peut-on classer les interactions du gymnaste avec son environnement ?

2 Doc. 1 Un volant de badminton est frappé par une raquette pour être projeté en l'air. Dessinez le diagramme des interactions centré sur le volant. Quels sont les effets des différentes actions subies par le volant ?

3 Doc. 2 Quel est l'objet étudié dans ce document ? Dans quelles catégories peut-on classer les actions subies par cet objet ?

LE SENS DES MOTS

Interaction : action réciproque que deux objets A et B exercent l'un sur l'autre. A agit sur B et B agit sur A.

Activité 2

Les forces

On parle communément de la « force » d'une personne. Nous allons préciser le sens du mot force employé en mécanique.

Comment représenter les actions subies par un objet ?

1 L'étude expérimentale d'une situation

a Ce hamac est suspendu par deux cordes entre deux arbres.

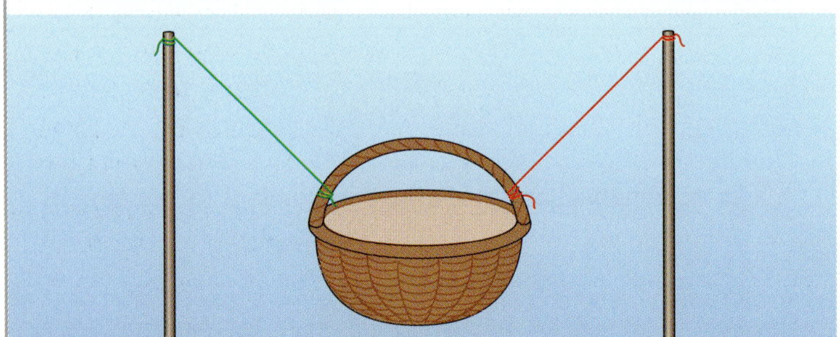

b On remplace le hamac et la personne par un panier.

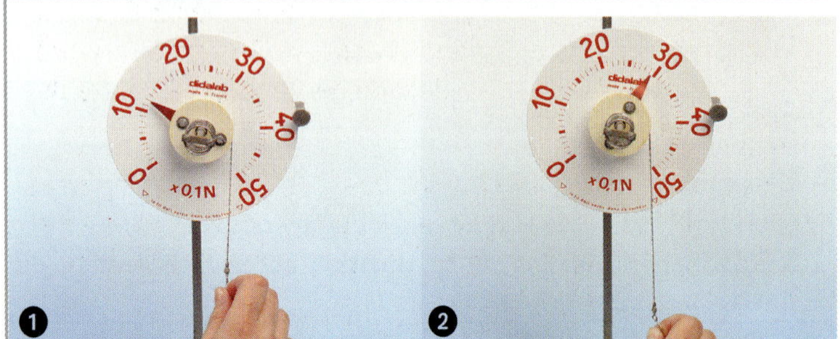

c L'expérimentateur tire plus ou moins fort sur la cordelette.

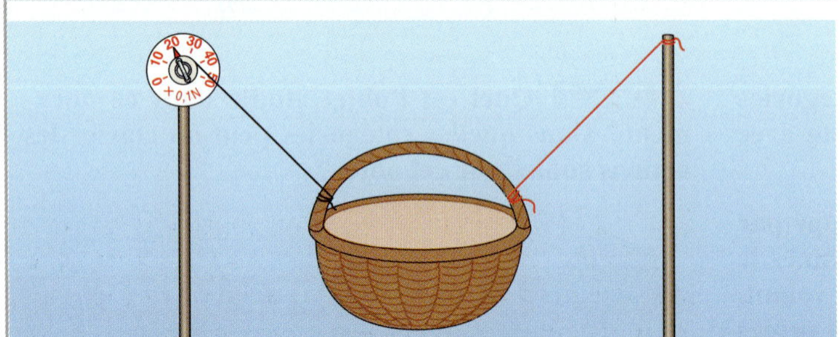

d La cordelette du dynamomètre remplace la corde verte.

Une étude d'un objet suspendu par deux points

a Analysons la situation. L'ensemble constitué par le hamac et la personne subit une action à distance de la Terre qui l'attire et des actions de contact des deux cordes qui le relient aux arbres. Cet ensemble est aussi en contact avec l'air. Nous négligeons cette action pour l'instant.

b On peut, pour mieux étudier la situation, remplacer le hamac et la personne par un panier et les deux arbres par deux supports verticaux. Le panier subit les mêmes types d'actions : action à distance de la Terre et actions de contact des deux cordes (la rouge et la verte).

La valeur d'une action

c L'appareil qu'on appelle dynamomètre comporte un ressort qui se déforme lorsqu'on agit sur lui et qui ramène l'index à zéro lorsque l'action cesse. Il est gradué en **newton** (symbole **N**).
En tirant plus ou moins fort sur la cordelette, l'index de l'appareil tourne plus ou moins et se place en face d'une graduation. Sur le dynamomètre de la photo, il faut multiplier par 0,1 l'indication du curseur. On obtient en tirant légèrement ❶ : $12 \times 0{,}1 = 1{,}2$ N et en tirant plus fortement ❷ : $29{,}5 \times 0{,}1 = 2{,}95$ N.
On peut donc mesurer avec un dynamomètre la **valeur** d'une action mécanique.

d Par sa cordelette, le dynamomètre exerce une action équivalente à la corde verte du document **b** puisque le panier garde la même position. L'indication est de $20 \times 0{,}1 = 2{,}0$ N.

2 Les forces

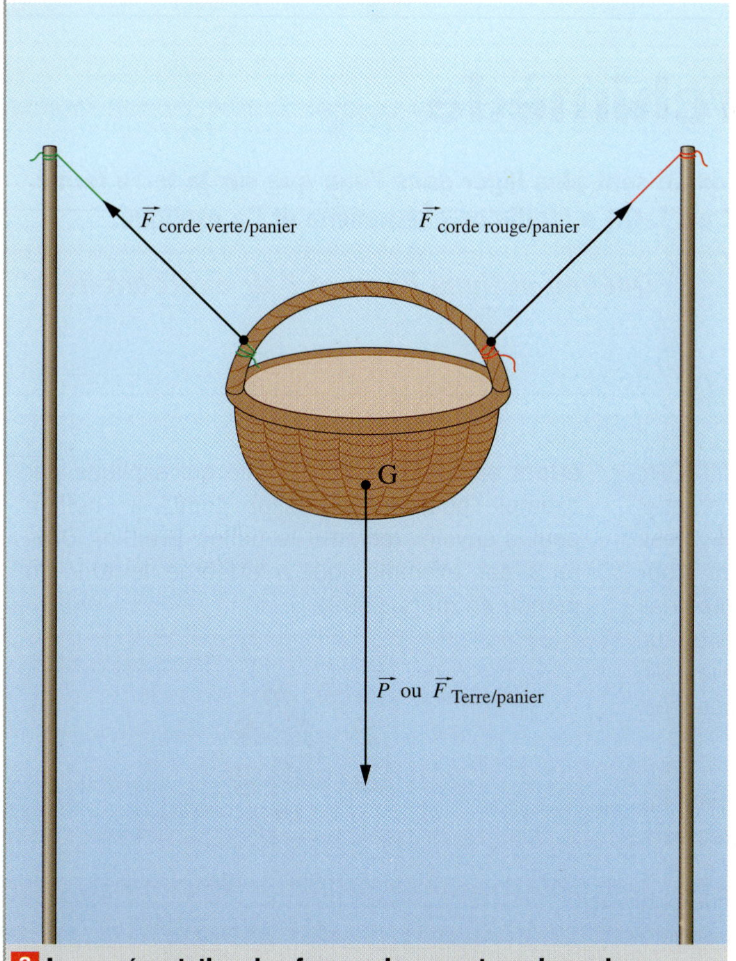

a **La représentation des forces s'exerçant sur le panier.**

Qu'appelle-t-on une force ?

L'action exercée par la corde verte sur le panier a une direction, celle de la corde, un sens : vers le support et une valeur, celle lue sur le dynamomètre.

On appelle « **force** », cette action caractérisée par une **direction**, un **sens** et une **valeur**.

Remarque : une action comme celle d'une main faisant tourner un tournevis (activité 1) n'est pas représentable par une force car cette action n'a pas de direction.

Le symbole d'une force

On note la force exercée par la corde verte sur le panier de la façon suivante :

$$\vec{F}_{\text{corde verte/panier}}$$

avec la lettre **F** comme « Force », et l'indice « corde verte/panier » qui indique que la corde verte agit sur le panier.

L'action de la corde rouge est notée $\vec{F}_{\text{corde rouge/panier}}$. L'action de la Terre sur le panier pourrait se noter $\vec{F}_{\text{Terre/panier}}$ mais il est plus simple d'écrire $\vec{P}$, le poids du panier. Le poids est une force. L'action de l'atmosphère sur le panier s'écrit $\vec{F}_{\text{atmosphère/panier}}$.

D'une manière générale le symbole d'une force est $\vec{F}_{\text{auteur/receveur}}$.

La représentation d'une force

Une force se représente par un **segment fléché** **a**

Pour déterminer le point de départ du segment, on recherche l'endroit où s'exerce l'action sur l'objet. Par exemple, l'action de la corde verte sur le panier s'exerce au point d'attache de la corde sur l'anse du panier. Si cette zone de contact est petite, on peut la confondre avec un point. On parle de **point d'application** d'une force. Le poids du panier est une force verticale, orientée vers le bas, de valeur mesurable. Chaque morceau du panier possède un poids. Où appliquer le segment fléché ? Nous admettrons qu'il peut se dessiner à partir d'un point particulier **G** à l'intérieur du panier, appelé **centre de gravité**.

Remarque : Il est aussi possible de tracer des segments fléchés dont la longueur est proportionnelle à la valeur des forces. Ici par exemple, 2 N pour chacune des forces exercées par les cordes et 3 N pour le poids.

Questions

1 **Doc. 1** **Quels sont les types et les origines des actions subies par l'ensemble hamac-personne ?**

2 **Doc. 1** **Quelle est la valeur de l'action exercée par la corde verte sur le panier ?**

3 **Doc. 2** **Dessinez schématiquement chacun des dynamomètres et sa cordelette photographiés sur le document 1 et représentez les forces exercées par l'expérimentateur en tenant compte de leurs valeurs.**

Activité 3

Le poids et la poussée d'Archimède

À la piscine, vous avez pu remarquer qu'on se sent plus léger dans l'eau que sur la terre ferme. Le savant grec Archimède (v. 287- v. 212 av. J.-C.) a étudié ce phénomène et l'a expliqué.

Quelles actions l'eau et l'air exercent-ils ?

1 La poussée d'Archimède

● Si l'on suspend un objet à un dynamomètre, on constate que l'action mesurée par le dynamomètre est plus faible dans l'eau que dans l'air **a**. C'est parce qu'une force, exercée par l'eau, vient s'opposer à l'action du poids de l'objet. Cette force est la **poussée d'Archimède**. Elle se manifeste sur Terre sur tout objet immergé dans un milieu dit fluide comme l'eau. C'est grâce à cette poussée qu'un bateau peut flotter par exemple.

● La poussée exercée par l'eau sur l'objet peut se représenter par une force verticale et orientée vers le haut. Elle a donc la même direction mais un sens opposé à celui du poids. Nous admettrons que son point d'application est un point de l'objet appelé centre de poussée.
On peut dire, dans un langage imagé, que **la valeur de la poussée d'Archimède est égale au poids du fluide que l'objet a remplacé lorsqu'il a été immergé.** Elle dépend donc du lieu et de la masse du fluide remplacé par l'objet.

Exemple : un objet dont le volume vaut 1 litre est immergé dans l'eau. Il subit une poussée d'Archimède égale au poids d'un litre d'eau. Un litre d'eau a une masse de 1 kilogramme et, en France, le poids du litre d'eau vaut [1 (kg) × 9,81 (N/kg)] soit 9,81 N. La valeur de la poussée d'Archimède est donc égale à 9,81 N.

● L'air est également un fluide et exerce aussi une poussée d'Archimède sur tous les objets. Un litre d'air a une masse de 1,3 g et, pour un objet de volume 1 L immergé dans l'air par exemple, la valeur de la poussée d'Archimède est de [0,0013 (kg) × 9,81 (N/kg)] soit 0,013 N. La poussée d'Archimède dans l'air est donc 755 fois plus faible que la poussée d'Archimède dans l'eau. La poussée d'Archimède dans l'air a cependant des effets observables. C'est elle qui explique par exemple pourquoi un ballon gonflé à l'hélium peut s'envoler (comme le ballon Breitling Orbiter 3 par exemple, qui a effectué le tour du monde en mars 1999).

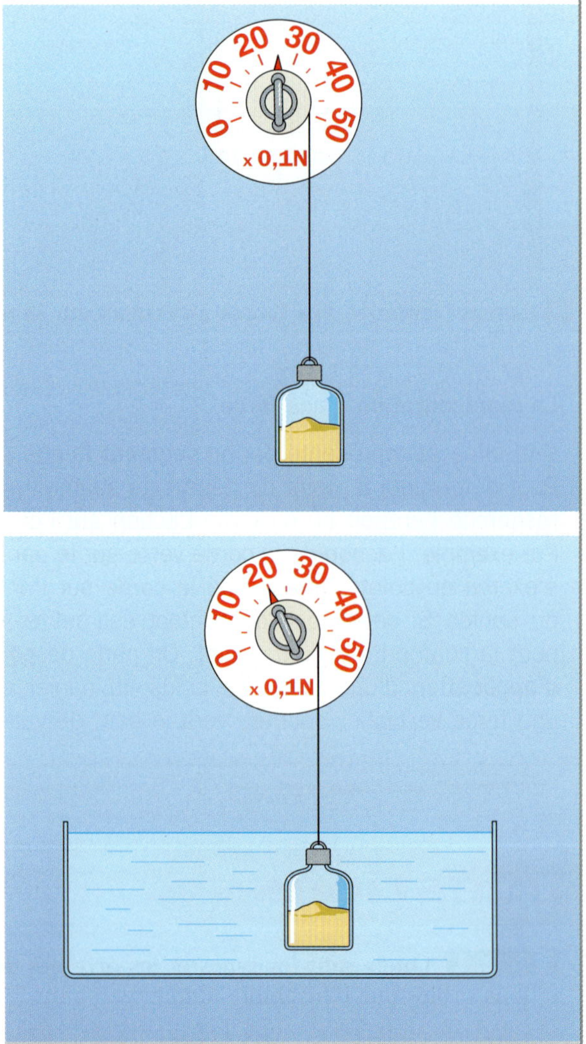

a **La valeur de la force exercée sur le dynamomètre est plus faible quand l'objet est dans l'eau.**

2 Mesurer la masse et le poids d'un objet dans l'air

a Le poids d'un objet représente l'action de la Terre sur cet objet. Mais les objets sont généralement dans l'air ; ils subissent donc aussi la poussée d'Archimède. Si l'on suspend un objet à un dynamomètre, l'indication donne le poids de l'objet diminué de la valeur de la poussée d'Archimède sur cet objet. Si la poussée d'Archimède est faible devant le poids, le dynamomètre indiquera une valeur proche du poids de l'objet. C'est le cas lorsque l'objet a une masse beaucoup plus grande que la masse de l'air qu'il remplace : on dit alors que l'objet est beaucoup **plus dense que l'air**.

b À notre époque, la masse d'un objet est presque toujours mesurée avec une balance électronique. Les balances électroniques sont sensibles à l'action que l'objet exerce sur leur plateau. Cette action est égale au poids de l'objet diminué de la poussée d'Archimède exercée par l'air sur l'objet. Si la poussée est faible devant le poids, l'action de l'objet sur la balance est pratiquement égale au poids. Un calculateur intégré à la balance divise la valeur de la force exercée sur le plateau (proche du poids de l'objet) par l'intensité de la pesanteur. La balance affiche une masse.

c Déterminons la valeur de l'intensité de la pesanteur que la balance électronique utilise pour ses calculs avec une série d'objets beaucoup plus denses que l'air. Pour chacun de ces objets, on note les indications d'un dynamomètre et d'une balance électronique. Les résultats sont rassemblés dans le tableau. En effectuant, pour chaque objet, le rapport des valeurs mesurées par ces deux appareils, on vérifie que le calculateur de la balance utilise une valeur voisine de 9,8 N/kg pour l'intensité de la pesanteur.

POUR MANIPULER

- Suspendre divers objets à un dynamomètre. Noter les indications de l'appareil.
- Placer ces objets sur une balance et noter ses indications.
- Calculer le rapport des deux indications.

a L'indication donnée par un dynamomètre.

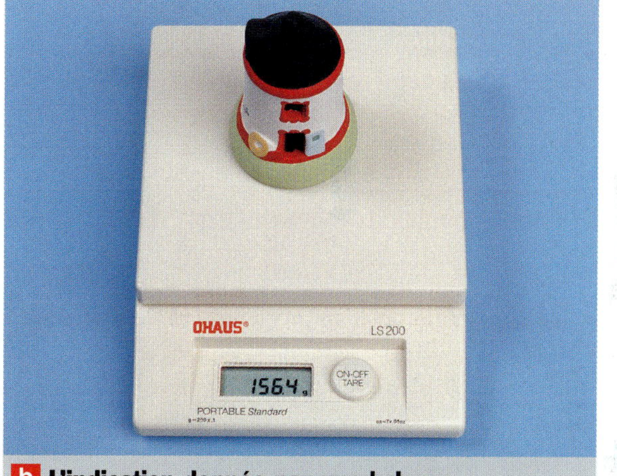

b L'indication donnée par une balance.

c Le tableau des mesures avec le dynamomètre et la balance électronique.

Indication du dynamomètre (N)	0,45	1,10	1,53	1,85
Indication de la balance (kg)	0,046	0,112	0,156	0,189
Rapport des indications	9,8	9,8	9,8	9,8

Questions

1 Doc. 1 Justifiez le terme de « poussée » donné à l'action d'un fluide sur un corps plongé dans ce fluide sur Terre.

2 Doc. 1 Quelle est la masse d'eau que déplacerait un ballon de football dont le volume est 5,6 litres et que l'on immergerait complètement dans un bassin ? Calculez, en newtons, la poussée d'Archimède qui s'exercerait alors sur le ballon.

3 Doc. 2 On suspend un objet à un dynamomètre. Le poids de cet objet est égal à la poussée d'Archimède qui s'exerce sur lui dans l'air. Qu'indique le dynamomètre ?

4 Doc. 2 Dans quel cas peut-on dire qu'un objet est plus dense que l'air ? Pourquoi les balances ne donnent-elles la masse des objets que s'ils sont beaucoup plus denses que l'air ?

Activité 4

L'équilibre d'un objet

Pour vaincre dans un tiré de corde, l'une des deux équipes adverses doit exercer une action plus importante que l'autre. Si les deux équipes sont de « forces » égales, la corde ne se déplace pas. On peut dire qu'elle est « en équilibre ».

À quelles conditions un objet peut-il être en équilibre ?

1 Les conditions de l'équilibre

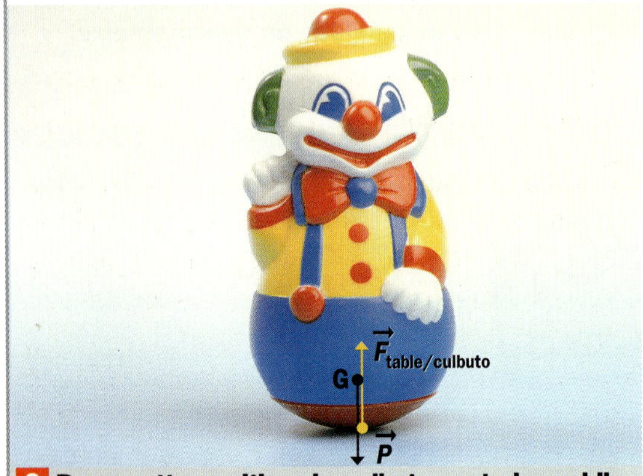

a Dans cette position, le culbuto reste immobile.

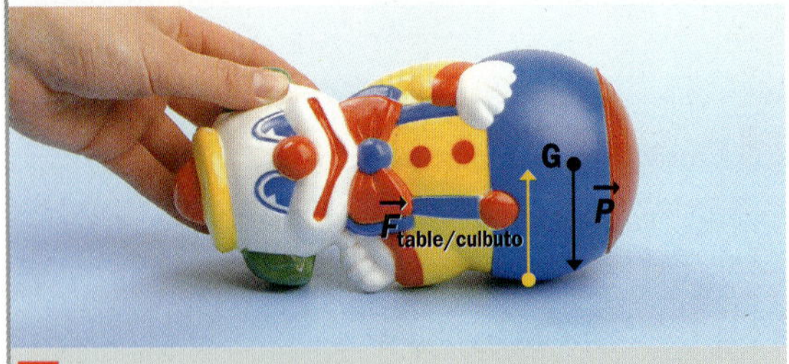

b Couché, le culbuto se redresse dès qu'on le lâche.

Ce jouet culbuto a est soumis à l'action de la table, de l'air et à celle de la Terre. Le poids P du culbuto est très grand devant la poussée d'Archimède due à l'air. Nous ne tiendrons pas compte de celle-ci. Le point d'application du poids est le centre de gravité G du culbuto. Il n'est pas au centre du jouet mais dans la partie la plus lourde de celui-ci. L'action de la table sur le culbuto est une force $\vec{F}_{table/culbuto}$ qui s'applique au centre de la petite zone de contact entre le culbuto et la table.
Quand le culbuto est en équilibre, c'est-à-dire immobile a, on perçoit intuitivement que **la valeur du poids *P*** doit être **égale à la valeur de la force exercée par la table**. Ces deux forces doivent être toutes deux verticales et de sens opposés pour pouvoir se compenser. Si on éloigne le culbuto de sa position d'immobilité b, les deux forces restent verticales, de sens opposés et de même valeur mais le culbuto se redresse dès qu'on le lâche. Pour que le culbuto soit en équilibre, il faut en plus que **les deux forces** soient sur la même ligne, c'est-à-dire **colinéaires.**

Pour qu'un objet soumis à deux forces soit en équilibre, il faut que ces deux forces soient colinéaires, de sens opposés et de même valeur.

Une boule dont une partie est plus lourde que l'autre peut se trouver de deux façons dans une situation d'équilibre c d.
Dans la situation c, si on l'écarte légèrement de sa position, elle revient dans sa position d'équilibre ; on dit qu'elle est en **équilibre stable**. Dans le cas d, écartée de sa position d'équilibre, elle n'y revient pas ; on dit qu'elle est en **équilibre instable.** Dans le cas e, la boule est homogène et son centre de gravité est confondu avec son centre. Elle tient en équilibre en toute position ; on dit qu'elle est en **équilibre « indifférent ».**

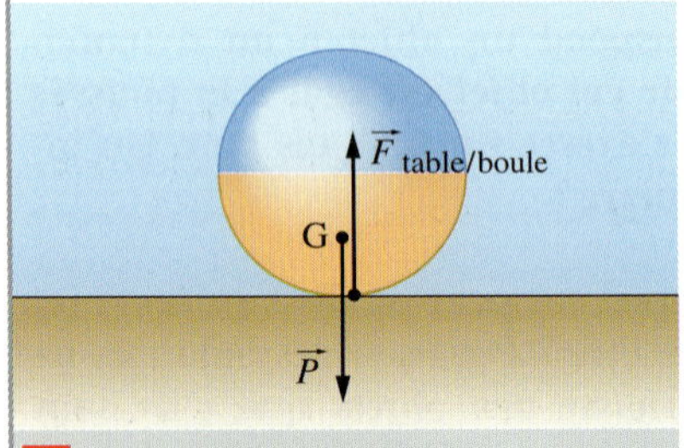

c Un équilibre stable.

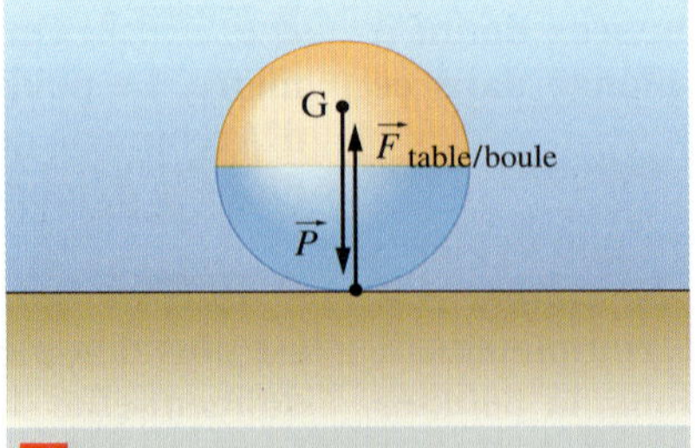

d Un équilibre instable.

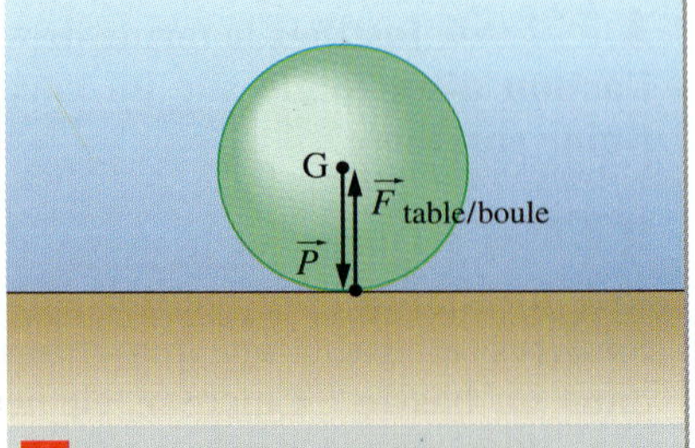

e Un équilibre indifférent.

2 Deux cas de rupture d'équilibre

a Un enfant tient par une ficelle un ballon gonflé à l'hélium 1 puis le lâche 2.

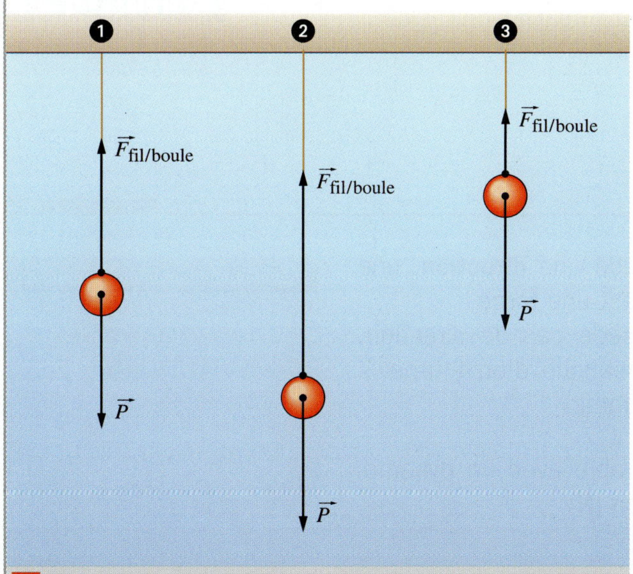

b Une boule attachée à un fil élastique est immobile en 1. En 2, on a tiré la boule vers le bas et on l'a lâchée. En 3, on a lâché la boule d'une position au-dessus de sa position d'équilibre.

a L'ensemble constitué par le ballon et la ficelle subit les actions de la Terre, de l'air et de la main de l'enfant tant qu'il ne lâche pas la ficelle. Ces actions sont des forces verticales. La poussée d'Archimède exercée par l'air sur le ballon est orientée vers le haut, le poids et l'action de la main sont orientées vers le bas. Quand le ballon est en équilibre 1, on peut considérer que les deux forces orientées vers le bas compensent la poussée d'Archimède.
Si le ballon est lâché 2, la poussée d'Archimède a une valeur plus grande que le poids car l'hélium est un gaz plus léger que l'air. Le ballon se met en mouvement. Il n'est plus en équilibre. **Quand les forces colinéaires ne se compensent plus, l'équilibre cesse**.

b Une boule suspendue à un fil élastique est soumise à deux forces : son poids et la force exercée par l'élastique $\vec{F}_{fil/boule}$. On néglige la poussée d'Archimède, qui est très faible par rapport aux autres forces présentes.
Dans la situation 1, le poids compense la force exercée par l'élastique. La boule est en équilibre. Dans la situation 2, la force exercée par l'élastique est plus forte parce que celui-ci est plus étiré. Les deux forces ne se compensent plus : la boule part vers le haut. Dans la situation 3, le poids est plus fort que la force exercée par l'élastique : la boule part vers le bas.

Dans la situation 2, lorsque la boule remonte, elle passe momentanément par la position qu'elle avait en 1. Dans cette position, le poids et la force exercée par l'élastique se compensent. Cependant, la boule ne s'y immobilise pas. Elle continue son mouvement. **Pour qu'un objet soit en équilibre, immobile, il faut que les forces colinéaires appliquées se compensent et que l'objet ait une vitesse nulle.**

Questions

1 **Doc. 1** Deux forces de sens opposés et de même valeur permettent-elles d'assurer l'équilibre d'un corps ?

2 **Doc. 1** Existe-t-il différents types d'équilibres ?

3 **Doc. 2** Reproduisez schématiquement les dessins **a** et représentez sur chacun les forces exercées sur l'ensemble constitué par le ballon et la ficelle. Le centre de gravité et le centre de poussée seront situés au centre du ballon.

4 **Doc. 2** Expliquez ce qui se passe dans la situation 3 du document **b** après qu'on a lâché la boule qui a été remontée au-dessus de la position 1. Aidez-vous de la description de la situation 2.

L'essentiel

1 Un objet et son environnement

Activité 1

● On utilise le mot **objet**, en mécanique, pour désigner tout ce qui exerce ou subit une **action**.

● Quand deux objets A et B interagissent, l'**interaction** se compose de deux actions : l'action de A sur B et l'action de B sur A. Par exemple, le gymnaste exerce une action sur le trampoline et le trampoline exerce une action sur le gymnaste.
Deux objets peuvent interagir par contact (le gymnaste et le trampoline) ou à distance (le gymnaste et la Terre).

● Chaque action se caractérise par l'**effet** observé sur l'objet : la déformation de l'objet, la mise en mouvement de l'objet ou la modification de son mouvement : le gymnaste déforme le trampoline, le trampoline ralentit le mouvement du gymnaste. Il arrive que la déformation d'un objet ne soit pas visible à l'œil nu : par exemple, si on suspend quelque chose à un crochet, on ne voit pas la déformation du crochet.

Exercices : 1 à 6

2 Les forces

Activité 2

● Une action mécanique qui possède une **direction**, une orientation (un **sens**) et une **valeur** est une **force**.
Une action mécanique qui ne possède pas de direction, comme l'action du poignet sur le manche d'un tournevis pour le faire tourner, n'est pas une force.

● La valeur d'une force est mesurable avec un dynamomètre. L'unité de force est le **newton** (**N**).

● Une force peut se symboliser par :

$$\vec{F}_{\text{auteur/receveur}}$$

et être représentée par un segment fléché.

● On peut définir simplement un **point d'application** quand il s'agit d'une force de contact s'exerçant sur une zone de faible surface, comme le point d'attache d'une ficelle par exemple. Pour les autres forces, la détermination d'un point d'application est plus difficile. Le poids d'un objet, par exemple, s'exerce en tous les points de l'objet. On retiendra que le poids d'un corps s'applique au centre de gravité G du corps.

Exercices : 7 à 11, 17 à 19

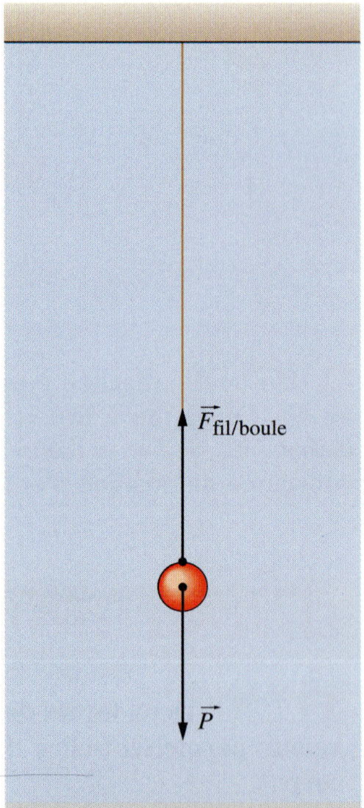

La représentation des forces qui s'exercent sur une boule accrochée à un fil.

3 Le poids et la poussée d'Archimède — Activité 3

- La **poussée d'Archimède** est la force exercée par un fluide (air, eau, etc.) sur un objet. Elle est verticale et orientée vers le haut. La valeur de la poussée est égale au poids du fluide que remplace l'objet. Elle dépend de la masse de fluide déplacé et de l'intensité de la pesanteur du lieu.

- L'interaction entre un objet et l'atmosphère existe toujours sur Terre, sauf si on place l'objet sous vide. Quand on suspend un objet solide à un dynamomètre dans l'air, le dynamomètre donne la valeur du poids de l'objet si la poussée d'Archimède est très petite par rapport au poids. C'est le cas pour la plupart des objets qui nous entourent.

Exercices : 12, 15, 16, 18, 19, 23, 24, 27

4 L'équilibre d'un objet — Activité 4

- Un objet soumis à deux (ou des) forces de directions parallèles est en équilibre si :
– les forces sont **colinéaires** ;
– les forces **se compensent** entre elles ;
– la **vitesse** de l'objet est **nulle**.
L'**équilibre** est **stable** si, écarté de sa position d'équilibre, l'objet y revient.

- Quand deux (ou des) forces colinéaires ne se compensent plus, l'objet se met en mouvement.

Exercices : 13, 14, 20 à 22, 25 à 27

Je dois être capable de...

- **Identifier les interactions auxquelles participe un objet.**
- **Distinguer les effets d'une action sur un objet.**
- **Identifier une force et la représenter par un segment fléché.**
- **Mesurer la valeur d'une force avec un dynamomètre.**
- **Utiliser la condition d'équilibre pour un objet soumis à deux forces colinéaires.**

Exercices

JE TRAVAILLE SEUL

RÉPONSES P. 250

Des interactions

1 On s'intéresse aux interactions auxquelles un coureur participe. Recopiez et complétez le diagramme ci-dessous.

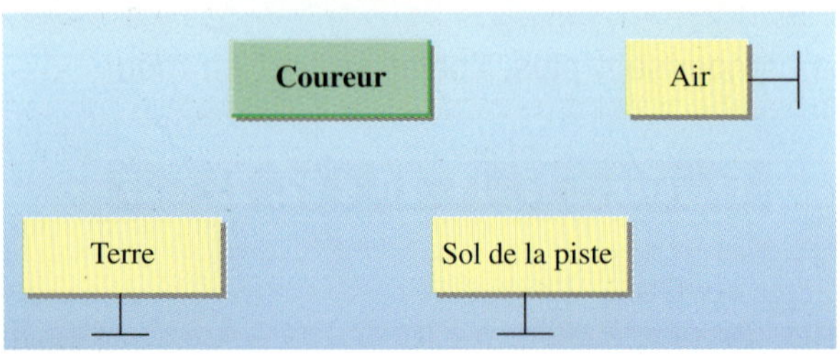

2 On considère un homme qui, afin de se muscler, étire un extenseur en tenant une poignée dans chaque main. Construisez le diagramme des interactions de l'extenseur avec son environnement à ce moment.

3 **Les actions subies par un objet**

Un fil est attaché à un crochet fixé dans un mur. Mathilde tire sur la ficelle et la tend. On s'intéresse à la ficelle et on ne considérera pas son poids ni l'action de l'air. Quelles sont les actions subies par la ficelle ?

Les effets d'une action

4 On considère un parachutiste en descente, soutenu par un parachute ouvert. Ce parachutiste interagit avec le parachute, l'atmosphère et la Terre. Quel est l'effet de l'action du parachute sur le parachutiste ? Quel est l'effet du poids du parachutiste ?

5 Un homme effectue un saut à l'élastique. Il vient de sauter et n'a pas encore atteint le point le plus bas.

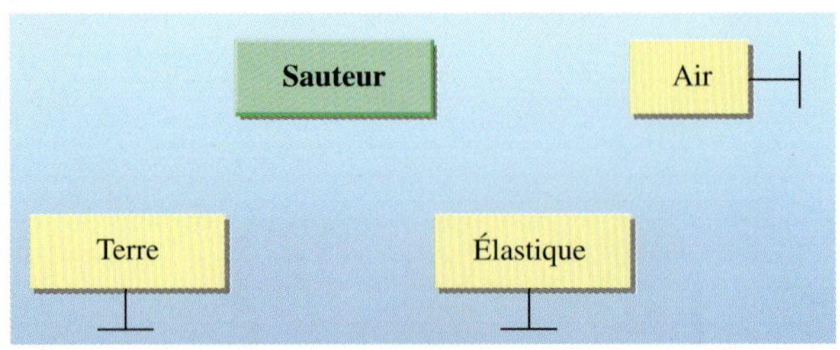

1. Recopiez et complétez le diagramme.
2. L'interaction entre le sauteur et l'élastique se compose de deux actions. Lesquelles ? Décrivez l'effet de chacune d'elle.

6 Une araignée descend lentement vers le sol au bout de son fil de soie. Décrivez l'effet de l'action de l'araignée sur le fil et l'effet de l'action du fil sur l'araignée.

7 **Des forces**

Parmi les actions décrites ci-après, indiquez quelles sont celles qui sont des forces.

a. L'action de la main qui tourne une poignée de porte.
b. L'action d'un aimant sur une boîte en acier.
c. L'action d'un pouce qui enfonce une punaise.
d. L'action d'un marteau sur un clou.
e. L'action de la main pour dévisser un boulon.
f. L'action d'un poignet tordant un torchon mouillé.

La représentation d'une force

8 Une boule décorative de Noël est suspendue à une branche de sapin par l'intermédiaire d'un fil. Construire le diagramme des interactions autour de la boule. Montrez que chaque action subie par la boule est une force (en indiquant la direction et le sens). Désignez chaque force par le symbole $\vec{F}_{\text{auteur/receveur}}$. Dessinez la boule et le fil et représentez ces forces par des segments fléchés. Le centre de poussée de l'air sera pris au centre de la boule.

9 Une boule en acier immergée dans l'eau repose sur le fond d'un seau. Quelles sont les actions subies par la boule? Construire le diagramme des interactions autour d'elle. Montrez que les actions subies par la boule sont des forces. Désignez chaque force par le symbole $\vec{F}_{\text{auteur/receveur}}$.

10 Arthur tire sur un chariot à l'aide d'une ficelle. Reproduisez schématiquement le dessin et représentez avec un segment fléché la force exercée par la ficelle sur le chariot.

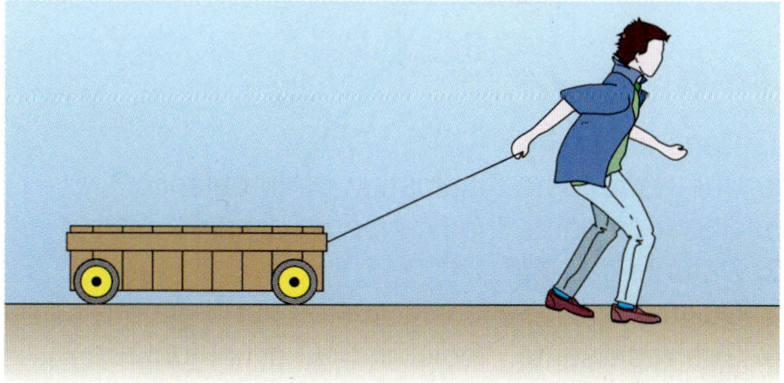

11 Siméon retient un cerf-volant par sa ficelle. Représentez par un segment fléché la force exercée par la ficelle sur sa main.

12 La mesure du poids

Des objets sont suspendus successivement à un dynamomètre gradué en millinewtons (mN) en un lieu de la Terre. La poussée d'Archimède due à l'air est très petite devant leur poids. On mesure par ailleurs la masse en grammes de chaque objet. Le tableau regroupe toutes les mesures faites. Déterminez l'intensité de la pesanteur en N/kg. En quel lieu le dynamomètre pouvait-il se trouver? (Voir le chapitre 7.)

Poids en mN	4443	2734	1720	816
Masse en g	452	278	175	83

13 L'équilibre d'un lustre

Un lustre est suspendu à l'aide d'un câble à un crochet fixé au plafond d'une pièce. Le lustre et son câble ont une masse de 2,3 kg. Le tout est immobile. Donnez le diagramme des interactions centrées sur cet ensemble. Quelles sont les actions subies par l'ensemble «lustre-câble»? Les actions qu'il subit sont-elles des forces? Si l'on néglige l'action de l'air, quelles sont les forces qui se compensent? Calculez la valeur de chacune d'elles en newtons.

14 La chute freinée

Un homme, se laissant glisser le long d'un mât vertical, freine sa chute à l'aide de ses jambes et de ses bras qui enserrent le mât. Quelles sont les actions subies par cet homme? Montrez que ce sont des forces. En ne tenant pas compte des actions de l'air, comparez la valeur des forces exercées sur l'homme.

J'UTILISE MES CONNAISSANCES

15 ★★ Le pèse-personne

Une personne est montée sur le plateau d'un pèse-personne. Elle s'appuie en même temps sur une canne posée sur le sol. Plus elle s'appuie sur la canne et plus l'indication du pèse-personne diminue.
1. Expliquez pourquoi.
2. Si la canne appuyait sur le plafond de la pièce, en serait-il de même? Justifiez votre réponse.

16 Un inventaire des forces et leurs effets

Une main serrée sur une balle de ping-pong l'immerge dans de l'eau (1). La balle est ensuite libérée (2).

1. Construisez le diagramme des interactions autour de la balle dans les deux cas.
2. Quelles sont les forces subies par la balle quand la main la tient ? Et après que la main l'a lâchée ? Quel est l'effet de la force exercée par l'eau sur la balle ($\vec{F}_{eau/balle}$) ?

17 ★ Qui attire qui ?

Un aimant est suspendu à un dynamomètre. Un bloc de fer, éloigné de l'aimant, est placé sur une balance électronique. On place ensuite le bloc de fer, toujours sur le plateau de la balance, au-dessous de l'aimant. On constate que les indications des deux appareils changent.

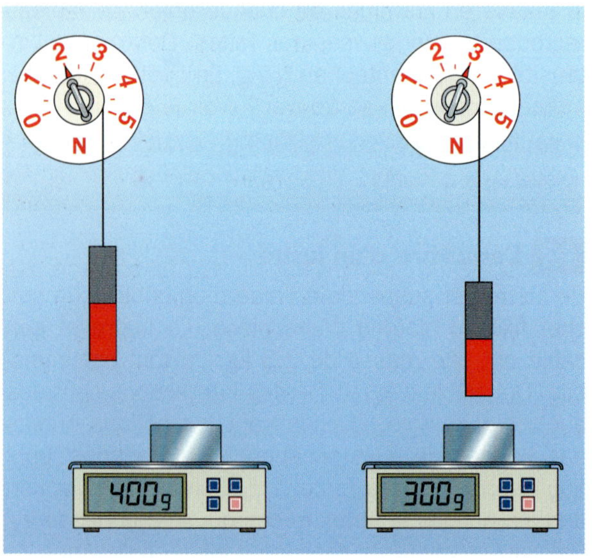

1. Construisez le diagramme d'interaction autour de l'aimant dans le cas où l'aimant est au-dessus du bloc de fer.
2. Quelles sont les forces subies par l'aimant ? On utilisera la notation $\vec{F}_{auteur/receveur}$.
3. Peut-on déduire des indications du dynamomètre la valeur d'une force ? Si oui, laquelle et comment ?
4. Construisez le diagramme d'interaction autour du bloc de fer soumis à l'aimant. Quelles sont les forces subies par le bloc de fer ? On utilisera la notation $\vec{F}_{auteur/receveur}$.
5. Pourquoi la valeur indiquée par la balance a-t-elle diminué ? Que peut-on en déduire ?

18 La balance électronique

Une balance électronique indique 100 grammes pour une tablette de chocolat sur la Terre. La même balance emmenée sur la Lune n'indique plus que 16 grammes sous l'action de la même tablette. À quelle grandeur est sensible cette balance ?

19 ★ Qui pousse qui ?

Un galet est suspendu à un dynamomètre. Il est d'abord dans l'air (cas ❶) puis immergé dans de l'eau (cas ❷). Le dynamomètre indique 20 N puis 15 N. Le récipient contenant l'eau est posé sur une balance électronique. L'indication en grammes de celle-ci change quand on immerge le galet.

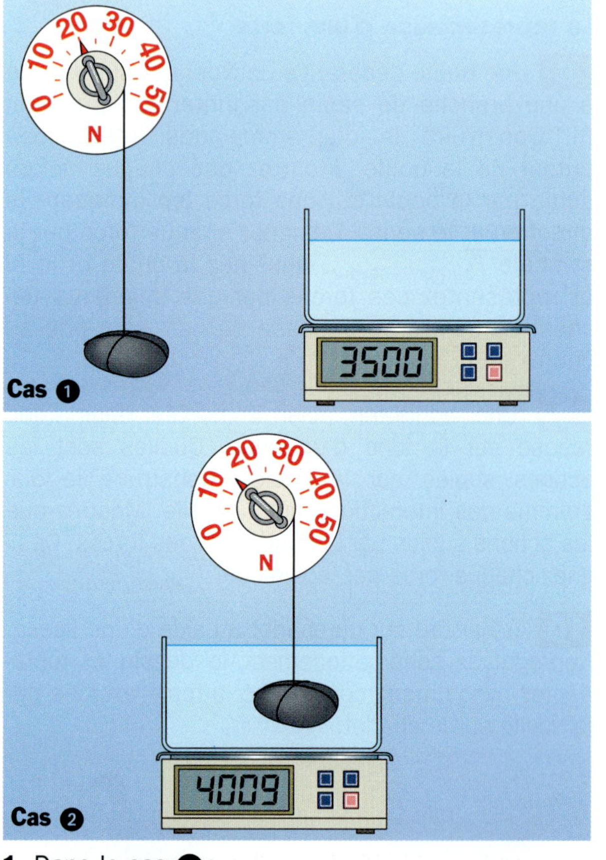

1. Dans le cas ❶ :
a. Que représente l'indication de la balance ?
b. Que représente l'indication du dynamomètre ?
2. Dans le cas ❷ :
a. Quelles sont les forces subies par le galet ?
b. Que représente l'indication du dynamomètre ?
c. Quelle est la valeur de la poussée due à l'eau ?
d. L'indication de la balance a augmenté de 509 grammes. Le poids correspondant à cette masse vaut (0,509 × 9,81) N soit 5 N. Comparez cette valeur avec l'action de l'eau sur le galet.
e. Pourquoi la balance a-t-elle changé d'indication quand le galet a été immergé ?

Une série d'équilibres

20 Un livre est posé sur une table. Si l'on excepte l'action de l'air, quelles sont les forces agissant sur le livre ? Quelle relation existe-t-il entre leurs valeurs ? Où se trouve le point d'application de chacune des forces ? Représentez chacune d'elle par un segment fléché.

21 Un cerceau est suspendu immobile à une potence. Le cerceau a une masse de 150 grammes.

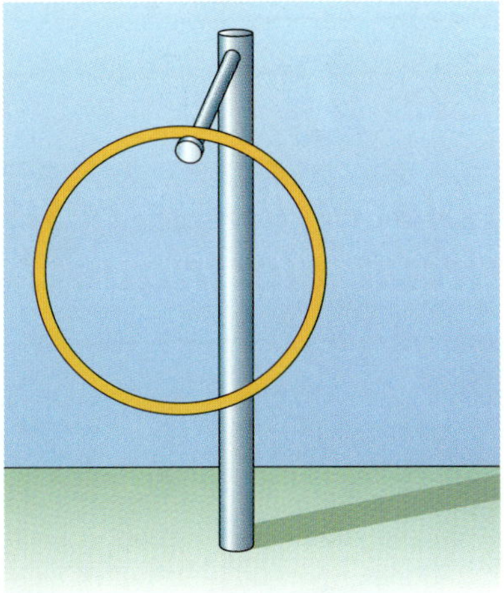

1. On omettra l'action de l'air. Quelles sont les forces subies par le cerceau ? Donnez toutes leurs caractéristiques.
2. Représentez chacune de ces forces par des segments fléchés. (Le centre de gravité d'un cercle est au centre du cercle.)
3. Le cerceau est-il en équilibre stable ? Justifiez.

22 Un singe est suspendu à une branche à l'aide de ses quatre pattes. Le singe a une masse de 25 kg. Quelle est la valeur du poids du singe et de l'action exercée par la branche sur le singe, si l'on ne tient pas compte de l'action de l'air ?

L'action de l'eau

23 Quelle est la valeur de la force qu'il faut-il exercer pour tenir immergé dans l'eau un ballon de football dont la masse est 450 g et le volume 5,6 L ?

24 Une pierre tenue par une main est immergée dans un bassin rempli d'eau. On lâche la pierre. Celle-ci descend avec un mouvement accéléré avant de heurter le fond du bassin et de s'immobiliser.
1. Quelles sont les forces qui s'opposent au mouvement de chute de la pierre ?
2. Quand la pierre est immobilisée au fond, quelles sont les forces subies par la pierre ? Indiquez le sens de chacune d'elle. Donnez une relation entre leurs valeurs.

25 Un équilibre

Un gymnaste est en équilibre au bout de ses bras tendus au-dessus d'une barre fixe. S'agit-il d'un équilibre stable, instable ou indifférent ? Pourquoi ?

26 Un parachute en mouvement uniforme

Un parachute soutient un container de masse 150 kg, qui descend verticalement à une vitesse constante de 2,7 m/s. Dans le cas d'un mouvement uniforme, les forces exercées sur le container se compensent.
1. Faites l'inventaire des forces exercées sur le container.
2. En négligeant les actions de l'air devant les autres forces appliquées au container, donnez la valeur de la force exercée par le parachute sur le container.

27 ★★ Le Tour du Monde en ballon

Le ballon « Breitling Orbiter 3 », qui a effectué le tour du monde en mars 1999 avec à son bord Bertrand Piccard et Brian Jones, pèse 8400 kg. Il est du type Rozier, une combinaison entre un ballon à air chaud et un ballon à gaz. Le ballon est rempli d'un gaz, l'hélium, qui est plus léger que l'air. Le volume total de la poche d'hélium est de 18 500 m^3, mais elle n'est remplie qu'à 47 % de sa capacité. Le ballon mesure 55 mètres de haut.
Lors de l'ascension, la diminution de la pression atmosphérique et la chaleur du Soleil permettent à l'hélium d'augmenter de volume et par conséquent au ballon de prendre plus d'altitude (1). Si l'effet de dilatation est trop fort, il est alors nécessaire de libérer de l'hélium pour freiner l'ascension et éviter l'explosion du ballon. La nuit venue, la baisse de température provoque la contraction de l'hélium et la perte d'altitude (2). La mise en marche des brûleurs au propane permet alors de réchauffer l'hélium et ainsi de stabiliser l'altitude du ballon (3). Le ballon évolue, en croisière, à environ 11 km d'altitude.

(Source : Site Internet www.breitling-orbiter.ch)

1. Quelle est la valeur de la poussée d'Archimède nécessaire pour permettre le décollage de ce ballon ?
2. Le poids d'un litre d'air est 0,013 N. Quelle est la poussée d'Archimède disponible au décollage avec le ballon d'hélium ? Est-elle suffisante ?
3. Relisez la phrase (1) et expliquez pourquoi la poussée d'Archimède croît lors de l'ascension du ballon.
4. Relisez les phrases (2) et (3). Expliquez le rôle des brûleurs à propane.
5. Que peut-on dire des forces qui s'exercent sur le ballon lorsqu'il est à son altitude de croisière ?
6. L'enveloppe du ballon a tendance à se recouvrir de givre la nuit. On met alors en marche les brûleurs au propane. On peut dire que le givrage et l'utilisation des brûleurs alourdit le ballon. Pourquoi ?
7. Le ballon se propulse-t-il lui-même ? Si la réponse est non, comment peut-il réaliser le tour du monde ?

CHAPITRE

9 La résistance électrique

Les diodes électroluminescentes (D.E.L.), que vous connaissez déjà, peuvent être détruites si un courant d'intensité trop élevée les traverse. Dans un circuit, on les protège par des dipôles appelés « résistances ». Les « résistances » sont utilisées dans les circuits électroniques et les appareils de chauffage.

Activité 1

Pourquoi placer une « résistance » dans un circuit électrique ?

Ce circuit électronique comporte plusieurs « résistances » repérables par leurs anneaux colorés.

Activité 2

Quelle relation existe-t-il pour une « résistance » entre l'intensité et la tension ?

Le physicien Georg Simon Ohm (1789-1854) a étudié les relations entre intensité et tension dans un circuit électrique.

Activité 3

Comment représenter la relation entre l'intensité et la tension pour une « résistance » ?

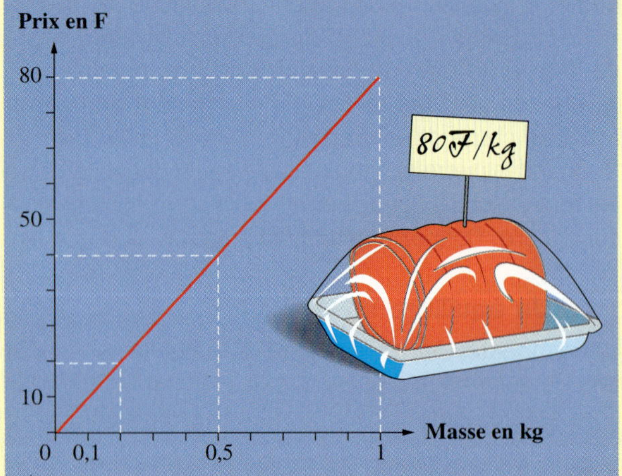

On peut représenter la relation existant entre deux grandeurs par un graphique.

Activité 4

La relation liant la tension et l'intensité est-elle simple pour les lampes et les D.E.L. ?

Les lampes et les D.E.L. sont utilisées dans de nombreux circuits électroniques (ici le tableau de bord d'un avion).

Activité 5

Quels sont les moyens de connaître la valeur d'une résistance ?

Les « résistances » ne sont pas toujours aussi bien étiquetées !

Activité 6

De quoi dépend la résistance des matériaux ?

Des bobines de fil de cuivre. Le cuivre est très utilisé pour transporter le courant électrique en raison de sa très faible résistance électrique aux températures ordinaires.

Activité 1

Le rôle d'une « résistance » dans un circuit électrique

En classe de Quatrième, vous avez vu que les valeurs de l'intensité et des tensions dans un circuit série dépendent des dipôles qui composent ce circuit. Nous allons voir maintenant comment évoluent intensité et tension lorsque l'on utilise une « résistance ».

Pourquoi placer une « résistance » dans un circuit électrique ?

1 Comment placer une « résistance » dans un circuit série

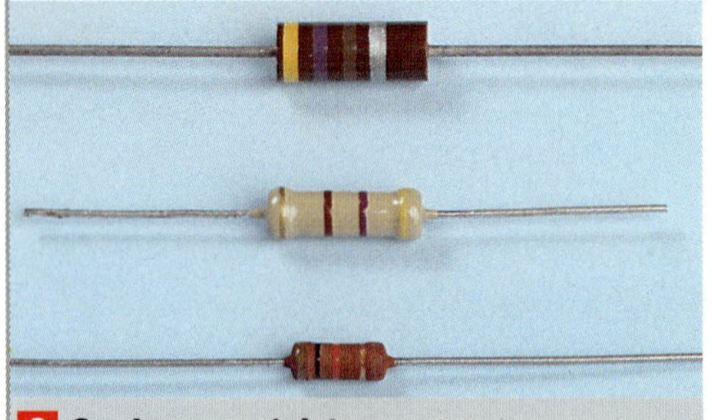

a **Quelques « résistances ».**

● On désigne par le même mot « résistance » un dipôle et la grandeur électrique qui le caractérise : sa **résistance** désignée par la lettre ***R*** **a** **b**. L'unité de résistance est l'**ohm** de symbole Ω. Ce nom vient du physicien Georg Simon Ohm (1789-1854). On utilise aussi des multiples comme le kilohm (1 kΩ = 10^3 Ω) ou le mégohm (1 MΩ = 10^6 Ω).

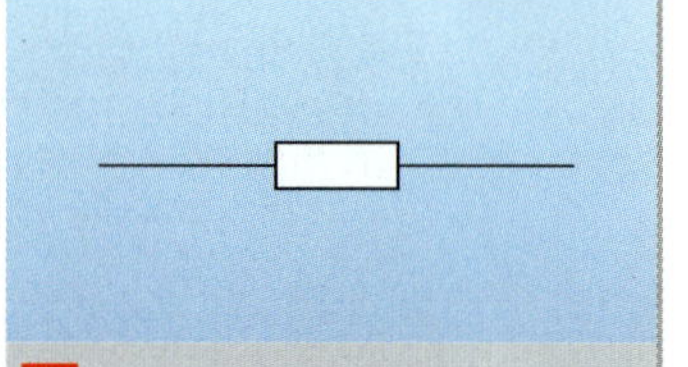

b **Le symbole d'une « résistance ».**

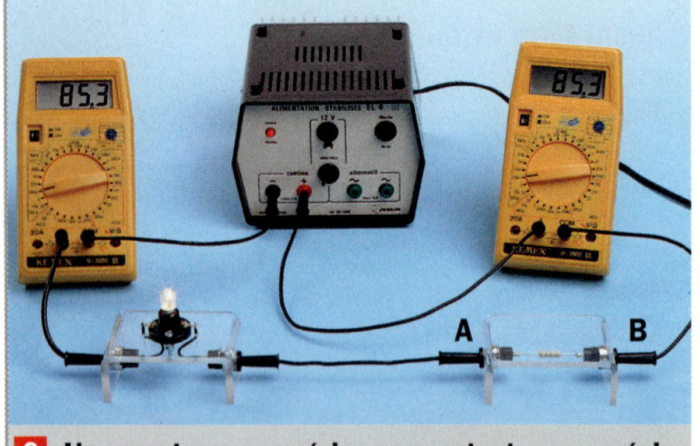

c **Un montage en série comportant une « résistance » de 10 Ω.**

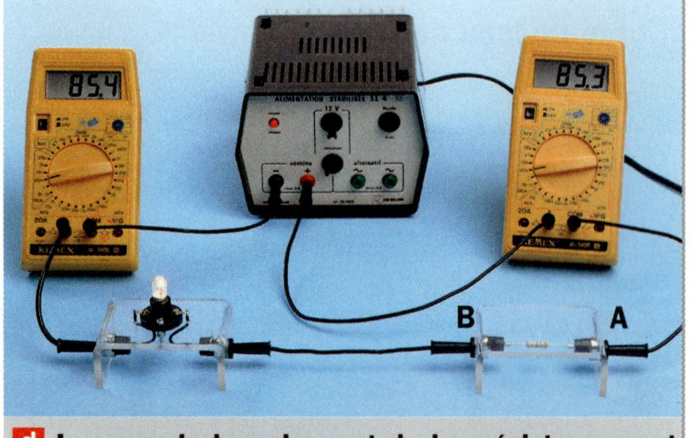

d **Le sens de branchement de la « résistance » est inversé.**

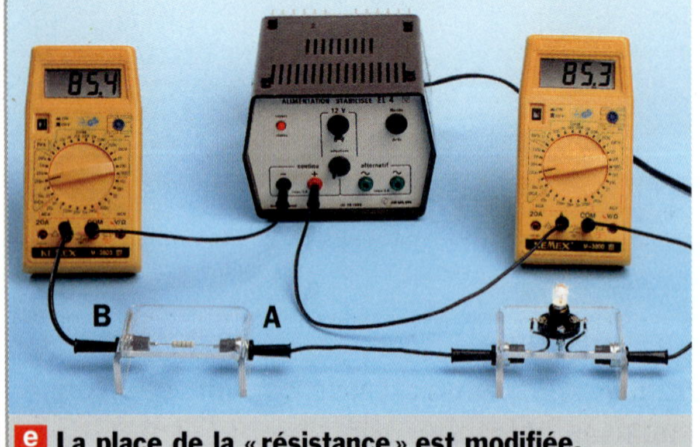

e **La place de la « résistance » est modifiée.**

● Dans les circuits **c** et **d**, on lit sur les deux ampèremètres : I = 85,3 mA ou I = 85,4 mA. L'intensité est la même en tous les points des deux circuits (le dernier chiffre peut varier d'une unité). **Le sens de branchement d'une « résistance » n'a aucune influence sur l'intensité du courant.**

● Dans le circuit **e**, les ampèremètres indiquent également I = 85,3 mA ou I = 85,4 mA. La lampe brille de la même façon que dans les deux montages précédents. **Si on change de place la « résistance » dans un circuit série, l'intensité du courant n'est pas modifiée.**

2 L'influence d'une « résistance »

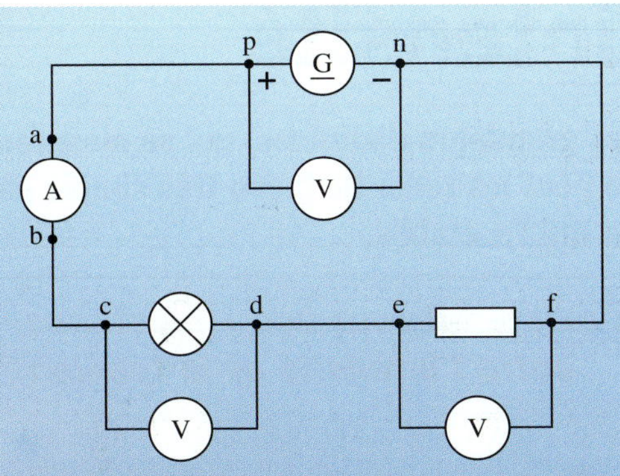

a **On mesure la tension aux bornes de chaque dipôle et l'intensité du courant dans le circuit.**

a Les mesures sont effectuées successivement avec une « résistance » de 10 Ω, une « résistance » de 47 Ω, puis sans « résistance ».
La tension aux bornes des fils de connexion est nulle.

b Lorsque l'on augmente la valeur de la résistance, on constate que :
– l'intensité du courant dans le circuit diminue ;
– la tension aux bornes de la « résistance » (U_{ef}) augmente ;
– la tension aux bornes de la lampe (U_{cd}) diminue ;
– la tension aux bornes du générateur (U_{pn}) ne change pas ;
– la somme des tensions aux bornes de la lampe, de la « résistance » et de l'ampèremètre est égale à la tension aux bornes du générateur.

Une « résistance » est un dipôle plus ou moins bon conducteur. Lorsque la résistance de ce dipôle augmente, l'intensité du courant dans le circuit diminue. On peut dire que **la « résistance » gêne le passage du courant électrique** : elle **« résiste ».**

POUR MANIPULER

- Réaliser le montage **a**, d'abord sans « résistance », puis avec différentes « résistances ».
- Noter, pour chaque valeur de la résistance, les valeurs indiquées par les appareils de mesure avec l'unité correspondante.

b **Les mesures de l'intensité du courant et des tensions aux bornes de chaque dipôle selon la résistance utilisée.**

	I	U_{ab} (ampèremètre)	U_{cd} (lampe)	U_{ef} (résistance)	U_{pn} (générateur)
Avec la « résistance » de 47 Ω	66,6 mA	0,10 V	2,99 V	3,05 V	6,14 V
Avec la « résistance » de 10 Ω	90,4 mA	0,11 V	5,14 V	0,89 V	6,14 V
Sans « résistance » (0 Ω)	98,8 mA	0,12 V	6,02 V	0,00 V	6,14 V

Questions

1 Doc. 1 **Que peut désigner le même mot : « résistance » ? Qu'est-ce que l'ohm ?**

2 Doc. 1 **Peut-on modifier le sens du courant et la valeur de l'intensité dans un circuit en inversant le sens de branchement d'une « résistance » ? La place d'une « résistance » dans un circuit série a-t-elle une influence sur l'intensité du courant qui circule dans ce circuit ?**

3 Doc. 2 **Vérifiez, dans le cas où la résistance a une valeur de 47 Ω, que la tension aux bornes du générateur est égale à la somme des autres tensions dans le circuit.**

4 Doc. 2 **Lorsqu'on introduit une « résistance » en série dans un circuit, l'intensité du courant est-elle modifiée ? Si oui, comment ? La tension aux bornes de chacun des autres dipôles change-t-elle ?**

Activité 2

Relier la tension et l'intensité

La tension et l'intensité du courant dans un circuit sont des grandeurs distinctes, qui se mesurent de façons différentes. Pour certains dipôles, cependant, on peut les relier de façon très simple par une loi que l'on appelle « loi d'Ohm », du nom du physicien qui l'a établie.

Quelle relation existe-t-il pour une « résistance » entre l'intensité et la tension ?

1 Le montage et les mesures

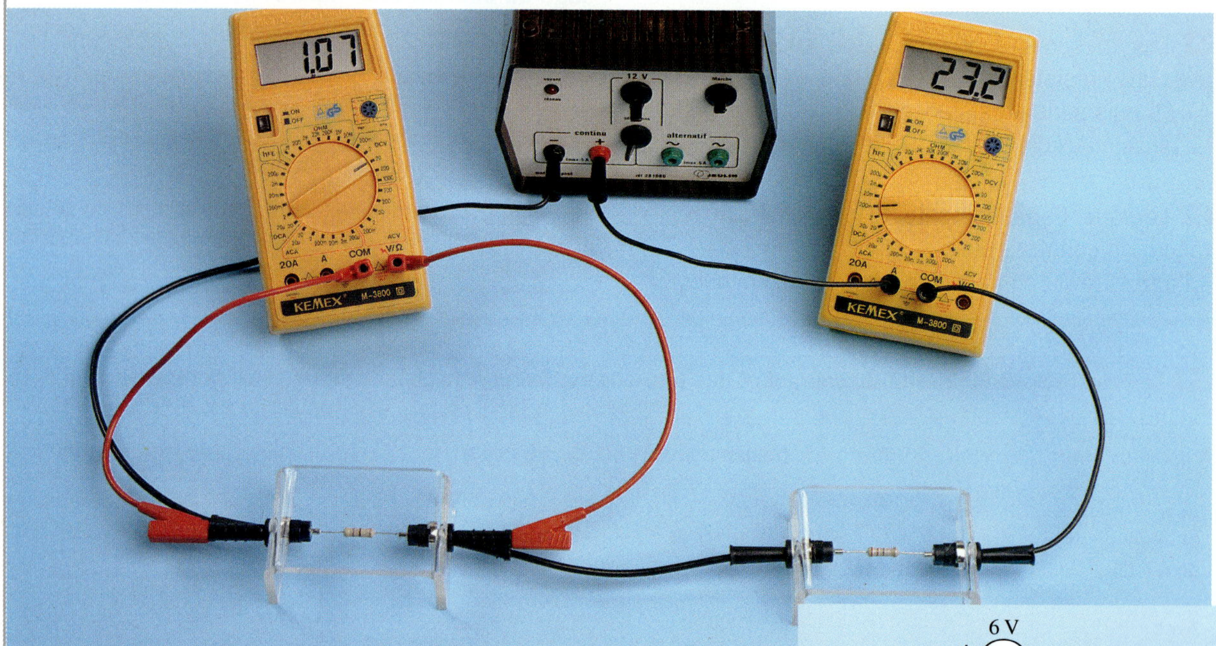

a Le montage pour l'étude de l'intensité traversant une « résistance » et de la tension à ses bornes.

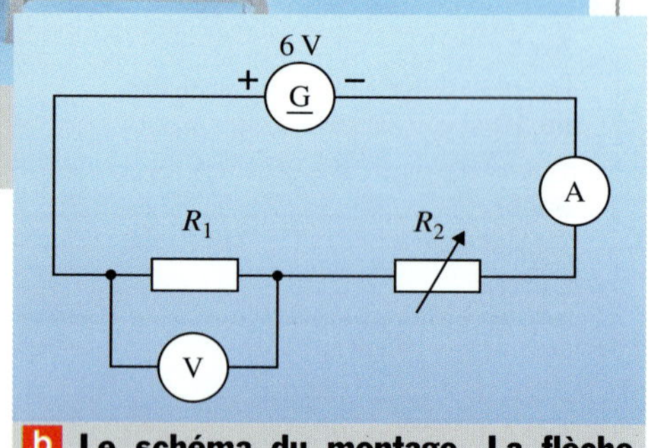

b Le schéma du montage. La flèche sur R_2 indique qu'on modifie la valeur de la résistance de R_2 à chaque mesure.

a b On mesure l'intensité du courant qui traverse une « résistance » R_1 de 47 ohms et la tension à ses bornes. En changeant la valeur de la résistance de R_2, on modifie l'intensité dans le circuit et la tension aux bornes de R_1 varie également.

c On observe que la tension aux bornes de R_1 croît lorsque l'intensité du courant augmente.

c Les mesures de l'intensité et de la tension.

Valeur de la résistance R_2	**0 Ω (pas de résistance R_2)**	**10 Ω**	**56 Ω**	**100 Ω**	**220 Ω**
***U* aux bornes de R_1 (en V)**	5,97	4,94	2,76	1,94	1,07
***I* (en mA)**	130,3	107,1	59,7	42,0	23,2

2 La relation entre la tension et l'intensité

● Dans le doc. 1, nous avons obtenu un ensemble de 5 couples de mesures (I ; U). Un de ces couples est par exemple : (130,3 mA ; 5,97 V). On remarque que :
– entre les couples de mesures (42,0 mA ; 1,94 V) et (130,3 mA ; 5,97 V), l'intensité est multipliée par 3 environ ainsi que la tension ;
– entre les couples de mesures (23,2 mA ; 1,07 V) et (130,3 mA ; 5,97 V), l'intensité est multipliée par 6 environ, ainsi que la tension.
Ce sont des indices de l'existence d'une relation de proportionnalité entre U et I pour la « résistance » R_1.

a Le calcul des rapports U/I pour la « résistance » R_1.

U (en V)	5,97	4,94	2,76	1,94	1,07
I (en A)	0,1303	0,1071	0,0597	0,0420	0,0232
U/I	45,8	46,1	46,2	46,2	46,1

● Après avoir converti I en ampères, on calcule le rapport U/I pour chaque couple de mesures. On constate que dans chaque cas il est égal à 46 environ **a**

● **Définition :** Une « **résistance** » est appelée **conducteur ohmique** lorsque le quotient (ou le rapport) U/I de la tension U entre ses bornes et de l'intensité I du courant qui le traverse est le même quel que soit le couple (I ; U). Ce quotient est appelé **résistance** (noté R) du conducteur.
On dit aussi que la « résistance » suit la **loi d'Ohm** :

$$U/I = R \quad \text{ou} \quad U = R \cdot I$$

Dans cette loi, la tension U est exprimée en volts, l'intensité I en ampères et la résistance R en ohms.

● Dans notre manipulation, R_1 est donc un conducteur ohmique et sa résistance vaut 46 ohms. Cette valeur est très proche des 47 ohms indiqués sur le dipôle.

● **Remarque :** Si l'on dispose d'un générateur dont la tension aux bornes peut être modifiée, on peut, avec le montage **b**, obtenir des couples de valeurs (I ; U) pour une « résistance » R_1 sans avoir besoin d'une deuxième résistance R_2.

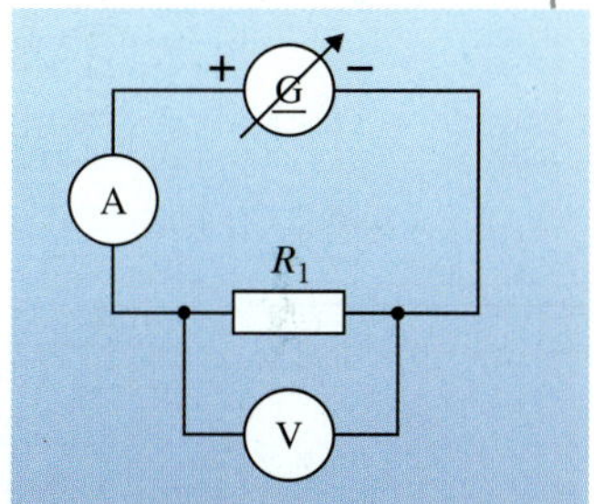

b Le montage avec un générateur à tension réglable.

POUR MANIPULER

● Réaliser le circuit proposé dans le document 1 sans la « résistance » R_2. Mesurer U aux bornes de R_1 et I.
● Introduire une « résistance » R_2 de 10 ohms et mesurer U aux bornes de R_1 et I.
● Changer R_2 suivant les valeurs de résistance proposées dans le document 1 et répéter les mesures précédentes.
● Pour chaque valeur de R_2, vérifier que le rapport U/I est constant. Calculer, en utilisant les unités nécessaires, la valeur de la résistance R_1.

Questions

1 Doc. 1 Pour quelle raison modifie-t-on la valeur de la résistance de R_2 dans le circuit ?

2 Doc. 1 Sachant que l'on se place sur le calibre 200m de l'ampèremètre, quelle est l'unité utilisée pour mesurer l'intensité ?

3 Doc. 1 Si l'intensité dans le circuit croît, comment varie la tension aux bornes de R_1 ? Justifiez votre réponse.

4 Doc. 2 Quelle est la valeur de la tension aux bornes de R_1 quand l'intensité dans le circuit vaut 42,0 mA ? Que vaut alors l'intensité en ampères ? Vérifiez la valeur du rapport U/I pour ce couple de valeurs.

5 Doc. 2 Pourquoi dit-on que la tension aux bornes du dipôle R_1 est proportionnelle à l'intensité du courant qui le traverse ?

6 Doc. 2 Qu'est-ce qu'un conducteur ohmique ?

Activité 3

La caractéristique d'une « résistance »

On a vu dans l'activité 2 qu'il existe une relation de proportionnalité entre la tension *U* aux bornes d'un conducteur ohmique et l'intensité *I* du courant qui le traverse. Cette relation peut être représentée par un graphique. Pour simplifier, on appelle ce graphique une « caractéristique ».

Comment représenter la relation entre l'intensité et la tension pour une « résistance » ?

1 Le tracé à partir d'un tableau de mesures

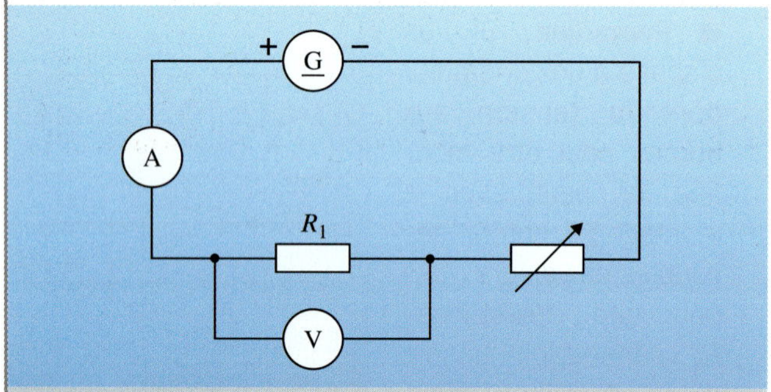

a Le montage permettant d'obtenir la caractéristique d'une « résistance ».

b Les mesures de la tension *U* aux bornes de R_1 et de l'intensité *I* du courant.

***U* aux bornes de R_1 (en V)**	6,0	4,9	2,8	1,9	1,1	0
***I* (en mA)**	130	107	60	42	23	0

- Le montage **a** permet d'obtenir différents couples de valeurs (*I*; *U*) pour le conducteur ohmique R_1. Ils sont notés dans le tableau **b**. (Ce sont les valeurs obtenues dans l'activité 2 que l'on a arrondies). Lorsque le circuit est ouvert, l'intensité du courant est nulle ainsi que la tension aux bornes de R_1. Le couple (0 mA; 0 V) doit donc être considéré comme un autre couple de mesures et ajouté dans le tableau.
- On porte sur un graphique **c** les valeurs de la tension *U* en ordonnées et les valeurs de l'intensité *I* en abscisses.
Si les points sont pratiquement alignés avec l'origine des axes, alors R_1 est un **conducteur ohmique :** la **tension** à ses bornes est **proportionnelle à l'intensité** du courant qui le traverse.
- Le graphique permet de connaître la valeur d'un couple que l'on n'a pas mesuré. Par exemple au point M : *I* = 75 mA et *U* = 3,5 V.

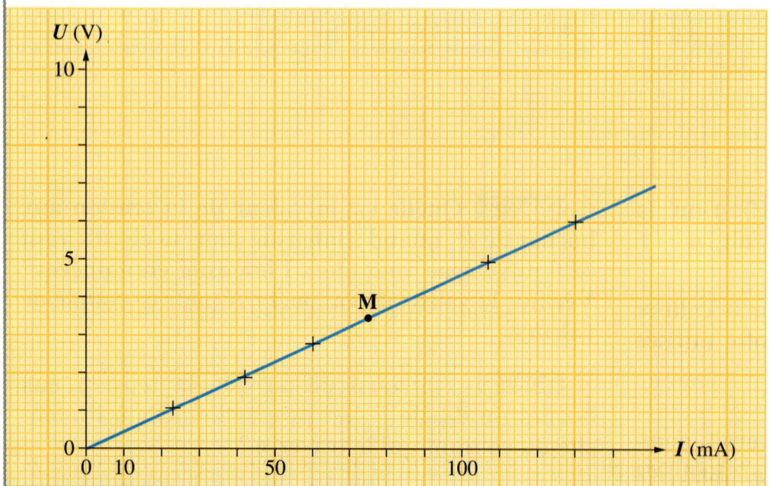

c Le graphique de *U* en fonction de *I*.

POUR MANIPULER

- Sur une feuille de papier millimétré de 15 cm sur 10 cm, tracer les axes.
- Graduer les axes en utilisant comme échelle : en abscisses 1 cm pour 10 mA ; en ordonnées 1 cm pour 1 volt.
- Indiquer sur chaque axe la grandeur portée avec l'unité.
- Reporter sur le graphique les différents couples (*I*; *U*) du tableau **b**.
- Vérifier que l'ensemble des points se situe approximativement sur une droite passant par l'origine des axes.
- Déterminer les coordonnées *I* et *U* d'un point de la droite qui n'a pas été obtenu expérimentalement.

2 L'utilisation de l'ordinateur

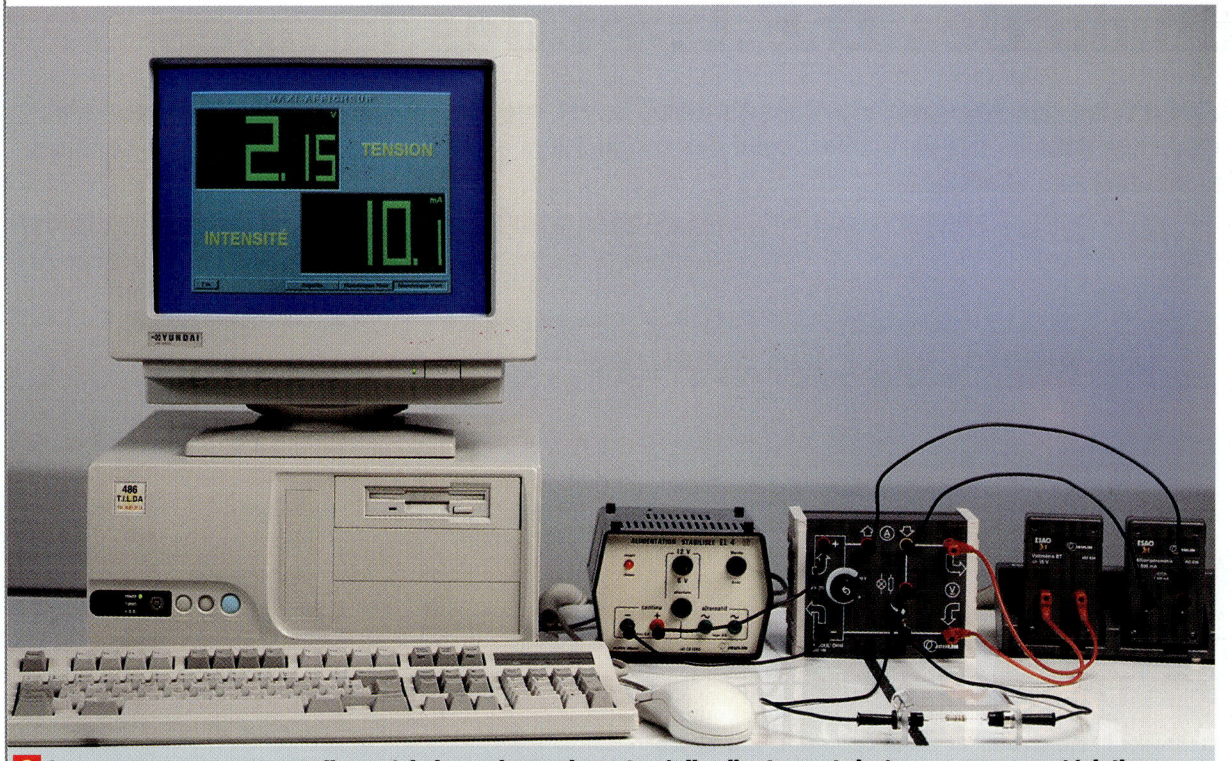

a Le montage permettant d'acquérir les valeurs de *I* et *U* à l'ordinateur et de tracer une caractéristique.

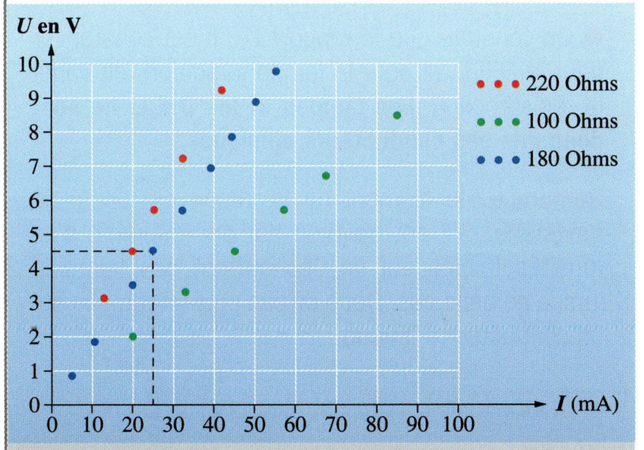

b Les tracés de points expérimentaux pour trois « résistances » différentes.

● L'ordinateur, avec un matériel adapté (interface), permet également d'obtenir des caractéristiques. Le montage **a** est capable de mesurer des valeurs de *I* et de *U* pour une résistance. Celles-ci s'inscrivent en gros sur l'écran. Les couples (*I*; *U*) sont tous mémorisés dans l'ordinateur. Le tracé des caractéristiques se fait ensuite automatiquement et on peut les imprimer sur papier.

● Sur le graphique **b** sont reportés les couples de valeurs (*I*; *U*) de trois « résistances » de 100 Ω, 180 Ω et 220 Ω.

Questions

1 Doc. 1 Comment peut-on affirmer, à partir d'une caractéristique, que le dipôle étudié est un conducteur ohmique ?

2 Doc. 1 a. En utilisant la caractéristique, déterminez la valeur de l'intensité du courant qui traverse la « résistance » quand la tension entre ses bornes est égale à 1,5 volts.

b. Déterminez la valeur de la tension entre les bornes de la résistance lorsque $I = 50$ mA.

3 Doc. 2 Vérifiez que les caractéristiques sont des droites passant par l'origine des axes.

4 Doc. 2 Vérifiez que la valeur de la résistance affectée à chaque conducteur est correcte.

Activité 4

Étude des D.E.L. et des lampes

La loi d'Ohm, que vous avez vue dans l'activité 2, est une loi très simple. Elle n'est cependant valable que dans un cas particulier : celui des conducteurs ohmiques. Tous les dipôles ne sont pas des conducteurs ohmiques.

La relation liant la tension et l'intensité est-elle simple pour les lampes et les D.E.L. ?

1 Les montages et les mesures

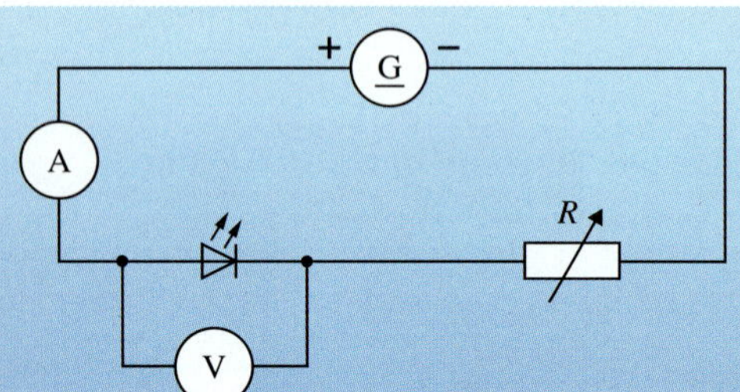

a Le circuit pour la mesure de l'intensité du courant *I* traversant une D.E.L. et de la tension *U* entre ses bornes.

b Les couples (*I* ; *U*) obtenus pour la D.E.L.

Valeur de la résistance *R* (en Ω)	470	220	100	47
U aux bornes de la D.E.L. (en V)	1,82	1,92	2,04	2,13
I (en mA)	8,3	15,5	27,4	37,7
U (V)/*I* (A)	219	124	74	56

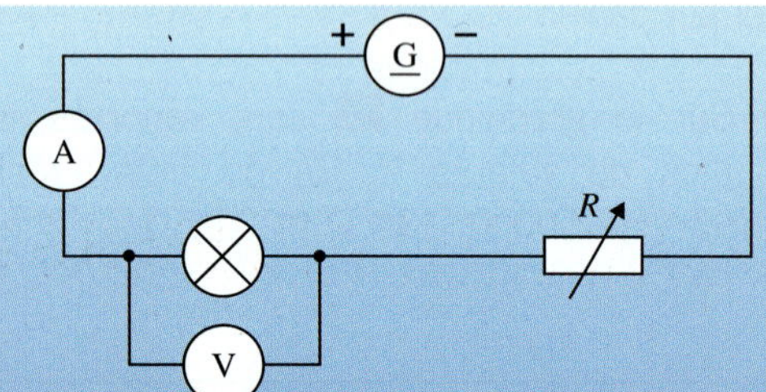

c Le circuit permettant d'obtenir des couples de valeurs (*I* ; *U*) pour une lampe.

● Dans les montages a et c, changer la valeur de la résistance *R* permet de faire varier l'intensité *I* dans le circuit. Dans le montage a, la « résistance » a également une autre fonction, qui est de protéger la D.E.L. Si celle-ci était placée seule aux bornes du générateur, elle serait traversée par un courant d'intensité trop importante et grillerait.

● On réalise ainsi une série de couples de mesures (*I* ; *U*) reportés dans les tableaux b et d. En circuit ouvert, la D.E.L. et la lampe ont une tension nulle entre leurs bornes ; le couple (0 mA ; 0 V) doit donc être considéré comme un couple de mesures.

● On constate que le rapport *U*/*I* n'est constant ni pour la D.E.L. ni pour la lampe lorsqu'on fait varier la résistance *R*. **Les lampes et les D.E.L. ne sont donc pas des conducteurs ohmiques.**

Remarque : le filament de la lampe est un fil de tungstène. S'il est traversé par des courants d'intensités faibles qui ne l'échauffent pas, alors la lampe ne brille pas. Dans ce cas seulement, elle est un conducteur ohmique.

d Les couples (*I* ; *U*) obtenus pour la lampe.

U aux bornes de la lampe (en V)	6,02	5,14	2,99
I (en mA)	98,8	90,4	66,6
U (V)/*I* (A)	61	57	45

Questions

1 Quelles sont les mesures permettant de déterminer si une D.E.L. ou une lampe est un conducteur ohmique ?

2 Quels calculs doit-on effectuer pour pouvoir conclure ?

3 Peut-on appliquer la loi d'Ohm à une D.E.L. ou à une lampe qui brille ?

4 Vérifiez sur le tableau b que la tension aux bornes de la D.E.L. ne varie pratiquement pas lorsque l'intensité du courant varie.

Activité 5

La valeur d'une résistance

Quand on veut utiliser un conducteur ohmique, il est nécessaire d'en connaître la résistance.

Quels sont les moyens de connaître la valeur d'une résistance ?

1 La valeur d'une résistance est codée

● Pour déchiffrer la valeur indiquée sur une « résistance », il faut placer l'anneau doré ou argenté à droite et lire de gauche à droite (voir la fiche n° 2).

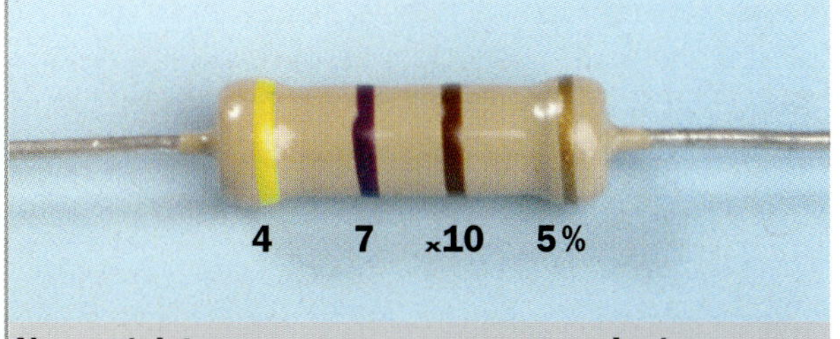

Une « résistance » avec ses anneaux colorés.

● Les deux premiers anneaux donnent un nombre à 2 chiffres : ici 47 (jaune puis violet). Il faut multiplier ce nombre par la valeur associée au troisième anneau : ici 10 (marron).
La valeur indiquée est donc 470 ohms.

● L'anneau de droite donne la précision sur la valeur indiquée. Ici, il est de couleur « or ». Cela signifie que l'indication est valable à 5 % près, soit ici à 23,5 ohms près. La valeur de la résistance est donc comprise entre (470,0 – 23,5) ohms et (470,0 + 23,5) ohms.

2 La détermination avec un ohmmètre

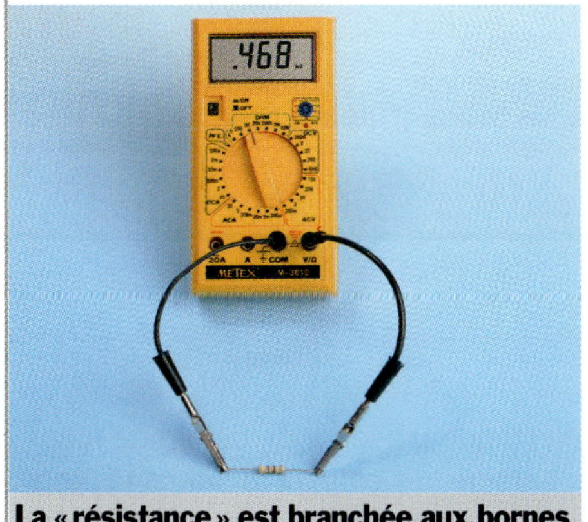

La « résistance » est branchée aux bornes COM et V/Ω de l'ohmmètre. Le calibre choisi est 2K, soit 2 kilohms (2 kΩ).

● Un multimètre peut être utilisé en « ohmmètre » et mesurer la résistance d'un conducteur ohmique. Ici, la valeur de la résistance apparaît en kilohm. La résistance de ce conducteur est donc de 0,468 kΩ ou 468 Ω. Cette valeur est bien dans la fourchette donnée par le code des couleurs (document 1).

Remarque : On ne peut pas mesurer avec un ohmmètre la résistance d'un dipôle qui est resté branché dans un circuit.

POUR MANIPULER

● Placer le sélecteur de l'ohmmètre sur la zone OHM et choisir un calibre (lire la fiche n°3).

● Réaliser le branchement du conducteur et noter l'indication de l'afficheur.

Questions

1 Doc. 1 Une « résistance » présente, de gauche à droite, un premier anneau rouge, un deuxième anneau rouge, un troisième anneau marron. Quelle est la valeur de la résistance indiquée ? Le quatrième anneau est de couleur or. Entre quelles valeurs est comprise la résistance de ce conducteur ?

2 Doc. 2 Peut-on mesurer avec l'ohmmètre la valeur d'une résistance placée dans un circuit ? Sinon, que faut-il faire ?

3 En conclusion, citez trois moyens de déterminer la valeur d'une résistance (voir l'activité 3).

Activité 6

La résistance de différents matériaux

Les métaux et le graphite sont des conducteurs qui n'ont pas tous la même résistance. Utilisés dans divers composants et appareils électriques, les conducteurs obtenus à partir de ces matériaux ne suivent par ailleurs la loi d'Ohm que s'ils restent à la température ambiante.

De quoi dépend la résistance des matériaux ?

1 La nature du matériau

● Les fils dont on mesure la résistance **a** ont même diamètre (0,5 mm) et même longueur (1 m) mais sont fabriqués avec des matériaux différents : alliage nickel-chrome, alliage cuivre-nickel, fer et cuivre. Le fil de cuivre (bornes jaunes) a une résistance trop faible pour être mesurée avec l'ohmmètre.

● **Les différents matériaux conduisent plus ou moins bien le courant électrique b.** Le cuivre est le meilleur conducteur parmi les métaux usuels. Il est utilisé pour la réalisation de cordons et câbles de connexion.

● La clôture « électrique » d'un pré pour les vaches par exemple est réalisée avec du fil de fer. Des fils en nickel-chrome ou en cuivre-nickel sont utilisés dans les « résistances » chauffantes de radiateurs ou de fers à repasser.

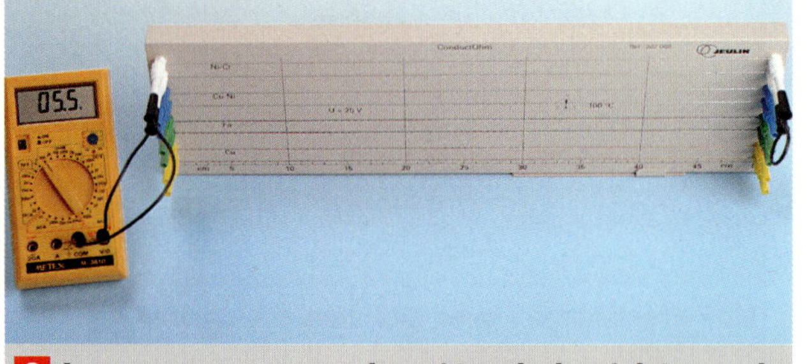

a La mesure avec un ohmmètre de la résistance de fils constitués de matériaux différents.

b Les résultats des mesures de résistance.

Matériaux	Alliage nickel-chrome (bornes blanches)	Alliage cuivre-nickel (bornes bleues)	Fer (bornes vertes)
Résistance mesurée	5,5 Ω	2,6 Ω	0,5 Ω

2 L'influence de la température

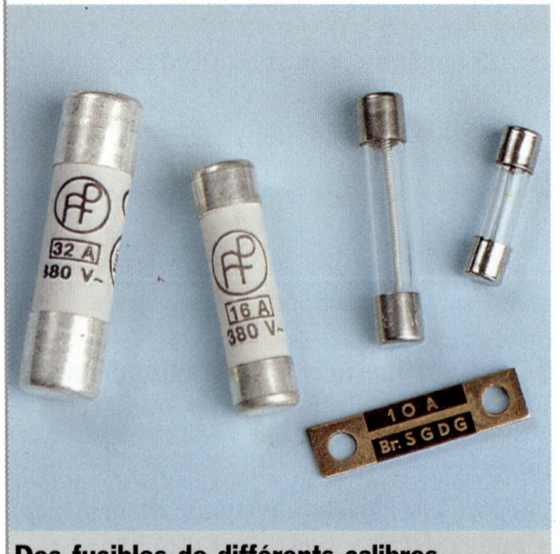

Des fusibles de différents calibres.

● Quand un appareil électrique présente un défaut de fonctionnement, il peut apparaître un courant d'intensité trop importante dans le circuit auquel il est relié. Cette augmentation d'intensité provoque un échauffement des fils et il y a risque d'incendie. Il faut alors pouvoir ouvrir automatiquement et rapidement ce circuit.

● Pour cela, on peut employer dans les installations électriques des « fusibles », qui sont montés en série avec chaque appareil. Le fusible est constitué d'un matériau dont la résistance croît avec la température, comme celle des filaments des lampes. L'augmentation de l'intensité dans le circuit et celle de la résistance sont la cause d'un dégagement de chaleur suffisant pour faire fondre le fusible et ainsi ouvrir le circuit.

3 L'influence des dimensions du conducteur

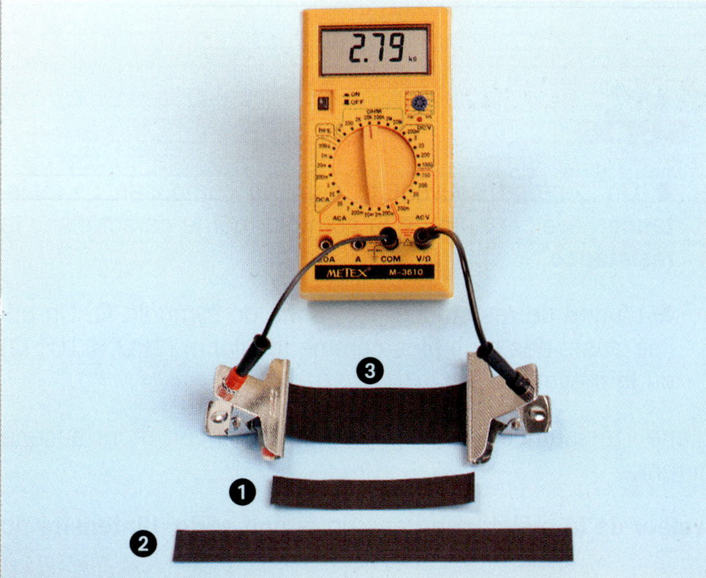

a La mesure de la résistance d'une bande de papier Canson noir. On fixe aux extrémités de la bande deux pinces à dessin en acier, reliées à un ohmmètre.

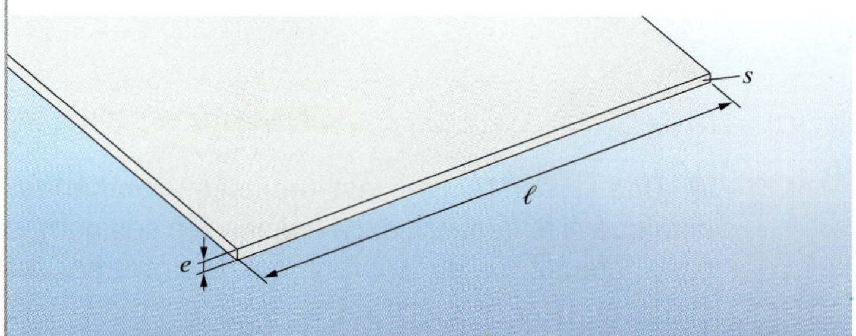

b La section *s* d'une bande de papier est égale au produit de sa largeur ℓ par son épaisseur *e*. On peut modifier la section en jouant sur la largeur.

c Les résultats des mesures de résistance.

	Longueur	Largeur	Résistance
Bande 1	L = 10 cm	ℓ = 2 cm	R_1 = 5,47 kΩ
Bande 2	L' = 20 cm	ℓ = 2 cm	R_2 = 9,71 kΩ
Bande 3	L = 10 cm	ℓ' = 4 cm	R_3 = 2,79 kΩ

● Pour faire varier facilement les dimensions d'un conducteur, il est commode d'utiliser un papier conducteur, comme le papier Canson noir, découpé en bandes de même épaisseur **a**. Celui-ci contient du graphite, un matériau conducteur. On peut modifier séparément la longueur (L) et la section (s) des bandes **b**.

● On constate que la bande 1, qui ne diffère de la bande 2 que par la longueur, ($L < L'$) conduit mieux le courant car sa résistance est plus petite : $R_1 < R_2$ **c**. **La résistance d'un conducteur augmente avec sa longueur.**

● Pour les bandes 1 et 3, qui ne diffèrent que par la section (ℓ' > ℓ soit $s' > s$), on obtient $R_1 > R_3$ **c**. **La résistance d'un conducteur diminue quand sa section augmente.** Dans les installations électriques, on choisit, par sécurité, des fils de section d'autant plus grande que l'intensité est plus élevée.

POUR MANIPULER

● Découper dans une feuille de papier Canson noir :
– deux bandes de même longueur mais de largeurs différentes ;
– une bande de même largeur que l'une des deux bandes précédentes, mais de longueur différonto.

● Mesurer la résistance électrique de chaque bande de papier en ayant soin d'utiliser des pinces à dessin métalliques qui serrent très fort, pour avoir un bon contact électrique.

● Noter les résultats.

Questions

1 Doc. 1 Des matériaux cités, quel est celui qui est le plus conducteur ?

2 Doc. 2 Comment varie la température des fils conducteurs lorsque l'intensité du courant augmente ? Comment évolue la résistance d'un matériau utilisé comme fusible avec la température ?

3 Doc. 3 Comment les dimensions influencent-elles la résistance d'un conducteur ?

4 Dans les installations électriques, on utilise des fils de 2,5 mm^2 de section pour une intensité maximale de 25 A et de 6 mm^2 pour 38 A. Expliquer pourquoi ce choix est judicieux.

1 La « résistance » dans un circuit série

Activité 1

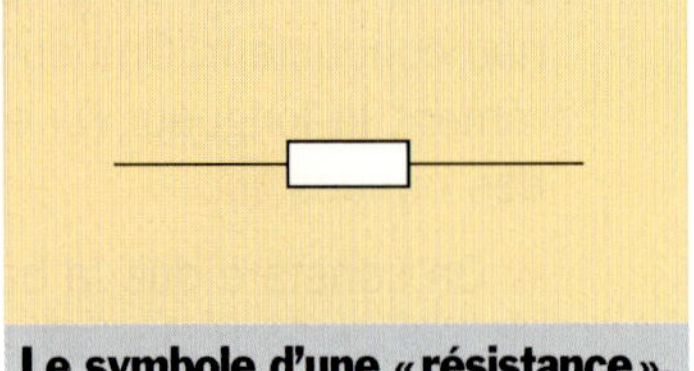

Le symbole d'une « résistance ».

● On confond souvent le nom du composant : « **résistance** » avec le nom de la grandeur qui le caractérise : la **résistance**.

● L'unité de résistance est l'**ohm**, de symbole Ω. On utilise aussi des multiples comme le kilohm ($1 k\Omega = 10^3\ \Omega$) ou le mégohm ($1 M\Omega = 10^6\ \Omega$).

● Le sens de branchement d'une « résistance » et sa place dans le circuit n'ont aucune influence sur l'intensité du courant.

● Lorsque l'on **augmente la valeur de la résistance** dans un **circuit série**, **l'intensité** du courant **diminue.**

Exercices : 1, 2, 11, 12, 15

2 La loi d'Ohm

Activités 2, 3 et 4

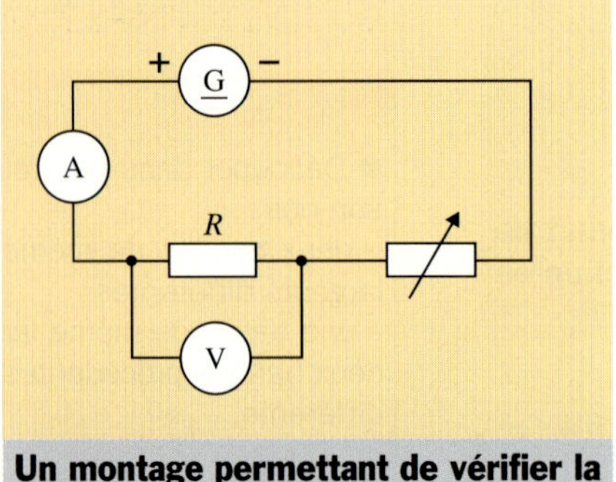

Un montage permettant de vérifier la loi d'Ohm pour une « résistance » *R*.

● Une « résistance » est appelée **conducteur ohmique** si le quotient de la tension *U* à ses bornes par l'intensité *I* du courant qui le traverse est constant (**U/I = constante**). Autrement dit, une « résistance » est un conducteur ohmique si la tension entre ses bornes est proportionnelle à l'intensité du courant. On dit aussi que ce conducteur obéit à la **loi d'Ohm**.

● La résistance d'un conducteur ohmique est donnée par la relation $U/I = R$ ou $\boldsymbol{U = R \cdot I}$, avec *U* en volts, *I* en ampères et *R* en ohms.

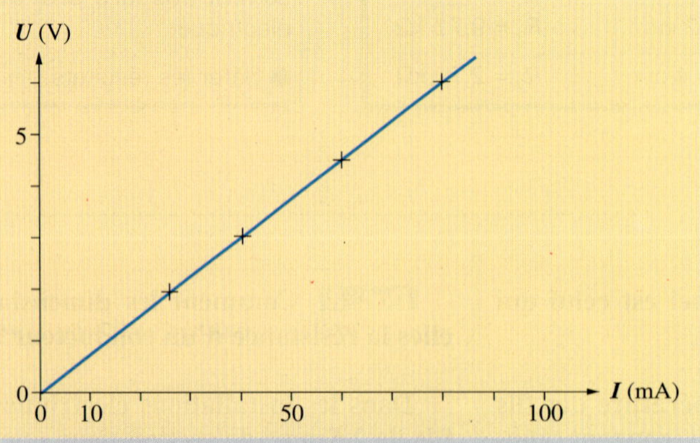

La caractéristique d'un conducteur ohmique.

● La **caractéristique** d'une « résistance » est la représentation graphique des couples (*I* ; *U*) possibles pour ce composant. Dans le cas d'un conducteur ohmique, c'est une droite passant par l'origine des axes.

● Les diodes et les lampes à incandescence ne suivent pas la loi d'Ohm. Ce ne sont pas des conducteurs ohmiques.

Exercices : 3 à 6, 13 à 20

3 La détermination pratique de la résistance .... Activité 5

● La résistance d'un conducteur ohmique peut se déterminer par la lecture d'un **code de couleurs** (voir la fiche n° 2).

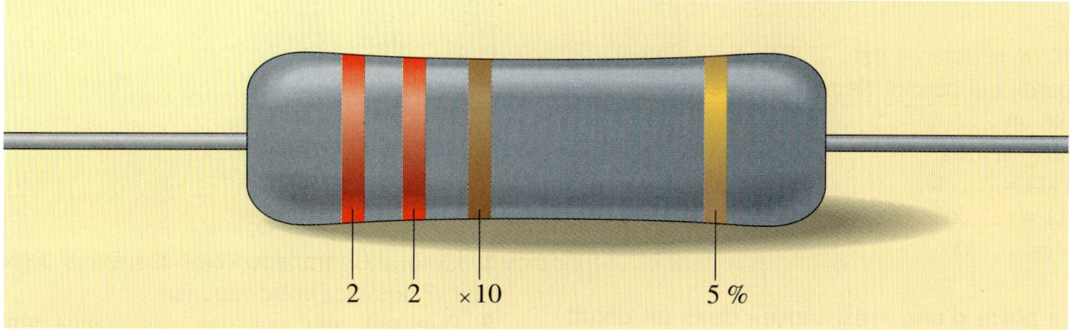

Exemple : ce conducteur ohmique a une résistance de :

$$22 \times 10 = 220\,\Omega \text{ à } 5\,\% \text{ près.}$$

Soit une valeur comprise entre $(220 - 11)\,\Omega$ et $(220 + 11)\,\Omega$.

● On peut aussi mesurer une résistance avec un **ohmmètre** (voir la fiche n° 3).
Avec un ohmmètre, la valeur qui s'affichera pour le conducteur ci-dessus sera comprise entre $209\,\Omega$ et $231\,\Omega$.

Exercices : 7 à 9, 19, 21 à 24

4 La résistance des matériaux .... Activité 6

● Les matériaux conducteurs habituels comme les métaux ou le graphite suivent la loi d'Ohm. Leur résistance dépend de leur nature ; le cuivre est le meilleur des conducteurs parmi les métaux usuels (devant l'aluminium).

● La résistance d'un fil croît avec sa longueur et lorsque sa section diminue.

Exercices : 10, 25, 26

Je dois être capable de…

● **Schématiser un montage permettant de tracer la caractéristique d'un dipôle.**

● **Évaluer l'intensité dans un circuit connaissant la valeur de la résistance et celle de la tension appliquée aux bornes d'un conducteur ohmique.**

JE TRAVAILLE SEUL

Réponses p. 250

1 L'unité de résistance

Recopiez et complétez les phrases et les égalités ci-dessous :

– L'unité de résistance est ... . Son symbole est ... .
– L'appareil qui permet de mesurer des résistances s'appelle un ....
– 1,8 kΩ = ...Ω.
– 0,03 kΩ = ...Ω.
– 226 Ω = ...kΩ.
– 2 MΩ = ...Ω.

2 La place d'une « résistance » dans un circuit

Pour mesurer l'intensité qui passe dans une diode électroluminescente (D.E.L.), Julien et Nadia réalisent les montages schématisés ci-dessous :

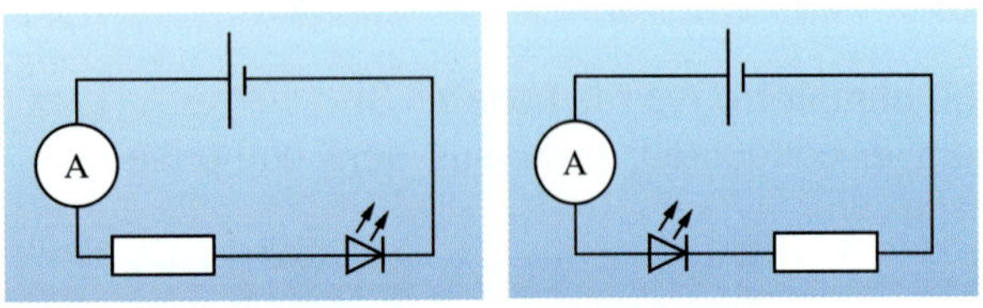

Les indications des ampèremètres seront-elles différentes ou identiques ? Justifiez votre réponse.

3 La loi d'Ohm

Pour un conducteur ohmique la loi d'Ohm s'écrit :

$$U = RI$$

Indiquez ce que représente chacune des lettres U, R et I et donnez les unités.

4 Quelques applications de la loi d'Ohm

a. Un conducteur ohmique est soumis à une tension de 6 V. Le courant qui le traverse a une intensité de 128 mA. Calculez la valeur de la résistance de ce conducteur.

b. On applique une tension de 6 V à un conducteur ohmique de 220 Ω. Quelle est, en mA, l'intensité du courant qui le traverse ?

c. Un conducteur ohmique de 47 kΩ est parcouru par un courant d'intensité 150 µA (1 µA (1 microampère) = 10^{-6} A). Quelle est la valeur de la tension entre ses bornes ?

5 Des caractéristiques de conducteurs

On a représenté, sur le même graphique et avec les mêmes unités, les caractéristiques de deux conducteurs différents.

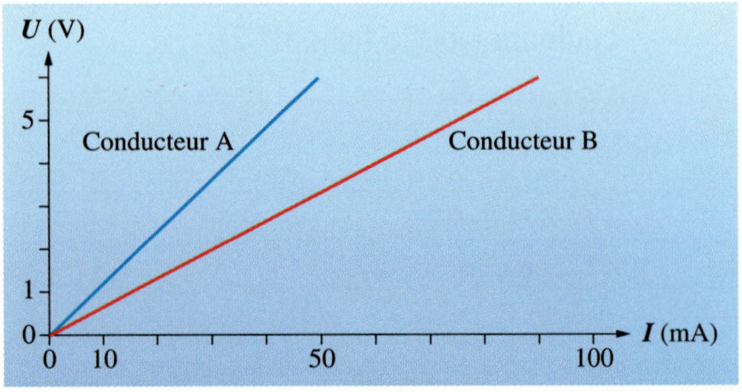

1. La loi d'Ohm s'applique-t-elle à ces deux conducteurs ? Justifiez votre réponse.

2. Quel est celui qui a la plus grande résistance ? Justifiez votre réponse.

6 La caractéristique d'un conducteur ohmique

Béatrice a tracé la caractéristique ci-contre pour un conducteur ohmique dont elle ne connaît pas la résistance.

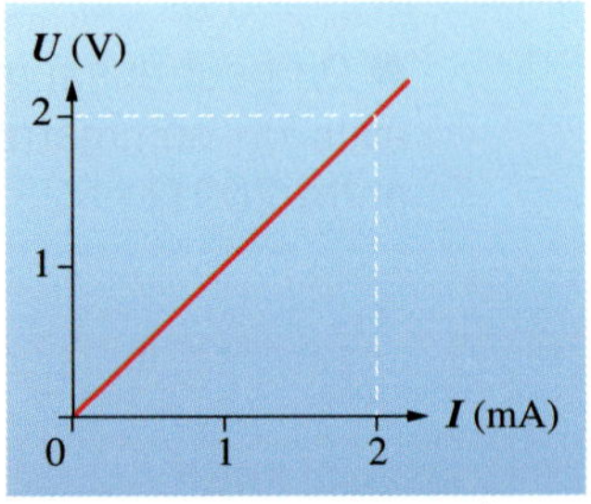

Par le calcul elle trouve une valeur de 1 Ω pour la résistance. Ce résultat est-il correct ? S'il est faux, expliquez pourquoi et donnez la bonne valeur.

La valeur d'une résistance

7

Par le code des couleurs, Hugo détermine une valeur de la résistance de ce conducteur comprise entre (150 + 7,5) Ω et (150 – 7,5) Ω.

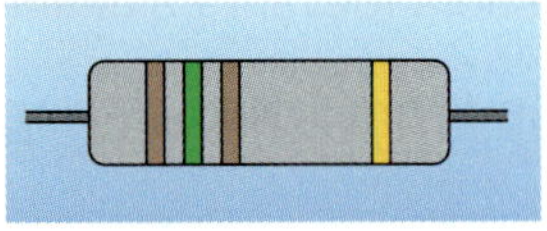

1. Vérifiez s'il a raison.

2. Avec un ohmmètre il trouve 146 Ω. Cette valeur est-elle conforme à la détermination par le code des couleurs ?

8

1. Entre quelles limites se situe la valeur de la résistance indiquée sur ce conducteur ?

2. Si l'anneau de droite était de couleur argent, quelles seraient les nouvelles limites ?

9

La valeur de la résistance indiquée sur une « résistance » est de 1000 Ω. Quelle est la couleur de chacun des trois premiers anneaux ?

10 La résistance des matériaux

Répondez par VRAI ou FAUX aux affirmations suivantes et rectifiez celles qui sont fausses.

a. Deux fils de même longueur et de même section, mais de matériaux différents ont même résistance à la température ambiante.

b. La résistance d'un fil conducteur augmente lorsque sa longueur augmente.

c. Deux fils d'aluminium de même longueur mais de sections différentes ont même résistance.

d. Un fil de cuivre de 1 m de long et de 1,5 mm^2 de section a une résistance plus petite que celle d'un fil de cuivre de 1 m de long et de 6 mm^2 de section.

J'UTILISE MES CONNAISSANCES

Les effets d'une « résistance » sur l'intensité du courant

11 Trois élèves réalisent un montage comprenant, en série, un générateur de tension continue, une « résistance » *R* et un ampèremètre. Les trois montages réalisés sont schématisés ci-dessous.

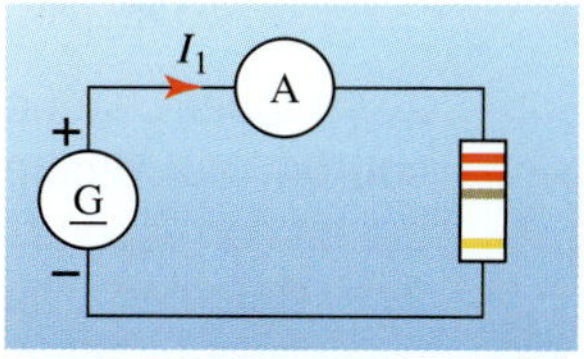

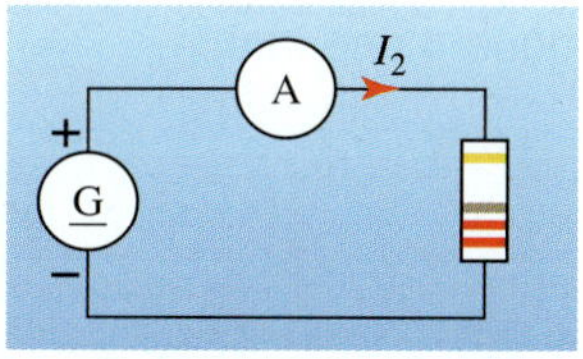

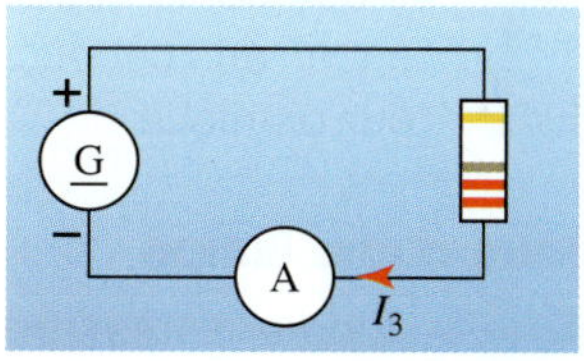

Un des élèves mesure une intensité I_1 de 27 mA. Les valeurs de I_2 et I_3 sont-elles différentes ? Justifiez votre réponse.

12 Un élève réalise successivement les trois montages schématisés ci-dessous.

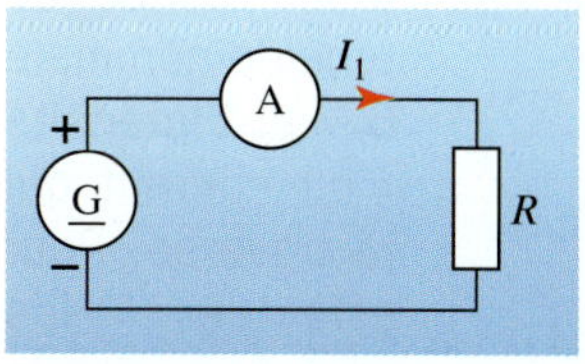

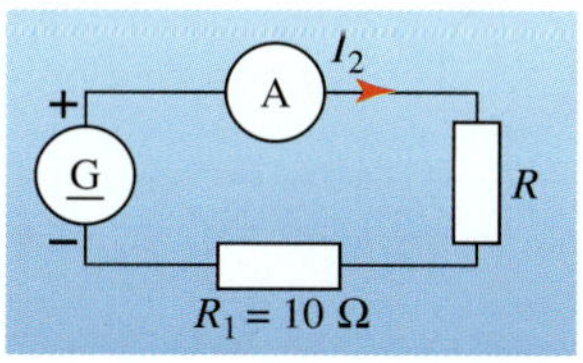

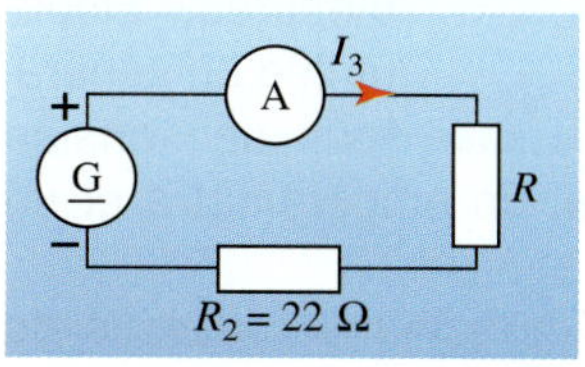

Le générateur, la « résistance » *R* et l'ampèremètre sont les mêmes dans les trois montages. Sur l'ampèremètre l'élève relève les valeurs 160 mA, 300 mA et 220 mA. Affectez chacune de ces valeurs à l'intensité I_1, I_2, I_3 de chaque montage.

L'application de la loi d'Ohm

13 Dans les deux circuits représentés ci-après, on utilise le même conducteur ohmique *R*.

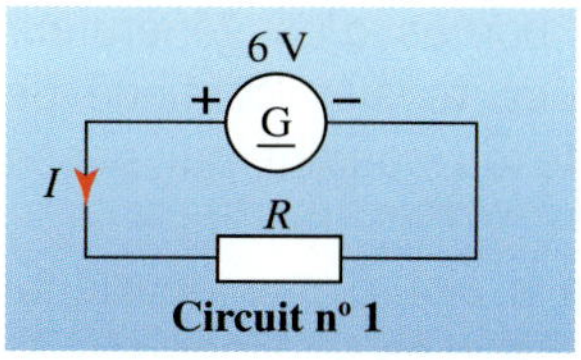

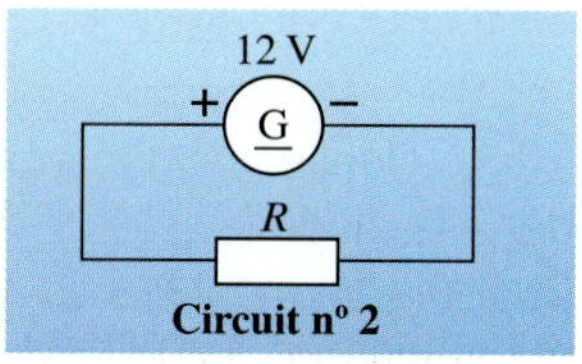

On appelle *I* l'intensité du courant qui passe dans le circuit n° 1. L'intensité du courant qui passe dans le circuit n° 2 est-elle la même, plus grande ou plus petite que dans le circuit n° 1 ? Justifiez votre réponse.

14 Dans le circuit représenté, le générateur fournit une tension réglable.

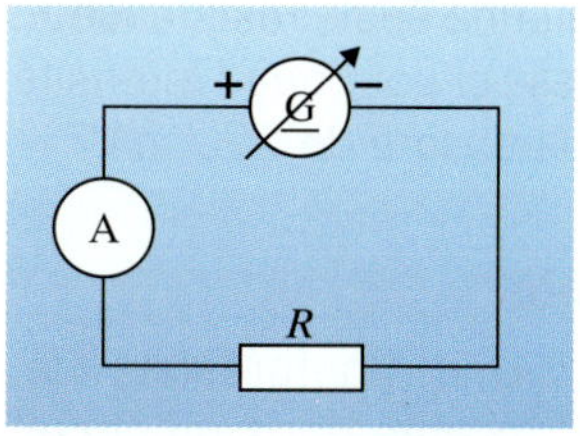

1. Le conducteur ohmique *R* est d'abord soumis à une tension de 6 V. L'ampèremètre indique 18 mA. Calculez la valeur de la résistance de ce conducteur ohmique.

2. On fait un nouveau réglage de la tension.

a. La valeur de la résistance change-t-elle ? Justifiez votre réponse.

b. Si l'ampèremètre indique une intensité de 22 mA, quelle est la valeur de la tension fournie par le générateur ?

15 ★ Dans le circuit schématisé ci-dessous, on protège la D.E.L. par une résistance *R*. La tension aux bornes du générateur est de 6 V. La tension aux bornes de la D.E.L. est égale à 2 V et l'intensité du courant qui la traverse vaut 20 mA.

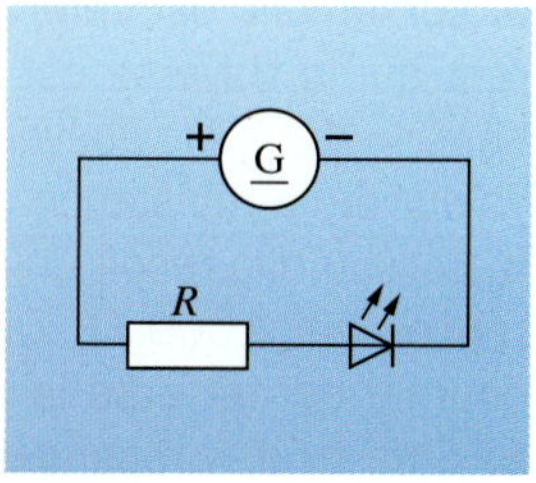

1. Si on place la résistance *R* à droite de la D.E.L. dans le circuit plutôt qu'à gauche, la D.E.L. est-elle toujours protégée ?

2. Calculez la valeur de la résistance pour que l'intensité dans la D.E.L. soit égale à 20 mA.

16 ★ Dans les trois montages ci-dessous, la tension aux bornes A et B de la diode reste égale à 1 V.

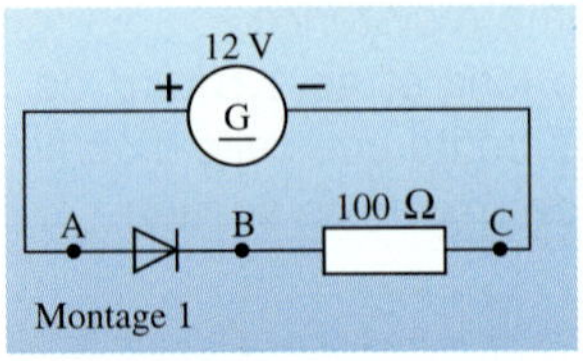

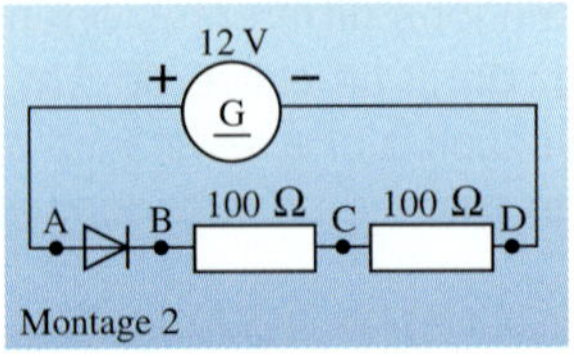

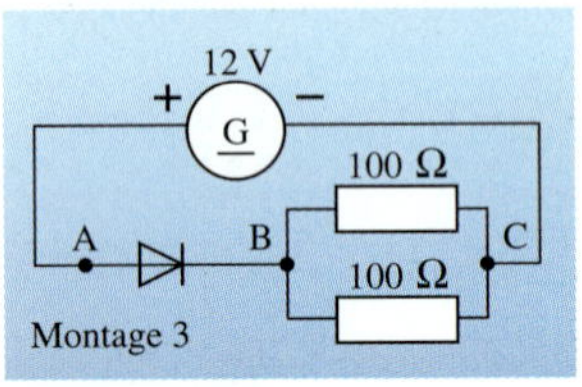

1. Dans le montage 1, on a branché en série une diode et une résistance de 100 Ω aux bornes d'un générateur de tension continue de 12 V. Quelle est l'intensité du courant qui passe dans la diode ?

2. Dans le montage 2, on a ajouté une deuxième résistance de 100 Ω en série. Les tensions U_{BC} et U_{CD} aux bornes des résistances sont égales. Quelle est la nouvelle valeur de l'intensité du courant qui passe dans la diode ?

3. Dans le montage 3, on a branché la deuxième résistance de 100 Ω en dérivation sur la première entre les bornes B et C. L'intensité du courant qui passe dans la diode est alors de 220 mA. Si, entre les points B et C on branchait une seule résistance *R*, quelle valeur devrait avoir celle-ci pour que l'intensité du courant dans la diode soit encore de 220 mA ?

17 ★ **La photorésistance**

Une photorésistance, placée dans un circuit électrique, est un dipôle qui se comporte comme un conducteur ohmique lorsqu'il reçoit un éclairement constant. On applique à ses bornes une tension continue de 12 V.

a. Lorsqu'elle est dans l'obscurité, l'intensité du courant qui la traverse est de 12 µA (1 µA (1 microampère) = 10^{-6} A). Quelle est, dans ces conditions, la valeur de la résistance de la photorésistance ?

b. Lorsqu'elle reçoit un certain éclairement, sa résistance vaut 1000 Ω. Quelle est alors l'intensité du courant qui traverse la photorésistance ?

c. À partir des réponses aux questions **a.** et **b.**, justifiez le nom de ce dipôle.

d. Lorsque la photorésistance est placée dans un circuit série comportant un générateur de tension fixe et un ampèremètre, quelle est la grandeur mesurable qui varie selon l'éclairement ?

Le tracé et l'exploitation de caractéristiques

18 Les trois graphiques ci-dessous représentent la caractéristique d'une même résistance.

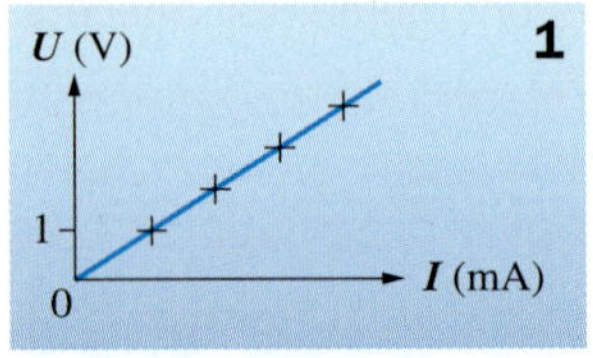

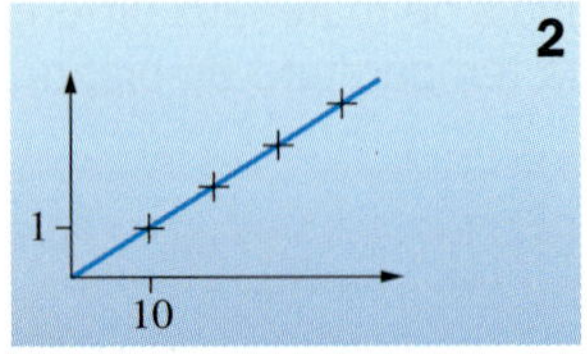

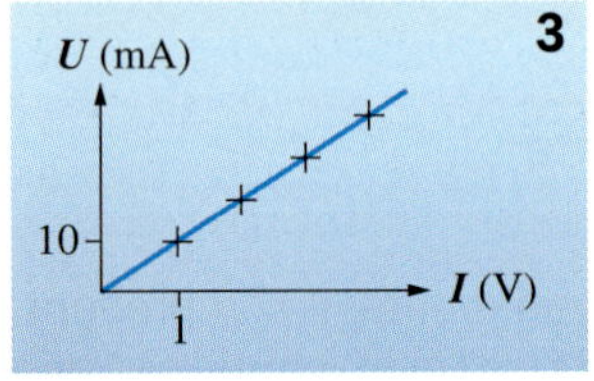

Précisez quelles sont, pour chacun des graphiques, les indications manquantes et s'il y a des erreurs commises, corrigez-les.

19 Sur ce graphique, on a représenté la caractéristique d'un conducteur ohmique et la caractéristique d'une lampe.

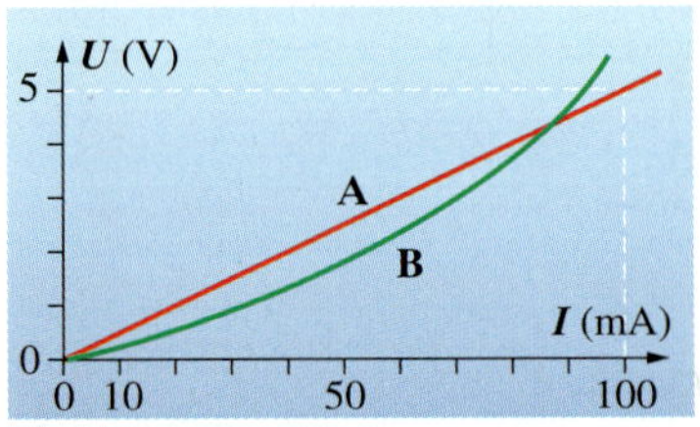

1. Attribuez chaque courbe au dipôle qui lui correspond.

2. Calculez la valeur de la résistance du conducteur ohmique.

20 ★★ **La caractéristique d'une lampe**

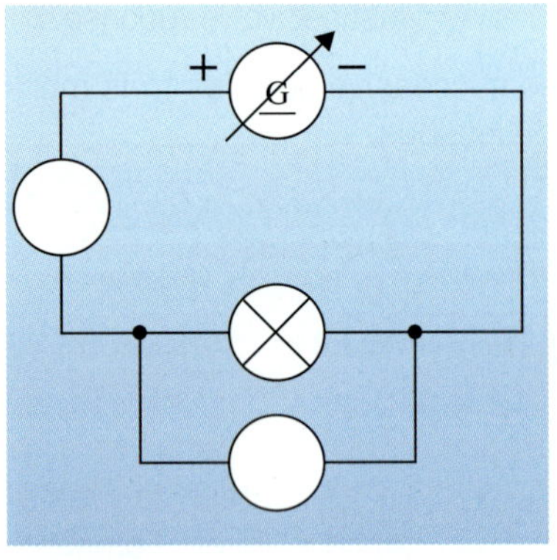

Élodie a mesuré la tension *U* entre les bornes d'une lampe de tension nominale 6 V et l'intensité *I* du courant qui la traverse. Pour effectuer les mesures, Élodie utilise un générateur de tension réglable, la lampe étudiée, un ampèremètre et un voltmètre.

1. Recopiez et complétez le schéma ci-dessus du montage réalisé par Élodie.

2. Élodie a obtenu les résultats suivants :

***U* (V)**	0	0,5	1	1,5	2	2,5
***I* (A)**	0	0,04	0,08	0,12	0,15	0,17
***U* (V)**	3	3,5	4	4,5	5	5,5
***I* (A)**	0,19	0,21	0,22	0,24	0,25	0,27

Tracez la caractéristique du filament de la lampe (échelles : 1 cm pour 1 V en ordonnées et 1 cm pour 0,02 A en abscisses).

3. La caractéristique du filament est-elle une droite ?

4. Pour une tension comprise entre 0 et 1,5 V la lampe ne brille pas et le filament reste sensiblement à la température ambiante. Dans cet intervalle de tension le rapport U/I est constant. Calculez ce rapport. Quelle valeur de résistance peut-on alors attribuer au filament ?

5. Calculez le rapport U/I pour les autres couples de valeurs. Ce rapport est-il constant ? Quand le filament s'échauffe, reste-t-il un conducteur ohmique ?

L'utilisation de l'ohmmètre

21 On mesure, avec un ohmmètre la résistance de plusieurs conducteurs ohmiques.
Indiquez la valeur en ohms de la résistance dans chacun des cas suivants :

a. L'ohmmètre affiche *1.470* sur le calibre 2K ;
b. L'ohmmètre affiche *.223* sur le calibre 2K ;
c. L'ohmmètre affiche *0.22* sur le calibre 20K ;
d. L'ohmmètre affiche *.681* sur le calibre 2M.

Parmi ces conducteurs quels sont ceux qui ont la même résistance ?

22 ★ Katia, Samira, Yasmina et Laurène veulent mesurer la résistance d'une règle en plastique.

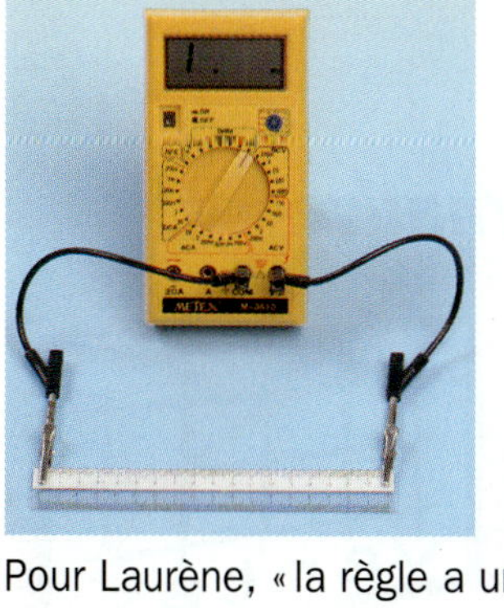

Sur tous les calibres (200, 2K, 20K, 200K, 2M, 20M) la lecture est *1.*
Pour Katia, « l'ohmmètre est en panne ».
Pour Samira, « la règle a une résistance plus grande que 20 MΩ ».
Pour Yasmina, « la règle en matière plastique est isolante ».
Pour Laurène, « la règle a une résistance de 1 Ω ».
Qui a raison ?

23 ★ La mesure à l'ohmmètre de la résistance d'un fil de connexion en bon état donne *0.00*.
Si on branche un ohmmètre aux bornes d'un interrupteur, la valeur affichée, quel que soit le calibre, est *0.00* pour l'interrupteur fermé et *1.* pour l'interrupteur ouvert.
En utilisant un ohmmètre, comment feriez vous pour savoir si une lampe est grillée ou si un fil de connexion est coupé dans sa gaine isolante ?

24 **a.** Quelle est la valeur de la résistance indiquée sur le conducteur ohmique que l'on a branché sur cet ohmmètre ?
b. L'utilisation de l'ohmmètre est-elle correcte ? Que feriez vous pour obtenir la bonne valeur ?

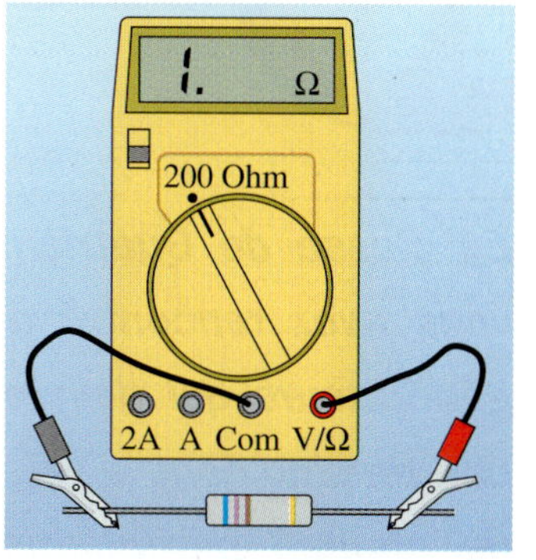

25 **La résistance de bandes de papier**

Christelle a mesuré la résistance des bandes de papier conducteur dessinées ci-dessous.

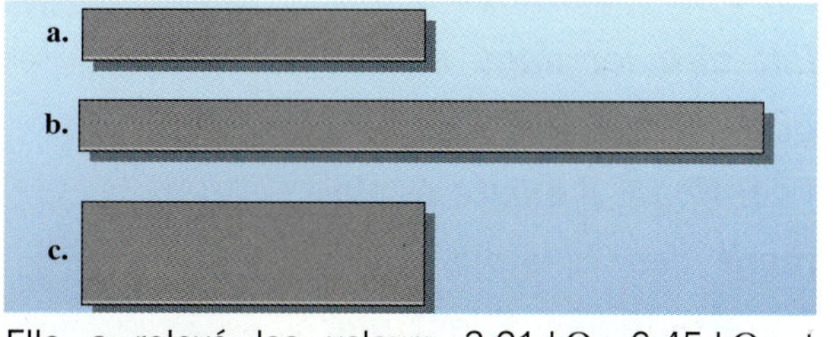

Elle a relevé les valeurs 3,21 kΩ, 6,45 kΩ et 13,0 kΩ mais elle n'a pas noté la bande de papier qui correspond à chacune d'elles. Affectez la valeur de la résistance à chaque bande de papier.

26 **La résistance de fils conducteurs**

1. La résistance d'un fil réalisé dans un alliage cuivre-zinc-nickel de 1,2 m de long est $R = 6\ \Omega$. La résistance étant proportionnelle à la longueur du fil, complétez le tableau suivant :

Longueur (m)	0,2	0,6	1	1,2	1,5
R **(Ω)**				6	

2. La résistance de trois fils de même diamètre est donnée dans le tableau ci-dessous :

Métal	**Longueur (en m)**	**Résistance (en Ω)**
Cuivre	30	15
Fer	5	15,5
Aluminium	12	9,3

a. La résistance étant proportionnelle à la longueur, calculez pour chaque métal la résistance de 1 m de fil.
b. Classez ces trois métaux du moins bon conducteur au meilleur conducteur.
c. La résistance d'un fil de cuivre de 1 m de longueur et de 1 mm de diamètre sera-t-elle supérieure ou inférieure à celle d'un fil de cuivre de 1 m de longueur et de 1,5 mm de diamètre ?

Source : M. Radelet, M. Ramanaïdou, *Sciences Physiques 3e*, Guide Plus, Éditions Belin, 1996.

CHAPITRE

10 Le « courant alternatif »

En classe de Quatrième, vous avez rencontré des générateurs qui délivrent une tension dont la valeur ne change pratiquement pas au cours du temps. Une telle tension est qualifiée de « continue ». Elle fait circuler dans un circuit fermé un courant « continu ». Il existe également des tensions dites « alternatives ». C'est une tension de ce type qu'on trouve entre les bornes des prises de courant.

Activité 1

Quel courant fait circuler une tension alternative dans un circuit fermé ?

Les lampes, les appareils électroménagers fonctionnent sous une tension alternative.

Activité 2

Comment varie la valeur d'une tension alternative au cours du temps ?

Pour montrer l'évolution d'une grandeur en fonction du temps, on peut utiliser un graphique.

Activité 3

Comment étudier une tension alternative à l'aide d'un oscilloscope ?

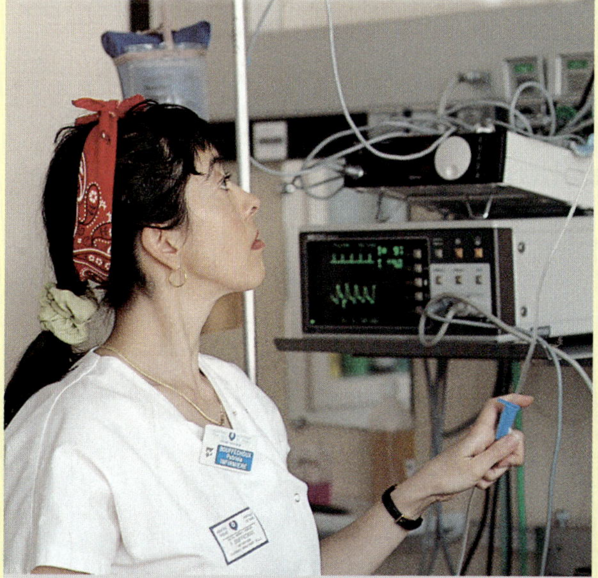

Les oscilloscopes sont des appareils très utilisés notamment dans les services de cardiologie.

Activité 4

Que signifie l'indication « 50 Hz » portée sur les appareils électroménagers ?

La plaque des appareils qui sont branchés sur les prises de courant de la maison porte plusieurs indications.

Activité 5

Qu'indique un voltmètre utilisé en position « alternatif » ?

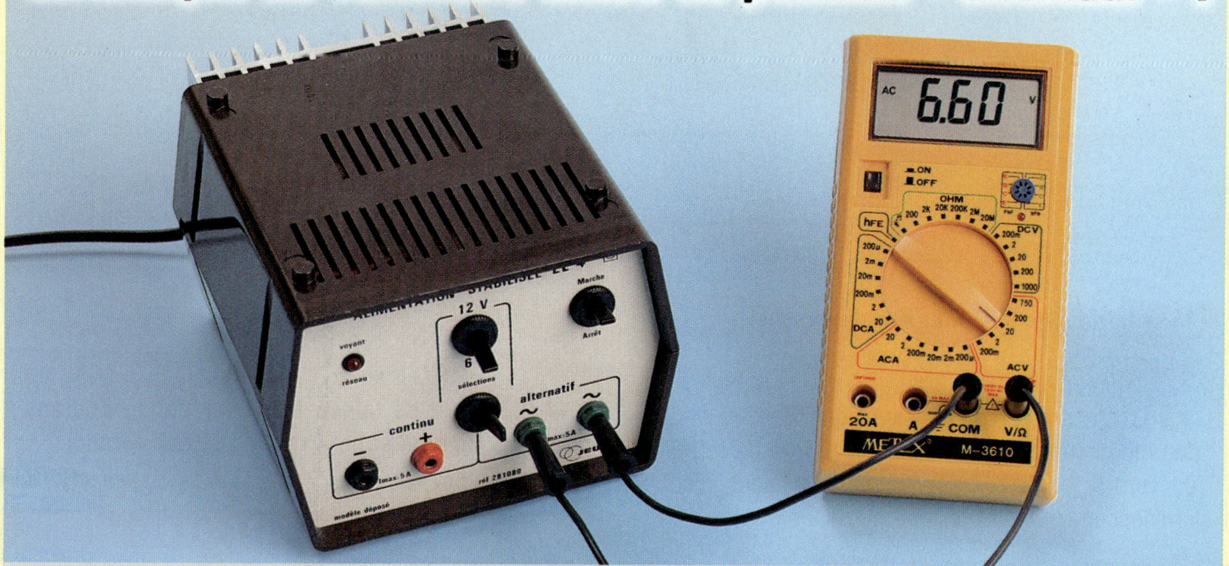

Le sélecteur d'un voltmètre peut être placé dans la zone tension continue ou dans la zone tension alternative.

Activité 1

Les effets d'une tension alternative

Un générateur de tension continue fait circuler, dans un circuit fermé, un courant qui va toujours dans le même sens : c'est un courant continu.

Quel courant fait circuler une tension alternative dans un circuit fermé ?

1 Les effets d'une tension continue sur une D.E.L.

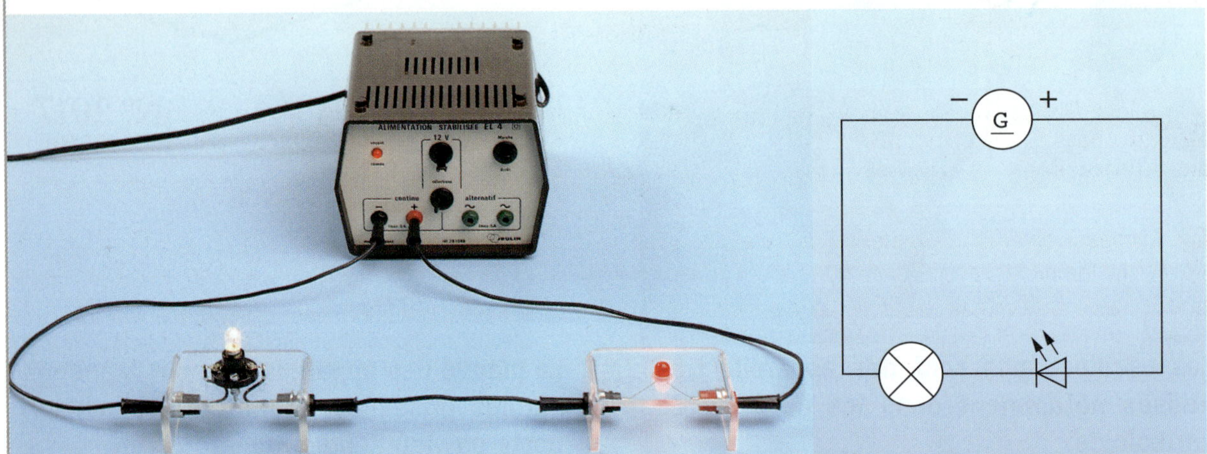

a Une lampe et une D.E.L. sont montées en série sur un générateur de tension continue 6V.

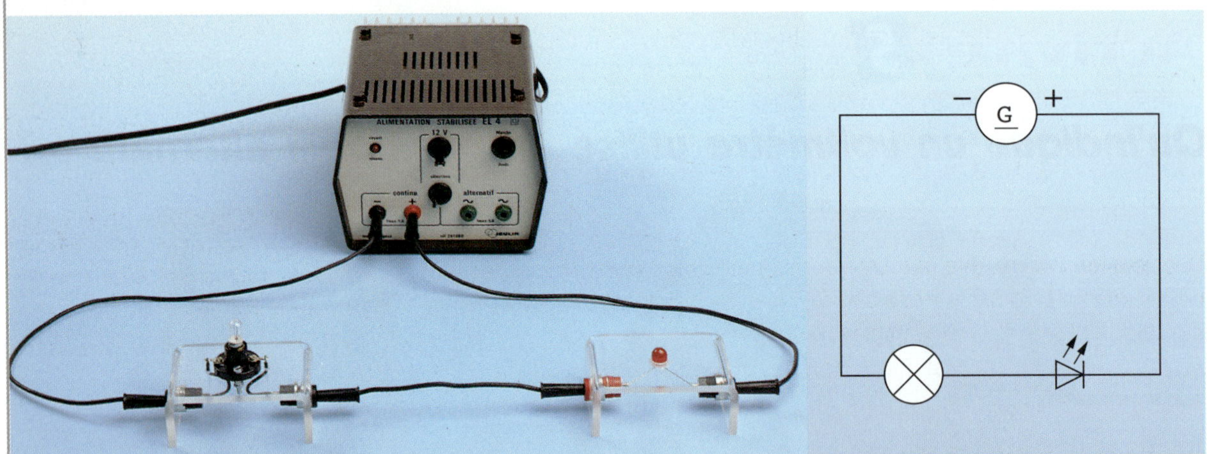

b Les bornes de la D.E.L. sont inversées.

a Le générateur de tension continue fait circuler dans le circuit un courant continu qui va de la borne ⊕ vers la borne ⊖. La lampe et la diode électroluminescente (D.E.L.) brillent toutes les deux.

b Lorsque l'on inverse les bornes de la D.E.L., ni la lampe ni la D.E.L. ne brillent. Il n'y a pas de courant dans le circuit.

Une D.E.L. ne se laisse traverser par le courant que dans un seul sens, indiqué par son symbole.

POUR MANIPULER

- Réaliser les montages **a** et **b**.
- Observer dans chaque cas l'éclat de la lampe et celui de la D.E.L.

2 Les effets de tensions alternatives

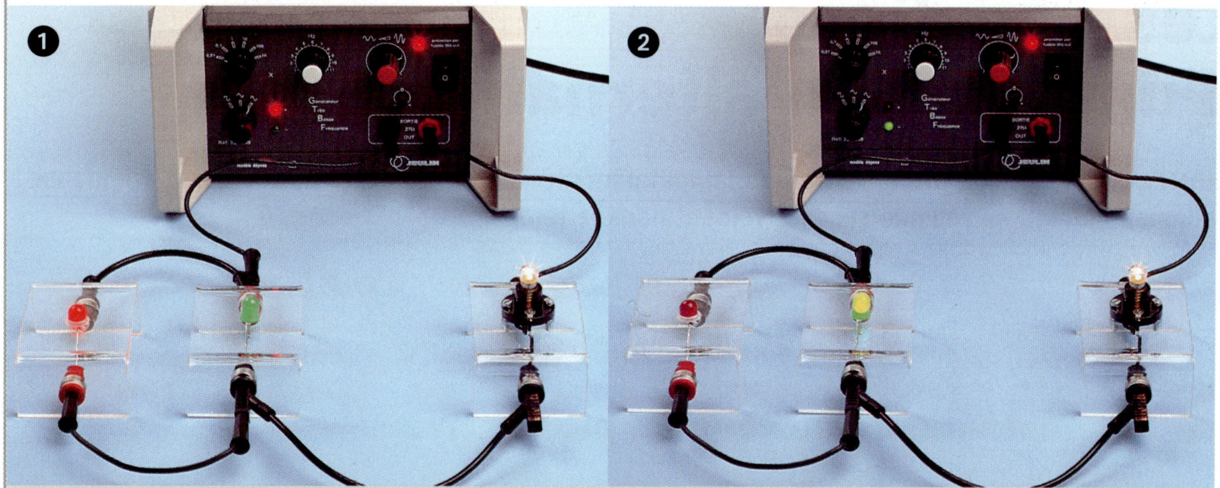

a Les deux D.E.L. sont branchées en dérivation et en sens inverses. Le générateur délivre une tension alternative très basse fréquence (T.B.F.) : sa borne rouge est pôle ⊕ pendant 50 secondes ❶, puis pôle ⊖ pendant 50 secondes ❷, et ainsi de suite.

a Successivement, on observe les phénomènes suivants : la lampe et la D.E.L. rouge sont allumées, elles s'éteignent, la D.E.L. verte et la lampe s'allument, elles s'éteignent et ainsi de suite. On constate ainsi que le courant change de sens toutes les 50 secondes. À chaque fois, les bornes du générateur changent de signe.
Sous une telle tension, un moteur à courant continu tourne alternativement dans un sens puis dans l'autre.

b Le générateur fait maintenant circuler un courant qui varie très rapidement et change de sens toutes les 0,01 seconde. Les D.E.L. semblent être constamment allumées. Notre vision ne nous permet pas de les voir clignoter à cause du phénomène de persistance rétinienne. La lampe brille de la même façon que dans le montage a du document 1.

Une **tension alternative** fait circuler dans un circuit fermé un **courant alternatif**, c'est-à-dire un courant qui **change de sens à intervalles de temps réguliers**.

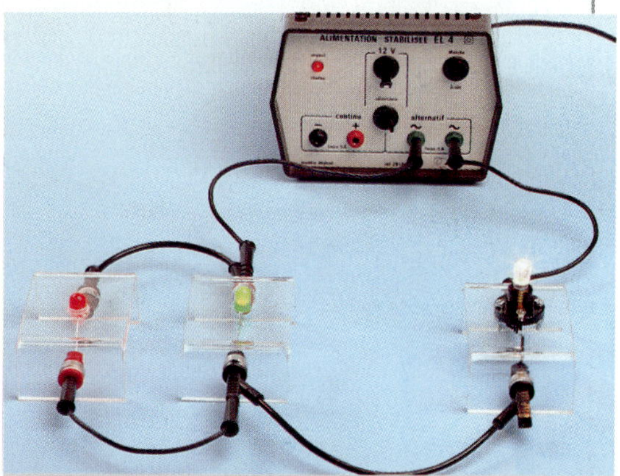

b Un générateur de tension alternative 50 Hz est branché aux bornes du circuit.

POUR MANIPULER

- Réaliser les deux montages a et b.
- Observer l'éclat de la lampe et des D.E.L.
- Brancher un moteur aux bornes du générateur T.B.F. Observer.

Questions

1 Doc. 1 Reproduisez le schéma du document a et, à l'aide d'une flèche, indiquez le sens du courant électrique qui traverse la lampe et la D.E.L. Comment est appelé ce courant ?

2 Doc. 2 Dessinez le schéma du montage a. Avec une flèche rouge, indiquez le sens du courant électrique dans le circuit quand la D.E.L. rouge est allumée. Avec une flèche verte, indiquez le sens du courant quand la D.E.L. verte est allumée. Attribuez dans chaque cas les signes convenables aux bornes du générateur. Comparez les deux résultats. La lampe est-elle sensible au sens de circulation du courant électrique ?

3 Peut-on différencier, grâce à l'éclat d'une lampe, un courant continu d'un courant alternatif variant très rapidement ?

Activité 2

Les variations d'une tension alternative

Dans l'activité 1, nous avons vu qu'une lampe alimentée en tension alternative basse fréquence s'allume, s'éteint, se rallume successivement dans le temps.

Comment varie la valeur d'une tension alternative au cours du temps ?

1 Le graphique d'une tension alternative

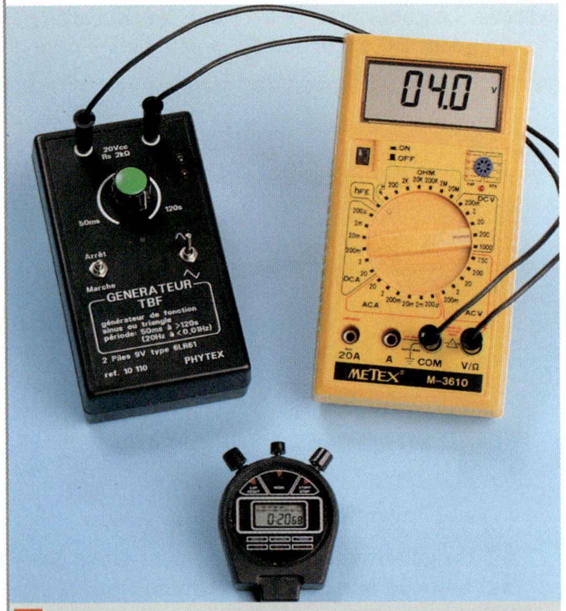

a La mesure de la tension délivrée par un générateur très basse fréquence (T.B.F.) en fonction du temps.

b Les premières valeurs mesurées.

Temps (s)	0	5	10	15	20	25	30	35	40
Tension (V)	9,8	7,9	5,6	3	0,1	–2,6	–5	–7,6	–9,2

- On relève toutes les 5 secondes et pendant 5 minutes la valeur en volts indiquée par un voltmètre utilisé en zone tension continue, branché aux bornes d'un générateur Très Basse Fréquence (T.B.F.) a b. Sur un graphique, on reporte les valeurs de la tension mesurée en fonction du temps c.
- La tension aux bornes du générateur T.B.F. varie au cours du temps. La courbe obtenue ondule de part et d'autre de l'axe des abscisses. C'est ici une **sinusoïde**.
- Les valeurs prises par la tension sont comprises entre **un maximum** $U_{max} = 10{,}5\,V = U_m$ **et un minimum** $U_{min} = -10{,}5\,V = -U_m$. Pendant les cinq minutes de l'expérience, la tension repasse plusieurs fois par la valeur zéro. Elle est **successivement positive puis négative.** On dit qu'elle est **alternative.**

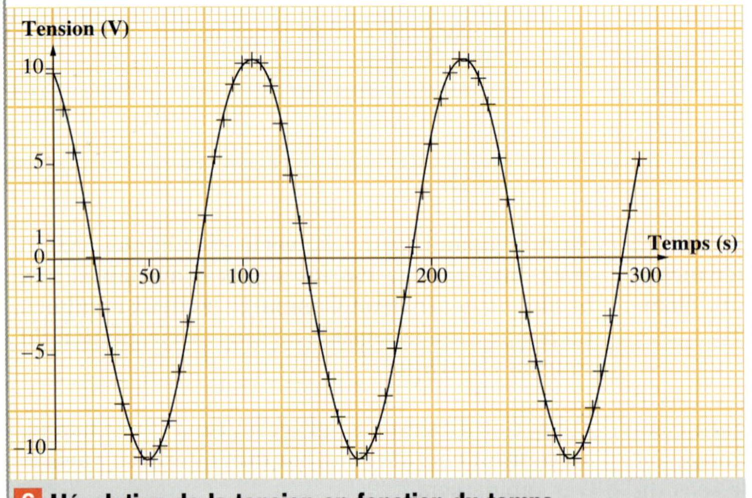

c L'évolution de la tension en fonction du temps.

POUR MANIPULER

- Préparer un tableau à 2 lignes et 60 colonnes.
- Brancher un voltmètre en mode tension continue aux bornes d'un générateur T.B.F.
- Déclencher le chronomètre et relever toutes les 5 secondes et pendant 5 minutes la valeur affichée sur l'écran du voltmètre.
- Noter les valeurs du temps et de la tension dans le tableau.
- Tracer le graphique représentant l'évolution des valeurs de la tension au cours du temps.

2 Une tension périodique

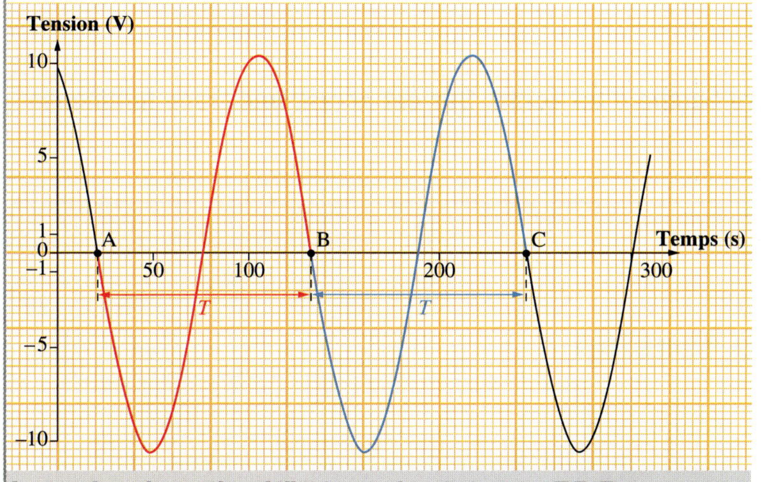

La tension alternative délivrée par le générateur T.B.F.

Sur l'axe des temps du graphique obtenu dans le document 1, **la courbe se reproduit identique à elle-même.** Elle est identique entre les points A et B et entre les points B et C. Comme pour un dessin répétitif, on peut parler d'un **« motif »,** que l'on a tracé en rouge entre A et B et en bleu entre B et C. On appelle **période,** notée ***T*,** la **durée du « motif ».** Elle s'exprime en **secondes (s).** Une telle tension est qualifiée de **périodique.** Pour la tension étudiée, $T = 112$ s.

3 D'autres types de tensions périodiques

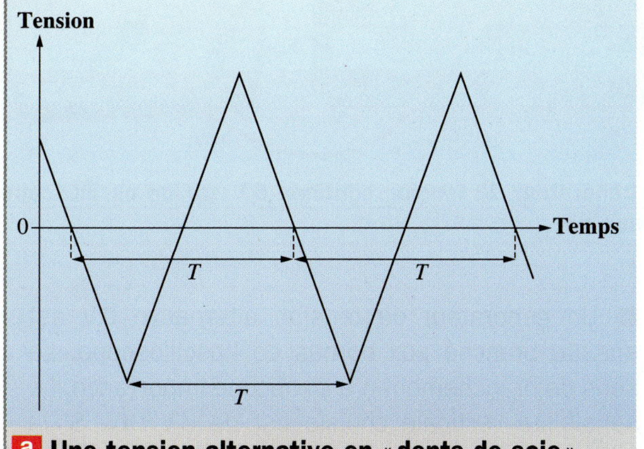

a Une tension alternative en « dents de scie ».

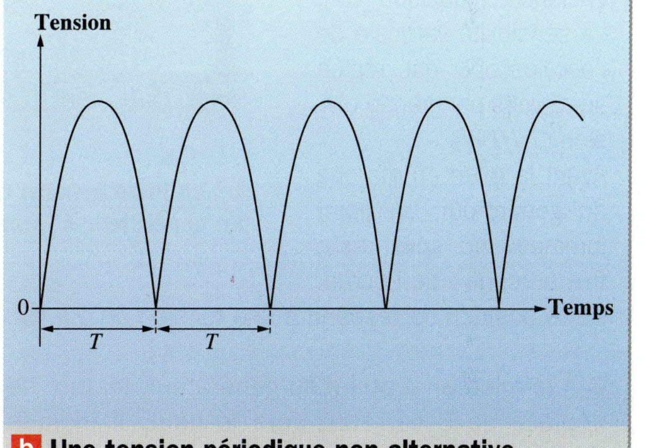

b Une tension périodique non alternative.

Ces deux graphiques représentent les variations de tensions périodiques au cours du temps. La tension de la courbe a est dite en dents de scie. La tension de la courbe b n'est pas alternative.

Questions

1 Doc. 1 Sur l'ensemble des 5 minutes d'expérience, combien de fois la tension prend-elle une valeur nulle ? Combien de fois change-t-elle de signe ? Ces observations justifient-elles que cette tension soit qualifiée d'alternative ?

2 Doc. 1 Vérifiez sur le graphique que les valeurs maximale et minimale de la tension étudiée sont voisines de 10 V.

3 Doc. 2 Vérifiez sur le graphique que la valeur de la période est voisine de 110 s.

4 Doc. 3 Pourquoi les tensions représentées dans ce document sont-elles qualifiées de périodiques ? Pourquoi la tension du document b n'est-elle pas alternative ?

5 Comment varie la valeur d'une tension alternative au cours du temps ?

Activité 3

L'oscilloscope

L'oscilloscope est un appareil de mesure équipé d'un écran. Sur cet écran, une trace lumineuse décrit des courbes de différentes formes.

Comment étudier une tension alternative à l'aide d'un oscilloscope ?

1 La visualisation d'une tension

● La borne ⊕ du générateur est reliée à la borne d'entrée Y de l'oscilloscope et la borne ⊖ à la borne de « masse », analogue à la borne COM du multimètre. Le balayage de l'écran n'est pas enclenché (position XY). La sensibilité verticale de l'oscilloscope est réglée sur 2 volts par grande division (2 V/DIV).
Avant la mise en marche du générateur, un point lumineux ou **spot** reste fixe au centre de l'écran. Cette position correspond à une tension de 0 V **a**.

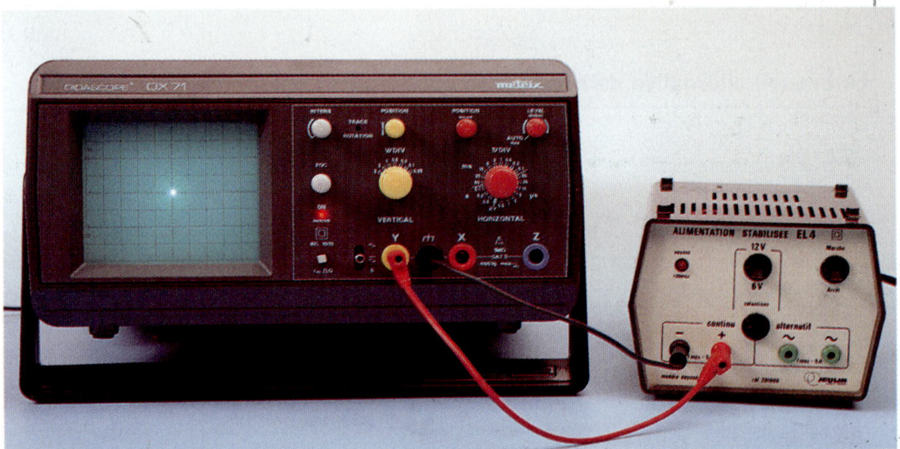

a Le branchement d'un générateur de tension continue 6 V sur un oscilloscope. Le générateur ne fonctionne pas.

● À la mise en marche du générateur, le spot se déplace de 3 carreaux vers le haut. Il indique alors + 6 V **b**.

● Lorsqu'on intervertit le branchement aux bornes de l'oscilloscope, le spot se déplace de 3 carreaux vers le bas. Il indique alors une tension de – 6 V **c**.

● Un générateur de tension alternative 6 V est ensuite branché aux bornes de l'oscilloscope. Le sens de branchement n'a ici aucune importance. La sensibilité verticale choisie est de 5 V/DIV. Si la période de la tension est grande, on voit le spot se déplacer verticalement de haut en bas et de bas en haut. Quand la période devient petite, le déplacement du spot est rapide et on ne voit plus qu'une trace continue verticale, dont le milieu est le centre de l'écran **d**.

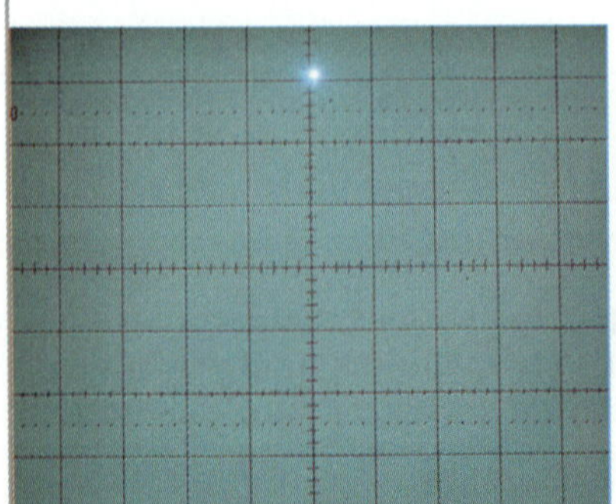

b Le générateur est mis en marche.

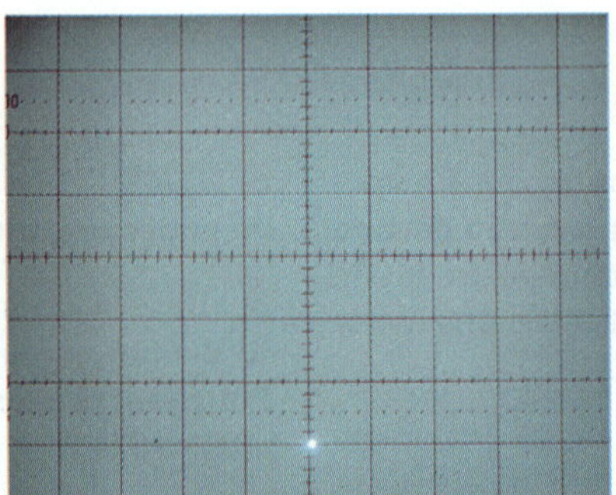

c Les bornes du générateur sont interverties.

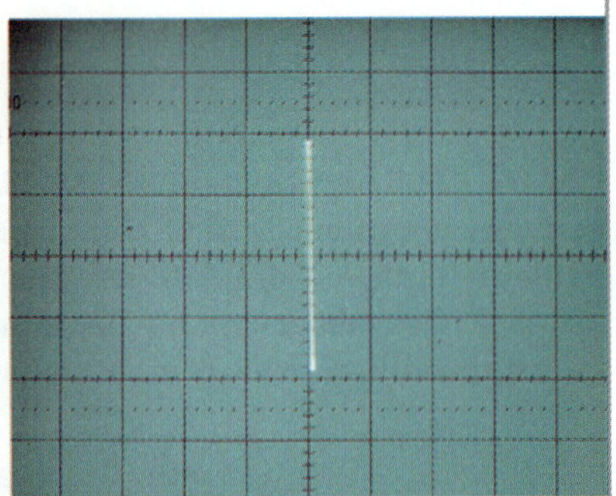

d L'observation d'une tension alternative.

2 L'utilisation du balayage

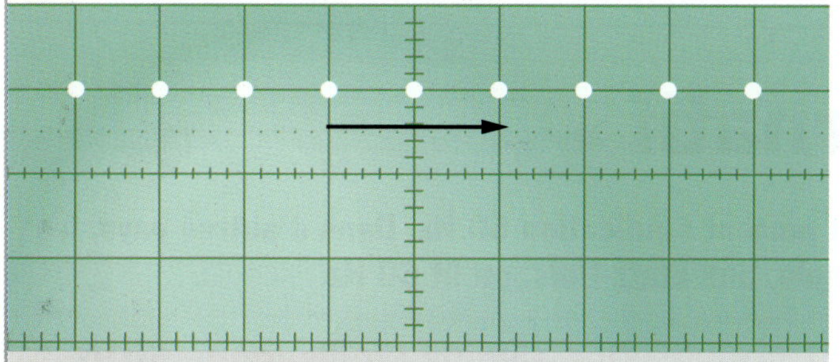

a Une tension continue. Les positions successives du spot à des intervalles de temps de 0,5 s, avec un balayage lent (0,5 s/DIV). La sensibilité verticale est de 2 V/DIV.

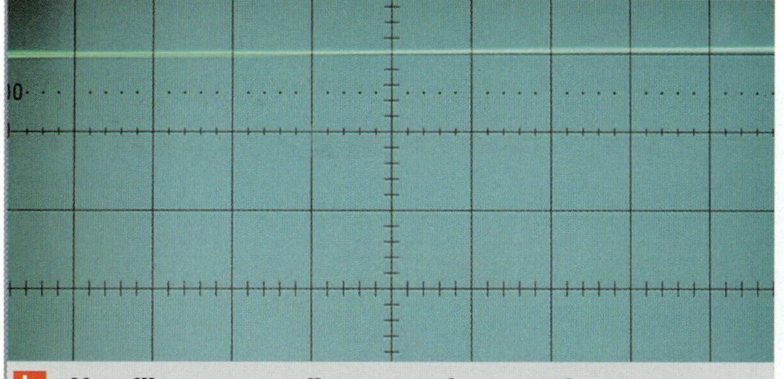

b L'oscillogramme d'une tension continue, avec un balayage rapide (5 ms/DIV). La sensibilité est de 2 V/DIV.

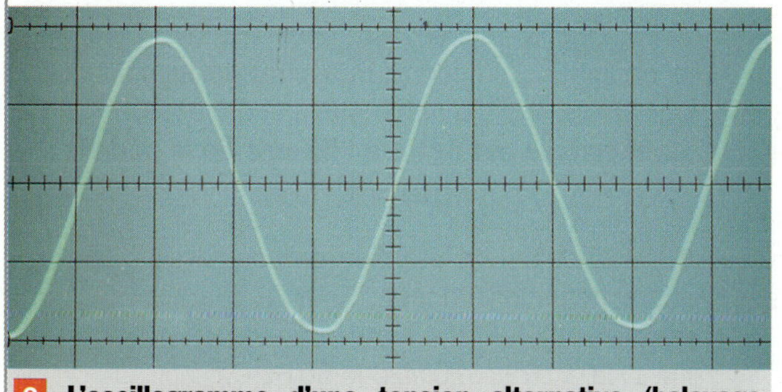

c L'oscillogramme d'une tension alternative (balayage 5 ms/DIV). La sensibilité est de 5 V/DIV.

a Reprenons le montage **a** du document 1. Si on enclenche le balayage (0,5 s/DIV), le spot se déplace horizontalement de la gauche vers la droite de l'écran. Il parcourt 1 grande division horizontale en 0,5 seconde. La figure ci-contre est comme une chronophotographie du mouvement du spot (voir le chapitre 6).

b Lorsque le balayage est plus rapide : 5 ms/DIV, une trace lumineuse horizontale apparaît sur l'écran. L'œil ne perçoit plus le déplacement du spot puisque celui-ci parcourt les 10 divisions horizontales de l'écran en 50 ms ou 0,05 s. La trace lumineuse sur l'écran s'appelle un **oscillogramme.**
L'oscilloscope permet de visualiser l'évolution d'une tension au cours du temps. Ici, on voit que la tension garde la valeur 6 V au cours du temps.

c Avec une tension alternative de 50 Hz, délivrée par le générateur du collège, on observe un oscillogramme qui est une sinusoïde. Les valeurs maximale et minimale de cette tension sont respectivement de 9 V et – 9 V. On constate également que la période de cette tension alternative périodique est de 20 ms ou 0,02 s.

POUR MANIPULER

- Brancher aux bornes d'un oscilloscope un générateur de tension continue 6 V et observer l'écran en choisissant différentes valeurs du balayage.
- Répéter la même opération avec un générateur de tension alternative. Observer et analyser les oscillogrammes obtenus.

Questions

1 Doc. 1 Pourquoi peut-on affirmer que 3 carreaux vers le haut correspondent à +6 V et 3 carreaux vers le bas à –6 V ?

2 Doc. 2 Qu'est-ce qui permet de dire qu'il y a 0,5 seconde d'intervalle entre deux positions successives du spot du document **a** ?

3 Doc. 2 Sur le document **b**, on ne voit plus le spot se déplacer sur l'écran et la trace lumineuse est une ligne continue. Comment expliquer ce phénomène ?

4 Doc. 2 a. Les valeurs extrêmes de la tension **c** données dans le texte sont-elles en accord avec la sensibilité verticale choisie et le nombre de divisions sur l'écran ?

b. Vérifiez de même que la valeur de la période indiquée dans le texte correspond aux réglages de l'oscilloscope.

Activité 4

La fréquence du « courant alternatif »

En France, les appareils électriques ménagers portent l'indication 50 Hz. Dans d'autres pays, les indications peuvent être différentes. Par exemple, aux États-Unis, on lit 60 Hz.

Que signifie l'indication « 50 Hz » portée sur les appareils électroménagers ?

1 La définition de la fréquence

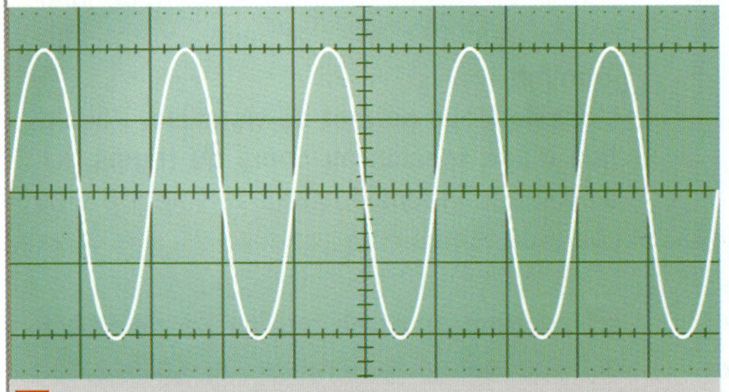

a Un oscillogramme d'une tension de 50 Hz. Le balayage est de 10 ms/DIV.

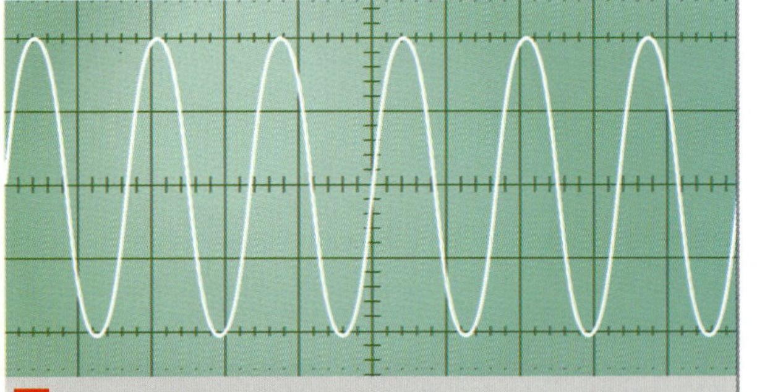

b Un oscillogramme d'une tension de 60 Hz. Le balayage est de 10 ms/DIV.

a Le « motif » de cette tension, analogue à celle fournie par le réseau Électricité de France (EDF), dure 20 ms. Il se reproduit 5 fois sur l'oscillogramme pour une durée totale de balayage de 0,1 seconde. Le motif se reproduit donc 50 fois en 1 seconde.

b Pour une fréquence de 60 Hz, on observe 6 périodes sur une durée de 0,1 s. Le motif se reproduit donc 60 fois en 1 seconde.

● On appelle fréquence (notée f) le nombre de fois qu'un phénomène se reproduit en 1 seconde ou encore le nombre de périodes (ou de motifs) par seconde. Elle s'exprime en hertz (symbole Hz), unité du système international. Le courant alternatif distribué par EDF a une fréquence de 50 Hz a.

● Lorsque la période est supérieure à 1 seconde, la définition précédente n'a plus de signification. On adopte une définition plus générale :
La fréquence est égale à l'inverse de la période :

$$f\,(\text{Hz}) = 1/T\,(\text{s}).$$

● Cette définition est bien en accord avec la première définition donnée. Pour le courant EDF, on retrouve :
$f = 1/20 \times 10^{-3} = 10^3/20 = 50$ Hz.

● Pour la tension du générateur T.B.F., étudiée dans l'activité 2, de période 112 secondes :
$f = 1/112 = 8{,}9 \times 10^{-3}$ Hz soit environ 9 millihertz. C'est une fréquence très basse, d'où le nom du générateur.

Questions

1 **Justifiez l'affirmation selon laquelle la durée du motif de l'oscillogramme a est de 20 ms.**

2 **a. En tenant compte du nombre de périodes sur l'écran et de la vitesse de balayage, indiquez quelle est la durée du motif de l'oscillogramme b.**

b. Avec la définition générale de la fréquence, vérifiez que la fréquence de la tension sur cet oscillogramme est de 60 Hz.

3 **Que signifie l'indication « 50 Hz » portée sur les appareils électroménagers ?**

Activité 5

Le voltmètre en courant alternatif

En classe de Quatrième, vous avez mesuré des tensions avec le voltmètre en position tension continue.

Qu'indique un voltmètre utilisé en position « alternatif » ?

1 Les indications d'un oscilloscope et d'un voltmètre

- Les bornes du générateur de tension alternative sinusoïdale du collège, en position 6 V, sont reliées d'une part aux bornes d'un oscilloscope, d'autre part aux bornes V et COM d'un multimètre utilisé en voltmètre. La sensibilité verticale de l'oscilloscope est réglée sur 5 V/DIV et le coefficient de balayage sur 5 ms/DIV. Le sélecteur du multimètre est placé dans la zone tension alternative.

- Le voltmètre indique une tension U de 6,5 V proche de la valeur 6 V indiquée sur la façade du générateur. La valeur maximale U_{max} de la tension lue sur l'écran de l'oscilloscope est de 9,5 V environ.

- Si on choisit la tension 12 V pour le générateur, la valeur lue sur le voltmètre est $U = 13{,}0$ V et la valeur maximale U_{max} est de 19 V.

- Dans les deux cas, le rapport U_{max}/U est égal à 1,4 environ. Ce rapport est théoriquement de $\sqrt{2}$. La valeur U affichée par le voltmètre est dite **valeur efficace** de la tension. Elle est égale à la valeur de la tension continue qui produirait le même éclat lumineux d'une lampe donnée (voir les documents 1 et 2 de l'activité 1).

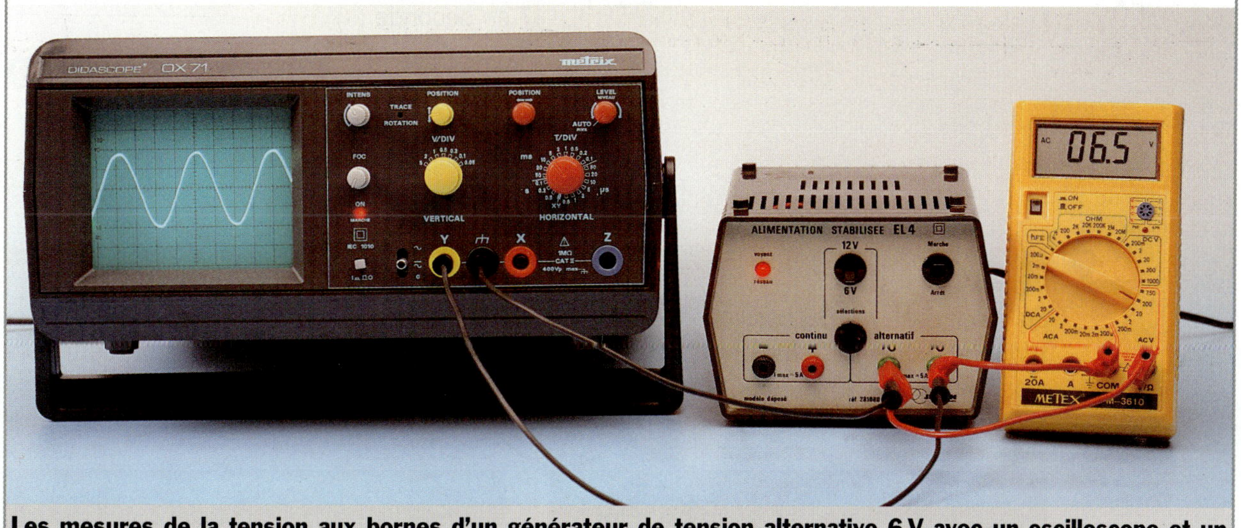

Les mesures de la tension aux bornes d'un générateur de tension alternative 6 V avec un oscilloscope et un voltmètre.

Questions

1 Quelles caractéristiques de la tension sinusoïdale sont mesurables par l'oscilloscope ? Par le voltmètre ?

2 Vérifiez que la valeur maximale de la tension donnée dans le texte est en accord avec la sensibilité verticale choisie sur l'oscilloscope.

3 Vérifiez que le rapport U_{max}/U dans chaque série de mesures effectuée a bien une valeur proche de $\sqrt{2}$.

4 Les valeurs indiquées sur les générateurs de tensions alternatives sinusoïdales sont-elles des valeurs maximales ou des valeurs efficaces ?

L'essentiel

1 Le courant continu et le courant alternatif — Activités 1, 2 et 4

- Un générateur de tension continue fait circuler dans un circuit fermé un courant électrique appelé **courant continu** qui va toujours dans le **même sens.**
Une **tension continue** garde toujours la même valeur au cours du temps.

- Un générateur de tension alternative fait circuler dans un circuit fermé un courant électrique qui va **successivement dans un sens, puis dans l'autre**. Ce courant est appelé **courant alternatif.**
Une **tension alternative** change de signe et de valeur au cours du temps.
La valeur la plus élevée atteinte par la tension au cours du temps est appelée **valeur maximale** et désignée par U_{max}.

- Une tension est **périodique** si, à intervalles de temps réguliers, se répète le même « motif ». La **période**, notée ***T***, est la durée du « motif ». Elle s'exprime en **seconde** (symbole s).

- La **fréquence** d'une tension périodique, notée *f*, est le **nombre de périodes par seconde**. La fréquence s'exprime en **hertz (symbole Hz),** unité du Système International (SI)**.**

$$f = 1/T \quad \begin{cases} f \text{ en hertz (Hz)} \\ T \text{ en seconde (s)} \end{cases}$$

Exercices : 1, 2, 5, 9 à 13

2 L'oscilloscope — Activité 3

En mode balayage, l'oscilloscope permet de visualiser **l'évolution d'une tension électrique au cours du temps** et de **mesurer** certaines valeurs caractéristiques de cette tension. La courbe affichée sur l'écran est un **oscillogramme.**
L'axe vertical représente les valeurs de la tension. L'axe horizontal représente le temps.

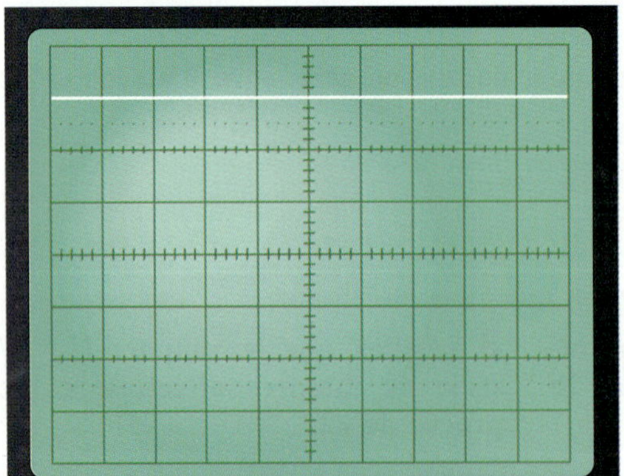

L'oscillogramme d'une tension continue.

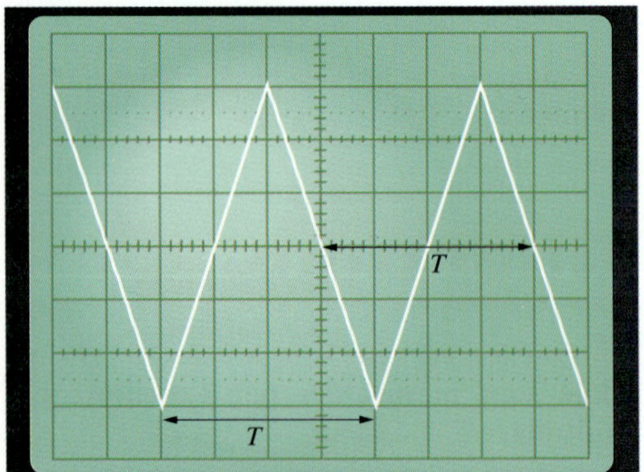

Une tension alternative périodique en dents de scie.

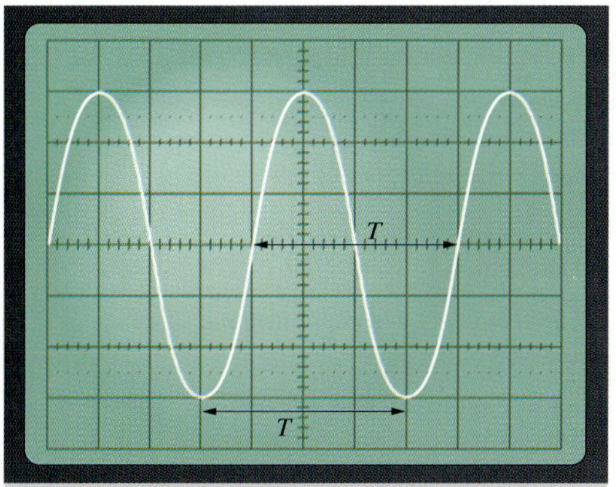

Une tension sinusoïdale, alternative et périodique, identique à celle fournie par le secteur.

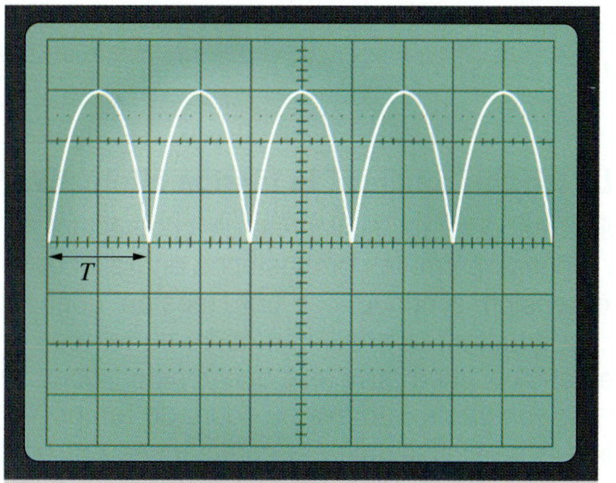

Une tension périodique non alternative.

Exercices : 3, 4, 14 à 18

3 Le voltmètre utilisé en courant alternatif

Activité 5

En position tension alternative, le voltmètre mesure la **valeur efficace d'une tension alternative sinusoïdale.**

Cette valeur est égale à celle d'une tension continue qui produirait le même éclat lumineux d'une lampe.

La tension maximale U_{max} se calcule à partir de la tension efficace U en multipliant celle-ci par $\sqrt{2}$.

$$U_{max} = U \times \sqrt{2}.$$

Exercices : 6 à 8, 18 à 21

Je dois être capable de...

- **Reconnaître une tension continue, une tension alternative, une tension périodique.**
- **Réaliser un tableau de mesures pour une tension en fonction du temps et en construire la représentation graphique.**
- **Déterminer graphiquement la valeur maximale et la période d'une tension alternative périodique. Calculer sa fréquence.**
- **Montrer à l'oscilloscope la variation d'une tension au cours du temps.**
- **Déterminer la valeur maximale d'une tension sinusoïdale à partir de sa valeur efficace.**

JE TRAVAILLE SEUL

RÉPONSES P. 250

1 La tension continue, la tension alternative

Recopiez les phrases suivantes en choisissant la bonne réponse parmi les propositions en italique :

a. Une tension continue est une tension dont la valeur est *constante/variable* au cours du temps.

b. Une tension alternative est une tension dont la valeur est *constante/variable* au cours du temps.

c. Une tension sinusoïdale est caractérisée par une période qui s'exprime en *hertz/seconde*.

d. La fréquence d'une tension périodique s'exprime en *hertz/seconde*.

e. Un courant alternatif *conserve/ne conserve pas* le même sens au cours du temps.

2 Les variations de certaines tensions

Voici les graphiques représentant les variations au cours du temps de deux tensions :

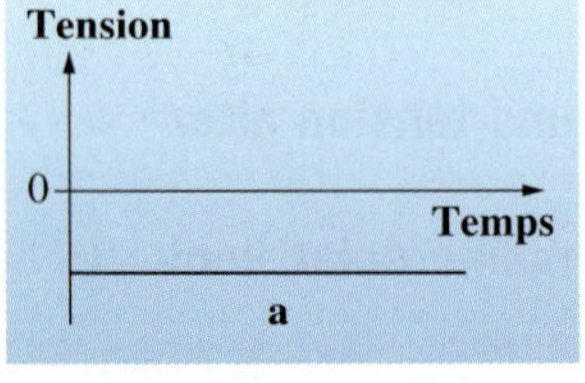

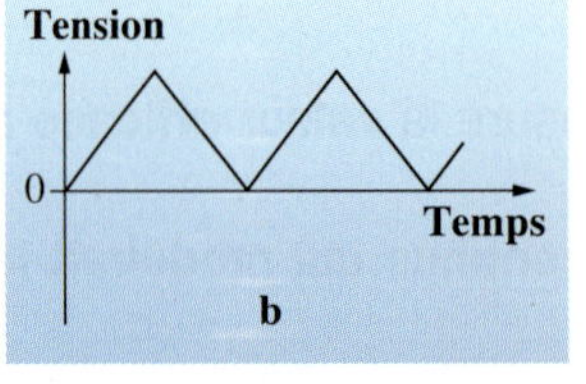

Jean pense que le graphique **a** correspond à une tension continue. A-t-il raison ? Justifiez votre réponse.
Sylvie pense que le graphique **b** correspond à une tension alternative non sinusoïdale. A-t-elle raison ? Justifiez votre réponse.

3 Une étude d'oscillogrammes

Sur l'écran d'un oscilloscope on observe les oscillogrammes suivants :

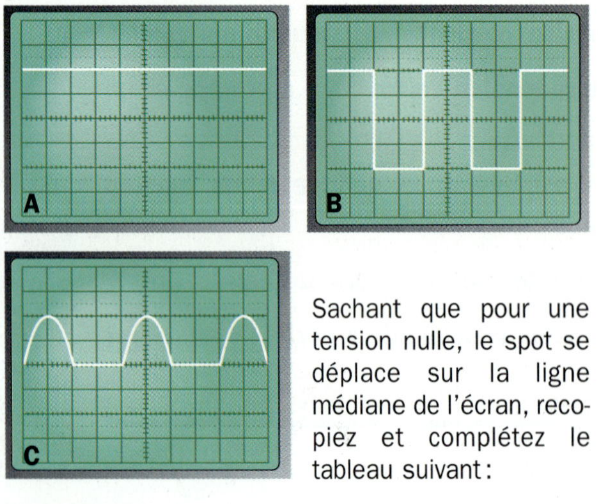

Sachant que pour une tension nulle, le spot se déplace sur la ligne médiane de l'écran, recopiez et complétez le tableau suivant :

Oscillogrammes	A	B	C
La tension est-elle continue ? Oui-Non			
La tension est-elle alternative ? Oui-Non			
La tension est-elle périodique ? Oui-Non			

4 Des mesures sur un oscillogramme

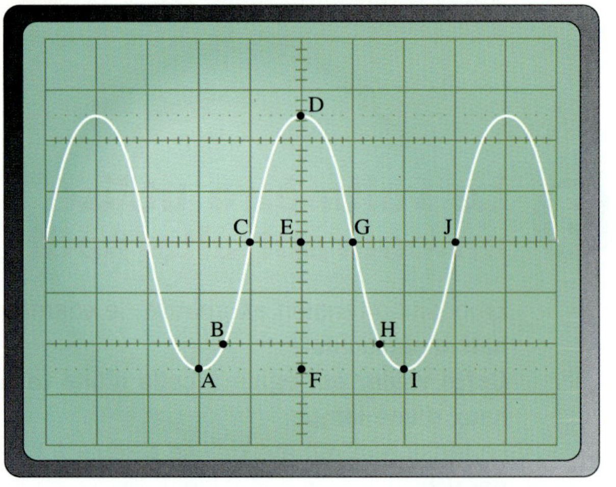

1. Quels sont les points qui permettent de déterminer la période de cette tension ? Quels sont ceux qui permettent de déterminer sa valeur maximale ?

2. La sensibilité verticale de l'oscilloscope est réglée sur 2 V/DIV. Quelle est la valeur maximale de la tension ?

3. Le balayage est réglé sur 2 ms/DIV. Quelle est la période de la tension ? Calculez sa fréquence.

5 La période, la fréquence

a. Une tension alternative a une fréquence de 50 hertz. Quelle est la valeur de sa période ?

b. Une tension alternative a une période de 10 s. Quelle est la valeur de sa fréquence ?

La tension maximale, la tension efficace

6 Recopiez les phrases suivantes en choisissant la bonne réponse parmi les propositions en italique.

a. L'oscillogramme d'une tension alternative sinusoïdale permet de mesurer la valeur *maximale/efficace* de cette tension.

b. La valeur efficace d'une tension alternative sinusoïdale est *plus petite/plus grande* que la valeur maximale.

c. Un voltmètre utilisé en position « tension alternative » permet de mesurer la valeur *maximale/efficace* d'une tension alternative sinusoïdale.

7 Une tension alternative sinusoïdale a une valeur efficace de 230 V. Quelle est la valeur maximale de cette tension ?

8 Une tension sinusoïdale a une valeur maximale de 9 V. Trois élèves calculent la valeur efficace de cette tension :
Manon dit que la valeur efficace est de 18 V ;
Hugo dit que cette valeur est de 6,3 V ;
Ambre dit qu'elle est de 12,7 V.
Sans faire de calcul, indiquez qui a raison et pourquoi.

J'UTILISE MES CONNAISSANCES

Les effets d'une tension variable sur des D.E.L.

9 ★ Valentin réalise le circuit schématisé ci-dessous :

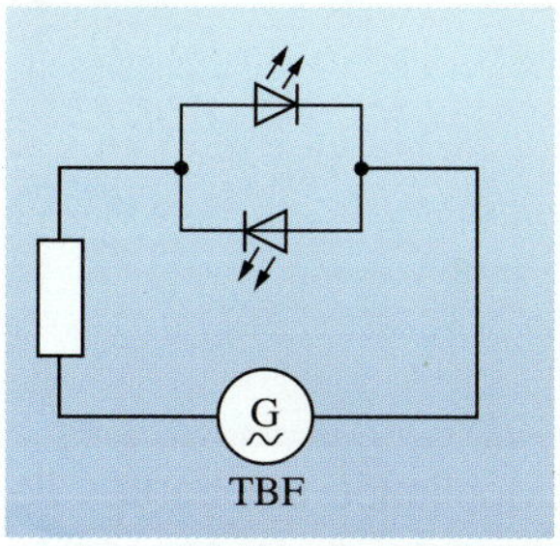

1. Il constate que chacune des deux D.E.L. émet deux éclairs par seconde. Quelle est la période de la tension qui existe entre les bornes du générateur T.B.F. ? Calculez la fréquence de cette tension.

2. En augmentant la fréquence de la tension il constate que, à partir d'une fréquence assez grande, les deux D.E.L. lui paraissent toutes deux allumées en permanence. Quel est le phénomène qui permet d'expliquer cette observation ?

10 ★ Un circuit est composé de trois D.E.L. (une rouge, une verte et une jaune), d'une résistance et d'un générateur de tension alternative à très basse fréquence.
On fait les observations suivantes :
– pendant 1 seconde, la D.E.L. rouge est allumée, la D.E.L. verte et la D.E.L. jaune sont éteintes ;
– pendant la seconde suivante, la D.E.L. rouge est éteinte, la D.E.L. verte et la D.E.L. jaune sont allumées ;
– et ainsi de suite.
Dessinez deux schémas possibles pour ce circuit.

11 ★ Pierre propose deux schémas d'un montage avec un générateur de tension alternative et deux D.E.L. Dans ces montages, aucune des deux D.E.L. ne peut s'allumer. Dessinez les montages proposés par Pierre.

12 ★★ Sur ce schéma, chaque cercle indique l'emplacement d'une D.E.L. Le générateur délivre une tension très basse fréquence.

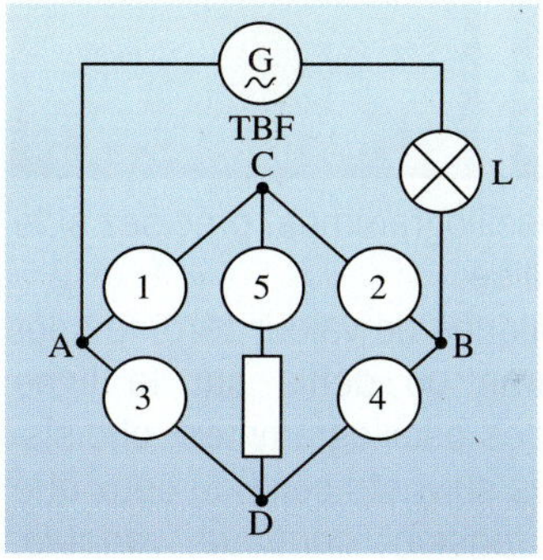

1. Recopiez et complétez le schéma en remplaçant les cercles par des D.E.L. placées dans le sens convenable, sachant que :
– pendant 5 secondes les D.E.L. 1, 5 et 4 sont allumées et les D.E.L. 2 et 3 sont éteintes ;
– pendant les 5 secondes suivantes, les D.E.L. 2, 3, et 5 sont allumées et les D.E.L. 1 et 4 sont éteintes.

2. Entre les points C et D le courant est-il périodique ? alternatif ?

3. Calculez la période et la fréquence de la tension fournie par ce générateur.

4. Quelle est la période d'allumage de la lampe L ?

13 **Une étude d'un phénomène périodique**

Sur un électrocardiogramme, l'enregistrement des battements cardiaques d'un athlète indique que son cœur bat, au repos, 60 fois par minute.

1. Quelles sont la période et la fréquence des battements cardiaques de cet athlète ?

2. Pendant l'effort, le cœur de l'athlète bat deux fois plus vite qu'au repos. Quelles sont alors les valeurs nouvelles prises par la fréquence et la période des battements ?

Source : M. Radelet, M. Ramanaïdou, *Sciences Physiques 3e*, Guide Plus, Éditions Belin, 1996.

Des oscillogrammes

14 Observez les quatre oscillogrammes ci-dessous.

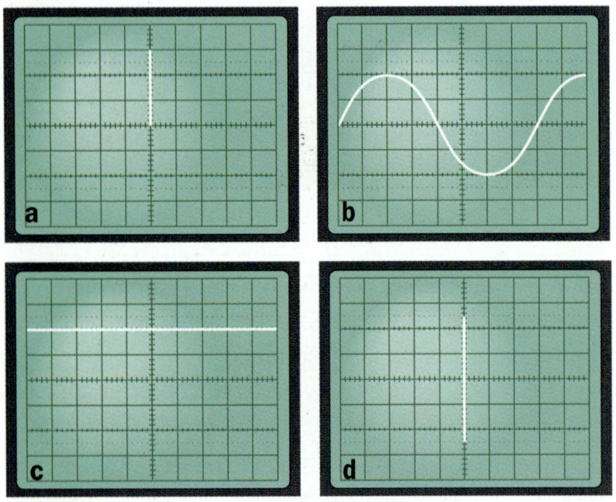

1. Pour chacun de ces oscillogrammes, précisez si le mode balayage a été utilisé.

2. Pour une tension appliquée de valeur zéro, le spot est au centre de l'écran ou défile sur la ligne médiane. Pour chacun des oscillogrammes, choisissez parmi les qualificatifs suivants celui ou ceux que l'on peut attribuer à la tension : *continue*, *variable*, *alternative*, *périodique*.

15 Un oscilloscope est utilisé en mode balayage. En l'absence de toute tension le spot est sur la ligne médiane de l'écran.

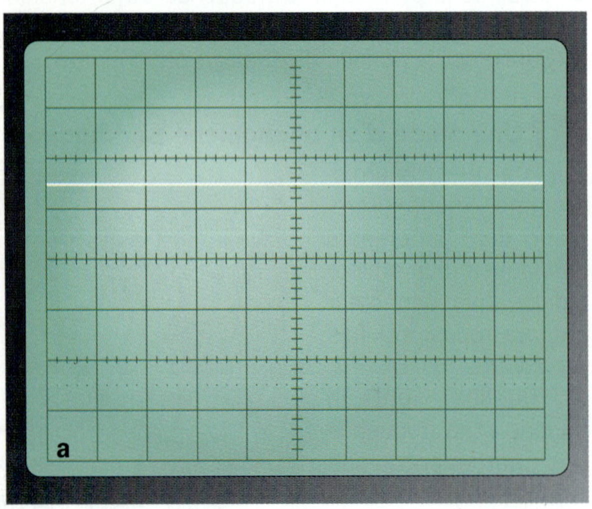

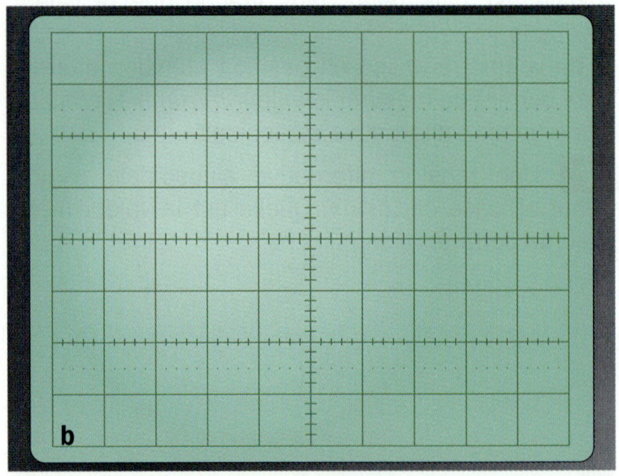

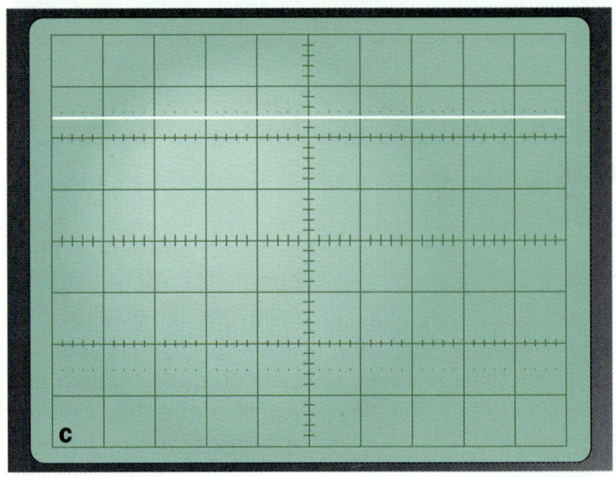

1. Une tension continue est appliquée aux bornes de l'oscilloscope. Sur l'oscillogramme **a**, la sensibilité verticale a été réglée à 2 V/DIV.
Quelle est la valeur de la tension appliquée ?

2. À l'aide d'une pile et sans changer la sensibilité verticale, on applique une tension de 4,5 V. La borne ⊖ de la pile est reliée à la borne de masse de l'oscilloscope. Recopiez l'écran **b** et dessinez l'oscillogramme que l'on doit observer.

3. Avec une tension de 12 V et une sensibilité verticale différente de la précédente, on observe l'oscillogramme **c**. Quelle est la sensibilité verticale choisie sur l'oscilloscope ?

16 Sur l'écran d'un oscilloscope, on a obtenu l'oscillogramme suivant :
La sensibilité verticale est de 5 V/DIV. Le balayage est réglé sur 5 ms/DIV.

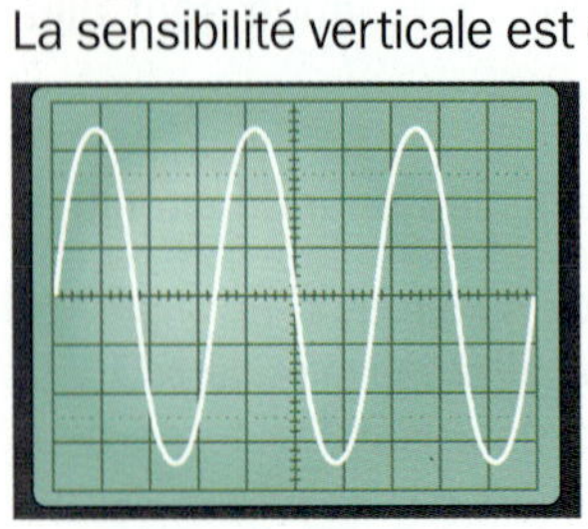

1. Quelle est la valeur maximale de la tension ? Calculez sa valeur efficace.

2. Quelle est la période de cette tension ? Calculez sa fréquence.

17 On a enregistré les oscillogrammes suivants :

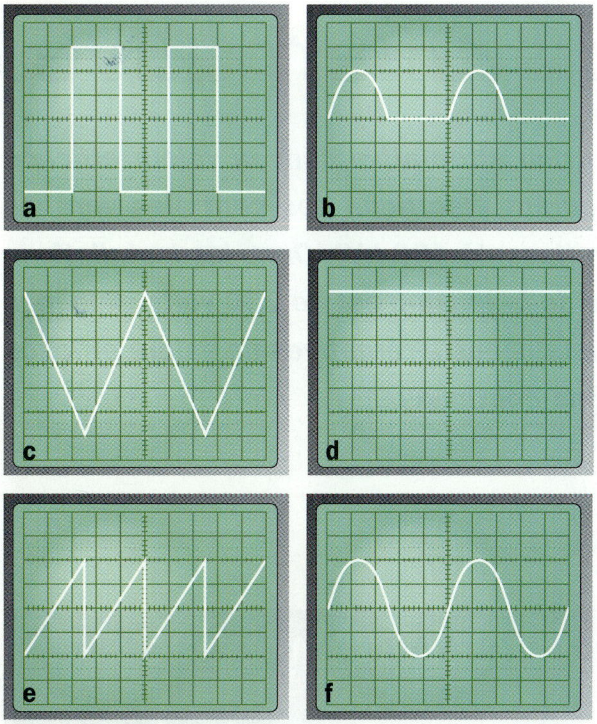

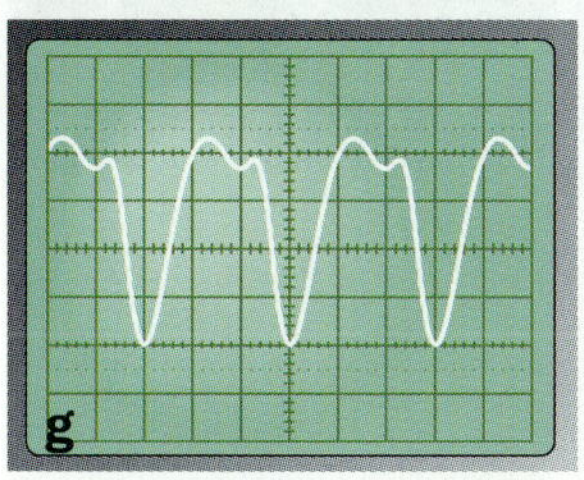

1. Pour chacun des oscillogrammes, indiquez la nature de la tension.
2. Recopiez les oscillogrammes des tensions périodiques et repasser en rouge le motif de chacune.
3. Les enregistrements ont été faits avec la même sensibilité verticale et le même balayage. Quelles sont les tensions qui ont la même période et celles qui ont la même valeur maximale ?

18 ★ On observe à l'oscilloscope la tension sinusoïdale délivrée par un générateur.

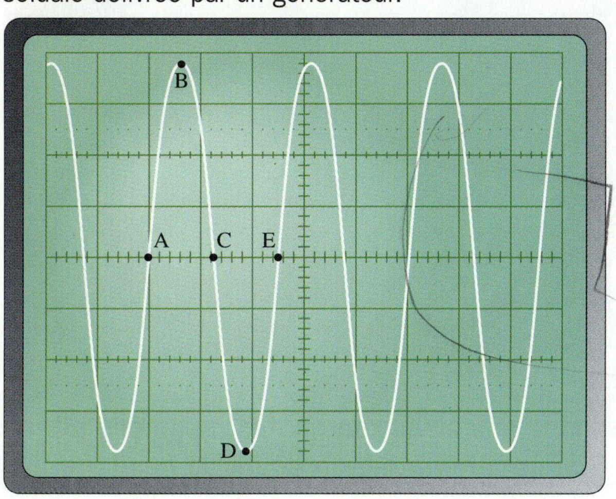

Avec une sensibilité de 2 V/DIV et un balayage réglé sur 20 ms/DIV on obtient l'oscillogramme précédent.
1. Comment qualifie-t-on ce type de tension ? Déterminez sa période, sa fréquence et sa tension maximale.
2. Quelle serait l'indication d'un voltmètre, en position tension alternative, branché aux bornes de ce générateur ?
3. On conserve le même balayage mais on passe à une sensibilité verticale de 5 V/DIV.
a. Le nombre de motifs sur l'écran est-il le même ? Pourquoi ?
b. Parmi les points indiqués sur l'oscillogramme (A, B, C, D, E), quels sont ceux qui ne changent pas de place ? Quels sont ceux dont la position change ?
4. On règle ensuite le balayage à 50 ms/DIV et on revient à une sensibilité verticale de 2 V/DIV.
a. Le nombre de motifs sur l'écran est-il plus grand ou plus petit que sur l'oscillogramme précédent ?
b. Quelle est, en nombre de carreaux, la longueur du nouveau motif ?

La tension maximale, la tension efficace

19 Sur la façade d'un générateur de tension alternative, on lit 6 V. Un voltmètre, en position tension alternative, branché aux bornes de ce générateur indique une valeur voisine de 6 V. Que représente l'inscription portée sur le générateur ?

20 Une lampe porte les indications 6 V-0,1 A.
a. Cette lampe est soumise à une tension continue de 6 V. Est-elle correctement utilisée ?
b. Cette lampe brillera-t-elle de la même façon si on applique à ses bornes une tension alternative sinusoïdale de valeur maximale 8,5 V ? Expliquez votre réponse.

21 ★ ★ Un générateur de tension alternative fait varier brusquement la tension délivrée de + 12 V à – 12 V toutes les 20 ms, comme indiqué sur le graphique. Il alimente une lampe à incandescence.
1. L'intensité du courant qui passe dans la lampe change-t-elle de valeur (en dehors de la durée très brève de la variation de la tension) ?
2. L'éclat lumineux de la lampe est-il modifié au cours du temps ?
3. Que vaut la valeur efficace de cette tension ? Si la fréquence de cette tension change, la valeur de la tension efficace est-elle modifiée ?

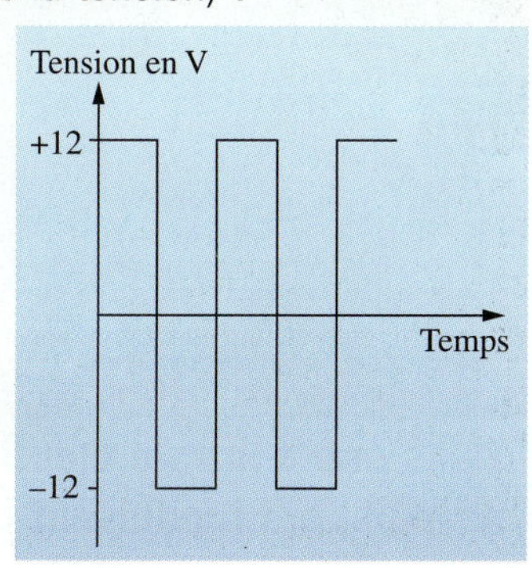

CHAPITRE 11

La production et la transformation de tensions alternatives

Les centrales électriques produisent une tension alternative dont la valeur efficace peut atteindre 24 kV. Pour transporter le courant électrique des centrales vers les usagers, on utilise des lignes à haute tension (jusqu'à 400 kV). Dans les installations électriques des habitations, la valeur efficace de la tension est de 230 volts. À la maison, certains appareils fonctionnent sous des tensions alternatives de valeur efficace plus faible que 230 volts, ou sous des tensions continues.

Activité 1

Comment produire une tension alternative ?

Dans une centrale électrique, ce sont de très grandes machines tournantes, appelées alternateurs, qui produisent une tension alternative. (Ici, un alternateur en cours de montage.)

Activité 2

Comment transporte-t-on l'énergie électrique ?

De la production à l'utilisation, l'énergie électrique est transportée sur des kilomètres de distance.

Activité 3

Comment obtenir une tension continue à partir d'une tension alternative ?

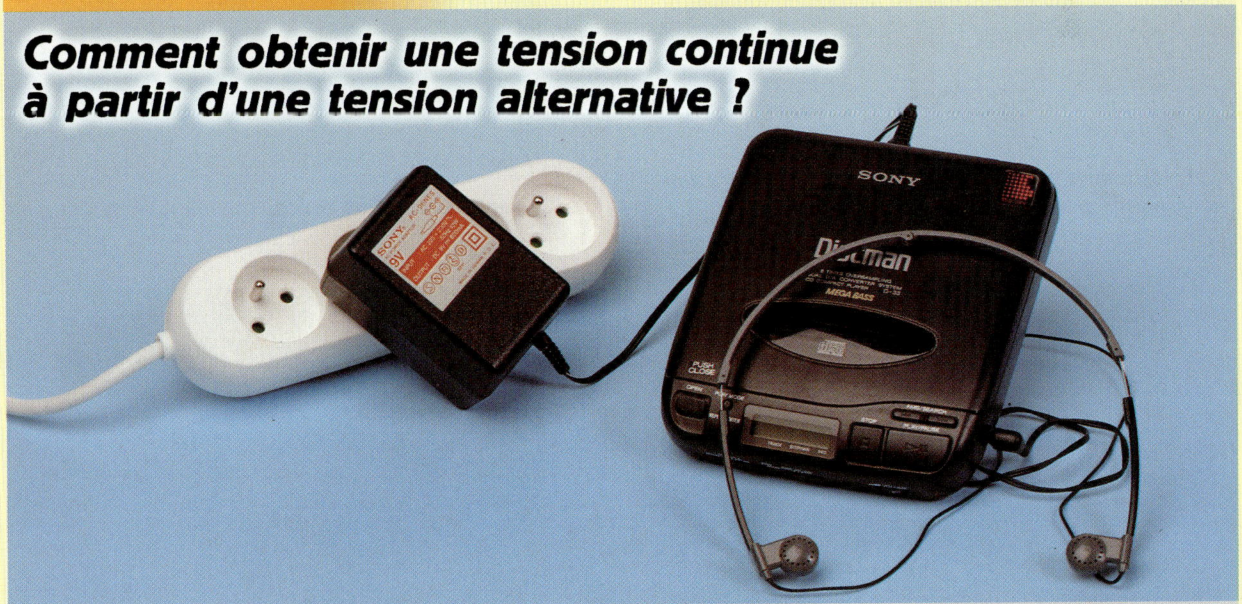

Les piles ou les accumulateurs s'usent généralement vite. On les remplace souvent par un adaptateur pour faire fonctionner certains appareils. Branché sur une prise de courant alternatif, l'adaptateur délivre une tension continue.

Activité 1

La production d'une tension alternative

On sait produire une tension alternative avec des machines simples dans leur principe : les alternateurs. On trouve des alternateurs dans les centrales de production d'énergie électrique mais aussi dans les voitures et sur les bicyclettes.

Comment produire une tension alternative ?

1 La tension produite par un alternateur de bicyclette

a Les deux bornes d'un alternateur de bicyclette sont reliées aux bornes d'un oscilloscope, réglé en mode balayage sur 10 ms/DIV. On observe ainsi la tension produite par l'alternateur. Pour faire tourner l'alternateur de manière régulière, on peut utiliser une perceuse et faire varier la vitesse de rotation. On obtient ainsi la même tension que lorsqu'on roule plus ou moins vite en bicyclette la nuit.

b Si l'alternateur ne tourne pas, il ne délivre pas de tension à ses bornes.

c Lorsque l'alternateur tourne, la tension produite est alternative.

d Si l'alternateur tourne plus vite, la période diminue et la valeur maximale de la tension augmente.

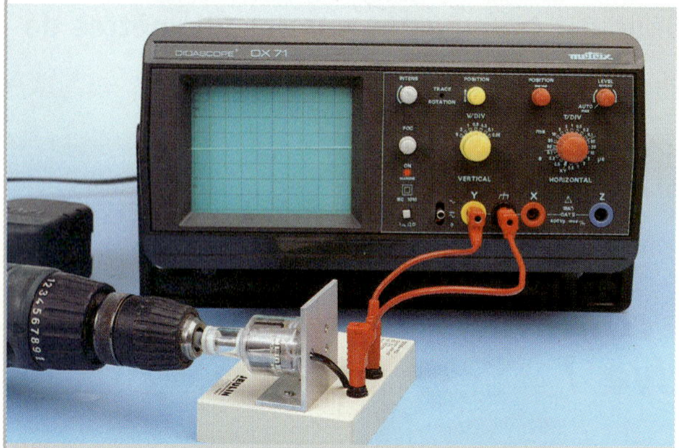

a Le montage pour visualiser à l'oscilloscope la tension fournie par un alternateur de bicyclette.

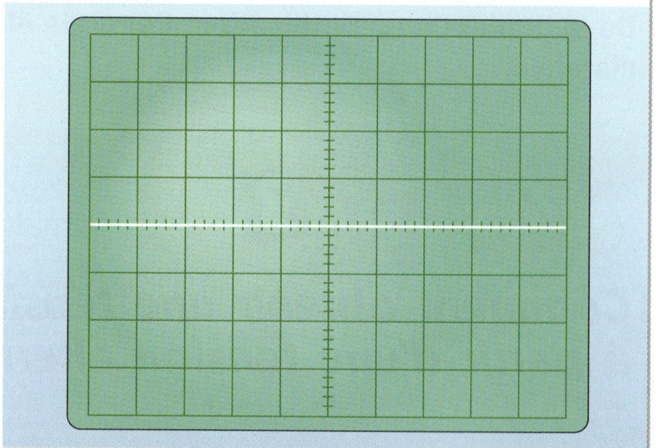

b L'alternateur est au repos.

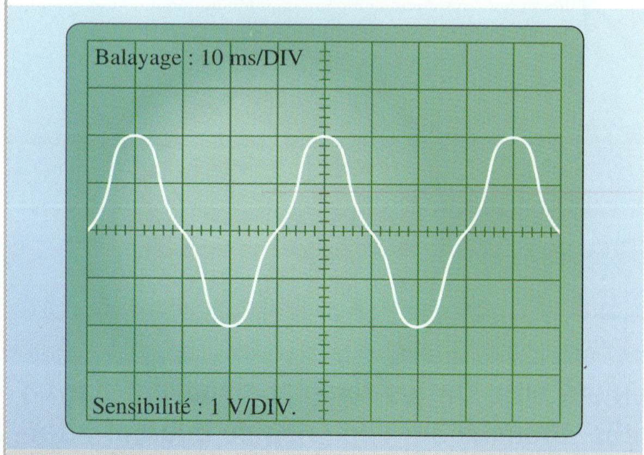

c L'alternateur tourne.

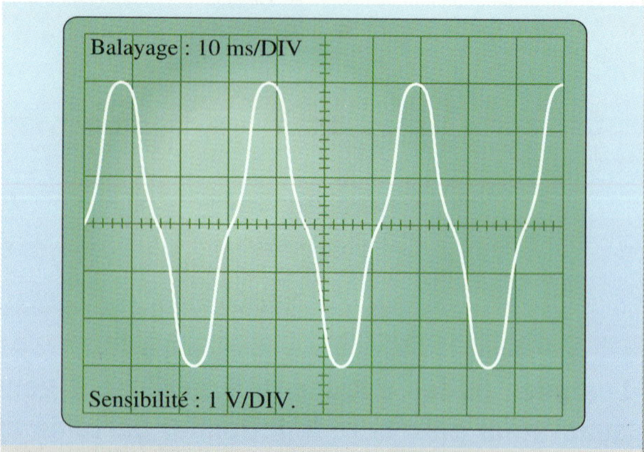

d L'alternateur tourne plus rapidement.

2 Le fonctionnement d'un alternateur

a Appuyé contre le pneu, le galet de l'alternateur de bicyclette est entraîné en rotation par la roue. Il entraîne un aimant cylindrique qui possède plusieurs pôles. Le galet et l'aimant constituent la partie mobile de l'alternateur : le « **rotor** ».
L'aimant tourne à l'intérieur d'une « cage » en acier. Du fil conducteur de cuivre, isolé par un vernis incolore, est bobiné sur une partie de la cage. Une des extrémités du fil est connectée à une partie métallique du boîtier. L'autre extrémité arrive à une borne isolée du boîtier. Elle sort de l'alternateur pour être reliée par d'autres fils conducteurs aux deux lampes de la bicyclette. La bobine et la cage forment le « **stator** » de l'alternateur, c'est-à-dire sa partie fixe.

● **De façon générale, c'est le déplacement d'un aimant près d'une bobine qui permet de produire une tension alternative aux bornes de la bobine.**

● La taille des alternateurs des centrales électriques peut être très grande. Les aimants sont remplacés par des électro-aimants*. Le principe reste le même. En jouant sur la vitesse de rotation du rotor et le nombre de pôles de l'électro-aimant, on ajuste en France la période de la tension produite à 20 ms (fréquence de 50 Hz). La valeur efficace de cette tension est en général de 24 kV.

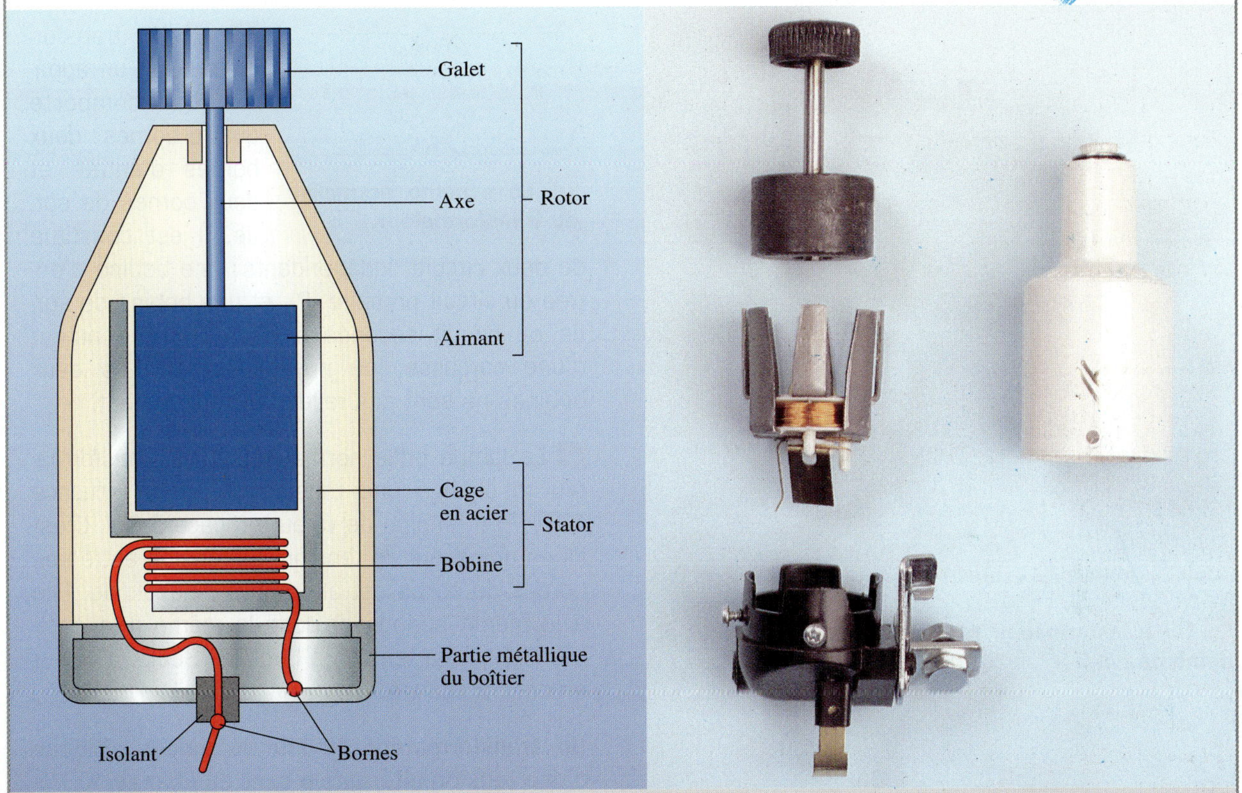

a **Les différentes pièces de l'alternateur de bicyclette.**

Questions

1 **Doc. 1** **À quelle condition un alternateur de bicyclette délivre-t-il une tension non nulle ? À partir des oscillogrammes obtenus lorsque l'alternateur tourne, justifiez l'affirmation : « la tension produite est alternative ».**

2 **Doc. 1** **Déterminez sur les oscillogrammes c et d la valeur maximale de la tension et la période.**

3 **Doc. 2** **En quoi diffère un alternateur de centrale électrique d'un alternateur de bicyclette ?**

LE SENS DES MOTS

Électro-aimant : Un électro-aimant simple peut être constitué par un barreau d'acier autour duquel est enroulé du fil conducteur isolé, traversé par un courant électrique. Ce dispositif peut remplacer un aimant.

Activité 2

Des centrales de production à l'utilisateur

La tension produite par les alternateurs des centrales électriques a une valeur efficace de 24 kV. Celle qui est utilisée dans les habitations a une valeur efficace de 230 V. Toute une suite de transformations de tension doit donc être effectuée entre le producteur et l'utilisateur.

Comment transporte-t-on l'énergie électrique ?

1 Le transformateur

a Un transformateur monté (en haut à gauche) et démonté.

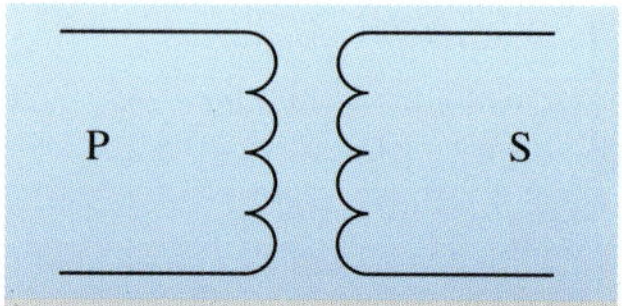

b La schéma normalisé du transformateur.

a b Un transformateur est un appareil qui comporte quatre bornes : deux bornes d'entrée et deux bornes de sortie. Il est constitué de deux circuits indépendants : une bobine d'entrée ou circuit primaire (P), et une bobine de sortie ou circuit secondaire (S), enroulées autour d'une carcasse (ou noyau) de fer. Les deux bobines ne sont pas reliées électriquement.

c La lampe brille normalement. Le transformateur a changé une tension de valeur efficace 13,1 V en tension de valeur efficace 5,8 V. C'est ici un abaisseur de tension. La tension entre ses bornes de sortie est alternative sinusoïdale. Elle a la même période et donc la même fréquence (50 Hz) que la tension à l'entrée. Seule la valeur efficace a changé.

Un transformateur modifie la valeur efficace d'une tension alternative sans en changer la fréquence. Il peut fonctionner en abaisseur ou en élévateur de tension.

Remarque : Si l'on avait appliqué à l'entrée du transformateur une tension continue, on n'aurait pas eu de tension aux bornes du secondaire. Un transformateur ne fonctionne qu'avec une tension variable au cours du temps.

c Un transformateur est placé entre un générateur alternatif de tension nominale 12 V et une lampe de tension nominale 6 V.

POUR MANIPULER

- Placer un transformateur 12 V/6 V entre un générateur alternatif de tension nominale 12 V et une lampe de tension nominale 6 V.
- Mesurer la tension à l'entrée et à la sortie du transformateur.

2 Une simulation d'un transport d'électricité

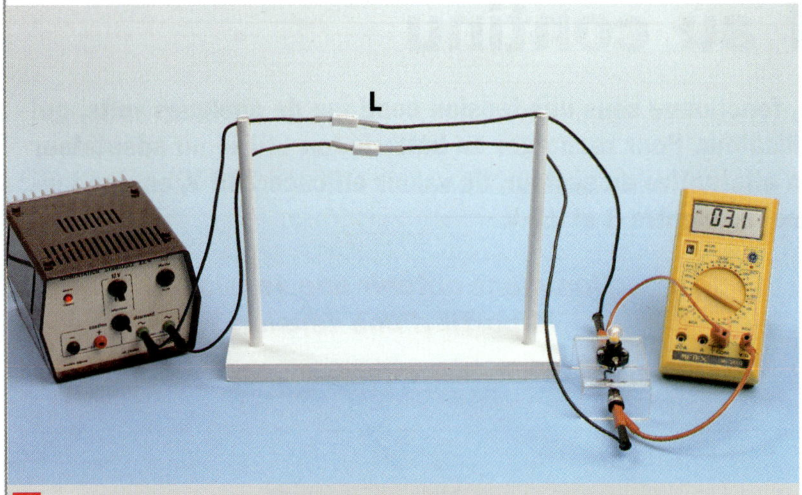

a La simulation d'une ligne électrique (L).

a Bien qu'ils soient réalisés dans des métaux très conducteurs comme le cuivre ou l'aluminium, tous les câbles de transport d'électricité présentent une certaine résistance. Dans l'expérience décrite, une ligne L est simulée par deux fils de résistance 5,6 Ω. La lampe, de tension nominale 6 V, est reliée à un générateur alternatif 6 V par l'intermédiaire de cette ligne. La tension aux bornes de la lampe n'est que de 3,1 V. Cette tension est trop faible pour qu'elle brille normalement.

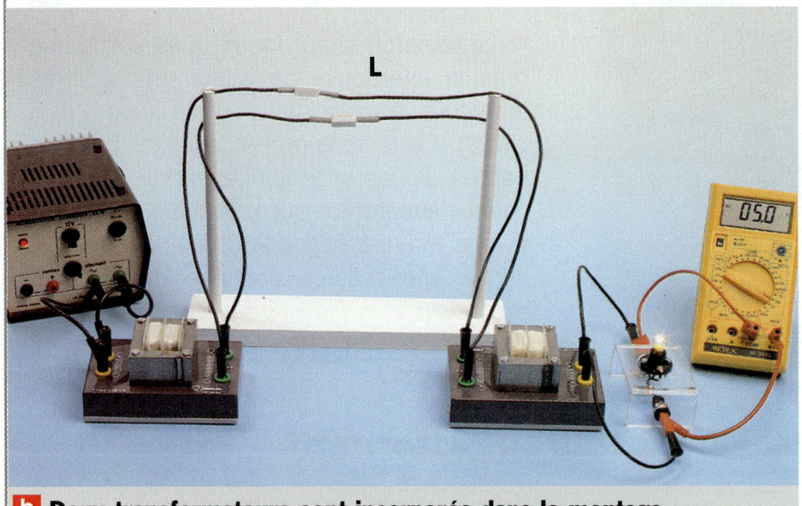

b Deux transformateurs sont incorporés dans le montage.

b La ligne L est maintenant située entre un premier transformateur élévateur de tension (6 V/24 V) et un deuxième, abaisseur de tension (24 V/6 V). La lampe brille beaucoup plus. La tension à ses bornes est de 5,0 V. L'utilisation des deux transformateurs a donc permis de limiter le phénomène de chute de tension.

● Une partie de la tension produite par les alternateurs est utilisée pour faire circuler le courant dans les câbles électriques, à cause de leur résistance. La tension à l'arrivée est donc plus faible que celle aux bornes de départ de la ligne.
Si on transportait le courant sous une basse tension, l'intensité du courant nécessaire aux consommateurs serait trop importante. Pour éviter que les câbles ne s'échauffent – à cause de leur résistance – il faudrait en utiliser de très gros, de résistance moindre (voir le chapitre 9). Les lignes seraient très lourdes.
Une élévation de la tension, jusqu'à 400 kV parfois, sur les lignes de transport à très grande distance, permet de limiter à la fois la chute de tension en bout de ligne et la grosseur des câbles électriques.

Questions

1 Doc. 1 **Quelles sont les différentes parties d'un transformateur ?**

2 Doc. 1 **Un transformateur modifie-t-il la valeur efficace, la période d'une tension alternative ?**

3 Doc. 1 **Un transformateur est-il utilisable avec une tension continue ?**

4 Doc. 2 **Pourquoi transporte-t-on le courant électrique dans des lignes à haute tension ?**

Activité 3

De l'alternatif au continu

Un téléphone portable, par exemple, fonctionne sous une tension continue de quelques volts, qui ne présente aucun danger pour l'utilisateur. Pour recharger sa batterie, on utilise un adaptateur qui permet de transformer la tension alternative du secteur, de valeur efficace 230 V, en une tension continue dont la valeur peut être fixée entre 3 et 12 V.

Comment obtenir une tension continue à partir d'une tension alternative ?

1 L'adaptateur

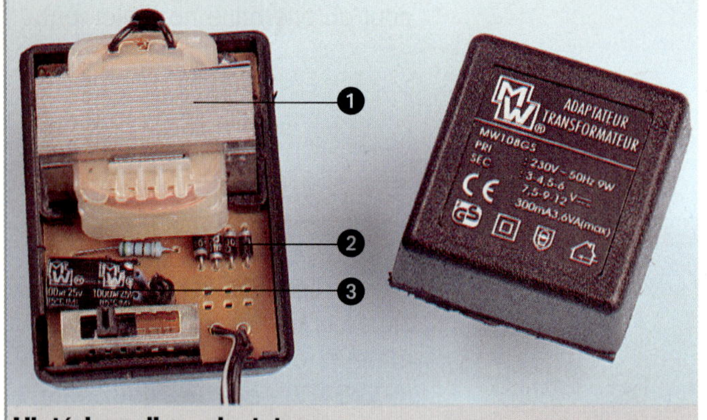

L'intérieur d'un adaptateur.

● Un adaptateur contient principalement un transformateur abaisseur de tension ❶, un « pont de diodes » ❷ et un condensateur ❸.

● Le transformateur fournit à sa sortie une tension alternative de valeur efficace très inférieure à celle de l'entrée (voir l'activité 2). Cette tension est ensuite modifiée par les diodes et le condensateur. En branchant l'adaptateur sur une tension alternative de valeur efficace 230 V, on obtient à la sortie une tension continue de 9 V par exemple.

2 L'action d'une diode sur le courant alternatif

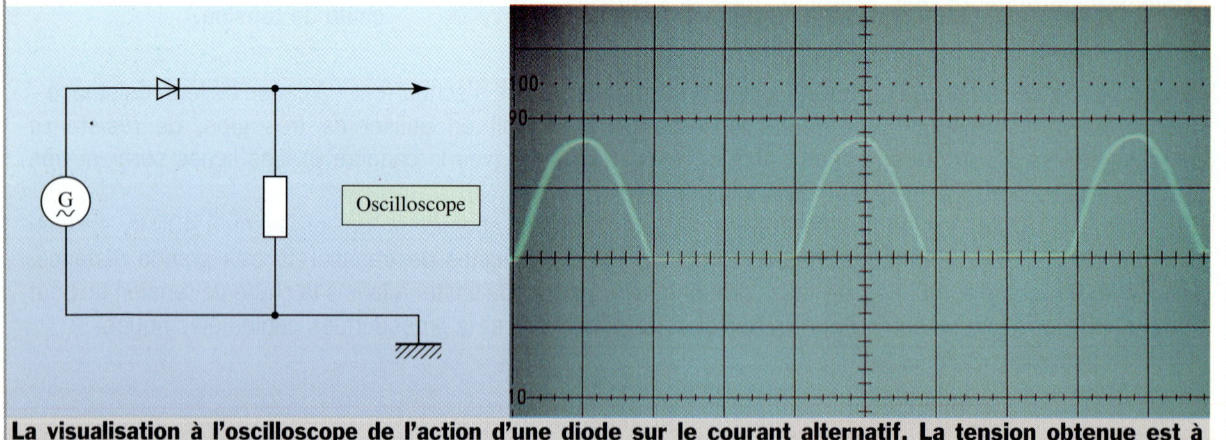

La visualisation à l'oscilloscope de l'action d'une diode sur le courant alternatif. La tension obtenue est à une seule alternance.

● Une diode en série avec une résistance ne laisse passer le courant que dans le sens passant de la diode. La tension aux bornes de la résistance est nulle pendant l'alternance où le courant ne la traverse pas et a toujours le même signe pendant l'alternance où le courant la traverse.

POUR MANIPULER

● Réaliser le montage avec un générateur alternatif 6 V et une résistance de 50 Ω.

● Observer l'oscillogramme obtenu.

3 D'une tension alternative à une tension continue

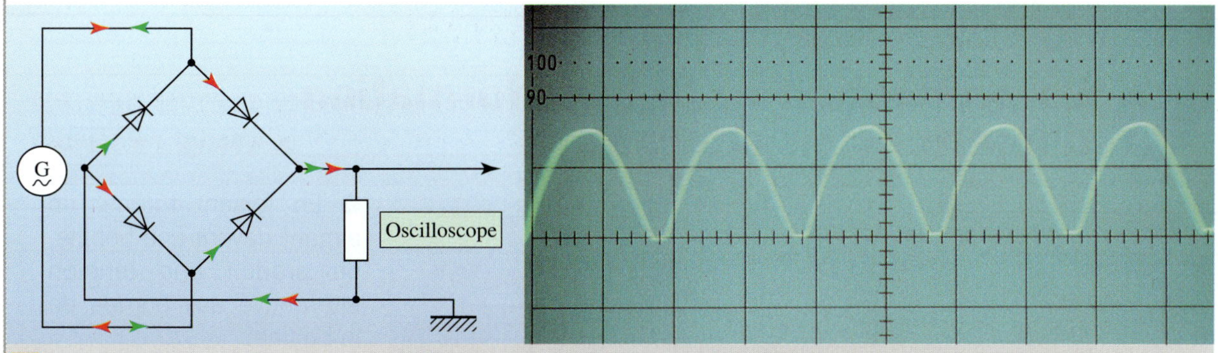

a La visualisation de l'action d'un pont de diodes sur le courant alternatif.

a Avec quatre diodes montées en « pont », la tension aux bornes de la résistance est dite « **redressée à deux alternances** ». Elle ne s'annule que ponctuellement et garde toujours le même signe.

b Si on remplace les diodes par des D.E.L., on constate avec une tension de très basse fréquence que le courant passe successivement dans les deux D.E.L. rouges puis dans les deux D.E.L. vertes. La D.E.L. jaune est constamment allumée car, à la sortie du pont, le courant passe toujours dans le même sens.

c Avec le condensateur, la valeur de la tension aux bornes de la résistance de sortie ne s'annule plus au cours du temps et ne varie presque plus **d**. Elle n'est cependant pas parfaitement constante car l'oscillogramme présente quelques ondulations de faible amplitude. On dit que l'on a réalisé le « lissage » de la tension.

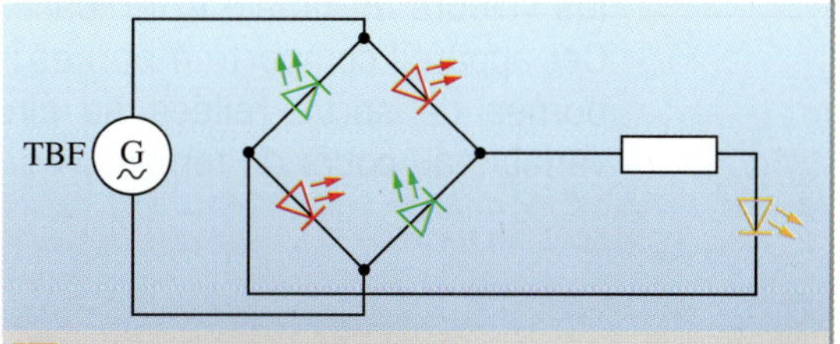

b Un pont de D.E.L.

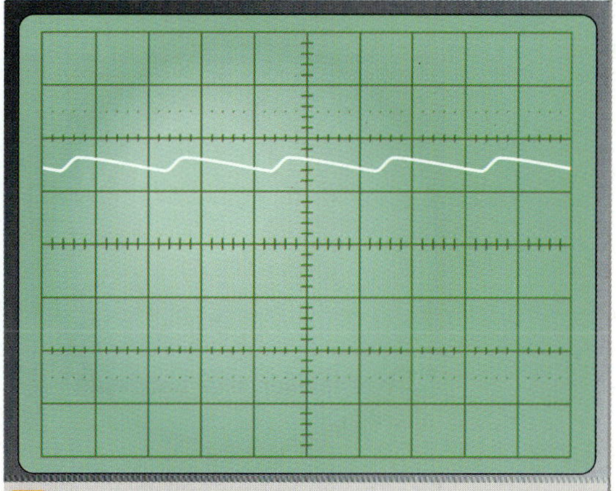

d Une tension « lissée ».

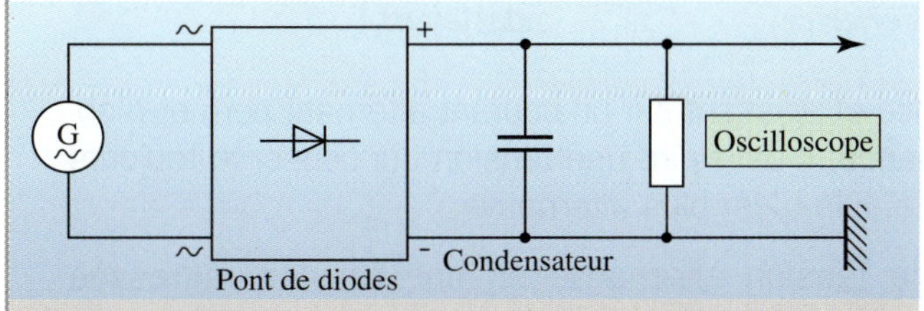

c Un montage avec un pont de diodes suivi d'un condensateur.

POUR MANIPULER

- Réaliser les montages **a** et **c** avec un générateur alternatif 6 V et une résistance de 50 Ω.
- Observer les oscillogrammes obtenus.

Questions

1 **Doc. 2** **Avec une seule diode en série et agissant sur un courant alternatif, la tension aux bornes de la résistance est-elle alternative ? Est-elle périodique ?**

2 **Doc. 3** **En vous servant des observations faites sur le montage b avec le pont de D.E.L., vérifiez sur le schéma a que le sens du courant indiqué en rouge pour une alternance et en vert pour l'autre est correct.**

3 **En précisant le rôle de chaque composant de l'adaptateur, expliquez comment celui-ci permet finalement de passer d'une tension alternative de valeur efficace 230 V à une tension quasi-continue de valeur fixée par exemple à 9 V.**

L'essentiel

1 La production et la transformation d'une tension alternative .... Activités 1 et 2

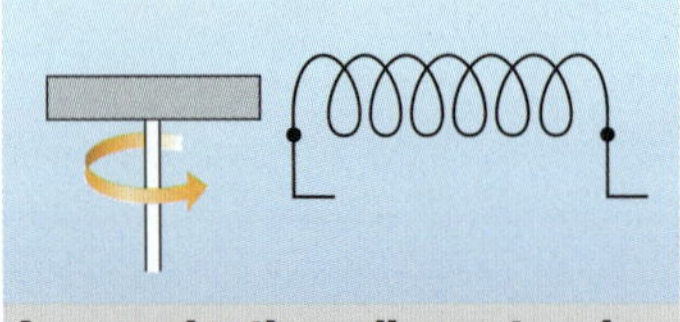

La production d'une tension alternative.

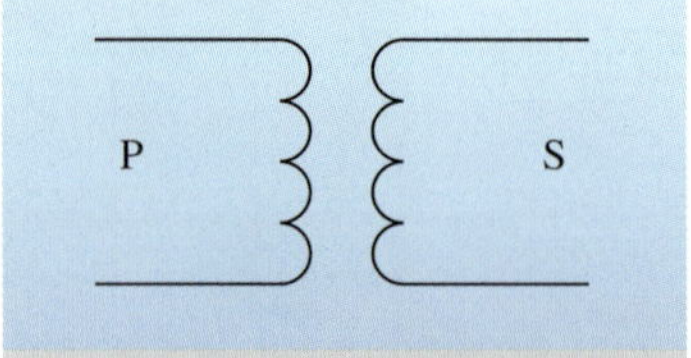

Le symbole du transformateur.

● En faisant tourner un aimant devant une bobine, on produit une tension alternative aux bornes de la bobine.

● Un transformateur permet d'abaisser ou d'élever les valeurs maximale et efficace d'une tension alternative, sans en modifier la période. Cet appareil comporte 4 bornes : deux bornes d'entrée reliées au circuit primaire et deux bornes de sortie reliées au circuit secondaire. Il ne fonctionne qu'avec une tension variable au cours du temps.

Exercices : 1 à 5, 8 à 12

2 Le redressement d'une tension alternative sinusoïdale ..... Activité 3

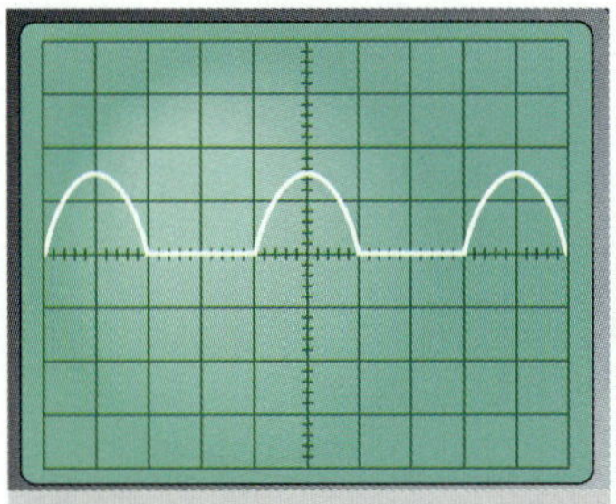

a Une tension avec une seule alternance.

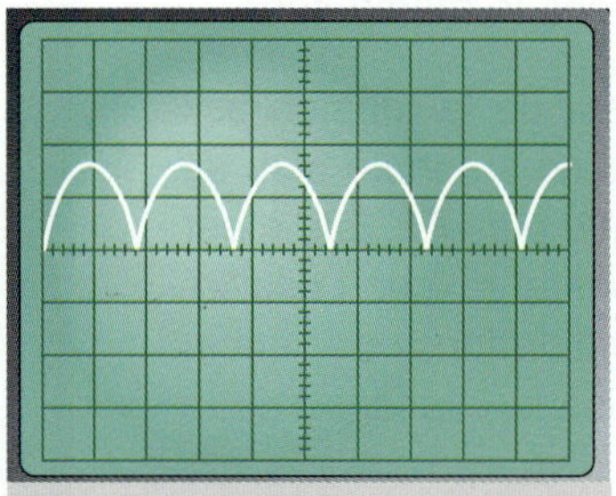

b Une tension redressée double alternance.

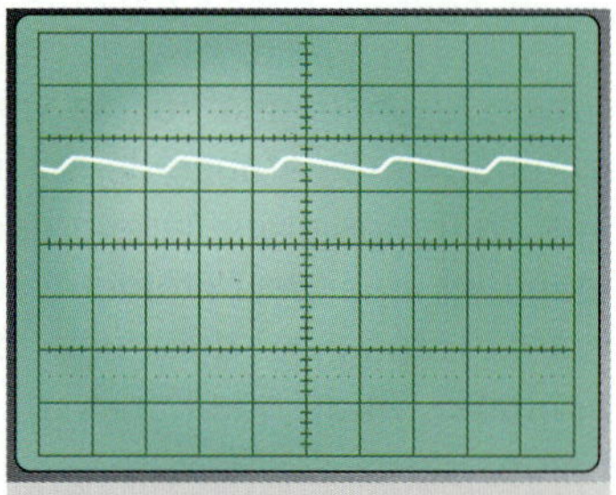

c La tension à la sortie d'un adaptateur.

a Une diode en série avec une résistance et agissant sur un courant alternatif permet d'obtenir une **tension avec une seule alternance**, c'est-à-dire une tension qui conserve toujours le même signe quand elle n'est pas nulle. Elle n'est plus alternative.

b Un pont de diodes transforme une tension alternative en une **tension redressée « double alternance »**.

c On passe d'une tension redressée à une tension quasiment continue en branchant un condensateur aux bornes de sortie du pont de diodes.

Exercices : 6, 7, 13 à 17

Je dois être capable de...

- **Produire une tension par le déplacement d'un aimant et décrire le principe de la production d'une tension alternative.**
- **Citer quelques emplois des transformateurs.**
- **Identifier une tension redressée.**

JE TRAVAILLE SEUL

Réponses p. 250

1 L'alternateur et le transformateur

Répondez par VRAI ou par FAUX aux affirmations suivantes et corrigez celles qui sont fausses.

a. Un alternateur produit une tension continue.

b. On obtient une tension alternative aux bornes d'une bobine en faisant tourner un aimant devant la bobine.

c. Un transformateur ne permet de modifier qu'une tension variable dans le temps.

d. La fréquence de la tension à la sortie d'un transformateur est toujours différente de la fréquence de la tension à l'entrée.

e. La valeur efficace de la tension aux bornes du circuit secondaire d'un transformateur abaisseur de tension est inférieure à la valeur efficace de la tension aux bornes du circuit primaire.

2 La production d'une tension alternative

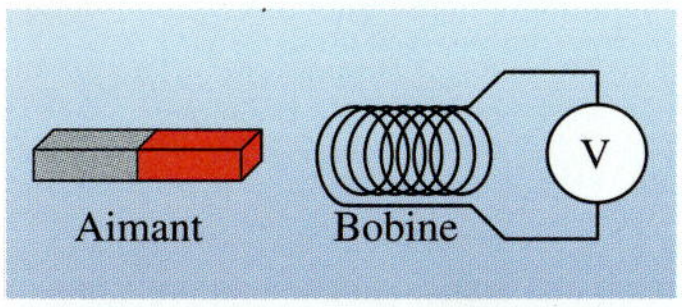

Quand on approche de la bobine l'aimant tenu horizontalement, le voltmètre indique une tension de valeur positive. Inversement quand on éloigne l'aimant, le voltmètre indique une valeur négative.

Quel mouvement faudrait-il donner à l'aimant pour obtenir une tension alternative ?

Les transformateurs

3

Un portier de villa est alimenté par un transformateur qui porte les indications 230 V/12 V.

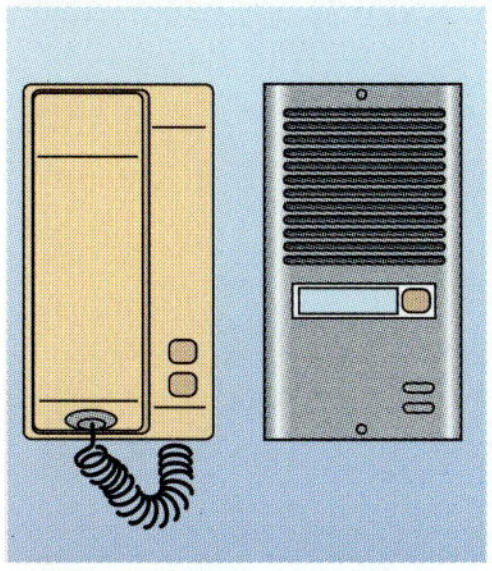

1. Que signifient ces indications ?

2. Ce transformateur est-il élévateur ou abaisseur de tension ?

3. Calculez le rapport de transformation suivant :

$$Q = \frac{\text{Tension de sortie}}{\text{Tension d'entrée}}.$$

4

Un transformateur porte l'indication 230 V/24 V. Il est branché à une prise de courant du secteur et doit alimenter une lampe.

1. Complétez le schéma du circuit ci-contre.

2. Quelle doit être la tension nominale de la lampe ?

3. Ce transformateur fonctionne-t-il sous une tension continue ou alternative ?

4. Quel est le rapport de transformation de ce transformateur : $\frac{\text{Tension de sortie}}{\text{Tension d'entrée}}$?

5

On souhaite faire fonctionner normalement une lampe de tension nominale 6 V. On dispose d'un générateur de tension alternative de valeur efficace 12 V et de quatre transformateurs qui sont identifiés chacun par un rapport Q de la tension secondaire sur la tension primaire : $Q_1 = 1/4$; $Q_2 = 1/2$; $Q_3 = 1$; $Q_4 = 2$.

1. Quel transformateur doit-on placer entre le générateur et la lampe ?

2. On place les transformateurs de rapport Q_1 et Q_4 à la suite l'un de l'autre et cet ensemble est intercalé entre le générateur et la lampe comme le montre le schéma suivant.

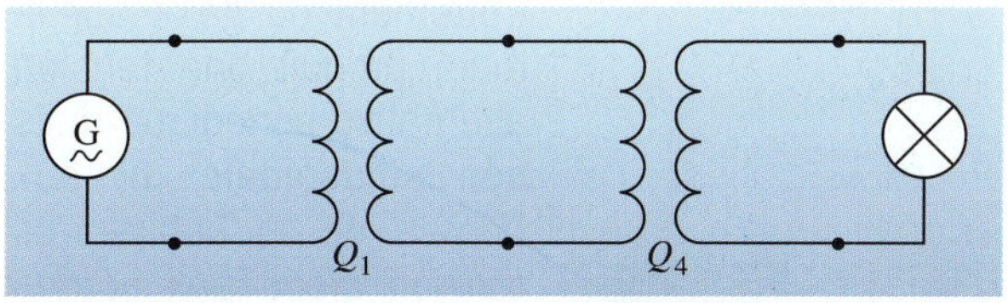

Ce montage convient-il pour un fonctionnement normal de la lampe ?

L'action des diodes sur le courant alternatif

6

On donne trois montages M_1, M_2 et M_3 ainsi que trois oscillogrammes O_1, O_2, O_3 correspondant à la tension qui existe aux bornes de la lampe dans chacun des montages.

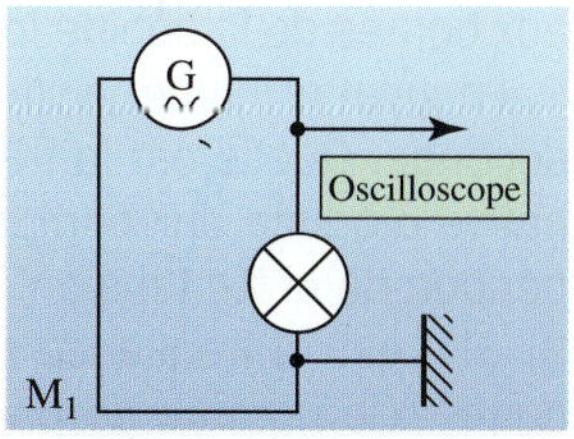

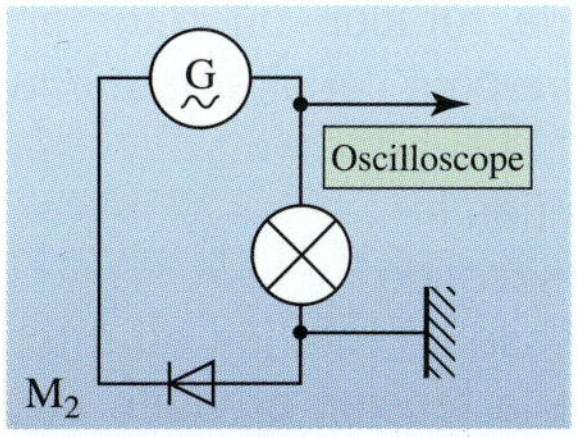

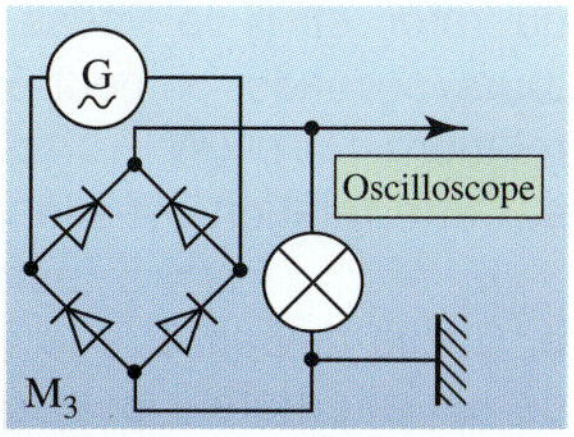

Associez chacun des oscillogrammes ci-dessous au montage qui lui correspond.

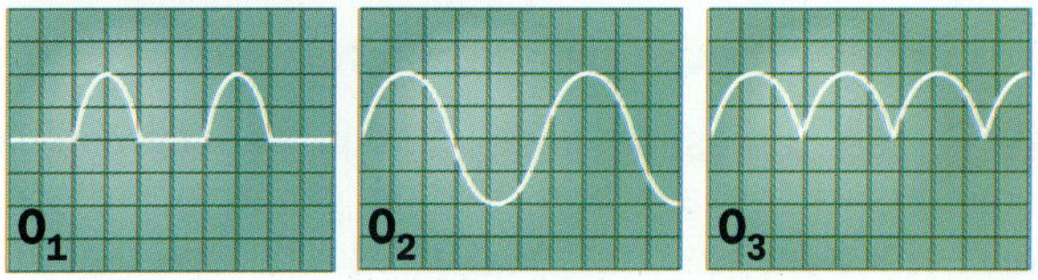

Exercices

7 Sur le schéma du montage avec un pont de diodes ci-contre, on a représenté par une flèche rouge le sens du courant pendant une alternance et par une flèche verte le sens du courant pendant l'alternance suivante.
Sachant que les deux diodes A et B conduisent en même temps et que C et D font de même, indiquez le sens du courant dans les branches du pont et dans la résistance *R* pendant les deux alternances.

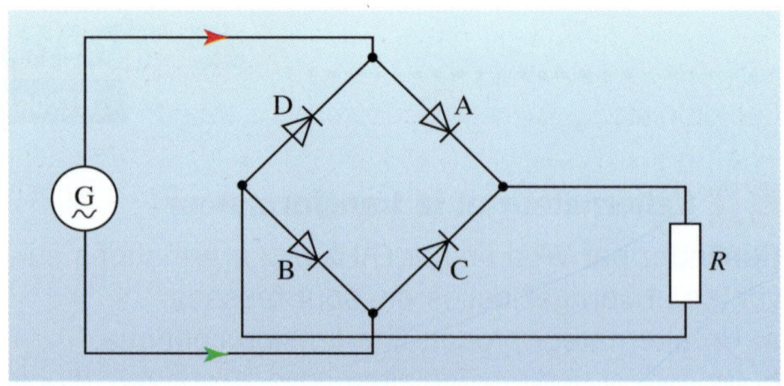

J'UTILISE MES CONNAISSANCES

8 ★ ★ **La génératrice de bicyclette**

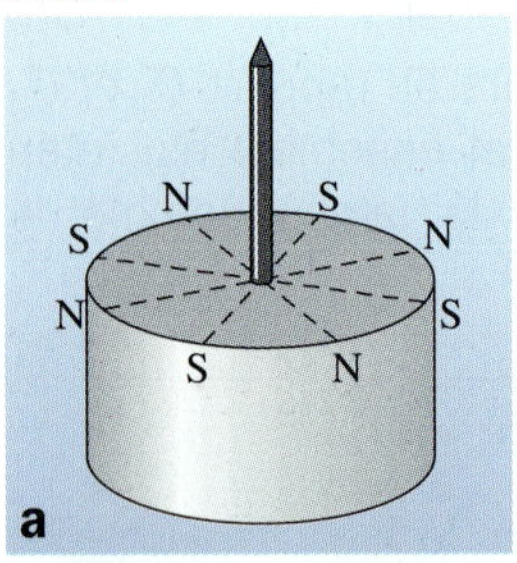

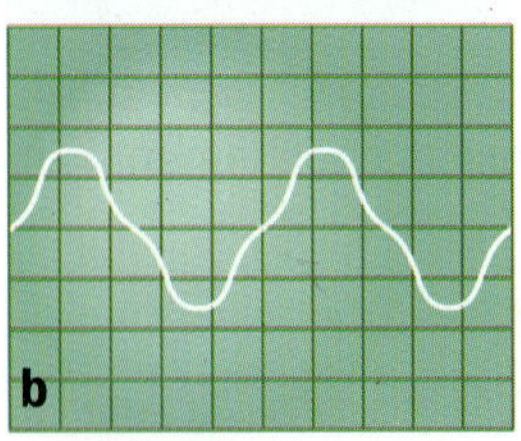

Une génératrice de bicyclette possède un aimant à 8 pôles (4 pôles nord et 4 pôles sud alternés) (**a**) qui, entraîné en rotation par le frottement du galet sur la roue, produit une tension alternative périodique mais non sinusoïdale (**b**) aux bornes de la bobine. La tension créée aux bornes de la bobine change de signe tous les 1/8 de tour de l'aimant.

1. Combien de fois la tension change-t-elle de signe aux bornes de la bobine lorsque l'aimant fait un tour ?

2. Le galet effectue, à vitesse constante, 5 tours par seconde. Quelle est la fréquence de la tension alternative produite aux bornes de la bobine ? Calculez la période de cette tension.

3. Si *f* est la fréquence en hertz de la tension produite, *p* le nombre de paires de pôles (nord et sud) du rotor et *N* la vitesse de rotation du rotor en tours/seconde, on peut écrire pour cet alternateur la relation : $f = p \times N$.

a. Cette relation est-elle vérifiée si :
$N = 5$ tours/seconde ?

b. Quelle devrait être la vitesse de rotation du rotor de cet alternateur pour que la tension produite aux bornes de la bobine ait une fréquence de 50 Hz ?

Les caractéristiques d'un transformateur

9 Les bornes du primaire d'un transformateur sont branchées aux bornes d'un générateur d'une part et aux bornes d'entrée d'un oscilloscope d'autre part. On obtient l'oscillogramme O_1. L'oscillogramme O_2 est celui de la tension qui existe aux bornes du secondaire de ce transformateur.

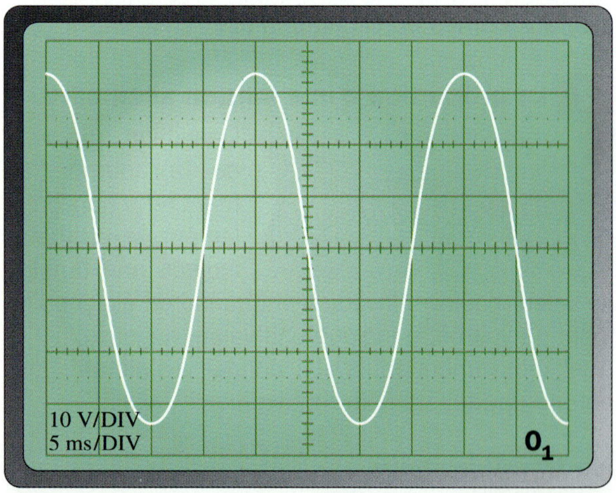

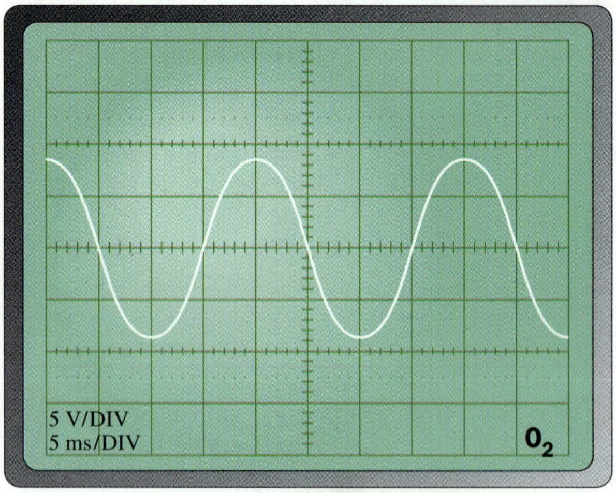

1. Les tensions au primaire et au secondaire sont-elles toutes deux alternatives ?

2. Quelle est la fréquence de chacune des deux tensions ? Ce résultat est-il conforme au fonctionnement d'un transformateur ?

3. Quelles sont les valeurs maximales des tensions aux bornes du circuit primaire et du circuit secondaire ? Calculer les valeurs efficaces correspondantes.

4. Quelles sont les indications que doit porter ce transformateur ? Est-il abaisseur ou élévateur de tension ?

10 **1.** Schématisez le montage ci-dessous.

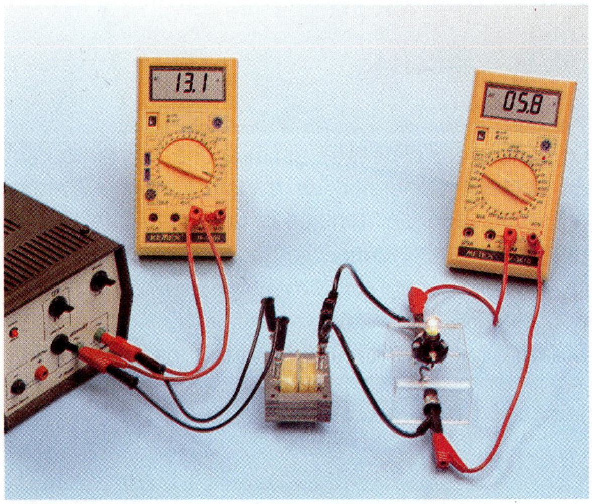

2. Quelles sont les valeurs efficaces des tensions à l'entrée et à la sortie du transformateur ?

3. Ce transformateur est-il élévateur ou abaisseur de tension ? Calculez le rapport de transformation (tension de sortie/tension d'entrée).

11 ★ Un transformateur à plusieurs tensions au secondaire

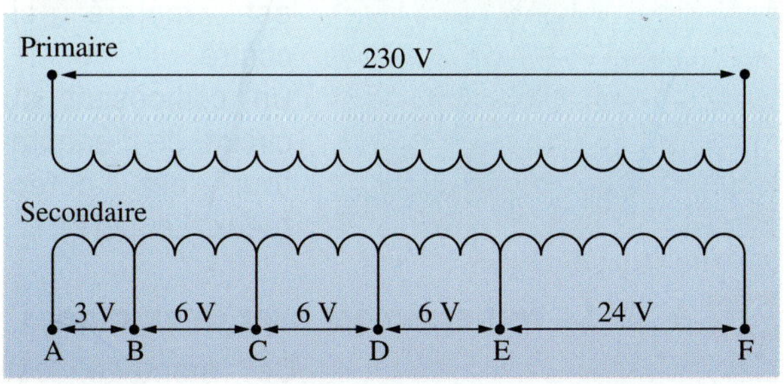

Le primaire d'un transformateur est alimenté par la tension du secteur 230 V. Au secondaire sont disposées différentes bornes et les tensions existant entre ces bornes sont indiquées sur le schéma.

On admettra qu'en courant alternatif, les tensions s'ajoutent le long du secondaire du transformateur.

1. Entre quelles bornes faut-il brancher un appareil fonctionnant sous une tension alternative de valeur efficace 3 V ; un appareil fonctionnant sous 6 V ; un appareil fonctionnant sous 9 V ; un appareil fonctionnant sous 12 V ?

2. Quelle est la tension obtenue entre les bornes A et F ?

12 ★ Les intensités dans un transformateur

On nomme I_P et I_S les intensités efficaces des courants qui circulent dans le circuit primaire et dans le circuit secondaire d'un transformateur. On nomme de même U_P et U_S les tensions aux bornes des bobines du primaire et du secondaire. Le rapport U_S/U_P est sensiblement égal à I_P/I_S.

Un transformateur abaisse la tension de 230 V en une tension de 9 V. Sachant que l'intensité efficace du courant qui traverse le primaire vaut 50 mA, quelle est la valeur efficace de l'intensité du courant traversant le secondaire ?

13 ★ L'action d'une diode sur le courant alternatif

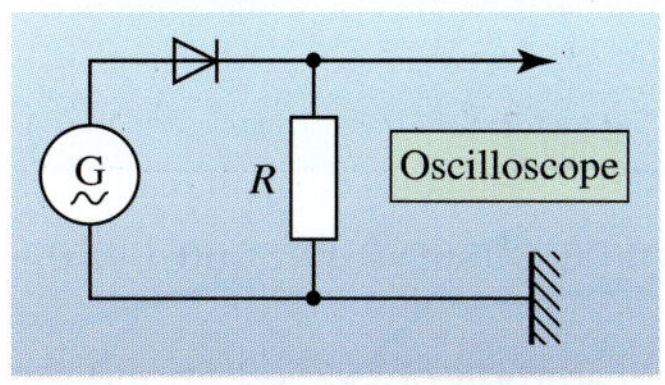

Dans le montage schématisé ci-contre, on dispose d'un générateur délivrant une tension sinusoïdale de fréquence 50 Hz. La tension aux bornes de la résistance R a une valeur maximale de 7,5 V.

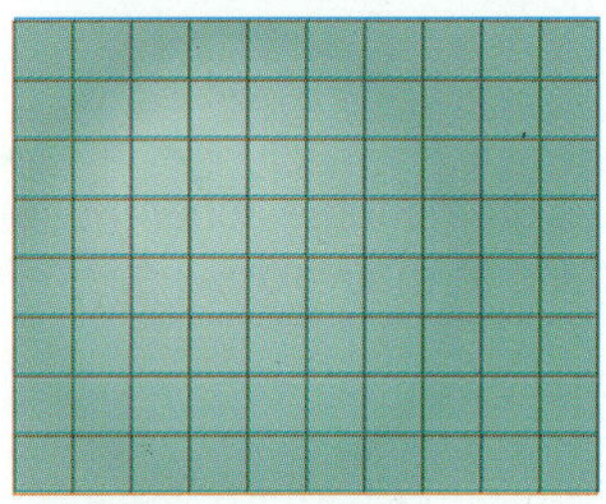

Reproduisez l'écran de l'oscilloscope et dessinez l'oscillogramme de la tension aux bornes de la résistance R sachant que la sensibilité verticale est de 5 V/DIV, que le balayage est réglé sur 5 ms/DIV et que le début de la trace sur l'écran se produit pour la valeur maximale de la tension.

L'action de diodes sur le courant alternatif

14 Mehdi veut réaliser un redressement double alternance d'une tension sinusoïdale. Il propose le montage correspondant au schéma ci-contre :

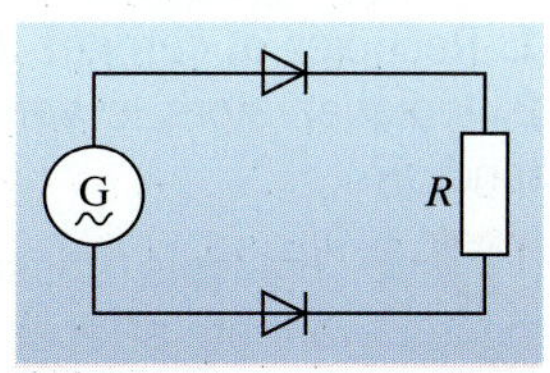

Le montage proposé par Mehdi répond-il à l'objectif recherché ? Expliquez votre réponse.

15 Un générateur de tension sinusoïdale alimente le circuit ci-contre :

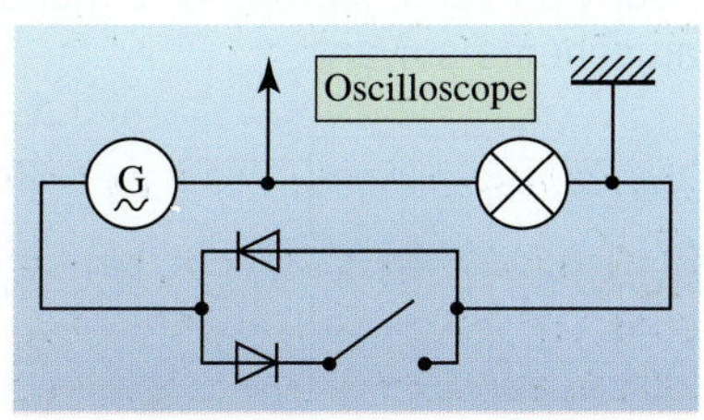

L'oscilloscope étant branché

aux bornes de la lampe, on obtient l'oscillogramme ❶ quand l'interrupteur est ouvert.

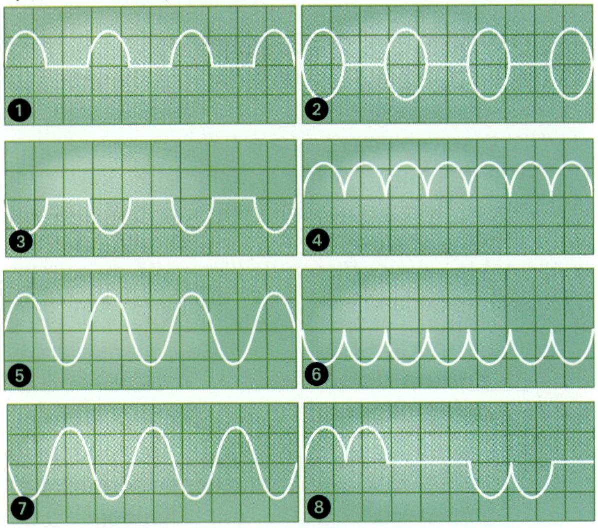

1. Quel est l'oscillogramme observé lorsque l'interrupteur est fermé ?
2. Quels sont les oscillogrammes observés quand on permute le branchement à l'oscilloscope, avec l'interrupteur ouvert puis fermé ?

Le pont de diodes

16 Une des quatre diodes du montage schématisé ci-dessous est branchée dans le mauvais sens.

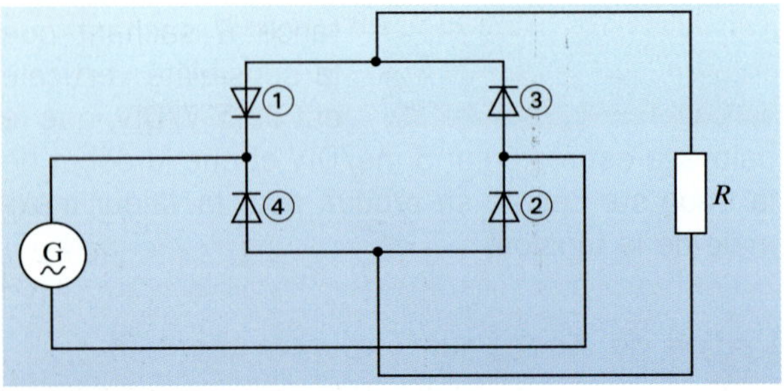

1. Recopiez et corrigez le schéma.
2. Indiquez alors le sens du courant dans la résistance *R*.

17 ★ François utilise un pont de diodes. Les signes ayant été effacés, il veut connaître le sens du courant à la sortie du pont de diodes, autrement dit attribuer un signe + et un signe – aux bornes C et D. Pour y parvenir, il propose le montage correspondant au schéma suivant :

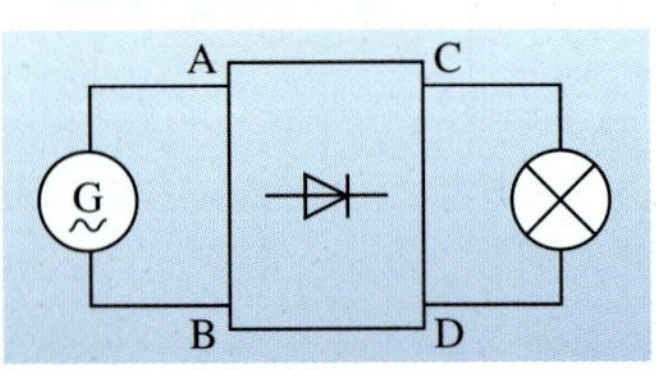

1. Pensez-vous que son montage lui permette de conclure ? Pourquoi ?
2. Que proposeriez-vous ?

18 **Un générateur**

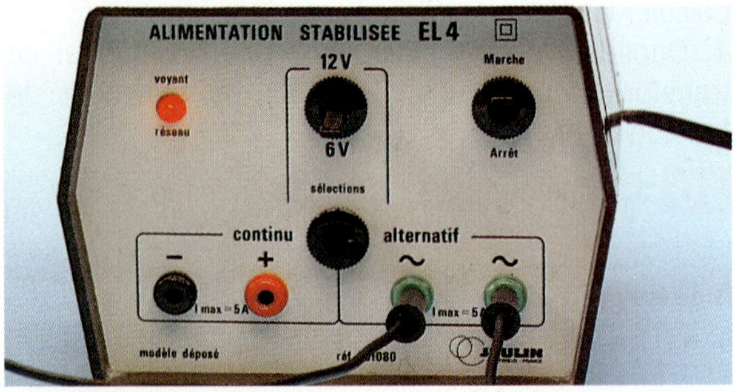

Le générateur ci-dessus est branché sur le courant du secteur. Contient-il un transformateur élévateur ou abaisseur de tension ? Contient-il un circuit redresseur du courant ? Justifiez vos réponses.

19 **L'adaptateur**

Sur un adaptateur on lit les indications suivantes :

Entrée : 220 V-230 V ∿ 50 Hz
Sortie : 9 V ⎓

1. Qu'indiquent ces inscriptions ?
2. Quels sont les composants pouvant constituer le circuit électrique contenu dans cet adaptateur ?
3. Les bornes de sortie de l'adaptateur sont branchées aux bornes d'un oscilloscope. L'oscillogramme de la tension entre les bornes de sortie de l'adaptateur est montré ci-contre.

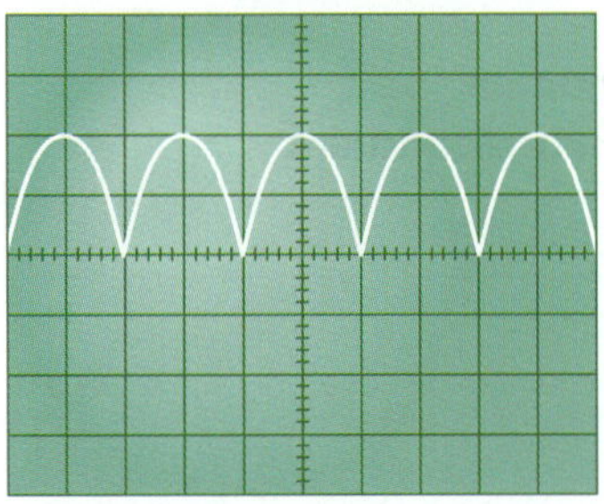

Un composant du circuit de l'adaptateur est défectueux. Lequel ?

20 ★★ **Le redressement avec deux diodes**

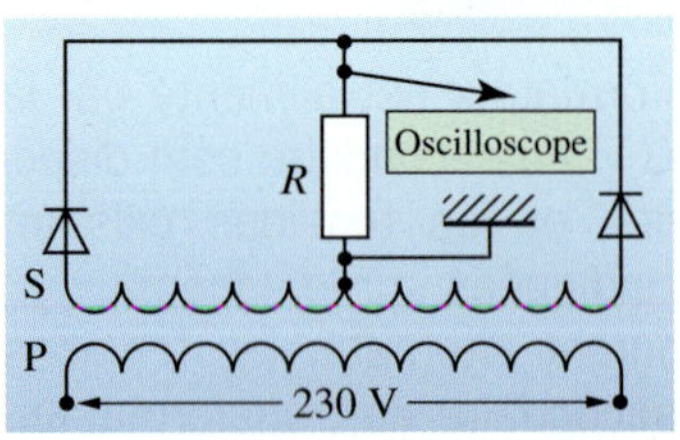

Ce montage est encore utilisé dans certains chargeurs de batterie qui délivrent une tension redressée. Pendant une alternance, le secondaire du transformateur est traversé par un courant qui garde le même sens dans toute la bobine.
1. Montrez que le courant circule toujours dans le même sens dans la résistance *R*.
2. Quel peut être l'aspect de l'oscillogramme sur l'écran de l'oscilloscope ? S'agit-il d'un redressement double alternance ?

Les matériaux supraconducteurs

Il existe certains matériaux pour lesquels la résistance électrique devient nulle en dessous d'une certaine température, dite température critique. Cette propriété, appelée supraconductivité, fut découverte en 1911 par le physicien hollandais Heike Kamerlingh Onnes (1853-1926). Elle est observée pour les métaux, les alliages et certaines céramiques.

La section d'un câble supraconducteur. Ce câble doit être maintenu à une température de –263 °C.

Des conducteurs parfaits

Dans les matériaux supraconducteurs, le courant électrique se propage sans rencontrer la moindre résistance : une fois lancé, il peut y circuler indéfiniment sans s'affaiblir. Contrairement à ce qui se passe dans les matériaux classiques, il ne provoque pas le moindre échauffement et on n'observe pas de chute de tension. La température critique dépend du matériau, mais doit nécessairement être très basse : – 150°C est le maximum actuellement atteint. Ces valeurs de température ne peuvent être obtenues qu'avec un matériel élaboré et coûteux, ce qui rend difficilement praticable l'utilisation des supraconducteurs dans la vie courante.

Les applications

On les trouve déjà cependant dans certaines applications. Les bobines de fils supraconducteurs peuvent être traversées par des courants d'intensité très importante, ce qui permet d'obtenir des électroaimants extrêmement puissants. Ce type d'électro-aimant est actuellement utilisé dans des scanners médicaux et, à plus grande échelle, dans les accélérateurs de particules.

D'autres applications sont également à l'étude. Avec des électroaimants très puissants, on peut réussir à maintenir un train suspendu audessus de la voie, sur un « coussin magnétique ». Ce type de train pourrait atteindre la vitesse de 700 km/h. Dans un ordinateur, l'échauffement produit par le passage du courant électrique est une limite à la miniaturisation. Avec les supraconducteurs, on pourrait fabriquer des puces d'ordinateur plus petites et plus rapides. Cependant les basses températures nécessaires et les coûts sont des obstacles encore difficiles à surmonter.

Bientôt le tout supraconducteur ?

Indépendamment du problème de température, remplacer les conducteurs classiques par des circuits supraconducteurs présenterait quand même de sérieux inconvénients. En effet, beaucoup d'appareils électriques ne peuvent fonctionner sans résistance : il faudrait dire adieu aux lampes électriques et aux résistances chauffantes : radiateurs et grille-pain par exemple…

Un prototype de train à suspension et à guidage magnétique.

CHAPITRE

12 Les installations électriques de la maison

L'électricité est omniprésente dans la vie quotidienne. Elle rend de grands services et peut sauver chaque jour des milliers de vies. Mais elle présente aussi des risques. Chaque année, en France, on déplore plus de 4 000 incendies d'origine électrique et plusieurs milliers d'accidents corporels, dont 100 mortels en moyenne.

Activité 1

Quelles sont les tensions entre les bornes d'une prise électrique ?

Une prise électrique comporte trois bornes.

Activité 2

Quel est le rôle des disjoncteurs et des fusibles ?

Brancher trop d'appareils sur une même prise peut provoquer la destruction d'un fusible ou l'ouverture du disjoncteur.

Activité 3

Comment assure-t-on la sécurité des personnes ?

Le courant du secteur peut, dans certaines conditions, être dangereux pour les personnes.

Activité 1

Les bornes d'une prise électrique

Brancher un appareil sur une prise est un geste banal. Il permet de mettre l'appareil sous tension.

Quelles sont les tensions entre les bornes d'une prise électrique ?

1 L'installation électrique de la maison

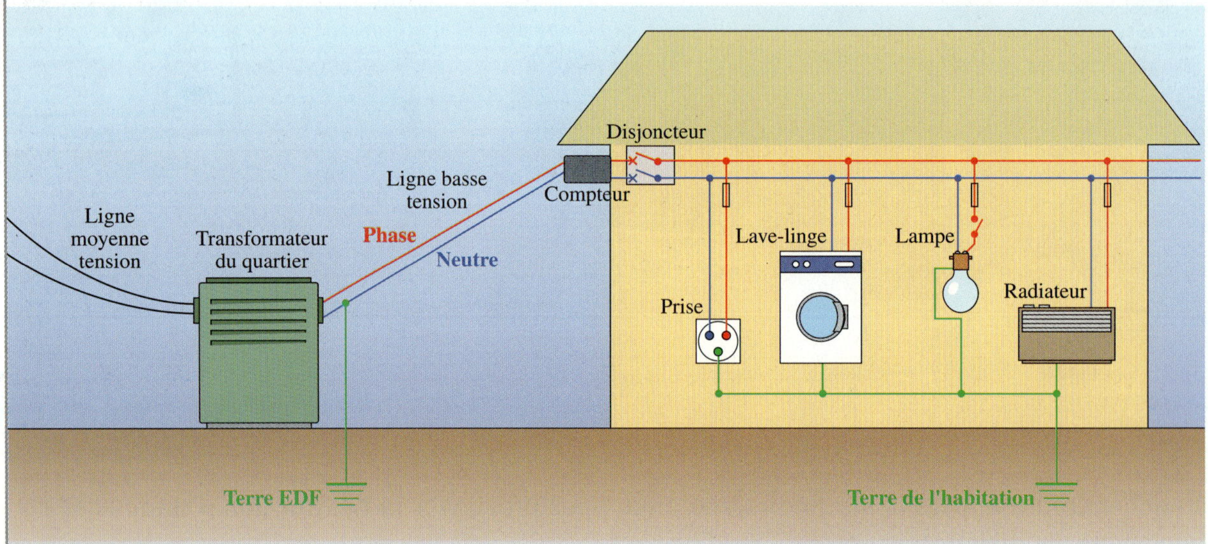

a La distribution du courant électrique depuis le transformateur de quartier.

● Le transformateur du quartier abaisse la valeur efficace de la tension de plusieurs milliers de volts à 230 V. À sa sortie, un des fils de distribution est relié à la terre (qui est conductrice), pour protéger les lignes électriques contre la foudre. Ce fil est appelé fil neutre. L'autre fil, appelé fil de phase, est isolé de la terre. Chez l'abonné, tous les appareils sont branchés en dérivation entre la phase et le neutre **a**.

● Toutes les prises électriques actuellement installées dans les habitations doivent comporter 3 bornes. Une des bornes est reliée au fil de **phase** (Ph), une autre au fil **neutre** (N). La broche saillante est appelée borne de **terre** (T). Dans une habitation, toutes les bornes de terre sont reliées entre elles et avec la terre par des conducteurs. Elles se trouvent également reliées à la carcasse métallique des appareils par le cordon de branchement.
Les bornes de phase et de neutre sont fermées par des obturateurs isolants pour en empêcher l'accès aux enfants (prise à éclipses).

● Les gaines isolantes entourant les fils sont en matières plastiques. Elles empêchent les contacts entre les différents fils conducteurs, afin d'éviter les courts-circuits. Leur couleur est codée. L'isolant du fil de terre est obligatoirement jaune et vert. Celui du fil neutre doit être bleu clair. Celui du fil de phase peut être d'une couleur quelconque (noir, marron, rouge, etc.) à condition de ne pas être vert, ni jaune ni bleu clair **b**.

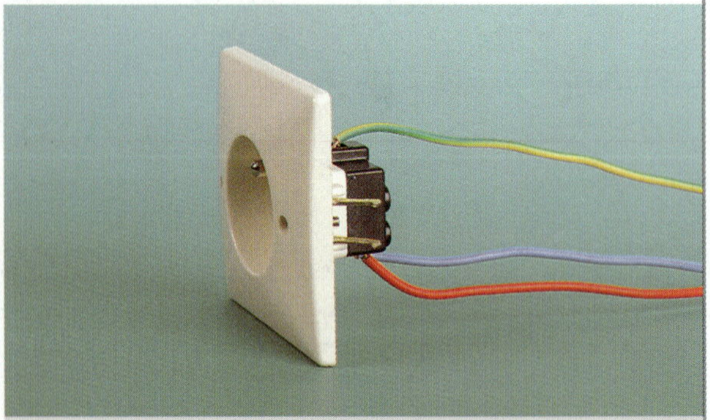

b Les fils de raccordement à une prise.

2 Les tensions aux bornes d'une prise

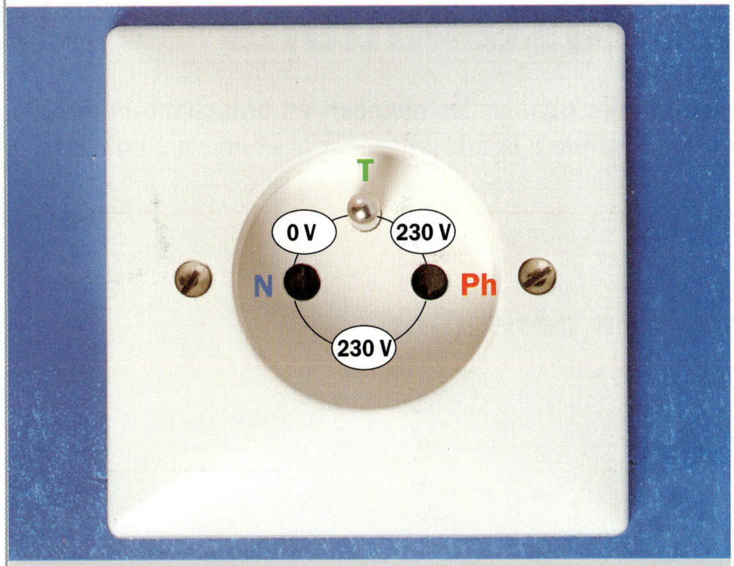

a Les tensions efficaces aux bornes d'une prise.

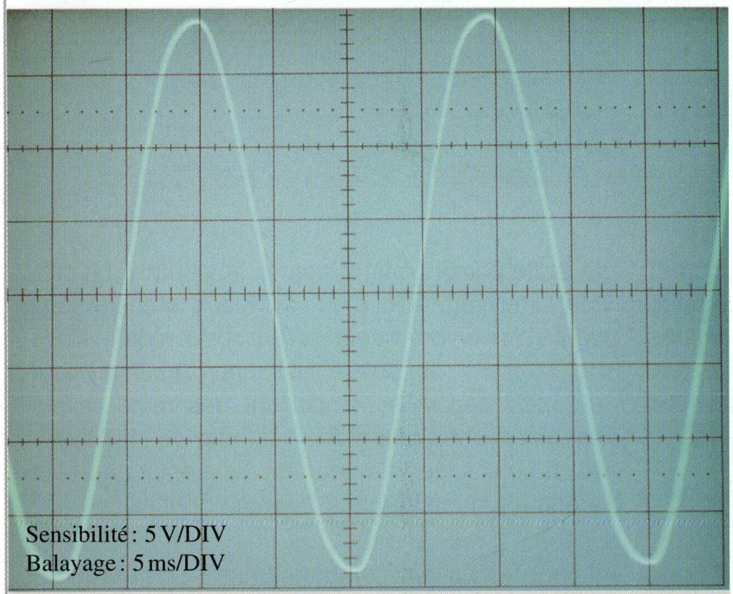

b L'oscillogramme d'une tension semblable à celle du secteur.

● Les règles de sécurité en vigueur n'autorisent pas à mesurer directement les valeurs efficaces des tensions existant entre les différentes bornes d'une prise avec les moyens habituels utilisés en classe pour les basses tensions. Les électriciens professionnels les mesurent avec des appareils et selon des procédures appropriés. Ces mesures montrent que **les valeurs efficaces des tensions entre la phase et le neutre et entre la phase et la terre** sont égales et de l'ordre de **230 V**. La tension entre la borne neutre et la borne de terre est nulle, ce qui correspond bien au fait que toutes deux sont reliées à la terre par des fils conducteurs **a**

● Le générateur du collège, branché sur une prise du secteur, permet d'obtenir une tension semblable à celle du secteur, mais de valeur efficace plus faible (ici 13,4 V). L'oscillogramme **b** montre une tension sinusoïdale de période 20 ms. Cette tension est **alternative** et de **fréquence 50 Hz**.

Questions

1 Doc. 1 Par quoi se distingue le fil de phase du fil neutre par rapport à la terre ? Sur une prise, quelles sont les bornes servant à la distribution du courant électrique ?

2 Doc. 1 Quel point commun y a-t-il entre le fil neutre et la borne de terre ?

3 Doc. 1 Un électricien, révisant l'installation électrique d'une maison, dispose de fils entourés d'un isolant rouge et de fils entourés d'un isolant marron. Pour lequel des trois fils de phase, neutre ou de terre pourra-t-il les utiliser ?

4 Doc. 2 Vérifiez sur l'oscillogramme que la période de la tension délivrée par le générateur est bien de 20 ms. Justifiez l'affirmation que cette tension est alternative, de fréquence 50 Hz et de valeur efficace 13,4 V.

5 Quelles sont les tensions aux bornes d'une prise électrique ?

Activité 2

La protection des installations

Il vous est déjà sûrement arrivé, à la maison, de faire «sauter les plombs» en branchant un appareil électrique. Cette coupure brutale du circuit constitue à la fois une sécurité et un signal d'alerte.

Quel est le rôle des disjoncteurs et des fusibles ?

1 L'intensité dans un circuit en dérivation

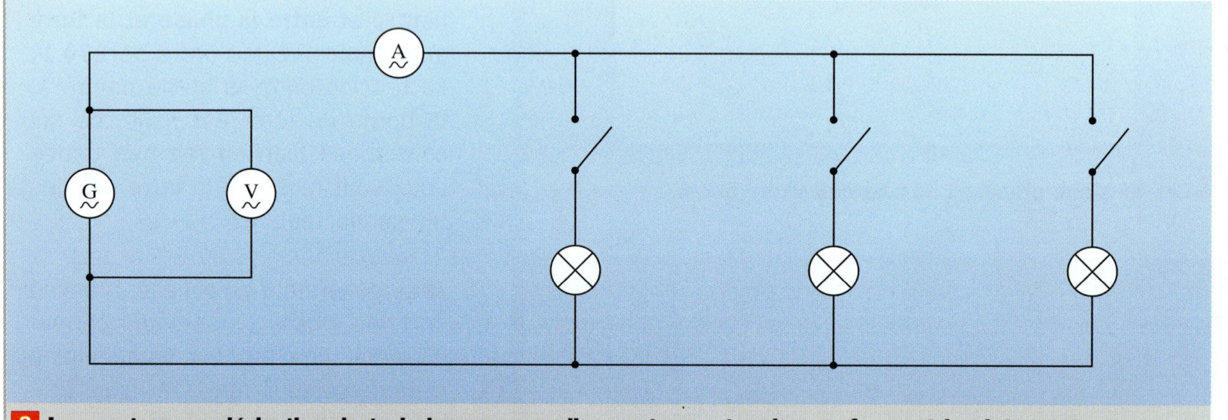

a Le montage en dérivation de trois lampes, que l'on met sous tension en fermant les interrupteurs.

● On mesure l'intensité efficace* du courant dans la branche principale d'un circuit comportant successivement une, deux puis trois lampes montées en dérivation, et soumises à une tension alternative de valeur efficace 6 V **a**. Les mesures sont consignées dans le tableau **b**.

b Les valeurs de l'intensité efficace du courant dans le circuit principal.

Le nombre de lampes mises en circuit	L'intensité du courant dans le circuit principal
1	0,43 A
2	0,87 A
3	1,28 A

● On constate que l'intensité du courant dans le circuit principal croît au fur et à mesure que l'on ajoute des lampes en dérivation, alors que la tension aux bornes du générateur reste constante.

● Il en va de même dans une installation électrique **lorsque l'on branche plusieurs appareils sur une même prise. L'intensité du courant dans le fil de phase et le fil neutre augmente.** En courant alternatif, la loi d'additivité des intensités est vérifiée pour les valeurs efficaces lorsqu'il s'agit de lampes. Mais elle est approximative pour d'autres appareils comportant des moteurs par exemple. Dans ce dernier cas, elle permet seulement de calculer la valeur la plus grande que peut prendre l'intensité dans le circuit principal.

Exemple : Sur une même multiprise, on branche un fer à repasser dans lequel circule un courant d'intensité 5 A et un radiateur soufflant dans lequel circule un courant de 9 A. L'intensité efficace du courant dans le circuit principal ne dépassera pas 14 A.

POUR MANIPULER

● Placer le sélecteur d'un multimètre sur le calibre 2 A en zone courant alternatif et celui d'un autre multimètre sur le calibre 20 V en zone tension alternative (lire les fiches n°6 et 7).

● Réaliser le montage **a**.

● Relever, en fonction du nombre de lampes mises en circuit, les valeurs affichées par le voltmètre et par l'ampèremètre. Les reporter dans un tableau.

2 La protection de l'installation

La boîte à fusibles (en haut) et le disjoncteur général (en bas) d'une installation électrique.

● Une augmentation d'intensité trop importante dans un circuit (**surintensité**) peut survenir lorsque **trop d'appareils** sont **branchés** sur une même prise (doc. 1). Elle peut survenir également en cas de **court-circuit** : lorqu'un défaut d'isolation crée un contact direct entre le fil de phase et le fil neutre. Dans les deux cas, il y a échauffement des fils et risque d'incendie.

● Pour éviter cet inconvénient, on place sur le fil de phase de chaque ligne intérieure un **fusible** (ou un **disjoncteur thermique)**. En cas de surintensité, le fusible fond, ouvrant ainsi le circuit (voir le chapitre 9, activité 6). La valeur de l'intensité indiquée sur le fusible ou le disjoncteur correspond à l'intensité maximale que celui-ci peut supporter (par exemple 16 A).

● Par mesure de sécurité également, la **section des fils** est adaptée à l'intensité requise. Pour un circuit d'éclairage, la section est de 1,5 mm^2 pour 16 A. Dans une prise ordinaire (pour le lave-linge, le lave-vaisselle ou le réfrigérateur), la section est de 2,5 mm^2 pour 25 A. Pour la cuisinière électrique, la section est de 6 mm^2 pour 38 A.

● L'installation générale est protégée par un **disjoncteur** faisant office d'interrupteur général. Réglé sur une certaine valeur de l'intensité : 15 A, 30 A ou plus, ce dispositif ouvre le circuit lorsque l'on met en marche trop d'appareils en même temps ou en cas de court-circuit. L'interrupteur général permet également de couper le courant lorsque l'on veut intervenir sur l'installation.

Questions

1 Doc. 1 **La loi d'additivité des intensités s'applique-t-elle en courant alternatif comme en courant continu ?**

2 Doc. 1 **Comment varie l'intensité du courant délivré par une prise quand on augmente le nombre d'appareils branchés sur cette prise ?**

3 Doc. 2 **Citez deux causes possibles d'augmentation importante de l'intensité du courant.**

4 Doc. 2 **Comment varie la section des fils en fonction de l'intensité du courant qui doit les traverser ?**

5 **Quel est le rôle d'un disjoncteur ?**

LE SENS DES MOTS

Intensité efficace : L'intensité efficace d'un courant alternatif est égale à l'intensité d'un courant continu qui produirait le même éclat lumineux d'une lampe à incandescence donnée.

Activité 3

Les dangers du courant du secteur

Un courant électrique peut traverser une partie du corps humain si une tension est appliquée entre deux points différents du corps, les deux mains par exemple. Des dispositifs permettent de se protéger des dangers du courant.

Comment assure-t-on la sécurité des personnes ?

1 Le courant électrique et le corps humain

a La mesure à l'ohmmètre de la résistance du corps humain entre les deux mains.

a Avec un ohmmètre, on peut obtenir un ordre de grandeur de ce qu'on appelle la résistance du corps entre deux points comme les mains. Le corps est conducteur. La résistance indiquée ici est de 1,3 MΩ. Avec les mains mouillées on lit 0,8 MΩ. La résistance du corps humain dépend de l'état de la peau et varie d'une personne à l'autre.

b Un courant électrique qui traverse le corps humain provoque différents effets physiologiques selon la valeur de son **intensité.** Ces effets sont d'autant plus destructeurs que la **durée** de passage du courant dans le corps est grande et que sur le **trajet** du courant se trouvent des organes vitaux comme le cœur ou le cerveau. Lorsqu'une personne a subi un choc électrique important, on parle d'« **électrocution** ».

Un courant alternatif est plus dangereux qu'un courant continu (il provoque de fortes contractions des muscles). On admet qu'une tension alternative devient dangereuse lorsque sa valeur efficace dépasse 12 V en milieu immergé, 24 V en milieu humide et 50 V en milieu sec.

b Les effets physiologiques du courant électrique pour différentes intensités.

Intensité du courant dans le corps	Effets physiologiques
De 0 à 0,5 mA	Aucun effet, aucun danger
De 0,5 à 10 mA	Picotements, secousse électrique
À partir de 10 mA	Contraction des muscles, réactions incontrôlées
À partir de 30 mA	Forte contraction des muscles respiratoires (risque d'asphyxie)
À partir de 100 mA	Forte contraction du muscle cardiaque, mort par arrêt du cœur ou par asphyxie, sauf intervention immédiate.

Source : Serveur académique Internet de Toulouse.
Sécurité électrique. Prévention et éducation.

2 Le rôle de la prise de terre et du disjoncteur différentiel

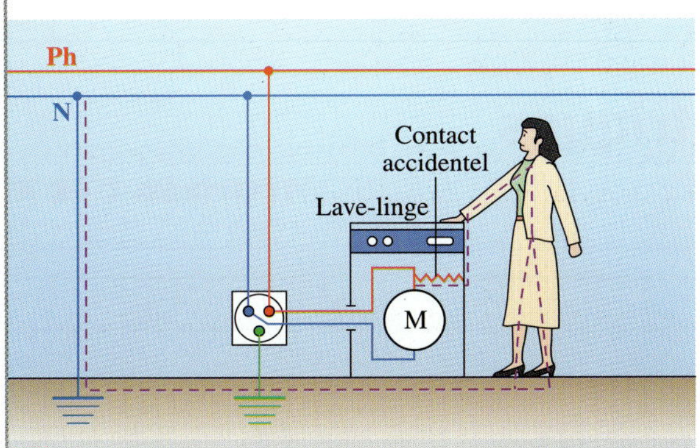

a Le lave-linge n'est pas relié à la borne de terre.

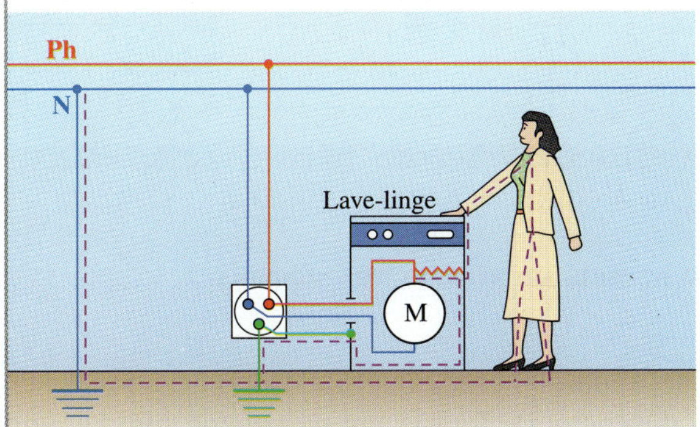

b Le lave-linge est relié à la borne de terre mais le danger persiste.

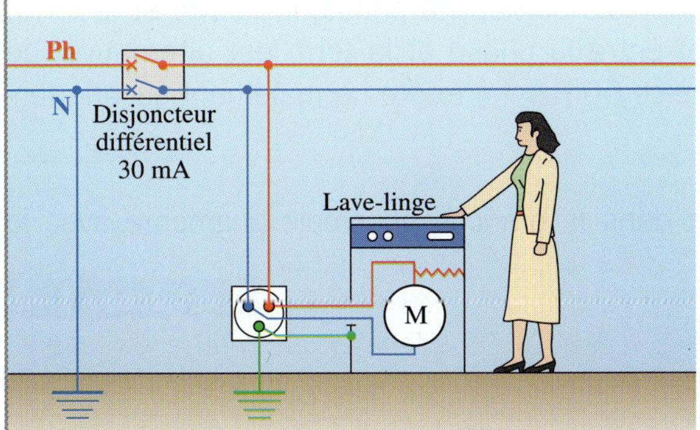

c Le lave-linge est relié à la borne de terre et le circuit est équipé d'un disjoncteur différentiel.

Un lave-linge présente un défaut d'isolation. Par détérioration ou absence de la gaine isolante, le fil de phase, dénudé, touche la carcasse métallique de l'appareil.

Situation a. L'appareil peut fonctionner normalement, mais si l'utilisateur touche la carcasse métallique, il est traversé par un courant dit de fuite (tracé en pointillés). Ce courant rejoint le fil neutre du transformateur en passant par son corps et la terre. L'utilisateur peut s'électrocuter.

Situation b. L'appareil peut fonctionner normalement, mais un courant de fuite passe de la carcasse métallique à la terre. Si l'utilisateur touche la carcasse, il est traversé par un autre courant de fuite. Si la prise de terre est bonne, le courant de fuite passant par l'utilisateur sera très faible, car sa résistance est plus grande que celle de la carcasse et du fil de liaison à la terre. L'utilisateur est partiellement protégé.

Situation c. Si un courant de fuite existe, le courant dans le fil neutre a une intensité plus faible que celle du courant dans le fil de phase. Le disjoncteur différentiel est capable de détecter cette différence. Selon une norme de 1991, il doit couper l'alimentation au-delà de 30 mA d'écart en moins de 20 millisecondes. Ce dispositif protège efficacement l'utilisateur.
La prise de terre et le disjoncteur différentiel assurent la sécurité des personnes. Le disjoncteur différentiel de 30 mA, dit de haute sensibilité, est obligatoire sur certains circuits comme ceux des prises et ceux des salles d'eau. Le disjoncteur général de l'installation est également différentiel à 500 mA.
Il n'existe par contre aucun dispositif de protection pour une personne qui toucherait en même temps le fil de phase et le fil neutre et qui serait complètement isolée de la terre (par des semelles ou un sol isolants).

Questions

1 Doc. 1 Un corps mouillé est-il plus résistant ou plus conducteur qu'un corps sec ?

2 Doc. 1 a. Quelle est la valeur de l'intensité à partir de laquelle le corps humain est sensible au passage d'un courant électrique ?

b. À partir de quelle valeur le corps humain peut-il risquer l'asphyxie ?

c. Citez plusieurs facteurs influant sur l'importance des risques électriques.

3 Doc. 2 Pourquoi une prise de terre seule ne constitue-t-elle pas une protection suffisante ?

4 Doc. 2 Lorsqu'il y a un courant de fuite, pourquoi le courant dans le fil neutre a-t-il une intensité plus faible que dans le fil de phase ?

1 Les installations électriques de la maison

Activités 1 et 2

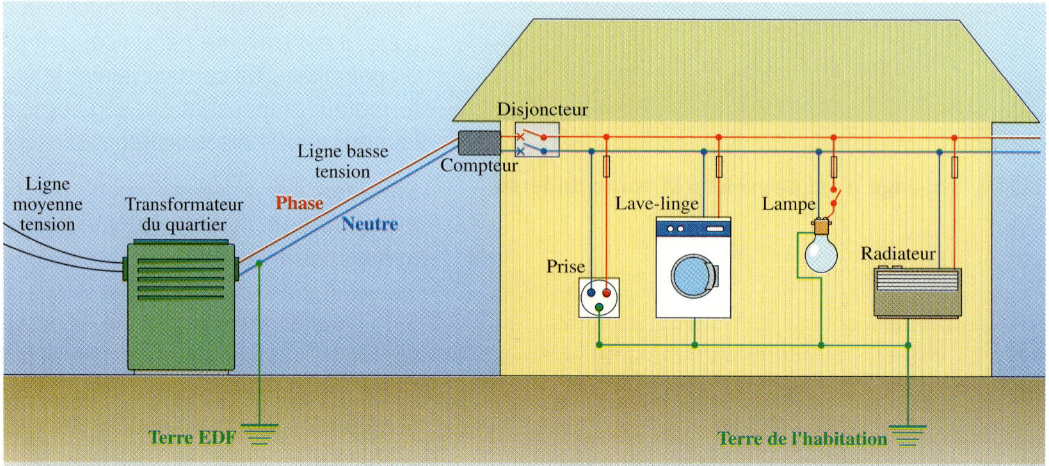

La distribution du courant électrique dans la maison. Un schéma très simplifié.

- Dans une installation électrique, tous les appareils électriques sont montés en dérivation entre la **phase** et le **neutre** (tension du secteur). Toutes les carcasses métalliques des appareils sont reliées à la **terre** par des **conducteurs.** Les différents fils sont protégés par des gaines en matière plastique **isolante**.

- Les prises électriques doivent comporter trois bornes : la phase, le neutre et la terre. La tension entre la phase et le neutre et entre la phase et la terre est alternative, de valeur efficace 230 V environ et de fréquence 50 Hz. Il n'existe normalement aucune tension entre le neutre et la terre.

- Dans un circuit, l'intensité du courant dans la branche principale augmente avec le nombre d'appareils montés en dérivation.

Exercices : 1, 2

2 Les dangers du courant du secteur

Activités 2 et 3

- Si l'on branche trop d'appareils en dérivation sur le circuit ou s'il survient un contact accidentel entre le neutre et la phase (court-circuit), il peut y avoir **surintensité.** Celle-ci entraîne un échauffement des fils et des risques d'incendie si les fusibles ou les disjoncteurs thermiques sont mal adaptés.

- **Le corps humain est conducteur.** La gravité du choc électrique dépend de plusieurs facteurs. Le courant devient dangereux pour un être humain si son intensité atteint 30 mA. Pour simplifier, on admet qu'une tension alternative devient très dangereuse lorsque sa valeur efficace dépasse 12 V en milieu immergé, 24 V en milieu humide et 50 V en milieu sec.

Exercices : 5, 12 à 15

3 La protection des installations et des personnes

Activités 2 et 3

● Avant de brancher plusieurs appareils sur une même prise électrique, il faut s'assurer que la somme des intensités efficaces reste inférieure à l'intensité maximale permise dans la ligne de cette prise.

● À l'entrée de l'installation électrique se trouve un **disjoncteur général** qui coupe le courant en cas de surintensité. À la suite de ce disjoncteur, chaque circuit est également protégé par des **fusibles** ou des petits **disjoncteurs thermiques**.

● La sécurité des personnes contre un défaut d'isolement survenant dans un matériel doit être assurée par une mise à la terre et un disjoncteur différentiel. **Le disjoncteur différentiel** détecte les différences d'intensité entre le neutre et la phase. Il est obligatoirement de sensibilité 30 mA pour les circuits comportant des prises de courant et pour les circuits des salles d'eau. Le disjoncteur général est également différentiel à 500 mA.

● Il n'existe pas de dispositif protégeant une personne qui toucherait en même temps le neutre et la phase et qui serait complètement isolée de la terre.

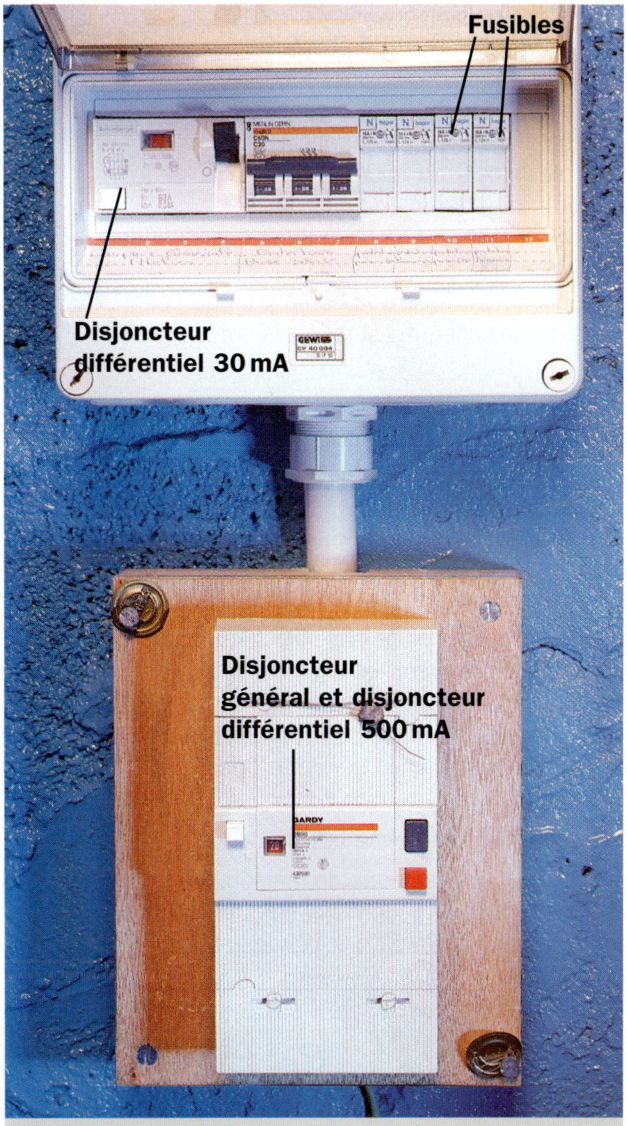

Une armoire électrique.

Exercices : 6 à 11, 15 à 18

Je dois être capable de...

● **Mettre en évidence en basse tension que lorsqu'on augmente le nombre d'appareils en dérivation, la valeur efficace de l'intensité du courant traversant le circuit principal augmente.**

● **Préciser les risques relatifs à une installation électrique.**

Exercices

JE TRAVAILLE SEUL

RÉPONSES P. 250

1 Les fils de l'installation électrique

À la question suivante, choisissez la (ou les) bonne(s) réponses parmi celles qui sont proposées.

Par quoi se distingue le fil de phase du fil neutre ?

a. Il ne passe jamais de courant dans le fil neutre alors qu'il en passe dans le fil de phase.

b. Le fil neutre est relié à la terre alors que le fil de phase est isolé de la terre.

c. Le fil de phase est relié à la borne plus de l'alternateur alors que le fil neutre est relié à la borne moins.

2 La tension et l'intensité dans une installation électrique

Répondez par VRAI ou FAUX aux affirmations suivantes et corrigez celles qui sont fausses.

a. Entre la borne de phase et la borne neutre d'une prise électrique de la maison, il existe une tension continue de 230 V.

b. La tension aux bornes d'une prise électrique dépend du nombre d'appareils branchés sur cette prise.

c. La valeur efficace de l'intensité du courant qui passe dans la ligne d'une prise électrique dépend du nombre d'appareils branchés sur cette prise.

3 La protection de l'installation

Dans une installation électrique de maison, le circuit d'éclairage est protégé par un fusible de 10 A. Ce circuit comporte un lustre de 10 lampes dans une pièce et 10 lampes réparties dans les autres pièces. Dans le lustre, chacune des lampes est traversée par un courant de 0,26 A. Les autres lampes sont traversées par un courant de 0,43 A.

a. Toutes les lampes peuvent-elles fonctionner en même temps ?

b. Ce circuit est-il effectivement protégé ?

4 La sécurité des personnes

La sécurité des personnes est-elle assurée si une installation électrique :

a. Ne comporte pas de disjoncteur différentiel mais tous les appareils sont reliés, par un bon conducteur, à la terre ?

b. Ne comporte aucune mise à la terre mais un disjoncteur différentiel de 400 mA ?

Dans chaque cas, justifiez votre réponse.

5 Les dangers du courant électrique

1. Que risque-t-il de se passer lorsque trop d'appareils fonctionnent en même temps sur la même prise ?

2. Un enfant enfonce un compas métallique dans une borne d'une prise de courant.

Dans quel cas risque-t-il de subir un choc électrique ?

J'UTILISE MES CONNAISSANCES

Les dangers du courant électrique

6 Pourquoi les oiseaux ne subissent-ils pas de choc électrique lorsqu'ils sont perchés sur un fil de phase, non isolé, d'une ligne électrique ?

7 En touchant la partie métallique d'une lampe de bureau, on ressent des picotements. Que faut-il faire alors ?

8 L'éclairage d'une piscine se fait sous une tension alternative de valeur efficace 12 V. En sortant du bain, vous touchez accidentellement les fils mal isolés du circuit d'une lampe.

1. Quelle est alors la valeur efficace de l'intensité du courant qui traverserait votre corps si on considère qu'il présente une résistance de 1 200 Ω ? On admettra que la loi d'Ohm peut s'appliquer aux valeurs efficaces dans ce cas.

2. Seriez-vous en danger ? Quels seraient les effets physiologiques ?

Des comportements à risque

9 La ficelle que tient l'enfant est légèrement conductrice. Les fils de la ligne électrique ne sont pas isolés. Que peut-il se passer si le cerf-volant touche un des fils de la ligne ?

10 On propose les deux situations suivantes :

a. Une tranche de pain est coincée dans un grille-pain en fonctionnement. On essaye de le retirer avec un couteau métallique.

b. Dans la salle de bains, on veut changer une lampe grillée sans éteindre les autres, qui sont commandées par le même interrupteur (sous 230 V).

Pour chacune des situations, indiquez les conséquences possibles de cette conduite et les précautions à prendre pour ne courir aucun risque.

11 La place d'un interrupteur

Dans une installation électrique, l'interrupteur du circuit d'un lustre peut être placé a priori sur le fil de phase ou sur le fil neutre.

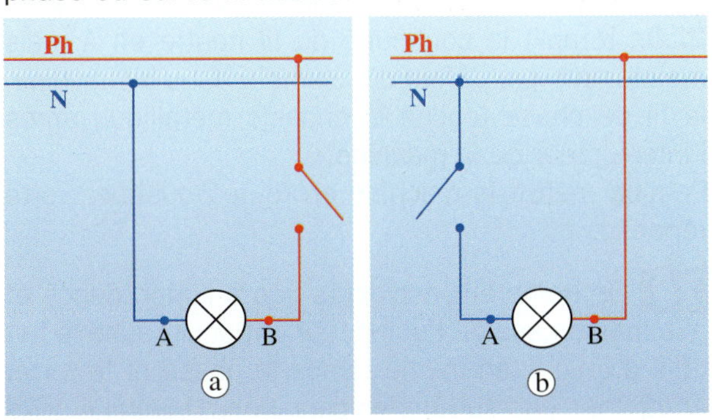

1. L'interrupteur joue-t-il son rôle dans les deux cas ?

2. Le branchement du lustre est défectueux. L'interrupteur est ouvert mais l'installation est sous tension. Le courant « n'a pas été coupé » au niveau du disjoncteur.

Recopiez les schémas ci-dessus et expliquez dans chacun des cas les risques encourus par la personne qui fait la réparation si elle touche la borne B.

3. Pour éviter les risques de tout choc électrique, sur quel fil doit être placé l'interrupteur ?

La protection des installations

12 Dans une installation électrique, une table de cuisson à 4 plaques et un four sont branchés sur une prise alimentée par une ligne qui est protégée par un disjoncteur de sensibilité 25 A.

Quand le four fonctionne, le courant a une intensité de 13 A.

Pour chacune des deux petites plaques de la table de cuisson, le courant est de 4 A. Pour chacune des deux autres, il est de 6,5 A.

1. Le four peut-il fonctionner seul ?

2. Peut-on utiliser le four et les deux petites plaques en même temps ?

3. Peut-on utiliser le four et les quatre plaques en même temps ?

4. Les fils de la prise devraient-ils avoir une section de 1,5 mm^2 ou de 2,5 mm^2 ? (Voir l'activité 2, document 2.)

13 ★ Vincent est un jardinier maladroit. En utilisant son taille-haies, il a sectionné avec la lame le fil électrique qui l'alimentait. Toute la partie extérieure du taille-haies est en matière plastique ; seule la lame est métallique.

1. Le disjoncteur a coupé le courant. Pour quelle raison ?

2. Au moment de l'incident, y a-t-il risque d'électrocution ? Justifiez votre réponse.

14 Un câble servant de prolongateur électrique de 10 m (une rallonge) est disposé dans un enrouleur. Sur cet enrouleur sont portées les indications suivantes :

DÉROULÉ : 10 A – ENROULÉ : 5 A

1. Que signifient ces indications ?

2. Arthur veut brancher un radiateur électrique qui nécessite le passage d'un courant d'intensité efficace 9 A. Quel conseil lui donnez-vous ? Justifiez votre réponse.

15 Le schéma ci-après représente partiellement une installation électrique de la maison.

L'intensité du courant qui traverse chacune des lampes L_1, L_2 et L_3 a une valeur efficace de

180 mA. L'intensité du courant qui traverse la lampe L_4 a une valeur efficace de 430 mA. L'intensité du courant qui traverse la cuisinière électrique peut avoir une valeur efficace de 17 A. Chaque prise électrique utilisée peut délivrer un courant de 10 A sans danger.

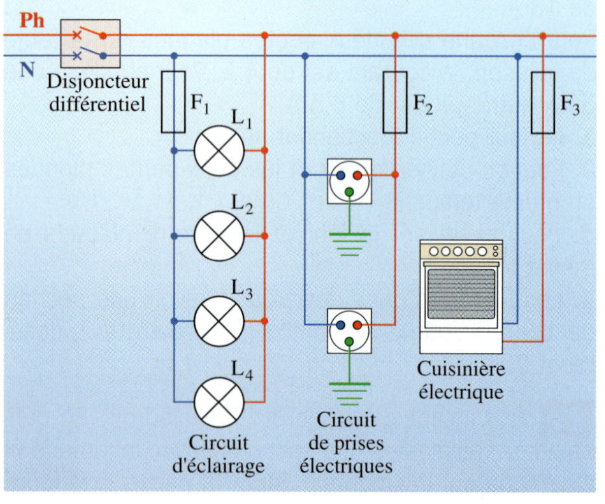

1. Les fusibles F_1, F_2 et F_3 sont-ils placés correctement ? Justifiez votre réponse.
2. Le branchement de la cuisinière électrique est-il conforme aux normes de sécurité ? Justifiez votre réponse.
3. On dispose de fusibles de calibre 10 A, 16 A, 25 A et 38 A. Quelles valeurs doit-on choisir pour les fusibles F_1, F_2 et F_3 placés au bon endroit ? Expliquez pourquoi.
4. Peut-on utiliser des fils de même section pour les différentes lignes ? Justifiez votre réponse.
5. Peut-on brancher la cuisinière à une des prises électriques de cette installation ? Justifiez votre réponse.

La sécurité des personnes

16 Une machine à laver le linge doit être reliée à une prise électrique.

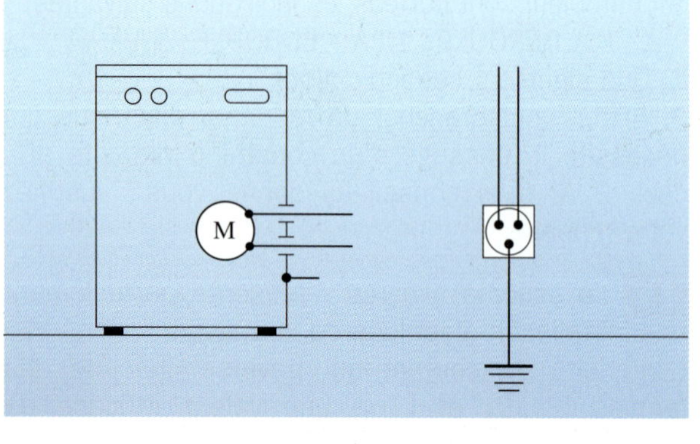

1. Recopiez et complétez le schéma ci-dessus.
2. Quelles sont les couleurs possibles pour les fils qui alimentent la prise ?
3. En fonctionnement normal de la machine, un des fils n'est parcouru par aucun courant. Lequel ?
4. Quels sont les fils arrivant à la prise qui traversent un disjoncteur différentiel ? Quelle doit être la sensibilité de ce disjoncteur ?

17 ★ Un électricien amateur a relié le châssis C d'une machine à laver au fil neutre de l'installation. La machine est isolée de la terre. Le disjoncteur différentiel a une sensibilité de 300 mA.

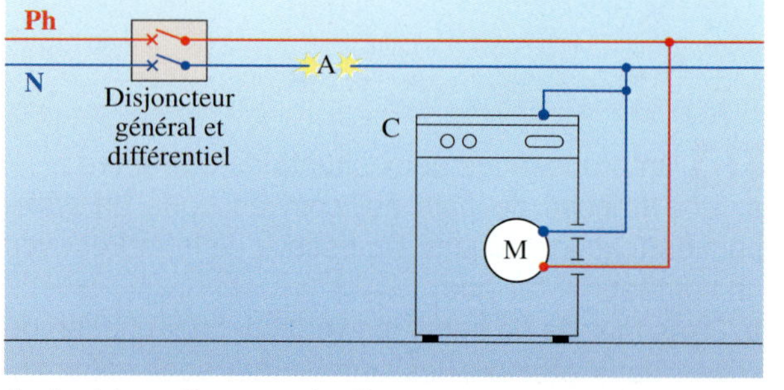

1. Accidentellement, le fil neutre est coupé en A.
a. La machine à laver peut-elle fonctionner ?
b. Si l'utilisateur touche alors le châssis C, est-il en danger ?
c. La tension de l'installation a une valeur efficace de 230 V et on peut considérer que la résistance du corps de cet utilisateur est de 1700 Ω. Quelle serait la valeur efficace de l'intensité du courant électrique traversant le corps de l'usager ? Évaluez les risques. On admettra que la loi d'Ohm peut s'appliquer aux valeurs efficaces.
2. On rétablit la continuité du fil neutre en A mais maintenant, par défaut d'isolement dans la machine, le fil de phase touche le châssis métallique après l'interrupteur de la machine.
Peut-on mettre la machine en route ? Justifiez votre réponse.

18 De nombreux accidents liés à l'imprudence et à la maladresse de l'utilisateur ont pour cause le fait qu'il a touché en même temps la phase et la terre. Admettons que suivant les conditions (humidité de la peau, résistance des chaussures, résistance du fil de terre), la résistance offerte au passage du courant électrique se situe entre 3 800 Ω et 7 500 Ω.
1. Entre quelles valeurs peut se situer la valeur efficace de l'intensité du courant qui traverserait le corps humain ? On admettra que la loi d'Ohm peut s'appliquer avec les valeurs efficaces.
2. Dans ces conditions, un disjoncteur différentiel de sensibilité 500 mA protège-t-il l'utilisateur ?
3. Que faut-il installer comme moyen de protection sûr ?

Respecter quelques règles de sécurité

Il ne faut jamais tirer par le cordon pour débrancher un appareil d'une prise. On risque ainsi d'arracher les fils de la fiche et de créer un court-circuit.

Un fil dénudé est dangereux. Il ne faut pas y toucher.

Il ne faut jamais utiliser un appareil électrique lorsque l'on est mouillé.

Il ne faut jamais effectuer une réparation sur un appareil branché sur le secteur. Il faut d'abord couper le courant au disjoncteur ou débrancher l'appareil.

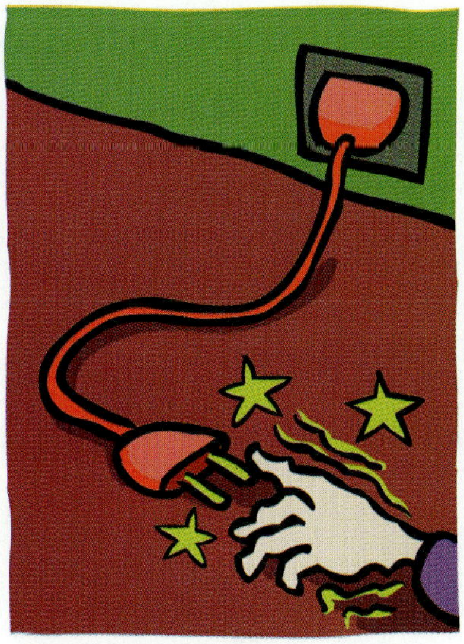

Il ne faut jamais équiper une rallonge avec deux prises mâles. On risque de s'électrocuter.

Dès qu'on s'aperçoit qu'un élément d'un circuit est défectueux, il faut le remplacer : une gaine isolante en mauvais état par exemple.

CHAPITRE

13 La puissance et l'énergie

On parle très souvent de la « puissance » d'une machine ou d'un moteur par exemple. Cette notion caractérise leur capacité à effectuer un « travail » déterminé. Par ailleurs, dans les chapitres qui précèdent, nous avons parfois mentionné la notion d'« énergie » électrique sans l'expliciter réellement. Nous allons étudier maintenant ce que signifient précisément ces deux termes « puissance » et « énergie » dans le domaine de l'électricité.

Activité 1

Que signifie le nombre exprimé en watts (W) figurant sur les appareils électriques ?

Comment choisir une machine à laver ? La puissance peut être un critère de choix.

Activité 2

Quelle intensité traverse les appareils électriques de la maison ?

Pour réaliser l'installation électrique d'une maison, il faut pouvoir estimer l'intensité du courant nécessaire pour chaque appareil.

Activité 3

Qu'indique le compteur électrique ?

Le relevé du compteur va servir à facturer l'énergie électrique utilisée par le consommateur.

Activité 1

La puissance des appareils électriques

La ménagère qui achète un fer à repasser ou le bricoleur qui a besoin d'une perceuse doivent choisir l'appareil dont ils ont besoin. Pour cela, ils sont guidés par la plaque signalétique.

Que signifie le nombre exprimé en watts (W) figurant sur les appareils électriques ?

1 Les appareils qui chauffent ou qui éclairent

a La même quantité d'eau du robinet est portée à l'ébullition sur deux plaques chauffantes différentes. Ces deux plaques sont réglées pour fonctionner au maximum. Cependant, celle de gauche met presque 2 fois plus de temps que celle de droite pour faire bouillir l'eau. Or il faut fournir la même quantité de chaleur aux deux casseroles pour faire bouillir l'eau. On dit que la plaque de gauche est moins puissante que celle de droite parce que dans le même temps, la plaque de gauche fournit moins de chaleur que la plaque de droite.
Le constructeur indique que la plaque de gauche a une puissance de 1 000 watts et celle de droite de 2000 watts.
Dans le cas des appareils qui chauffent et qui éclairent, on appelle **puissance** la **quantité de chaleur et/ou de lumière** que l'appareil est capable de fournir **par unité de temps.**

b Généralement, pour les appareils ménagers, la puissance est donnée en **watt**, de symbole **W**. Les lampes à incandescence par exemple éclaireront d'autant mieux que leur puissance est importante.

a La plaque de gauche est moins puissante que celle de droite.

b Quelques exemples de puissances d'appareils.

Appareils	Puissances
Lampe à incandescence	40, 60, 75, 100 W
Lampadaire halogène	400 W
Fer à repasser à vapeur	1 600 W
Grille-pain	1 050 W
Gaufrier	640 W
Cafetière	900 W
Four à micro-ondes	1 200 W
Friteuse	2 000 W

2 Les appareils avec des moteurs

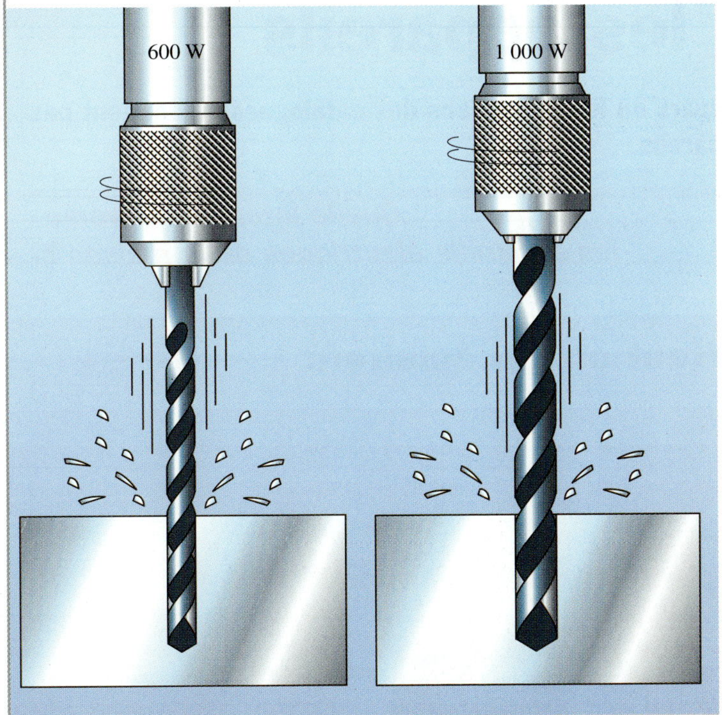

a **Deux perceuses de puissances différentes.**

b **Des puissances d'appareils contenant des moteurs.**

Tondeuse à gazon : 1 500 W	**Robot ménager** : 800 W
Aspirateur : 1 000 W	**Rasoir électrique** : 10 W

c **Le T.G.V. : train à grande vitesse.**

a On fait percer une même pièce en acier par deux perceuses de puissances différentes. Dans le même temps, elles font un trou de la même profondeur mais le trou percé par celle de gauche a un diamètre plus petit que le trou percé par celle de droite ; la perceuse de gauche découpe moins de matière que celle de droite. On dit qu'elle effectue moins de « travail » que celle de droite pendant le même temps. Dans le cas des appareils à moteur, la **puissance** est le **travail** que l'appareil est capable de fournir **par unité de temps.** Dans cet exemple, la puissance de la perceuse de droite est plus importante que la puissance de celle de gauche.

b Ce tableau donne quelques exemples de puissances d'appareils contenant des moteurs.

c Dans le domaine des véhicules électriques, on peut citer l'exemple des trains. Ceux-ci sont remorqués par des locomotives à moteurs électriques. Si une locomotive A est capable de lancer un train à 100 kilomètres par heure en 5 minutes et si une locomotive B est capable de réaliser la même performance en seulement 3 minutes, on dit que la locomotive A est moins puissante que la locomotive B. Pour un moteur de véhicule, la puissance est une mesure de la capacité à donner du mouvement.
Le T.G.V. a un ensemble de moteurs de puissance totale 6 300 kW. Ici l'unité est le **kilowatt**. 1 **kW** vaut 1 000 W.

Questions

1 **Doc. 1** **Comparez les puissances des deux plaques et les temps mis par celles-ci pour amener l'eau à l'ébullition.**

2 **Doc. 1** **Que représente la puissance pour une plaque électrique chauffante ?**

3 **Doc. 2** **À quoi correspond la puissance d'un outil comme la perceuse ? d'un véhicule comme un train ?**

4 **Doc. 2** **Calculez le rapport entre la puissance du T.G.V. et de la tondeuse à gazon du tableau b.**

Activité 2

L'intensité dans les appareils

La plaque signalétique des appareils ménagers ou les indications des catalogues ne donnent pas la valeur de l'intensité qui traverse les appareils.

Quelle intensité traverse les appareils électriques de la maison ?

1 Les appareils qui chauffent ou qui éclairent

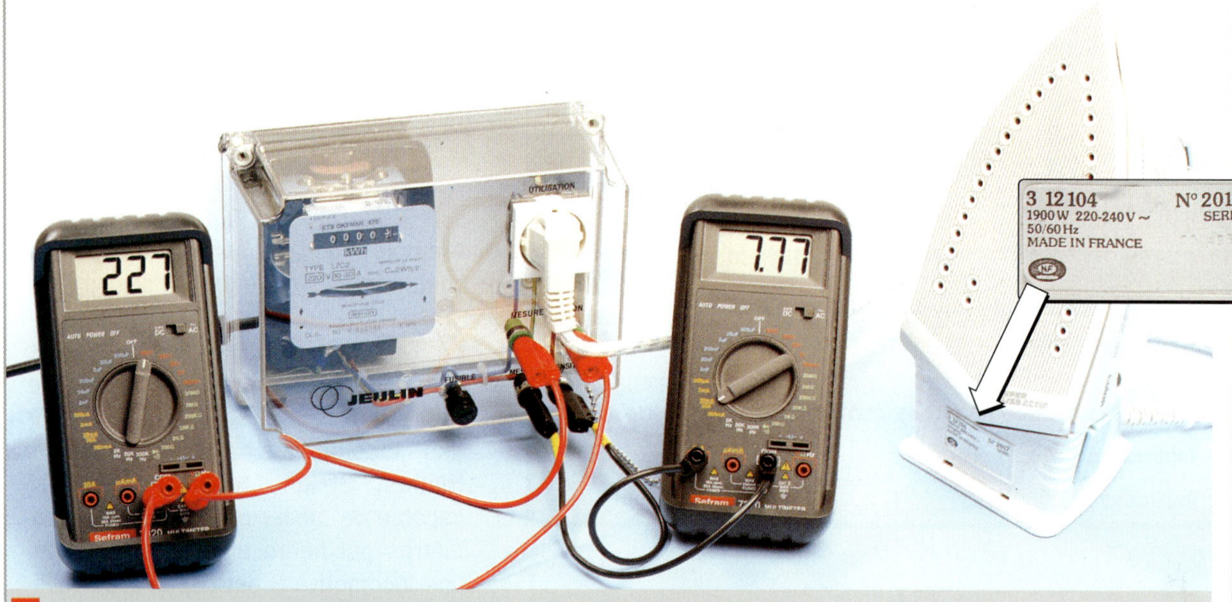

a La mesure de la tension efficace aux bornes d'un fer à repasser et de l'intensité efficace du courant qui le traverse. (Cette manipulation n'est pas autorisée au collège.)

b Le tableau des mesures pour différents appareils électriques.

Appareils étudiés	Tension appliquée *U*	Intensité mesurée *I*	Puissance indiquée *P*	*P/U*
Fer à repasser	227 V	7,77 A	1 900 W	8,4
Friteuse	222 V	3,84 A	900 W	4,05
Lampe à incandescence	228 V	0,25 A	60 W	0,26
Lampadaire	225 V	2,33 A	500 W	2,22

● La plaque signalétique d'un appareil électrique n'indique pas l'intensité du courant qui le traverse mais seulement sa puissance et la tension qu'il faut appliquer à ses bornes (entre 220 V et 240 V généralement). Le montage **a** permet de mesurer la valeur efficace de la tension qui alimente un appareil et l'intensité efficace du courant qui le traverse.

● Si on calcule dans chaque cas le rapport de la puissance indiquée par la tension mesurée (P/U), on remarque que ce rapport donne un nombre proche de la valeur de l'intensité I mesurée **b**

● On admettra que le calcul du **rapport des deux grandeurs *P* et *U*** indiquées sur la plaque signalétique permet d'obtenir la **valeur de l'intensité efficace *I* du courant traversant un appareil qui ne produit que de la chaleur (et éventuellement de la lumière) :**

$$P/U = I.$$

2 Les appareils qui contiennent des moteurs

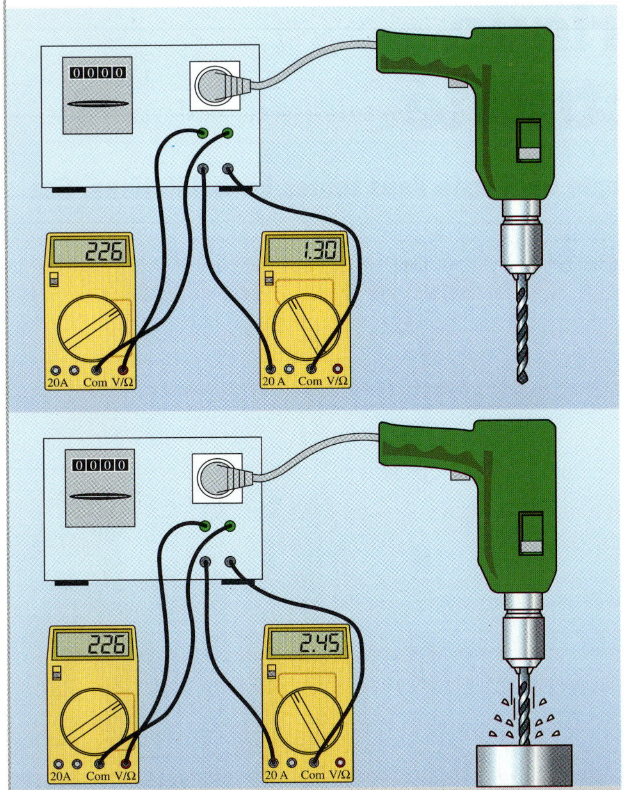

a En haut, la perceuse tourne à vide ; en bas, elle « travaille ».

b Un sèche-cheveux chauffe et souffle de l'air.

● Quand la perceuse **a** tourne « à vide », l'intensité efficace du courant qui la traverse est faible : I = 1,30 A. Quand la perceuse « travaille », l'intensité augmente : I = 2,45 A. La tension quant à elle ne varie pas et reste égale à 226 V. On constate le même phénomène avec un aspirateur ou un robot de cuisine.

● Dans le cas des appareils contenant un moteur, l'intensité efficace n'est plus donnée par le calcul de P/U. Si l'on calcule ce rapport, on trouve une intensité plus grande que celle qui est mesurée. Pour la perceuse **a**, de puissance 700 W, on trouve I = 700/226 = 3,09 A. Ce calcul permet d'obtenir **la plus grande valeur de l'intensité du courant** pouvant traverser la perceuse. À ce stade, la perceuse est au maximum de ses possibilités et se bloque. Elle devient alors comme une résistance chauffante. Cette intensité est destructrice pour la perceuse. La puissance P indiquée par le constructeur est appelée **puissance nominale**.

● Les appareils comme le sèche-cheveux **b** ou le lave-linge contiennent à la fois une « résistance chauffante » et un moteur. Dans ce cas également, le rapport P/U ne donne que la valeur la plus grande de l'intensité efficace du courant qui peut traverser ces appareils (cas où le moteur se bloque).

● La connaissance de l'intensité du courant qui passe dans les appareils électriques est utile quand on prévoit l'installation électrique d'une habitation. Elle permet de prévoir la section des fils conducteurs et la valeur de l'intensité maximale autorisée dans les coupe-circuit, ainsi que la répartition des prises de courant dans les différentes pièces. Pour estimer l'intensité maximale dans le circuit principal d'une installation, on additionne les puissances de tous les appareils branchés et on divise cette somme par 230 (tension du secteur).

Questions

1 Doc. 1 Comment varie l'intensité mesurée en fonction de la puissance des appareils ?

2 Doc. 2 En vous servant du document 1, expliquez pourquoi on peut dire que lorsque l'intensité atteint sa valeur maximale, la perceuse devient comme une résistance chauffante.

3 Quels sont les appareils pour lesquels le rapport P/U donne la valeur réelle de l'intensité ? la valeur maximale que l'intensité peut prendre ?

Activité 3

Le compteur électrique et la facture d'électricité

Le compteur est le seul appareil de mesure électrique qui existe dans toutes les habitations. Ses indications servent à établir la facture à payer.

Qu'indique le compteur électrique ?

1 L'énergie et la puisssance

a On branche un radiateur aux bornes d'un boîtier contenant un compteur. La tension efficace aux bornes du radiateur et l'intensité efficace du courant qui le traverse restent constantes : U = 229 V et I = 7,43 A. Le disque du compteur tourne dès que le radiateur est mis en marche. Il compte l'énergie électrique fournie par EDF et permettant au radiateur de produire de la chaleur.

b Ici, l'unité d'énergie est le watt.heure (Wh). Chaque tour du compteur correspond à 2 Wh. Plus la durée de fonctionnement est grande, plus l'énergie mesurée est grande. En 300 secondes ou 5 minutes par exemple, le radiateur transforme 140 watt.heures d'énergie électrique en chaleur. Cette valeur correspond au produit de la puissance P (1 700 watts) par la durée de fonctionnement t en heure (ici 1/12 d'heure).

a **Le montage avec un compteur dans un boîtier.**

● D'après les résultats obtenus dans le tableau **b**, on peut écrire :

Énergie transformée E = puissance P x durée de fonctionnement t.

Soit $\boldsymbol{E = P \cdot t}$.

Inversement, on peut définir la puissance P indiquée sur les appareils comme la quantité d'énergie électrique E que cet appareil transforme par unité de temps : $\boldsymbol{P = E / t}$.

Si P est en watt (W) et t en heure (h), l'énergie est en **watt.heure** (**Wh**).
Si P est en watt (W) et t en seconde (s) alors E est en joule (J).
1 Wh = 3 600 J (1 W pendant 3 600 s).

b **Le tableau des mesures.**

Nombre de tours du disque	7	14	21	28	35	42	56	70
Temps écoulé (en s)	30	60	90	120	150	180	240	300
Énergie transformée en chaleur (en Wh)	14	28	42	56	70	84	112	140

2 La transformation de l'énergie

Pour un radiateur, toute l'énergie utilisée est transformée en chaleur. L'énergie mesurée par le compteur est égale à l'énergie produite par le radiateur sous forme de chaleur. Pour un moteur électrique, le compteur indique également l'énergie utilisée, mais celle-ci est principalement transformée en « travail ». Pour un appareil qui contient un moteur et qui chauffe, tel le sèche-cheveux, l'énergie utilisée est égale à l'énergie produite au total par l'appareil, à la fois sous forme de chaleur et de « travail ».

3 La facture d'électricité

TOTAL: 3760,21F SOIT 573,24 EUR

Consommations	Compteur n°	Relevé des compteurs nouveau	ancien	différence	Coefficient	Consommation en kWh
FACTURE INTERMEDIAIRE INDEX ESTIMES						
ELECTRICITE TARIF 020 HC HEURES CREUSES	230	08436	03784	4652		4652
HP HEURES PLEINES		92208	90295	1913		1913

HEURES CREUSES ELEC.: 2H00-8H00;13H00-15H00 — Prochaine facture vers le 15/04/99

Détail de la facturation hors taxes	Consommation en kWh	Prix unitaire en francs	Montant hors taxes en francs	Total HT par tarif en francs
ELECTRICITE TARIF 020 PUISSANCE 18 KW				
- ABONNEMENT :				
. 205,19F/MOIS DU 07/12/98 AU 07/02/99			410,38	410,38
- CONSOMMATION HC DU 09/12/98 AU 08/02/99	4652	0,3242	1508,18	
- CONSOMMATION HP DU 09/12/98 AU 08/02/99	1913	0,5311	1015,99	2524,17

Calcul des taxes et récapitulation	% TVA	Montant HT en F par tarif	T.V.A. en francs	Taxes locales en F 6,0 + 4,0 %	Montant TTC en francs
ELECTRICITE TARIF 020 ABONNEMENT	5,50	410,38	22,57	32,83	465,78
CONSOMMATION	20,60	2524,17	519,98	201,93	3246,08
TVA SUR TAXES LOCALES	20,60		48,35		48,35
Total de la facture		2934,55	590,90	234,76	3760,21
MONTANT A PRELEVER					3760,21

● Les agents EDF relèvent régulièrement les compteurs des usagers, ce qui permet d'établir la facture d'électricité.

● Cette facture fait apparaître la « consommation » (ou plutôt l'utilisation) d'énergie pendant un temps donné, mesurée sur le compteur et donnée en kWh (1 kWh = 1 000 Wh). On y trouve également le type d'abonnement souscrit, qui définit la puissance que EDF s'engage à fournir, le prix de 1 kWh (prix unitaire), enfin les taxes et la somme totale à payer.

● La « consommation » est subdivisée en « heures creuses » (HC) et en « heures pleines » (HP). Les « heures creuses » sont des heures de faible « consommation » dans les maisons et dans les usines. Elles sont variables d'une région à l'autre et se situent pour une part pendant la nuit. Le prix du kWh en « heures creuses » est nettement plus faible.

Questions

1 Doc. 1 Vérifiez pour le radiateur la relation existant entre la puissance, la tension et l'intensité.

2 Doc. 1 Vérifiez pour une durée de fonctionnement de 60 secondes que l'énergie transformée est égale au produit de la puissance par le temps écoulé.

3 Doc. 1 À quelles grandeurs l'énergie est-elle proportionnelle ? Pourquoi utilise-t-on comme unité le watt.heure ?

4 Doc. 2 Sous quelles formes l'énergie électrique est-elle généralement transformée dans l'installation de la maison ?

5 Doc. 3 Pour quelle puissance maximale le destinataire de cette facture paye-t-il un abonnement ? Quelles sont les consommations d'énergie en « heures creuses » et en « heures pleines » portées sur cette facture ? Quel est le prix hors taxes du kWh en « heures creuses » ? en « heures pleines » ? Quelles sont les horaires des « heures creuses » ?

1 La puissance d'un appareil électrique

Activité 1

● Pour les appareils électriques qui produisent de la chaleur, la **puissance** représente la **quantité de chaleur produite par unité de temps**.

Pour les appareils contenant un moteur, la puissance permet de connaître le « **travail** » que peut effectuer le moteur **par unité de temps** : quantité de métal découpé pour une perceuse, déplacement d'une charge pour un véhicule, etc.

Pour les appareils qui contiennent à la fois des éléments chauffants et des moteurs, la puissance donne le « **travail** » **et la chaleur produits par unité de temps.**

● La puissance s'exprime en **watt** (**W**) ou en son multiple le kilowatt (kW).

Un sèche-cheveux produit à la fois de la chaleur et du travail.

Quelques puissances d'appareils courants :

– téléphone portable, récepteur radio, rasoir : 1 à 10 W ;
– lampe : 25 à 500 W ;
– téléviseur, réfrigérateur, congélateur : 100 à 200 W ;
– four, plaque chauffante, lave-linge, lave-vaisselle : 1 à 3 kW ;
– moteurs du T.G.V. : 6 300 kW.

Exercices : 1, 2, 7

2 L'intensité dans les appareils électriques

Activité 2

● Dans les **appareils qui ne font que produire de la chaleur**, comme une plaque de cuisson ou un radiateur, l'intensité efficace I du courant peut se calculer en utilisant la formule :

$$I = P/U$$

où P est la puissance indiquée par le constructeur, en watt, et U est la tension efficace du secteur appliquée aux bornes de l'appareil, en volt. I est alors en ampère.
On peut écrire, pour simplifier : $I = P/230$.

● Pour les **appareils contenant des moteurs**, l'utilisation de cette formule ne donne que la valeur de l'**intensité efficace maximale** admissible par l'appareil.

● La connaissance de l'intensité du courant qui passe dans les appareils électriques permet de prévoir la section des fils conducteurs et la valeur des fusibles ou la sensibilité des disjoncteurs thermiques, ainsi que la répartition des différentes prises de courant.

● À la maison, on peut estimer l'intensité maximale dans le circuit principal en additionnant les puissances de tous les appareils branchés et en divisant cette somme par 230.

Exercices : 1, 3 à 7, 10 à 13, 21

3 Le compteur électrique

Activité 3

● Le compteur électrique comptabilise la quantité d'énergie transformée par les appareils électriques en service. Cette énergie est fournie par le réseau de distribution EDF, qui, en entretenant une tension de 230 V aux bornes des appareils, permet le passage d'un courant. L'énergie électrique fournie est transformée par les appareils en une autre forme d'énergie : chaleur ou travail.

● La formule :

$$E\,(\text{Wh}) = P\,(\text{W}) \cdot t\,(\text{h})$$

permet de calculer l'énergie E à partir de la puissance P et le temps t d'utilisation de l'appareil. Le watt.heure (Wh) est l'unité d'énergie utilisée en électricité.
On doit utiliser le joule (J) si la durée est exprimée en seconde. 1 Wh = 3 600 J.

Exercices : 1, 6, 8, 9, 14 à 23

Je dois être capable de…

● **Citer quelques ordres de grandeurs de puissances électriques en watt ou kilowatt.**

● **Évaluer l'intensité efficace du courant traversant un appareil alimenté par le secteur, à partir de sa puissance nominale.**

● **Calculer l'énergie électrique transformée par un appareil pendant une durée donnée.**

JE TRAVAILLE SEUL

Réponses p. 250

1 La puissance et l'énergie

Recopiez les phrases suivantes en choisissant la bonne réponse parmi les propositions en italique.

a. L'inscription 60 W, sur une lampe, indique sa *tension nominale/puissance.*

b. Le watt est l'unité *d'intensité/de puissance.*

c. Une lampe, de puissance nominale 2,4 W, soumise à une tension de 6 V est traversée par un courant d'intensité *0,4 A/0,04 A.*

d. L'unité d'énergie indiquée sur une facture d'électricité est le *kilowatt.heure / volt.*

e. Un aspirateur de 1 000 W fonctionnant pendant 1 heure transforme une énergie électrique de *100 Wh/1 000 Wh.*

2 La puissance de quelques appareils

À chacun des appareils suivants : cafetière – lampe à incandescence – radiateur électrique, attribuez la puissance correspondante choisie parmi les valeurs suivantes : 60 W – 2 kW – 825 W.

3 La puissance d'un fer à repasser

Un fer à repasser est soumis à une tension alternative de valeur efficace 230 V. La valeur efficace de l'intensité du courant qui le traverse est de 5,3 A.
La puissance électrique de ce fer est-elle de l'ordre de 1 200 W, 800 W ou 3 000 W ? Justifiez votre réponse.

4 L'intensité dans un appareil

On peut lire certaines indications sur les appareils suivants :
- lampe de chevet (230 V – 40 W) ;
- cafetière (230 V – 825 W) ;
- chauffe-eau (230 V – 2 200 W).

Si ces appareils fonctionnent sous leur tension nominale, quelle est l'intensité du courant qui les traverse ?

5 Les fusibles

Une installation électrique est représentée ci-dessous.

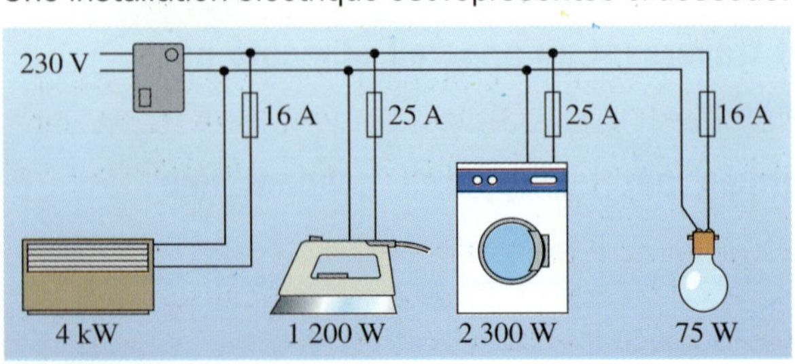

1. Les fusibles sont-ils bien adaptés aux appareils qu'ils protègent ? Justifiez votre réponse.

2. Indiquez une ligne avec son fusible qui serait adaptée au radiateur de 4 kW.

La puissance de lampes de bicyclette

6 Le culot d'une lampe de feux avant de bicyclette porte l'indication suivante : 6 V – 0,4 A.

1. Calculez la puissance électrique utilisée par cette lampe lorsqu'elle fonctionne sous une tension efficace de 6 V.

2. Cette lampe fonctionne ainsi pendant 10 minutes. Calculez, en joule et en watt.heure l'énergie transformée en lumière et chaleur pendant ce temps.

7 Sur le culot des lampes L_1 à L_6, on lit les indications suivantes :
L_1 : [6 V – 6 W] ; L_2 : [6 V – 2,4 W] ; L_3 : [6 V – 1,8 W] ; L_4 : [6 V – 0,1 A] ; L_5 : [6 V–0,4 A] ; L_6 : [6 V – 0,3 A].
Classez ces lampes par puissances croissantes. Indiquez quelles sont les lampes de même puissance.

8 L'énergie électrique

Classez dans l'ordre croissant d'énergie électrique transformée les appareils suivants fonctionnant pendant la durée indiquée :
- un téléviseur de 100 W pendant 4 heures ;
- une lampe de 75 W pendant 10 heures ;
- un fer à repasser de 1 200 W pendant 1/2 heure.

9 Une facture d'électricité

Consommations	Relevé des compteurs			Consommation en kWh
	nouveau	ancien	différence	
Électricité	69545	68152	1 393	1 393

Détail de la facturation hors taxes	Consommation en kWh	Prix unitaire en francs	Total HT par tarif en francs
Électricité puissance 6 kW			
– Abonnement : 27,32 F/mois du 25/09/98 au 25/03/99			163,92
– Consommation du 26/03/98 au 05/10/98	1 393	0,5339	743,72

1. Quelle est la puissance souscrite par ce consommateur ?

2. Quelle est l'énergie électrique utilisée pendant la période du 26 mars au 5 octobre 1998 ?

3. Si l'on suppose que cet usager utilise toute la puissance souscrite en même temps, combien de temps a-t-il fait fonctionner ses appareils électriques entre le 26 mars et le 5 octobre 1998 ? On considère que cette période est de 6 mois. Quelle est la durée moyenne d'utilisation par mois dans ces conditions ?

4. Quel est le prix de revient hors taxe du kWh, prix d'abonnement compris ?

5. Durant la période de facturation, cet usager a travaillé dans son bureau éclairé par une lampe de 60 W à raison de 1 heure par soir et pendant 60 jours. Quelle somme hors taxe a-t-il dépensé pour l'éclairage du bureau ?

J'UTILISE MES CONNAISSANCES

10 L'utilisation d'une prise multiple

Une prise électrique est protégée par un fusible de 16 A. Annie veut brancher sur cette prise, à l'aide d'une prise multiple, un four électrique (230 V – 2 000 W) et un grille-pain (230 V – 800 W).

1. Que signifient les inscriptions figurant sur le four et sur le grille-pain ?

2. Quelle puissance électrique maximale peut être utilisée avec cette prise ?

3. Annie peut-elle utiliser la prise multiple sans risque ? Justifiez votre réponse.

11 La puissance maximale permise dans une « résistance »

Pour tracer la caractéristique d'un conducteur ohmique de 47 Ω, on prend la précaution de ne pas dépasser 4,5 V au bornes de ce conducteur, qui ne supporte pas une puissance électrique supérieure à 0,5 W.

1. Calculez l'intensité du courant qui traverse ce conducteur lorsque la tension à ses bornes est de 4,5 V, ainsi que la puissance électrique qu'il utilise.

2. Est-t-il judicieux de limiter à 4,5 V la tension aux bornes du conducteur ?

12 La puissance d'un aspirateur

La plaque d'un aspirateur porte les indications suivantes : 850 W – 220 V.

En fonctionnement, l'intensité efficace du courant traversant l'aspirateur est de 2,84 A, alors que la valeur efficace de la tension est de 225 V.

1. Quelle est la puissance nominale de l'appareil ?

2. Si le moteur est bloqué accidentellement, l'intensité du courant qui traverse l'aspirateur est-elle inférieure, supérieure, ou égale à 2,84 A ?

13 L'intensité dans une ligne de transport du courant

Une ligne électrique transporte une puissance de 50 MW (1 MW = 10^6 W) sous une tension sinusoïdale de valeur efficace 400 kV.

a. Quel est l'ordre de grandeur de la valeur efficace de l'intensité du courant qui circule dans la ligne ?

b. Quelle serait la valeur de l'intensité si cette puissance était transportée sous une tension de 100 kV seulement ?

L'énergie électrique

14 Une plaque chauffante porte les indications : 230 V – 1 400 W. Elle fonctionne sous une tension sinusoïdale de valeur efficace 230 V au maximum de sa puissance. Elle permet alors de faire bouillir l'eau contenue dans une casserole en 5 minutes. Calculez l'énergie électrique utilisée durant ce chauffage.

15 Un réfrigérateur est vendu pour une puissance de 150 W, utilisée par son compresseur, et une « consommation » d'énergie de 0,5 kWh par 24 heures.

a. Le compresseur de ce réfrigérateur fonctionne-t-il en permanence ?

b. Quelle est la durée moyenne de fonctionnement du compresseur de cet appareil pendant 24 heures ?

16 ★ La puissance souscrite

Une installation électrique dispose d'un disjoncteur calibré à 30 A. Elle fonctionne sous une tension sinusoïdale de valeur efficace 230 V.

1. La puissance souscrite par l'abonné vaut 6 kW. De quelle intensité peut-il disposer ?

2. De quelle puissance l'abonné dispose-t-il réellement dans son installation avec le calibrage du disjoncteur ?

3. L'abonné fait fonctionner en même temps un four électrique (230 V – 4 kW), deux radiateurs (230 V – 900 W) et quatre lampes à incandescence (230 V – 100 W).

a. Quelle puissance utilise-t-il ?

b. Peut-il utiliser en plus un fer à repasser (230 V – 1 000 W) ? Justifiez votre réponse.

17 Le coût électrique d'un petit déjeuner

Pour préparer le petit déjeuner, une famille utilise chaque jour en moyenne une cafetière électrique (230 V – 850 W) pendant 10 minutes et un grille-pain (230 V – 800 W) pendant 15 minutes. Les appareils fonctionnent sous leur tension nominale.

1. Quelle est l'énergie électrique utilisée chaque matin par ces appareils ?

2. Si le prix du kilowatt-heure est de 0,5311 F (hors abonnement et hors taxes), quelle est, dans ces conditions, la dépense en électricité ?

18 Le fonctionnement d'un radiateur électrique

Un radiateur électrique fonctionne sous la tension du secteur de valeur efficace 230 V pendant 4 heures. En relevant le compteur avant son utilisation, on lit 5 643 kWh. Après utilisation du radiateur seul, on lit 5 651 kWh.

1. Quelle est l'énergie électrique utilisée par le radiateur ? En quoi cette énergie est-elle transformée ?

2. La constante du compteur est C = 2,5 Wh/tour. Combien de tours le disque du compteur a-t-il effectué pendant le fonctionnement du radiateur ?

3. Le kWh est facturé 0,5311 F hors taxes. Quel est le coût du fonctionnement (hors abonnement et hors taxes) de ce radiateur ?

4. Calculez la puissance électrique utilisée par ce radiateur.

5. Quelle est la valeur efficace de l'intensité du courant qui a traversé ce radiateur pendant son fonctionnement ?

6. La prise électrique sur laquelle est branché le radiateur est protégée par un fusible de 16 A. Cette prise est-elle utilisable avec ce radiateur ?

19 Les lampes à économie d'énergie

De nouvelles lampes permettent une économie d'énergie électrique de 75 à 82 % par rapport aux lampes à incandescence, tout en fournissant une intensité lumineuse équivalente.

Le tableau ci-dessous donne les puissances de lampes d'intensités lumineuses équivalentes.

Lampes à économie d'énergie	Lampes à incandescence
5 W	25 W
9 W	40 W
11 W	60 W
15 W	75 W
20 W	100 W

1. Vérifiez que l'économie d'énergie est comprise entre 75 % et 82 %.

2. Sous quelle forme l'énergie est-elle perdue dans une lampe à incandescence ?

20 ★ Le choix d'une lampe

La durée de vie d'une lampe à incandescence est d'environ 1 000 heures, celle d'une lampe fluo-compacte de 8 000 heures (lampe à économie d'énergie, voir photo de l'exercice 19). Vous voulez choisir une lampe pour votre bureau qui fonctionnera en moyenne 2 heures par jour. La lampe à incandescence (230 V – 60 W) coûte 10,90 F. La lampe fluo-compacte qui donne le même éclairement (230 V – 11 W) coûte 92 F. Le prix du kWh facturé par EDF est de 0,86 F (taxes et abonnement compris). Vous envisagez 8 000 heures de fonctionnement.

1. Quelle est la dépense à envisager si vous choisissez une lampe à incandescence ?

2. À combien reviendrait l'utilisation d'une lampe fluo-compacte équivalente en éclairement ?

3. Quel est le système d'éclairage financièrement le plus intéressant ?

21 ★★ La friteuse électrique

Sur une friteuse électrique, on trouve l'inscription : « 230 V – 900 W ». Cette friteuse fonctionne sous une tension du secteur de valeur efficace 230 V. Elle est utilisée pour chauffer 1 500 g d'huile, de 20 °C à 120 °C.

1. Quelle transformation d'énergie réalise la friteuse ?

2. Calculez la valeur efficace de l'intensité du courant qui parcourt la « résistance chauffante » de la friteuse.

3. Pour élever de 1 °C la température de 1 g d'huile, il faut 2,4 J. Quelle est, en joule et en Wh, l'énergie nécessaire pour chauffer l'huile de la friteuse ?
4. Sachant qu'il y a 8 % de « perte » d'énergie (utilisée à chauffer le récipient et de l'air), quelle est l'énergie électrique totale utilisée par la friteuse pour chauffer l'huile ?
5. Pendant combien de temps (en minutes) la friteuse doit-elle fonctionner pour chauffer l'huile ?

22 ★ Quelques coûts d'utilisation

Quelques coûts d'utilisation :
Consommation et coût de quelques appareils parmi les plus courants

1 heure de télévision **0,06 F***

30 min de repassage **0,21 F***
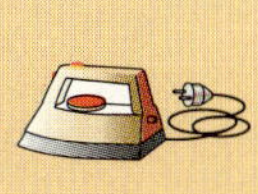

Passer l'aspirateur (30 min à 1 000 watts) **0,36 F***

1 heure d'éclairage (halogène de 500 watts, salle de séjour) **0,37 F***

Une douche chaude (25 litres à 65 Wh - rendement 65 %) **0,87 F***

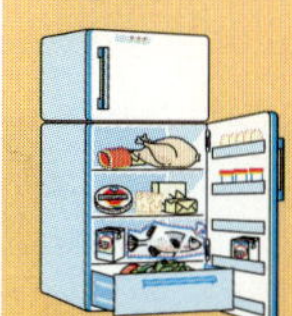
Réfrigérateur (200 l) **env. 1,10 F par jour***

Lave-linge **env. 1,16 F la lessive****

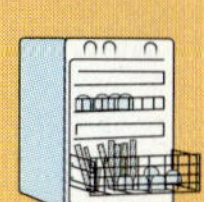
Lave-vaisselle **env. 1,60 F la vaisselle****

Estimations en francs TTC (TVA 20,6 % + taxes locales 12 %), hors abonnement
* prix du kWh heures pleines
** prix du kWh heures creuses (8 heures de nuit)

Source : EDF

1. En vous servant des informations données sur l'éclairage avec une lampe halogène, calculez le prix de revient toutes taxes comprises (mais hors abonnement) du kWh en heures pleines.
2. Quelle est, en kWh, l'énergie électrique utilisée au cours de 30 minutes de repassage ?
3. Pendant ce temps, le fer n'a pas fonctionné de façon continue, le thermostat coupant parfois le courant. Quelle est la puissance moyenne utilisée par ce fer pendant ces 30 minutes ?
4. Sur la plaque du fer on lit, en réalité, une puissance de 1 200 W. Que représente cette valeur ?

23 L'installation électrique de la maison

En plus de l'éclairage et de divers petits appareils électriques comme le fer à repasser, la télévision, etc., une famille possède un réfrigérateur, un four à micro-ondes, un lave-linge, un lave-vaisselle et un chauffe-eau de 200 litres.
Le tableau ci-dessous est fourni par EDF.

Appareils électriques	Puissances moyennes	Consommations moyennes par an
Réfrigérateur	150 W	400 kWh
Congélateur	500 W	700 kWh
Plaques électriques	6 000 W	1 000 kWh
Four	3 000 W	500 kWh
Micro-ondes	1 000 W	100 kWh
Lave-linge	2 500 W	500 kWh
Sèche-linge	2 500 W	700 kWh
Lave-vaisselle	2 500 W	1 700 kWh
Chauffe-eau 100 L	1 200 W	1 700 kWh
Chauffe-eau 200 L	2 200 W	2 500 kWh
Usages généraux (Éclairage, TV, etc.)		1 000 kWh

1. En utilisant les données du tableau, calculez la puissance totale nécessaire pour que tous les appareils, autres que les appareils d'usage général, fonctionnent en même temps.
2. En réalité, la famille souhaite souscrire un abonnement pour une puissance de 6 kW seulement. En admettant que les appareils d'usage général en fonctionnement ont une puissance de 300 W, la famille pourra-t-elle faire fonctionner en même temps le four à micro-ondes et le lave-vaisselle ?
3. Évaluez la « consommation » moyenne annuelle de cette famille.
4. Calculez la dépense totale annuelle hors taxes (HT) en sachant que le prix HT de l'abonnement est de 27,32 F par mois et que le prix HT du kWh est de 0,5311 F.

CHAPITRE

14 La lumière et les images

La correction de la vue se fait parfois avec des lentilles de contact que l'on place directement sur l'œil. Mais les verres de lunettes ou l'objectif d'un appareil photographique sont aussi des lentilles. Une lentille agit sur la lumière qui la traverse. Elle donne alors de l'objet lumineux une reproduction : son image.

Activité 1

Toutes les lentilles produisent-elles les mêmes effets ?

Une paire de jumelles comprend, entre autres, un ensemble de lentilles qui permet d'observer des objets éloignés.

Activité 2

Quelle image une lentille convergente donne-t-elle d'un objet éclairé ?

Lors de ce concert, des images sont projetées grâce à des lentilles sur les façades des immeubles environnants.

Activité 3

Comment une lentille convergente agit-elle sur la lumière ?

Le modèle du rayon de lumière, que vous avez vu en classe de Quatrième, est très utile également pour décrire l'action d'une lentille sur la lumière.

Activité 4

Quel est le principe d'un projecteur de diapositives ?

Une « lanterne magique » : au XVIIIe siècle, cet ancêtre du projecteur de diapositives fait partie de la vie quotidienne.

Activité 5

Comment l'œil fonctionne-t-il ?

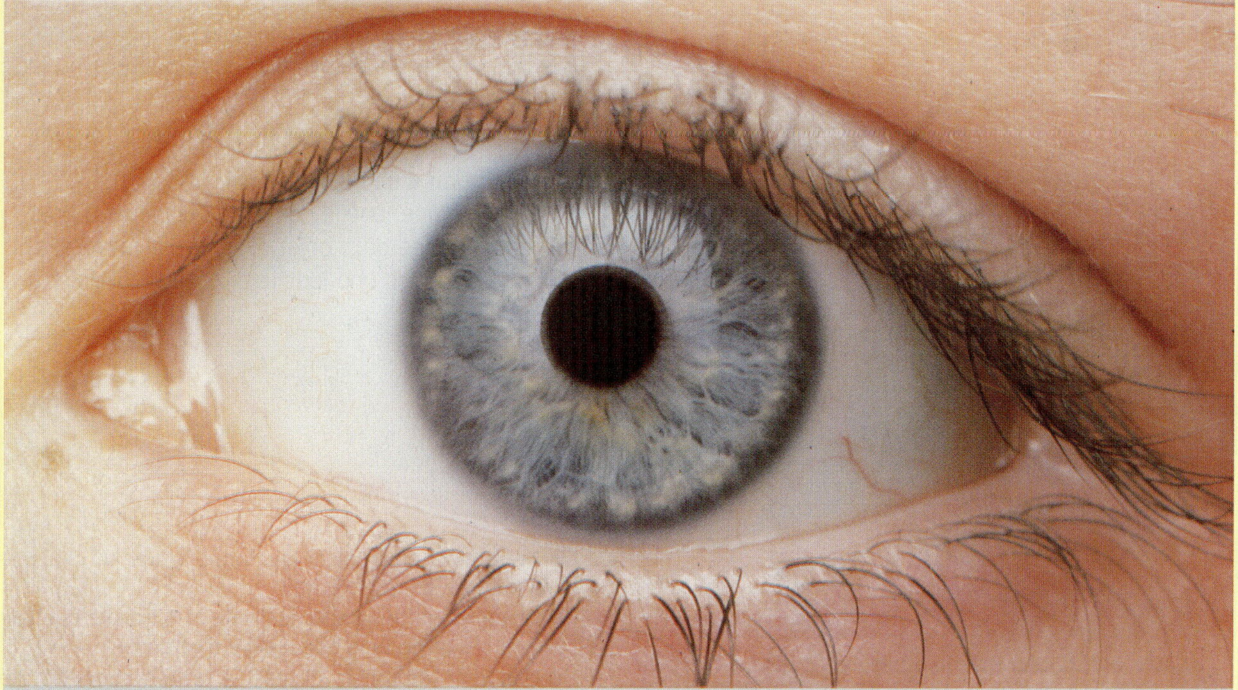

L'œil permet de voir les objets qui nous entourent s'ils sont éclairés.

Activité 1

Les lentilles

Une lentille est fabriquée dans un matériau transparent : verre ou matière plastique. Il en existe différents types.

Toutes les lentilles produisent-elles les mêmes effets ?

1 Les deux types de lentilles

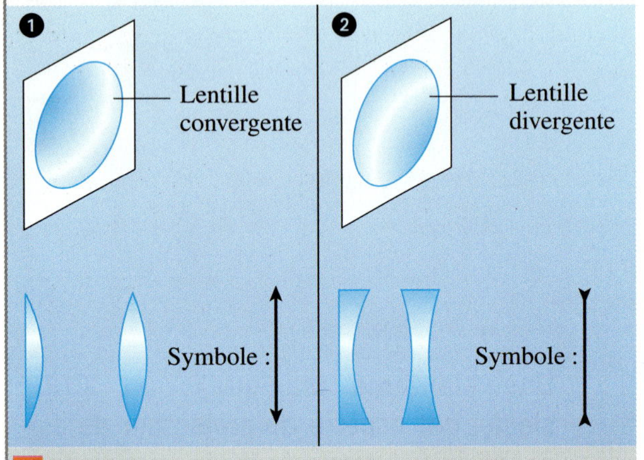

a Dessins de profil et symboles de lentilles convergentes ❶ et divergentes ❷.

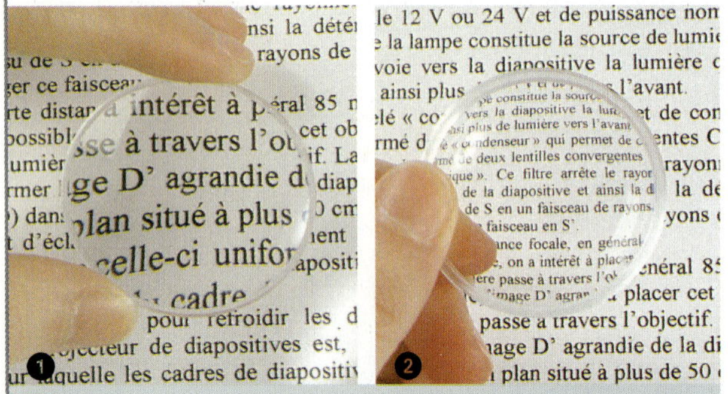

b L'image d'un texte à travers une lentille convergente ❶ et à travers une lentille divergente ❷.

c Cette personne regarde un arbre éloigné à travers une lentille convergente ❶ ou divergente ❷ tenue à bout de bras.

Des formes différentes

● En étudiant un lot de lentilles, on peut distinguer immédiatement deux types **a** :
– certaines sont plus épaisses au centre que sur les bords. Ces lentilles à bords minces sont appelées **lentilles convergentes** ❶ ;
– d'autres sont au contraire plus fines au centre que sur les bords : ce sont des lentilles **divergentes** ou à bords épais ❷.
On schématise les lentilles d'après leur forme.

● Si l'on regarde un objet quelconque à travers une lentille, on observe une reproduction de l'objet que l'on appelle **image**. Les deux types de lentilles n'exercent pas les mêmes effets sur la lumière et donnent des images différentes d'un même objet.

L'observation d'un objet situé près de la lentille

● En éloignant très légèrement les deux types de lentilles d'une page imprimée **b**, on peut constater que l'image du texte est plus grande que le texte avec la lentille convergente et plus petite avec la lentille divergente.

L'observation d'un objet éloigné

● À travers une lentille convergente, tenue à bout de bras, l'image d'un objet éloigné est renversée, alors qu'à travers une lentille divergente elle est à l'endroit **c**.

POUR MANIPULER

● Déterminer en étudiant leur forme le type de chacune des lentilles d'un lot.
● Observer un texte successivement à travers une lentille convergente puis une lentille divergente.
● Observer un objet éloigné à travers une lentille convergente puis à travers une lentille divergente tenue à bout de bras.

2 Le foyer d'une lentille convergente

Une lentille possède un axe de symétrie qui passe par le centre de la lentille et qui est perpendiculaire à elle. Cet axe est « **l'axe optique** » de la lentille.

a Plaçons une source éloignée sur l'axe optique d'une lentille convergente. Si on déplace un écran derrière la lentille, on observe alors une tache de lumière qui devient très petite et très lumineuse pour une certaine position de l'écran.
Cette tache où se concentre, où **converge** la lumière est l'**image** de la source. Elle se situe sur l'axe optique de la lentille en un point F appelé **foyer** de la lentille. La distance entre le foyer et la lentille est appelée **distance focale** f. Si on retourne la lentille, on obtient la même tache, à la même distance de la lentille. Avec le Soleil comme source de lumière, il est possible d'enflammer une mince feuille de papier placée au foyer : la lentille convergente concentre en ce point **l'énergie lumineuse** qu'elle reçoit de la source.

b Une source très petite, comme le filament d'une lampe, est placée sur l'axe optique d'une lentille convergente, à une distance égale à la distance focale. On obtient alors sur un écran parallèle à la lentille une tache lumineuse circulaire de même dimension que la lentille. Le faisceau de lumière sortant de la lentille est cylindrique : lorsque l'on déplace l'écran, le diamètre de la tache reste constant.

- Rapprochons maintenant la source de la lentille : la tache de lumière sur l'écran devient de plus en plus large au fur et à mesure que l'on éloigne celui-ci de la lentille. On dit que le faisceau de lumière à la sortie de la lentille **diverge.**
Inversement, si on éloigne la source de la lentille, le faisceau converge en un point : c'est l'image du filament de la lampe.

- Lorsqu'on utilise une lentille divergente, quelle que soit la distance entre la lentille et la source, le faisceau de lumière diverge après traversée de la lentille.

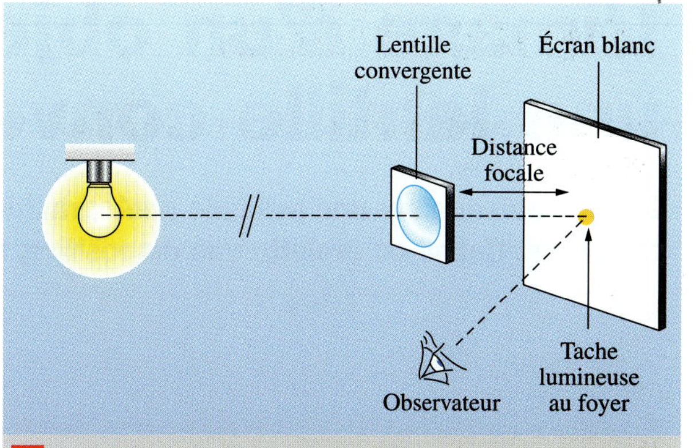

a La lumière d'une source éloignée converge en un point après traversée d'une lentille convergente.

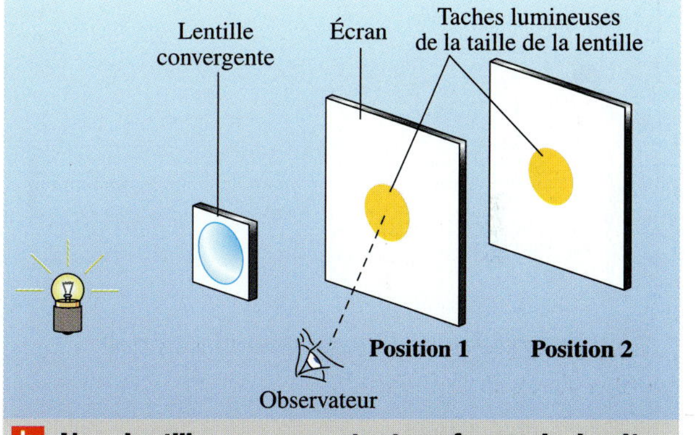

b Une lentille convergente transforme la lumière issue d'une source très petite, placée à la distance focale de la lentille, en un faisceau cylindrique.

POUR MANIPULER

- En étudiant l'image d'une source éloignée de la lentille de plusieurs mètres sur un écran blanc, rechercher la position du foyer pour plusieurs lentilles convergentes ; en déduire la distance focale de chacune.
- Pour chacune des lentilles, chercher la position qui permet d'obtenir un faisceau de lumière quasiment cylindrique à partir d'une source très petite. Mesurer alors la distance entre la lentille et l'objet.
- Comparer cette distance à la distance focale de la lentille.

Questions

1 Doc. 1 Quels moyens pouvez-vous utiliser pour savoir si une lentille est convergente ou divergente ?

2 Doc. 1 Avec quel type de lentille peut-on lire de très petits caractères ? Comment appelle-t-on cette lentille ?

3 Doc. 2 Le mot foyer désignant communément l'endroit où l'on fait du feu, ce terme vous paraît-il adapté pour désigner le point particulier caractérisant une lentille convergente ?

**4 Doc. 2 On peut grâce à de la fumée, matérialiser un faisceau de lumière.
Dessinez les différents faisceaux de lumière que l'on observerait à la sortie des lentilles dans les cas a et b.**

Activité 2

L'image d'un objet donnée par une lentille convergente

L'image obtenue sur une pellicule photographique est plus petite que la scène ou le paysage photographié. Quand on projette une diapositive, son image sur l'écran est à l'inverse plus grande.

Quelle image une lentille convergente donne-t-elle d'un objet éclairé ?

1 L'image d'un objet

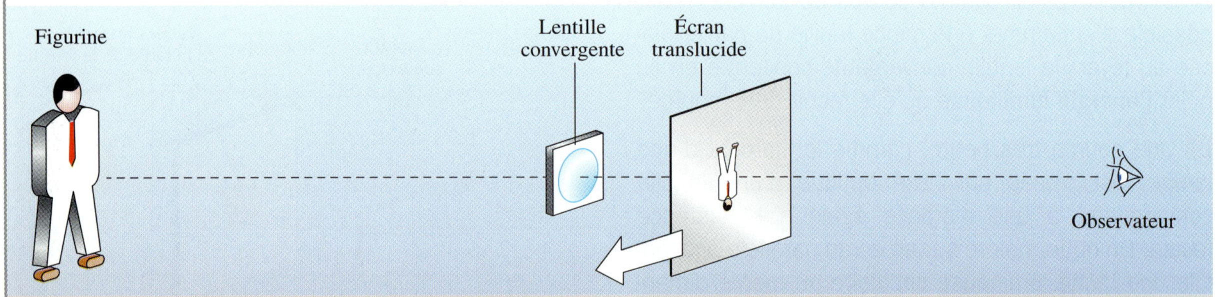

a L'observation de l'image d'un objet éclairé.

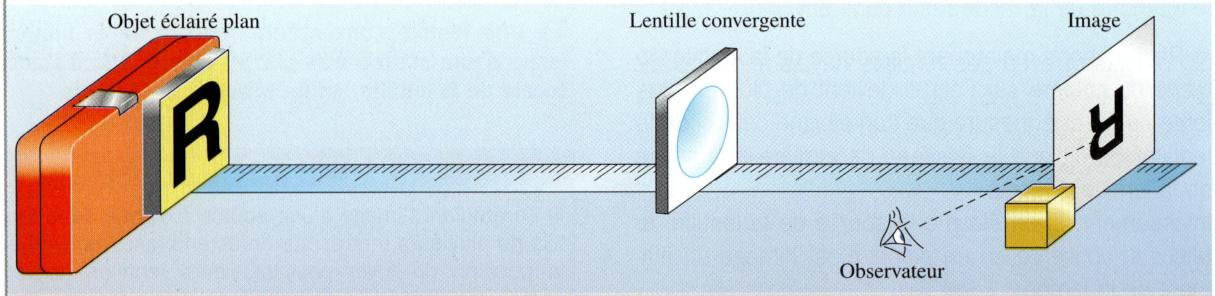

b Le repérage de l'image d'un objet plan éclairé.

Nous savons qu'un objet éclairé par une source de lumière se comporte comme une source secondaire. Nous allons donc maintenant étudier l'image d'un objet par une lentille convergente.

a Pour cela, plaçons une figurine éclairée à 20 cm d'une lentille convergente de distance focale 5 cm. Disposons alors notre œil derrière un morceau de papier calque servant d'écran translucide et observons l'image de l'objet donnée par la lentille : elle se forme à une distance voisine de 7 cm de la lentille et pas ailleurs.

L'écran diffuse la lumière venant le frapper, mais il n'est en fait pas nécessaire pour visualiser l'image de la figurine : en retirant le papier calque tout en continuant à regarder le même point, on constate que cette image est directement visible par l'œil.

L'image est nette, ce qui veut dire que l'on reconnaît l'objet, mais elle est renversée par rapport à celui-ci. On peut mesurer sa taille sur l'écran si le papier utilisé est quadrillé (millimétré) par exemple.

b On peut maintenant essayer de préciser le lien entre la distance « lentille - image » et la distance « objet - lentille ». Pour cela, répétons cette expérience en remplaçant la figurine par un **objet plat** de forme simple, afin de pouvoir repérer précisément sa position par rapport à la lentille. Prenons par exemple la lettre « R » écrite en noir sur fond blanc et placée perpendiculairement à l'axe de la lentille.

2 Différentes images pour différentes positions de l'objet

Réalisons l'expérience **b** du document 1. On déplace à chaque fois l'écran derrière la lentille pour rechercher l'image de la lettre R.

a Si la distance « objet - lentille » *d* est inférieure à la distance focale, l'image de l'objet n'est pas observable sur un écran ; la lentille joue alors le rôle de loupe et on peut observer avec l'œil une image non renversée plus grande que l'objet.

b Lorsque la distance « objet - lentille » *d* est comprise entre une fois et deux fois la distance focale, l'image observable sur l'écran est renversée et ses dimensions sont plus grandes que celles de l'objet. À **chaque** position de **l'objet** correspond **une unique** position de **l'image**. Plus la distance « objet-lentille » est **voisine de la distance focale**, plus l'image renversée est **éloignée** et **grande**. Si la distance « objet-lentille » est égale à deux fois la distance focale, l'image a la même taille que l'objet et se situe à deux fois la distance focale de la lentille.

c Lorsque la distance « objet - lentille » *d* est supérieure au double de la distance focale, l'image observable sur un écran est renversée et plus petite que l'objet. Plus on éloigne l'objet de la lentille, plus l'image se rapproche du foyer de la lentille et devient petite.

En procédant avec des lentilles de distances focales différentes, on constate que ces résultats se généralisent à toutes les lentilles convergentes.

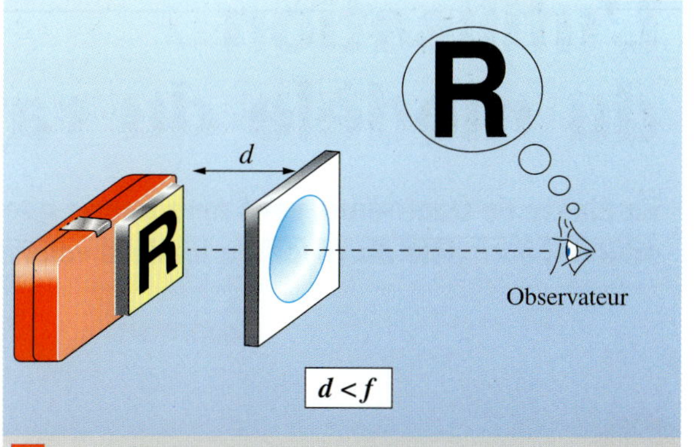

a **La distance entre la lentille et l'objet est inférieure à la distance focale.**

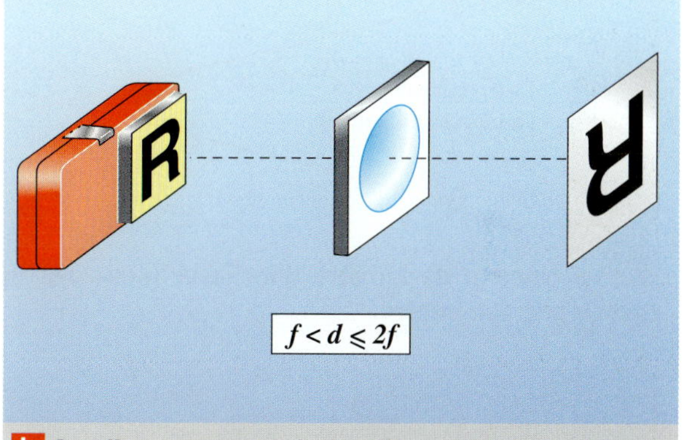

b **La distance entre la lentille et l'objet est comprise entre une fois et deux fois la distance focale.**

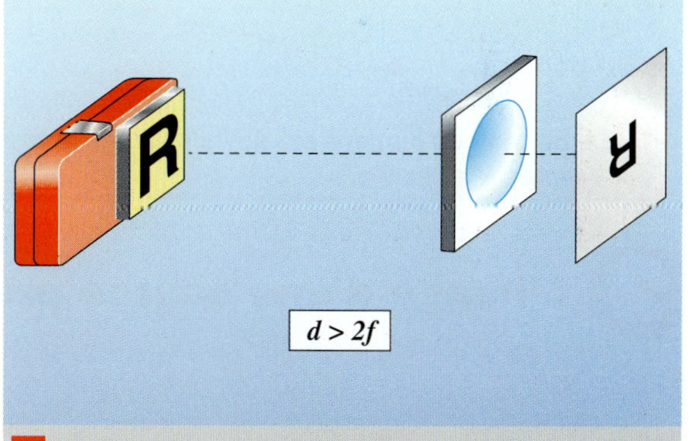

c **La distance entre la lentille et l'objet est supérieure à deux fois la distance focale.**

POUR MANIPULER

- Noter les aspects de l'image d'un objet plat à travers une lentille convergente, pour différentes valeurs de la distance entre l'objet et la lentille.
- Répéter la manipulation avec des lentilles convergentes de différentes distances focales.

Attention : les expériences avec des lentilles nécessitent beaucoup d'application et de précision.

Questions

1 Doc. 1 **Un écran est-il indispensable pour observer l'image d'un objet obtenue avec une lentille convergente ?**

2 Doc. 2 **Quelle est la condition à réaliser pour obtenir, sur un écran, une image d'un objet avec une lentille convergente ?**

3 Doc. 2 **Quelle est la condition à réaliser pour obtenir, sur un écran, une image renversée de plus petites dimensions que celles de l'objet ?**

4 **À partir des observations effectuées dans cette activité, interpréter les expériences décrites dans l'activité 1 (images d'un texte et d'un objet éloigné).**

Activité 3

L'utilisation du modèle du rayon lumineux

En classe de Quatrième, vous avez appris que la lumière se propage en ligne droite dans un même milieu. Le modèle du rayon de lumière vous a permis d'expliquer les ombres.

Comment une lentille convergente agit-elle sur la lumière ?

1 L'effet d'une lentille sur un pinceau de lumière

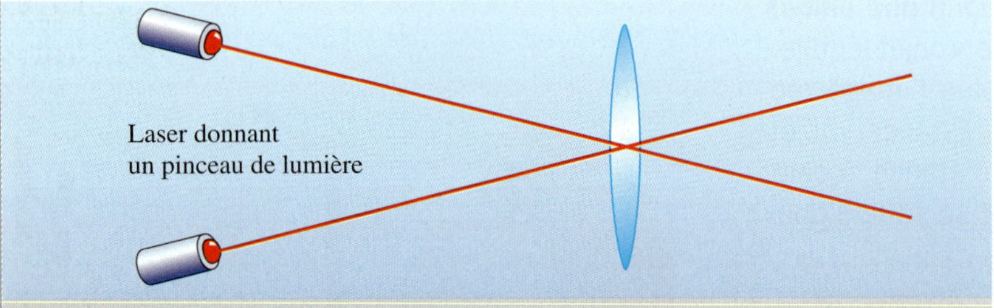

a Le pinceau de lumière d'un laser n'est pas dévié par la lentille s'il passe par son centre.

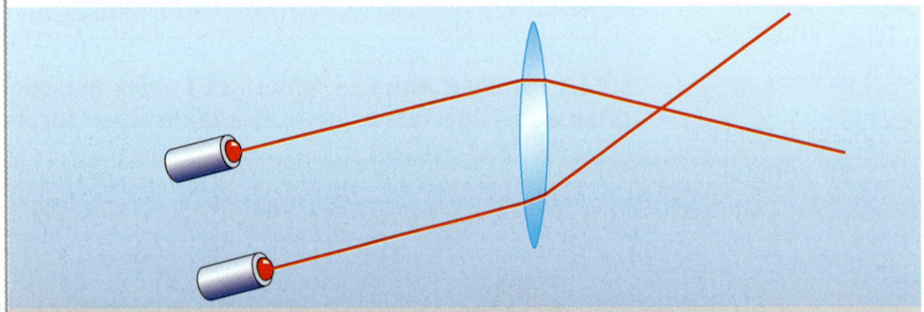

b Le pinceau de lumière est dévié pour les autres positions du pinceau par rapport à la lentille.

- La lentille possède la propriété de dévier la lumière. La déviation dépend de l'endroit où le pinceau de lumière touche la lentille et de l'angle qu'il fait avec l'axe de la lentille. Si le pinceau de lumière passe par le centre de la lentille, sa trajectoire reste une droite a. S'il ne passe pas par le centre de la lentille, il est dévié et toujours rabattu vers l'axe de la lentille pour une lentille convergente b.
- Sur le dessin b, le pinceau touche la lentille en des endroits différents mais sous le même angle. La déviation est d'autant plus importante qu'on s'éloigne du centre de la lentille.

2 L'image d'une source primaire très petite

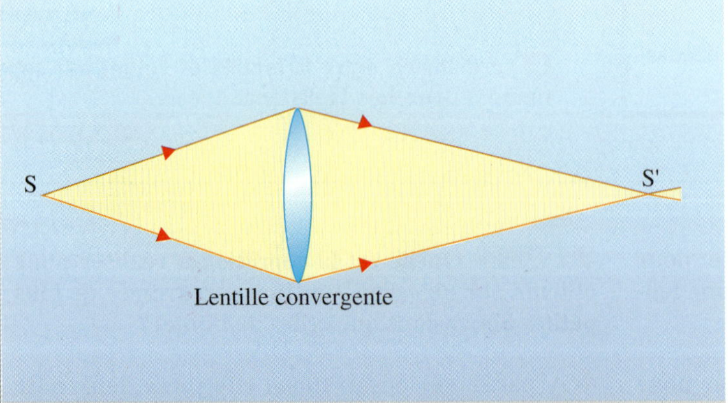

Les rayons lumineux sont déviés vers l'image de la source à travers la lentille.

Une source ponctuelle S est placée à une distance d'une lentille convergente supérieure à la distance focale de la lentille. La source émet des rayons lumineux dans toutes les directions ; ceux qui traversent la lentille convergente L sont déviés par celle-ci. Ils convergent vers le point S', image de la source primaire S. Le faisceau diverge ensuite au-delà de S'.

3 L'image d'un objet

● Un objet éclairé peut être considéré comme une source secondaire ; il est constitué d'un ensemble de points lumineux (les points sources P et Q par exemple). Au point P (rouge) de l'objet correspond un point P' (rouge) sur l'image nette de l'objet. La lentille fait **converger** la lumière rouge envoyée par P sur le point P'.

● Si l'écran est placé plus près de la lentille (en **b**) ou plus loin (en **c**), on constate que l'image de P n'est plus un point mais une tache lumineuse. C'est ce qui explique que l'image de l'objet soit floue pour ces positions de l'écran.

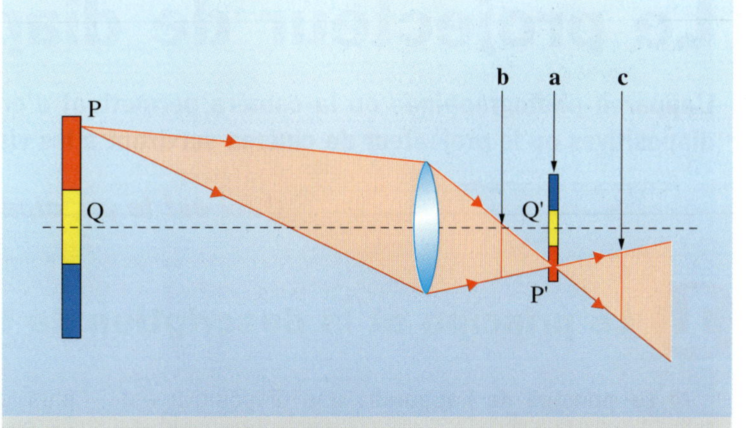

Le schéma de la partie du faisceau qui se trouve dans le plan de la figure ; partant d'un point P de l'objet, la lumière converge vers le point correspondant P' de l'image.

4 Le rôle des caches et des diaphragmes

● Dans l'expérience **a**, on a collé contre la lentille une pastille opaque qui est un obstacle au passage de la lumière. En **b**, on a disposé devant la lentille un anneau circulaire opaque que l'on appelle **diaphragme**. Dans les deux cas, on observe sur l'écran une image toujours nette mais moins lumineuse. Il suffit qu'une partie de la lentille seulement soit éclairée pour obtenir une image. Le schéma du trajet suivi par la lumière permet de comprendre pourquoi. L'image P' reçoit moins de lumière, ou d'énergie lumineuse, mais elle existe toujours.

● L'utilisation d'un diaphragme, sur un appareil photo ou un camescope, permet précisément de contrôler la quantité de lumière qui atteint l'élément sensible (pellicule photographique par exemple).

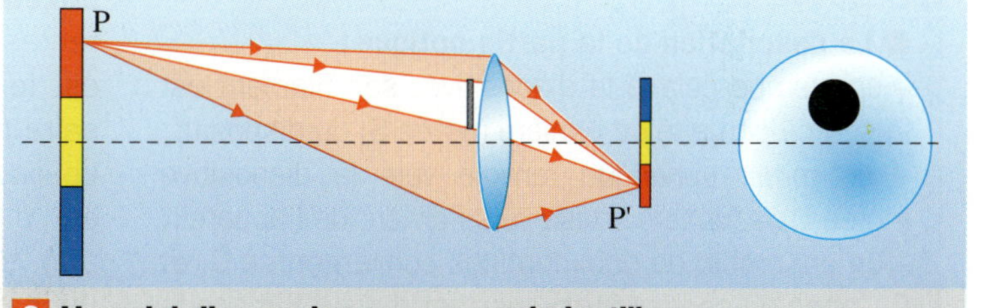

a L'emploi d'un cache opaque sur la lentille.

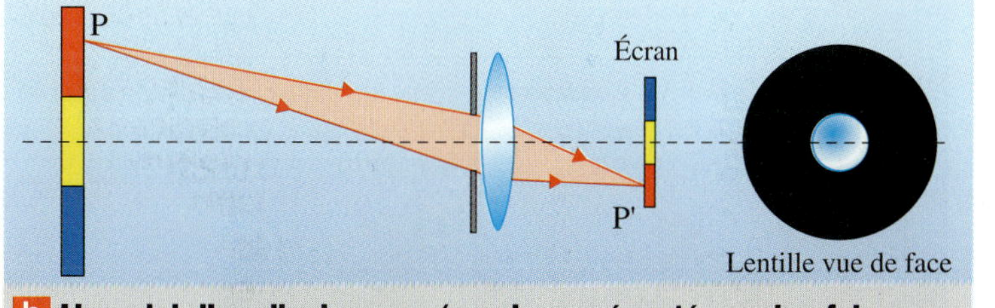

b L'emploi d'un diaphragme (on n'a représenté que les faisceaux contenus dans le plan de la figure).

POUR MANIPULER

● Former dans l'obscurité, sur un écran, l'image d'un objet éclairé à travers une lentille convergente.
● Maintenir un petit disque de papier noir contre celle-ci, et noter les changements intervenus sur l'image de l'objet.

Questions

1 Doc. 1 Quelle transformation la lentille convergente fait-elle subir à un pinceau de lumière venant la frapper ?

2 Doc. 3 Reprenez le dessin du document 3 et dessinez le faisceau issu du point lumineux Q situé au milieu de l'objet et qui va former le point image correspondant Q'.

3 Doc. 4 Comment peut-on modifier la luminosité de l'image d'un objet donnée par une lentille convergente ?

Activité 4

Le projecteur de diapositives

L'appareil photographique ou la caméra permettent d'enregistrer des images. Le projecteur de diapositives ou le projecteur de cinéma serviront à les visualiser.

Quel est le principe d'un projecteur de diapositives ?

1 Le principe et la description de l'appareil

● **Le principe de l'appareil :** une diapositive est l'enregistrement, sur un support transparent, de l'image d'un objet. Fortement éclairée par une source de lumière, elle sert à son tour d'objet lumineux pour le projecteur, de sorte que c'est l'image de la diapositive que l'on observe sur un écran diffusant. Le projecteur de diapositives fait partie des appareils dits « **imageurs** ».

● **La description de la partie optique :**
– une lampe éclaire la diapositive ; son filament est la source primaire de lumière (notée S) du dispositif ;
– un miroir sphérique renvoie vers la diapositive (notée D) la lumière émise vers l'arrière de l'appareil ;
– un ensemble de deux lentilles convergentes C_1 et C_2, appelé « condenseur », permet d'avoir l'image la plus lumineuse possible. Entre C_1 et C_2 est placé un filtre dit « anticalorique » qui empêche l'échauffement excessif de la diapositive ;
– un objectif de projection, généralement constitué de plusieurs lentilles, fait l'image (notée D') de la diapositive sur l'écran.

● Tous ces éléments, ainsi que la diapositive à projeter, sont centrés sur l'axe optique des différentes lentilles. L'éclairement de la diapositive est le plus uniforme possible, ce qui est nécessaire pour obtenir une image de bonne qualité. Le cadre de la diapositive (50 mm par 50 mm) est blanc sur la face dirigée vers la source S, afin de rediffuser la lumière reçue et éviter l'échauffement de la pellicule.

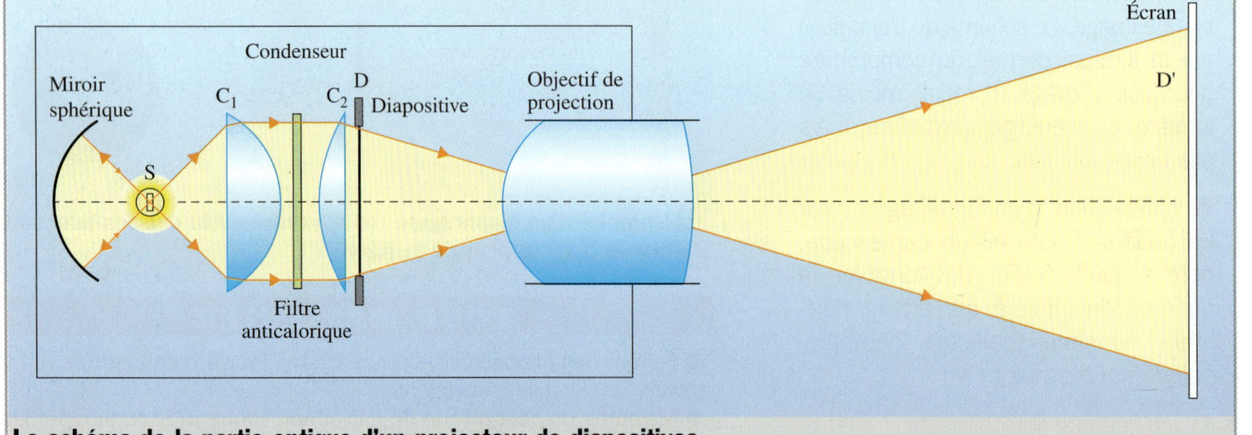

Le schéma de la partie optique d'un projecteur de diapositives.

2 L'objectif de projection

● Dévissons l'objectif du projecteur et observons sur un écran diffusant l'image d'une source éloignée à travers celui-ci : elle apparaît renversée et se forme à une distance généralement de l'ordre de 10 cm de celui-ci.

● L'objectif de projection se comporte ainsi comme une **lentille convergente** de courte distance focale, en général 85 mm. On peut considérer une unique lentille convergente comme équivalente à l'ensemble des lentilles de l'objectif.

3 Le rôle du condenseur

● Le rôle du condenseur est de concentrer le maximum de lumière sur l'objectif de projection. La distance « source S - lentille C_1 » est égale à la distance focale de la lentille C_1, de sorte que le faisceau de lumière sortant de C_1 est cylindrique. Ce faisceau, qui peut être considéré comme identique à celui émis par une source très éloignée, converge donc au foyer de la lentille C_2, c'est-à-dire S' (activité 1 Doc. 2).

● Cette configuration présente deux intérêts essentiels :
– en plaçant la diapositive près de la lentille C_2, son éclairement est uniforme ;
– en plaçant le centre de l'objectif de projection au point S', on s'assure que la lumière collectée par le condenseur passe par l'objectif, toujours dans le but d'avoir l'image la plus lumineuse possible.

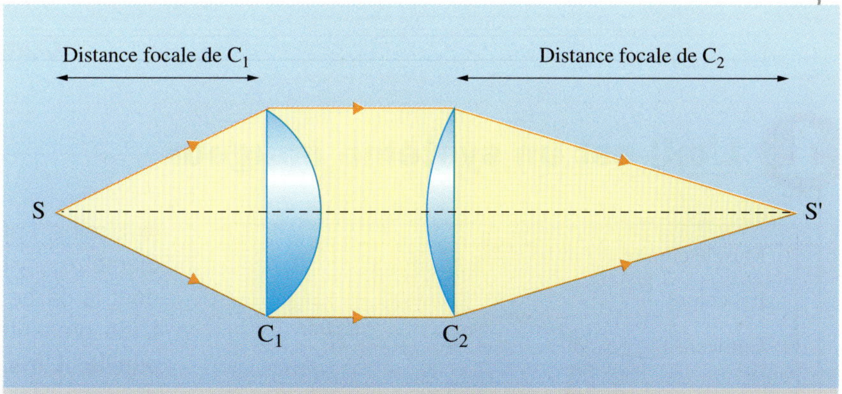

Le principe de fonctionnement du condenseur.

4 L'utilisation de l'appareil

Puisque l'on cherche à obtenir une image très agrandie de la diapositive sur l'écran, il faut que la distance entre celle-ci et l'objectif soit légèrement supérieure à la distance focale de l'objectif (voir l'activité 2). On doit alors placer la diapositive à l'envers, afin d'obtenir une image à l'endroit sur l'écran. Pour régler sa netteté, on **met au point** en déplaçant l'objectif par rapport à la diapositive. Si on éloigne l'écran, il faut rapprocher l'objectif de la diapositive pour que l'image reste nette : on obtient ainsi une image plus grande a b.

a La projection d'une diapositive sur un écran à 1 mètre de l'appareil.

b L'écran est placé à 2 mètres.

Questions

1 Doc. 1 Quel est le principe d'un projecteur de diapositives ?

2 Doc. 3 Justifiez le nom de « condenseur » donné à l'ensemble des deux lentilles C_1 et C_2.

3 Doc. 4 Pourquoi faut-il mettre à nouveau au point si on déplace l'écran ?

4 Doc. 4 Pourquoi l'image grandit-elle si on projette sur un écran plus éloigné ?

Activité 5

Le fonctionnement de l'œil

En classe de Quatrième, vous avez appris que pour voir un objet, il faut que la lumière qu'il émet arrive sur les cellules sensibles de la rétine de l'œil.

Comment l'œil fonctionne-t-il ?

1 L'œil est un système imageur

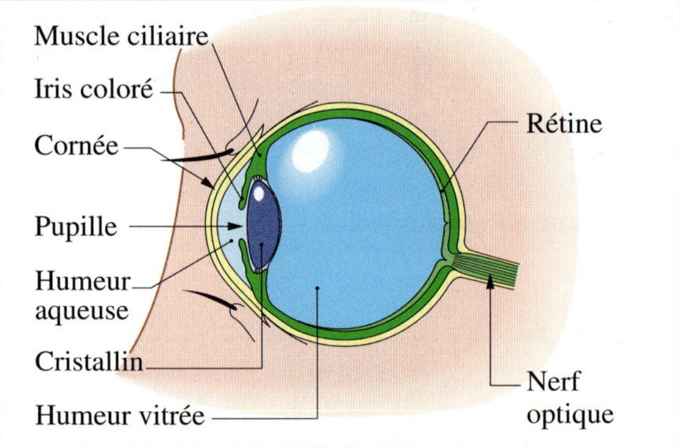

Coupe du globe oculaire humain

● L'œil a l'apparence d'un globe de 25 mm de diamètre environ. Il est limité par une membrane, dont la partie avant, la cornée, est transparente. **L'iris** présente une ouverture circulaire appelée **pupille**. **L'iris** est un **diaphragme** : il modifie le diamètre de la pupille et donc la quantité de lumière arrivant sur la rétine. **L'humeur aqueuse**, **le cristallin**, **l'humeur vitrée** sont des milieux transparents qui jouent tous un rôle dans la déviation des rayons lumineux vers la rétine qui tapisse le fond du globe. La vision n'est en effet correcte que si l'image nette de l'objet lumineux se forme sur la rétine.

2 La vision des objets éclairés

● L'œil peut être modélisé de façon très simple par une **lentille convergente** que l'on considère comme équivalente aux différents milieux transparents et par un écran jouant le rôle de la rétine. La rétine étant fixe, pour pouvoir observer des objets situés à des distances variées de l'œil, il faut adapter la distance focale à leur position. Ceci s'effectue automatiquement par une modification de la courbure du cristallin grâce au muscle ciliaire : on dit que l'œil **accommode**. L'œil est donc un **système convergent à distance focale variable**. Sur la maquette **a**, le cristallin est modélisé par une poche remplie de liquide : en gonflant plus ou moins celle-ci grâce à une seringue, ses parois se déforment et changent de courbure.

● L'œil normal **au repos** est capable de voir nettement un objet éloigné. Un objet n'est visible de façon nette que s'il est situé entre un certain point éloigné (appelé *punctum remotum*), et un point proche (appelé *punctum proximum*) situé à une distance appelée *distance minimale de vision distincte*. Cette distance est de l'ordre de 25 cm pour un œil normal. À cette distance, la déformation du cristallin est alors maximale et la distance focale de l'œil minimale.

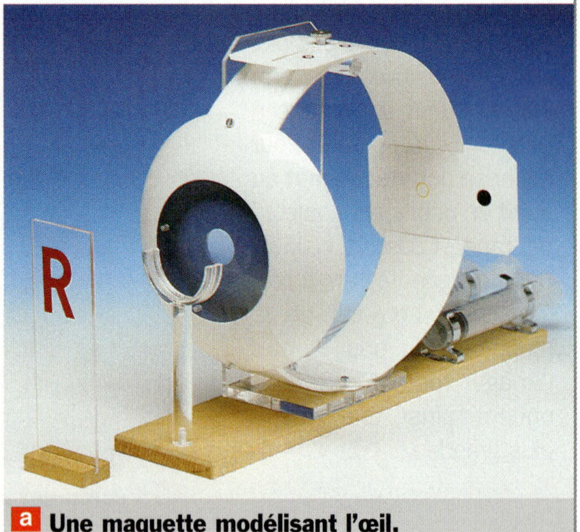

a Une maquette modélisant l'œil.

POUR MANIPULER

● Choisir un objet (une lettre par exemple). Avancer celui-ci vers l'œil jusqu'à ce que son image commence à être floue.

● Demander alors à un camarade de mesurer la distance « œil - objet » : c'est la distance minimale de vision distincte.

3 Quelques défauts de l'œil et leurs corrections

a Le globe oculaire d'un œil **myope** est **trop allongé** (l'œil au repos est **trop convergent**). Si l'observation des objets proches est normale, l'image nette d'un objet éloigné se forme, elle, en avant de la rétine : le myope voit alors flou. On corrige la myopie à l'aide une lentille divergente qui augmente la distance focale, afin que l'image d'un objet éloigné se forme sur la rétine.

b L'**hypermétropie** provient d'un globe oculaire **trop court** (l'œil n'est **pas assez convergent**). L'œil compense ce défaut en accommodant, ce qui lui permet de voir nettement des objets éloignés. On sait que plus l'objet se rapproche, plus l'œil doit accommoder, de sorte que lorsque l'accommodation maximale est atteinte et que l'objet continue à se rapprocher, son image nette se forme en arrière de la rétine. Les objets proches sont donc flous pour un œil hypermétrope. On corrige ce défaut à l'aide une lentille convergente qui diminue la distance focale de l'œil.

- La **presbytie** est un défaut d'accommodation de l'œil. Avec l'âge, le cristallin devient moins souple et l'œil moins convergent. Ainsi, la distance minimale de vision distincte s'accroît : elle est de l'ordre de 40 cm au delà de 50 ans. L'image d'un objet proche se forme alors derrière la rétine. La presbytie se corrige avec des verres à correction progressive, la partie supérieure du verre permettant la vision des objets éloignés et la partie inférieure celle des objets proches.
- L'**astigmatisme** est dû à l'irrégularité de la courbure de la cornée. L'image obtenue sur la rétine est floue dans certaines directions.

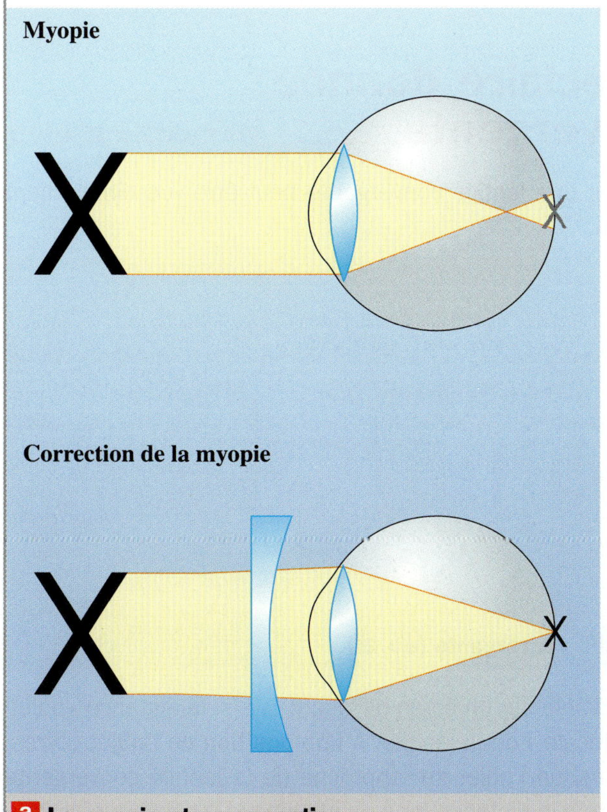

a **La myopie et sa correction.**

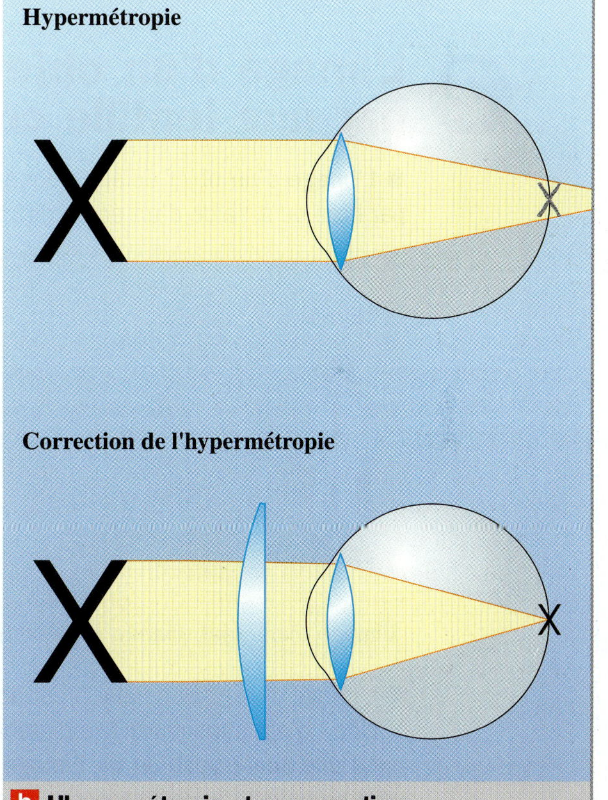

b **L'hypermétropie et sa correction.**

Questions

1 Doc. 1 **Quelle est la partie transparente de l'œil qui est en contact avec le milieu extérieur ?**

2 Doc. 1 **Comment l'œil s'adapte-t-il à la quantité de lumière qui y pénètre ?**

3 Doc. 2 **Quelle est la condition de la vision nette d'un objet par un œil normal ?**

4 Doc. 3 **Quels sont les défauts les plus courants de l'œil ?**

1 Les lentilles

Activité 1

- Une **lentille** est un milieu transparent d'épaisseur variable depuis la périphérie jusqu'au centre. Elle modifie le trajet de la lumière et peut être **convergente** ou **divergente**.
Une lentille convergente est caractérisée par sa **distance focale *f***, distance de la lentille à son **foyer F** situé sur l'axe optique de la lentille.

- Une lentille est d'autant plus convergente que sa distance focale est petite.

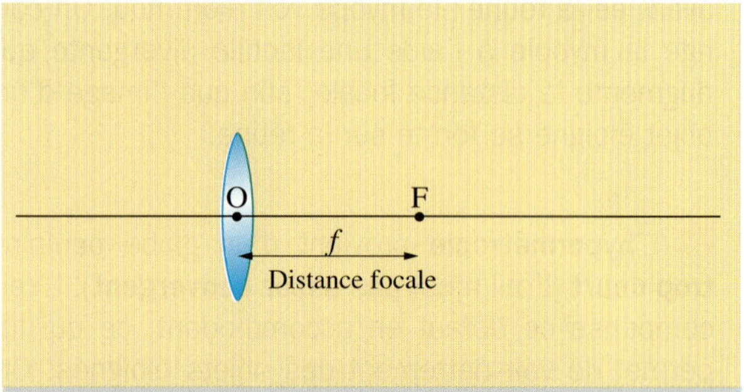

Le foyer F d'une lentille convergente.

Exercices : 1 à 5, 12

2 L'image d'un objet éclairé donnée par une lentille convergente

Activités 2 et 3

- **L'image** d'un objet éclairé donnée par une lentille convergente peut être vue directement par l'œil ou à l'aide d'un écran diffusant.

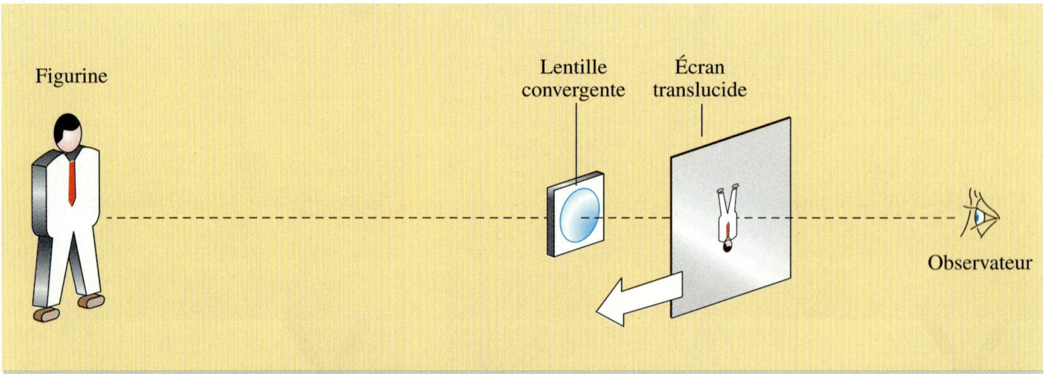

L'image d'un objet donnée par une lentille convergente (*d* > 2*f*).

- L'image d'un objet éclairé n'est observable sur un écran diffusant que si la distance « objet-lentille » *d* est supérieure à la distance focale *f* de la lentille. À **une position de l'objet** correspond **une seule position de l'image**. Lorsque l'objet se rapproche de la lentille convergente (tout en restant à une distance supérieure à la distance focale), son image à l'envers s'éloigne de la lentille et grandit. Inversement, si l'objet s'éloigne de la lentille, son image renversée diminue de taille et se rapproche du foyer.

- Un rayon lumineux qui pénètre dans une lentille convergente est toujours dévié vers l'axe optique de la lentille sauf s'il passe par son centre.

- Toute la lumière qui part d'un point de l'objet lumineux et traverse la lentille passe par le point image correspondant.

● Si on place un cache ou un diaphragme devant la lentille convergente, on ne modifie pas la forme de l'image ; elle est cependant moins lumineuse.

● Si l'on place un objet éclairé devant une lentille convergente à une distance inférieure à la distance focale, on voit une image agrandie et à l'endroit, non observable sur un écran, en regardant à travers la lentille (principe de la loupe).

Exercices : 3, 6 à 8, 13 à 22

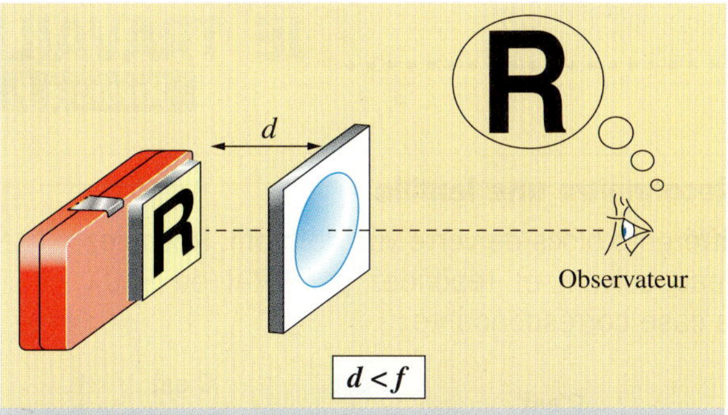

La distance entre la lentille et l'objet est inférieure à la distance focale.

3 Le projecteur de diapositives est un appareil imageur — Activité 4

● Le projecteur de diapositives est constitué d'une lampe, d'un condenseur qui concentre la lumière et d'un objectif qui donne une image agrandie de la diapositive sur un écran. Il faut placer la diapositive à l'envers juste après le condenseur et mettre au point en déplaçant l'objectif pour obtenir une image nette sur un écran fixe. Le projecteur donne d'une diapositive une image d'autant plus grande que l'écran est plus éloigné de l'appareil.

Exercices : 9 et 23

4 L'œil est un système imageur — Activité 5

● L'œil est un système optique convergent de distance focale variable. Il a la forme d'un globe dont le fond est tapissé de cellules sensibles à la lumière : c'est la rétine. C'est sur celle-ci que doit se former l'image pour que l'on puisse voir nettement un objet. Afin de voir à différentes distances, il est nécessaire de faire varier la distance focale de l'œil en modifiant la courbure du cristallin : on dit que l'œil accommode. L'iris joue le rôle d'un diaphragme en laissant passer plus ou moins de lumière à travers la pupille. Les principaux défauts de l'œil sont la myopie, l'hypermétropie, la presbytie et l'astigmatisme. Ils se corrigent à l'aide de lentilles convergentes ou divergentes.

Exercices : 10, 11, 24, 25

Je dois être capable de...

- **Distinguer une lentille convergente d'une lentille divergente.**
- **Positionner une lentille convergente par rapport à un objet pour obtenir une image nette sur un écran.**
- **Trouver le foyer d'une lentille convergente et estimer sa distance focale.**
- **Utiliser un appareil donnant une image et décrire son fonctionnement.**
- **Décrire le rôle de l'œil en tant que système donnant une image.**

Exercices

JE TRAVAILLE SEUL

RÉPONSES P. 250

1 Reconnaître une lentille

Voici différents blocs de verre vus de profil. Recopiez le tableau suivant et répondez par VRAI ou FAUX dans la case correspondante :

Schémas	C'est une lentille	C'est une lentille convergente	C'est une lentille divergente

2 Une lentille convergente et une lentille divergente

Les carreaux d'un cahier sont observés à travers deux lentilles L_1 et L_2 qui sont placées tout près de la feuille.

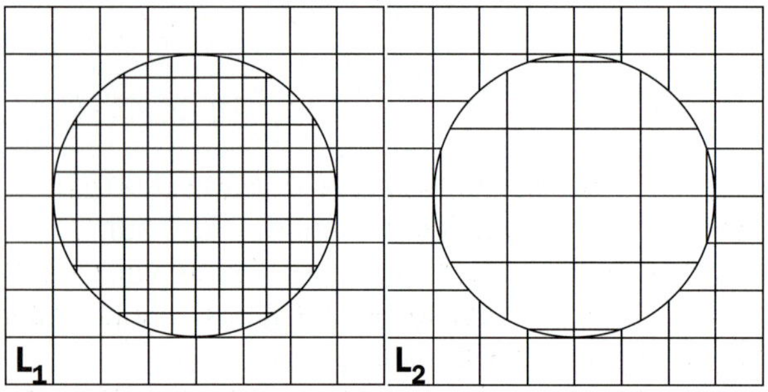

Quelle est la lentille convergente ?
Quelle est la lentille divergente ?

3 Une lentille convergente

Répondez par VRAI ou FAUX aux affirmations suivantes et corrigez celles qui sont fausses.

a. Une lentille convergente est plus épaisse sur les bords qu'au centre.

b. Une lentille convergente posée tout près d'un texte le fait paraître plus gros.

c. Une lentille convergente concentre la lumière du Soleil en son foyer.

d. Une lentille convergente donne d'un objet lumineux une image qui est toujours plus grande que l'objet.

e. L'utilisation d'un diaphragme devant une lentille diminue la luminosité de l'image sur l'écran.

4 Les caractéristiques d'une lentille convergente

Reproduisez le schéma ci-dessous :

Tracez l'axe optique de la lentille convergente.
Positionnez le centre de la lentille.
Positionnez le foyer de la lentille.
Indiquez sur le schéma la distance focale de la lentille.

5 Des lentilles plus ou moins convergentes

On n'a représenté que la partie du faisceau de lumière issu d'une source S et qui entre dans les lentilles convergentes L_1 et L_2.

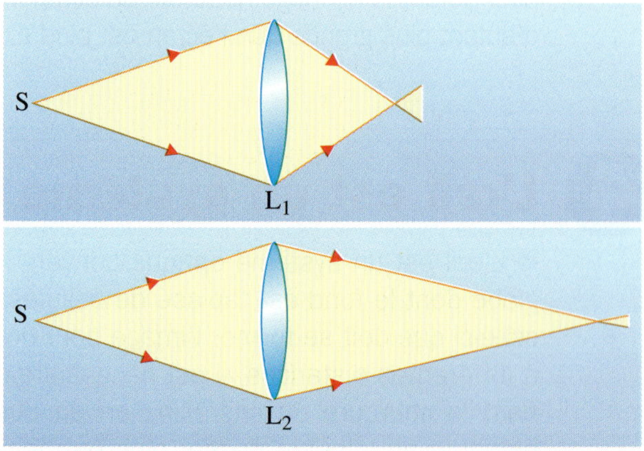

1. Quelle est la lentille la plus convergente ? Pourquoi ?

2. Quelle est la lentille qui a la plus courte distance focale ? Est-ce la plus convergente ou la moins convergente ?

6 L'image sur un écran

L'image nette d'un objet lumineux, donnée par une lentille convergente est observée sur un écran diffusant. L'écran est situé très près du foyer de la lentille. Choisissez la bonne réponse pour **1, 2** et **3.**

1.a. La distance de la lentille à l'écran est supérieure à la distance focale de la lentille.

b. La distance de la lentille à l'écran est inférieure à la distance focale de la lentille.

2.a. L'objet est plus petit que son image.

b. L'objet est plus grand que son image.

c. L'objet et son image ont les mêmes dimensions.

3.a. La distance de l'objet à la lentille est inférieure à la distance focale de la lentille.
b. La distance de l'objet à la lentille est très légèrement supérieure à la distance focale de la lentille.
c. La distance de l'objet à la lentille est très supérieure à la distance focale de la lentille.

Un cache sur une lentille

7 On a représenté la partie du faisceau de lumière qui provient d'un point de l'objet et qui traverse la lentille.

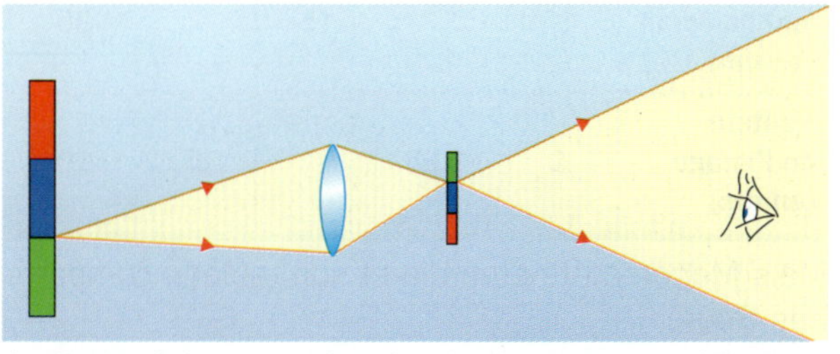

1. Reproduisez ce dessin et dessinez un faisceau analogue provenant d'un point rouge de l'objet.
2. Reproduisez ce dessin et placez un diaphragme sur la lentille. Dessinez le faisceau qui traverse alors la lentille. Quelle est la conséquence de ce diaphragme pour l'œil de l'observateur ?

8 Un objet lumineux est placé devant une lentille convergente de diamètre 3 cm. Philippe réalise la mise au point de façon à obtenir une image nette de l'objet sur un écran diffusant placé derrière la lentille. Philippe place ensuite successivement devant la lentille
- une pastille qui obstrue :
  - la partie haute de la lentille ;
  - la partie basse de la lentille ;
  - la partie centrale de la lentille.
- un diaphragme dont l'ouverture circulaire a un diamètre de 1 cm au centre de la lentille.

Quel changement subit l'image de l'objet dans chacun des cas précédents ?

9 Le projecteur de diapositives

Répondez par VRAI ou FAUX aux affirmations suivantes et corrigez celles qui sont fausses.
a. La diapositive est l'image donnée par le projecteur.
b. La distance entre le centre de l'objectif et la diapositive est supérieure à la distance focale.
c. L'image obtenue est plus petite que l'objet.
d. La source de lumière est l'objet pour l'objectif.

10 L'œil

Précisez quel rôle jouent dans la vision les éléments suivants de l'œil :
a. l'iris ;
b. l'ensemble formé de la cornée, l'humeur aqueuse, le cristallin, l'humeur vitrée ;
c. les muscles ciliaires ;
d. la rétine.

11 Les défauts optiques de l'œil

Analysez les schémas suivants :

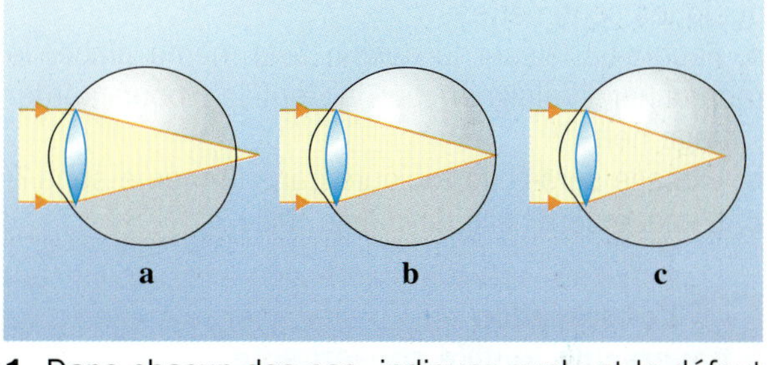

1. Dans chacun des cas, indiquez quel est le défaut optique de l'œil si défaut il y a.
2. Dans le ou les cas où l'œil présente un défaut optique, précisez quel doit être le type de lentille correctrice à placer devant lui.
3. Reproduisez le (ou les) schéma(s) de l'œil présentant un défaut optique. Dessinez alors sur chaque schéma la forme de la lentille correctrice.

J'UTILISE MES CONNAISSANCES

12 Le foyer d'une lentille convergente

Jean place le réservoir d'un thermomètre au foyer d'une lentille convergente dirigée vers le soleil. Que va-t-il observer ? Pourquoi ?

13 Les images données par une lentille convergente

Rémi cherche à obtenir sur un écran diffusant l'image d'une flamme située à 15 cm d'une lentille convergente. Il n'y parvient pas. Ses camarades cherchent alors à l'aider. Voici leurs propositions :
a. Nils lui propose de retourner seulement la lentille.
b. Asim éloigne la bougie et montre à Rémi que la lentille placée devant un écran permet d'obtenir une image nette de la bougie quand la lentille est à 20 cm de l'écran.
c. Antonin lui conseille alors de placer la bougie à 20 cm de la lentille et de placer l'écran à 20 cm derrière.

d. Mélaine lui dit de placer la lentille à 10 cm de la flamme et de regarder à travers la lentille.
e. Fatima lui propose de placer plutôt la bougie à 40 cm de la lentille et l'écran à 40 cm derrière la lentille.
Analysez les conseils donnés à Rémi et indiquez ceux qui vous paraissent judicieux.

14 ★ La modification d'un réglage

On éclaire fortement un dessin représentant une fleur. On observe une image nette de cette fleur donnée par une lentille convergente, sur un écran translucide.
1. On éloigne le dessin de la lentille de quelques centimètres.
a. Faudra-t-il laisser l'écran à la même place, le rapprocher, l'éloigner de la lentille pour garder l'image nette ?
b. L'image sera-t-elle toujours dans le même sens ?
c. L'image sera-t-elle de même taille ?
2. Après avoir replacé le dessin à sa position initiale, on éloigne maintenant l'écran de la lentille de quelques centimètres.
a. Faudra-t-il laisser le dessin à la même place, le rapprocher, l'éloigner de la lentille, pour garder l'image nette ?
b. L'image sera-t-elle toujours dans le même sens ?
c. L'image sera-t-elle de même taille ?

15 L'observation à travers une lentille convergente

Alexandre observe un texte à travers une lentille convergente de distance focale 5 cm. La distance du texte à la lentille est de 2 cm. Alexandre voit une image du texte.
1. Cette image est-elle dans le même sens que le texte ? Ses dimensions sont-elles plus petites ou plus grandes que celles du texte ?
2. Si la distance du texte à la lentille est de 5 cm, Alexandre peut-il observer l'image du texte ?
3. Si la distance du texte à la lentille est de 10 cm, Alexandre peut-il voir une image ? Si oui, où doit-il regarder, où se situe l'image et quel est son aspect ?

16 Des lentilles convergentes

Un objet lumineux est placé successivement devant deux lentilles convergentes L_1 et L_2. L'objet est placé à 50 cm des lentilles. La lentille L_1 donne une image nette de l'objet sur un écran diffusant situé à 12,5 cm de la lentille. La lentille L_2 donne une image nette de l'objet sur un écran diffusant situé à 50 cm de la lentille.
Quelle est la lentille la plus convergente, L_1 ou L_2 ?

17 ★★ L'image donnée par une lentille convergente

L'image d'un objet lumineux obtenue avec une lentille convergente est observée sur un écran diffusant. Marion fait varier la distance de l'objet à la lentille. Lorsqu'elle obtient une image nette sur l'écran, elle mesure la distance de la lentille à l'écran et la hauteur de l'image. Elle reporte ses valeurs expérimentales dans un tableau :

Distance lentille-écran (en cm)	12		15		30
Hauteur de l'image (en cm)	1	1,25		5	10

Mais Marion a été étourdie et son tableau comporte des trous.
1. Recopiez et complétez le tableau en choisissant les valeurs manquantes parmi les valeurs suivantes : 1,2 cm – 2,5 cm – 10 cm – 12,5 cm – 20 cm.
2. Si la distance « lentille - écran » augmente, que fait la distance « objet - lentille » ?

18 ★ L'appareil photographique

Un appareil photographique est un appareil imageur. Il est muni notamment d'un objectif complexe équivalent à une lentille convergente. L'image de l'objet photographié se forme sur la pellicule qui joue le rôle d'écran.
1. Vous obtenez la photographie nette d'un paysage éloigné. Le réglage n'étant pas modifié, l'image nette d'un personnage situé bien plus près de l'objectif se formera-t-elle devant ou derrière la pellicule ? Pourquoi ?
2. Vous déplacez l'objectif pour faire la mise au point sur le personnage, donc pour obtenir une image nette du personnage sur la pellicule. Avez-vous éloigné ou rapproché l'objectif de la pellicule ? Justifiez votre réponse.

19 La loupe

Une lentille convergente est utilisée comme loupe pour visualiser un petit détail sur une photographie.
1. Quel est l'objet observé ? La distance « détail - lentille » est-elle plus grande, plus petite que la distance focale de la lentille, ou égale ?
2. L'image obtenue est-elle :
– à l'envers ou à l'endroit par rapport à l'objet ?
– plus grande ou moins grande que l'objet ?
3. Vous orientez maintenant l'axe optique de la loupe vers le Soleil. La lumière se concentre en un point

situé à 5 cm du centre de la lentille. Quelle est la distance focale de cette loupe ?

4. Si vous faisiez pivoter la lentille de 180°, observeriez-vous les mêmes choses ? Pourquoi ?

Le modèle du rayon lumineux

20 Une lentille convergente donne une image nette d'une bougie sur un écran diffusant.

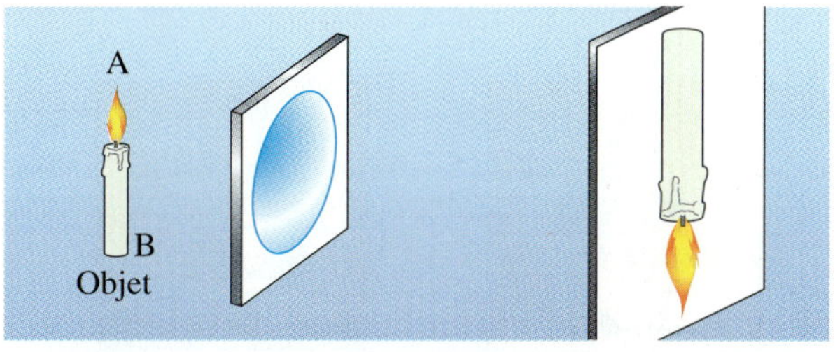

Reproduisez le schéma ci-dessus. À l'aide du modèle du rayon lumineux, schématisez le faisceau de lumière, issu de A, sommet de la flamme, et formant l'image de A, ainsi que le faisceau issu de B, base de la bougie, et formant l'image de B.

21 Une lentille convergente de distance focale 6 cm est tournée vers le Soleil.

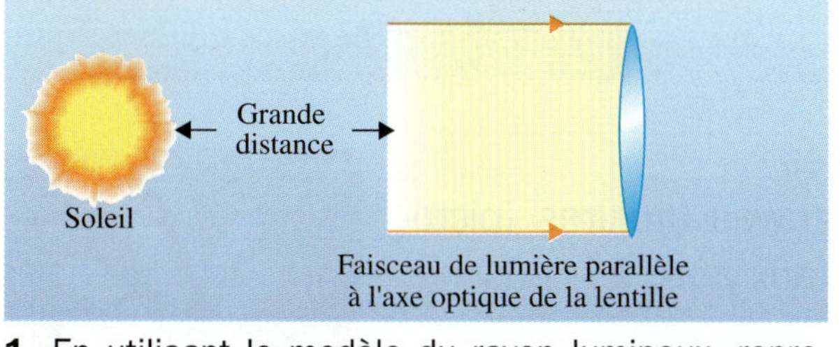

1. En utilisant le modèle du rayon lumineux, reproduisez et complétez le schéma suivant.

2. Qu'observez-vous sur un écran diffusant placé à 3 cm du centre de la lentille ?

22 S, source ponctuelle qui émet de la lumière dans toutes les directions de l'espace, est placée

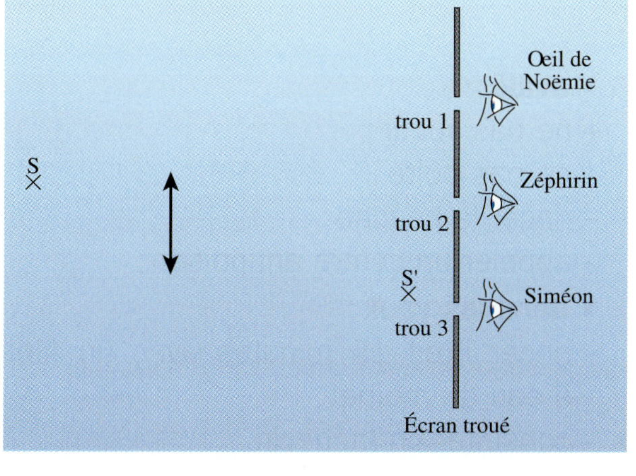

devant une lentille convergente. Le point S' est l'image du point objet S.

1. Décalquez le schéma proposé.

2. En vous aidant de la construction du faisceau issu de S, dites si l'œil de Zéphirin, celui de Noëmie et celui de Siméon reçoivent de la lumière ? Cette lumière a-t-elle traversé la lentille ?

23 Le projecteur de diapositives

L'objectif d'un projecteur de diapositives est assimilé à une lentille convergente de courte distance focale de 8,5 cm. Une diapositive de hauteur 2,5 cm est placée dans le panier de chargement du projecteur. Elle se trouve à 10 cm de l'objectif. Après mise au point, l'image nette de la diapositive est observée sur un écran diffusant situé à 1 m de l'objectif. Cette image a une hauteur de 25 cm.

1. Pour observer une image droite sur l'écran, dans quel sens doit être placée la diapositive dans le panier de chargement ? Pourquoi ?

2. La distance « diapositive - centre de l'objectif » doit être supérieure à 8,5 cm. Pourquoi ?

24 L'œil des poissons

Les muscles ciliaires de l'œil des poissons sont peu développés et n'interviennent pas dans l'accommodation. Mais le cristallin de l'œil des poissons peut se déplacer d'avant en arrière, donc soit vers la cornée, soit vers la rétine.

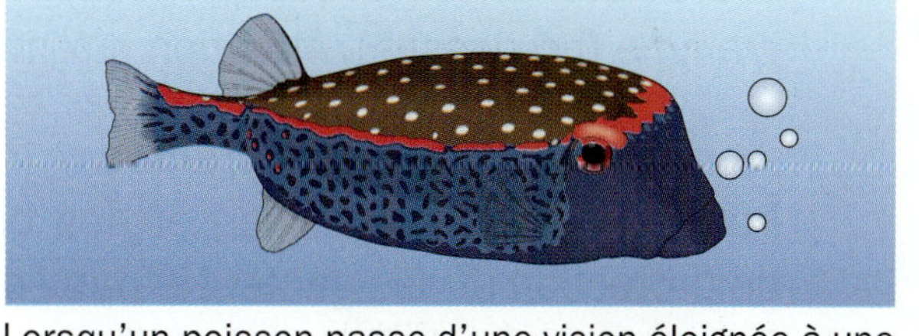

Lorsqu'un poisson passe d'une vision éloignée à une vision rapprochée, dans quel sens doit se déplacer le cristallin de son œil ?

25 Les défauts optiques de l'œil

1. Quels sont les défauts optiques relevés chez chacune des personnes suivantes ?

a. Michelle ne voit pas nettement un objet éloigné ; en revanche, elle voit nettement un objet proche sans accommodation.

b. Georges ne voit les objets éloignés qu'en accommodant.

c. L'œil de Daniel a une distance minimale de vision distincte qui a augmenté.

2. Comment corrige-t-on le défaut optique de l'œil de Michelle ? de Georges ? de Daniel ?

Respecter la sécurité avec des produits chimiques

1 Connaître les pictogrammes de danger

Les dangers des produits chimiques sont repérables grâce à des pictogrammes placés sur les étiquettes.

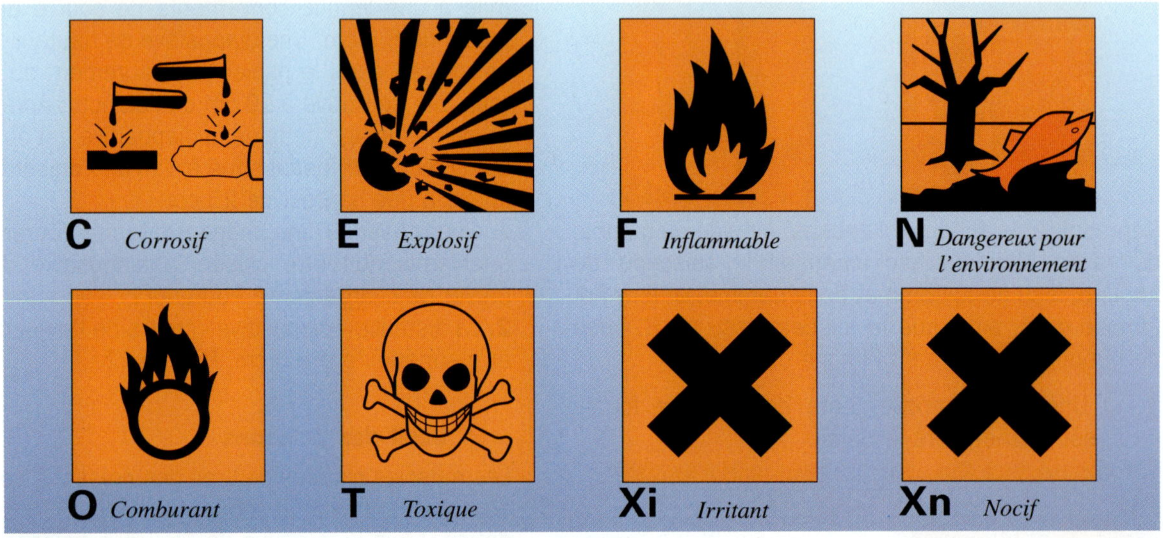

2 Les dangers des acides et des bases

Les acides et les bases provoquent de graves brûlures (pictogramme **C** ci-dessus). Attention aux mains, aux yeux, à la bouche.

3 Les précautions à prendre

Pour manipuler des acides et des bases, mettre des lunettes de protection et des gants. Ne pas porter le produit à la bouche. Refermer les bouteilles après utilisation. **Toujours verser l'acide ou la base dans l'eau et non le contraire.**

4 Que faire si un produit corrosif est :

- renversé **sur les mains** :
  - rincer à l'eau du robinet ;
- renversé **sur les vêtements** :
  - enlever les vêtements ;
  - rincer la peau à l'eau du robinet ;
- renversé **sur la table** :
  - mettre des gants, éponger et rincer l'éponge ;
- **avalé** :
  - ne pas vomir ;
  - ne pas boire ;
  - rincer la bouche ;
  - appeler un centre antipoison ;
- **dans les yeux** :
  - rincer l'œil 15 minutes avec un filet d'eau du robinet ;
  - consulter un médecin.

Déterminer une résistance par le code des couleurs

1 Placer l'anneau doré ou argenté à droite, comme indiqué sur l'exemple ci-contre.

2 Rechercher dans la première colonne du tableau les chiffres associés à la couleur des anneaux ❶ et ❷. Ces deux chiffres forment un nombre N.

3 Rechercher dans la deuxième colonne du tableau le chiffre associé à la couleur de l'anneau ❸. Ce chiffre est le coefficient C par lequel il faut mutiplier N.

4 Le résultat est N × C en ohms.
Exemple de la « résistance » ci-dessus :
– l'anneau ❶ est vert : lire 5 ;
– l'anneau ❷ est bleu : lire 6 ; N = 56 ;
– l'anneau ❸ est marron : lire ×10 ; C = 10.
Le résultat est 56 × 10, soit 560 ohms.

5 L'anneau ❹ indique l'écart maximal possible entre la valeur réelle de la résistance et la valeur annoncée par les anneaux ❶ à ❸.
Ici par exemple, l'anneau ❹ est de couleur « or ». La troisième colonne du tableau indique que la valeur de 560 Ω est valable à 5 % près. **La résistance est comprise entre (560 – 560 × 5 %) ohms et (560 + 560 × 5 %) ohms**, soit entre 532 Ω et 588 Ω.

Le code des couleurs.

Couleur	Anneaux ❶ et ❷	Anneau ❸	Anneau ❹
Noir	0	× 1	
Marron	1	× 10	
Rouge	2	× 100	
Orange	3	× 1 000 ou × 1 k	
Jaune	4	× 10 000 ou 10 k	
Vert	5	× 100 000 ou × 100 k	
Bleu	6	× 1000 k ou × 1 M	
Violet	7	× 10 M	
Gris	8	× 100 M	
Blanc	9	× 1 000 M	
Or			5 %
Argent			10 %

SAVOIR-FAIRE

Mesurer une résistance avec un ohmmètre

1 Avant de mettre en marche le multimètre, placer le sélecteur dans la zone OHM, sur le calibre à utiliser. Si l'on n'a aucune idée de la valeur de la résistance, on choisit le calibre 200.

2 Brancher deux fils de connexion sur le multimètre, l'un sur la borne COM, l'autre sur la borne V/Ω. Réaliser un bon contact entre ces fils et les bornes du résistor. On peut utiliser des pinces « crocodiles ».

3 Placer l'interrupteur sur la position ON (Marche).

4 Une valeur s'affiche.
Sur l'exemple **a**, on lit 98.9 ; la résistance vaut donc 98,9 ohms (ou 98,9 Ω).
Si la valeur affichée est 1. **b**, c'est que la valeur de la résistance est supérieure à 200. Il faut placer le sélecteur sur le calibre 2K.

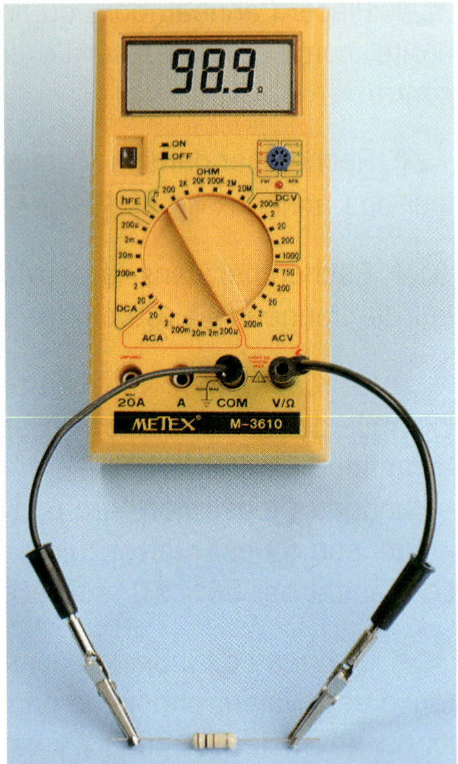

a **La mesure d'une résistance inférieure à 200 ohms.**

5 La valeur de la résistance s'affiche alors en kilohm.
Sur l'exemple **b**, on lit .674. La valeur de la résistance est 0,674 kilohm ou 0,674 kΩ, soit 674 Ω.
Si on utilisait le calibre 20K, on lirait 0.67 : on perdrait en précision.

Pour réaliser la meilleure mesure possible avec l'ohmmètre, il faut placer le sélecteur de manière à lire le moins de zéros possible à gauche de l'afficheur.

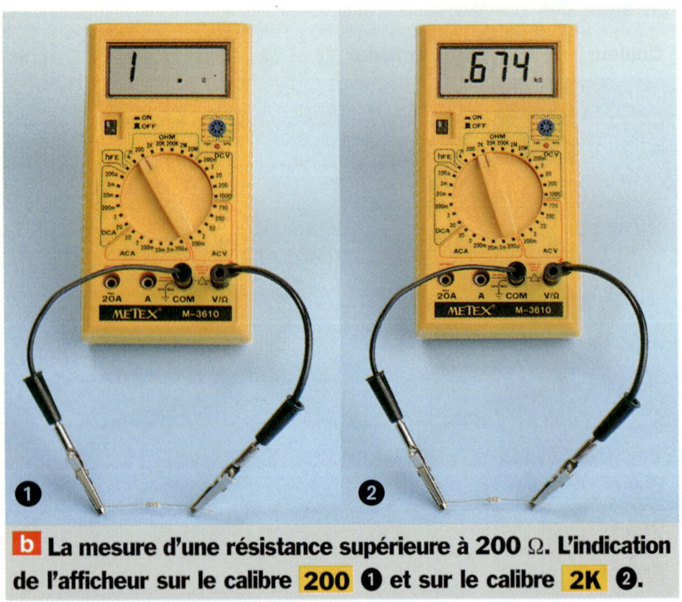

b **La mesure d'une résistance supérieure à 200 Ω. L'indication de l'afficheur sur le calibre 200 ❶ et sur le calibre 2K ❷.**

Utiliser un oscilloscope

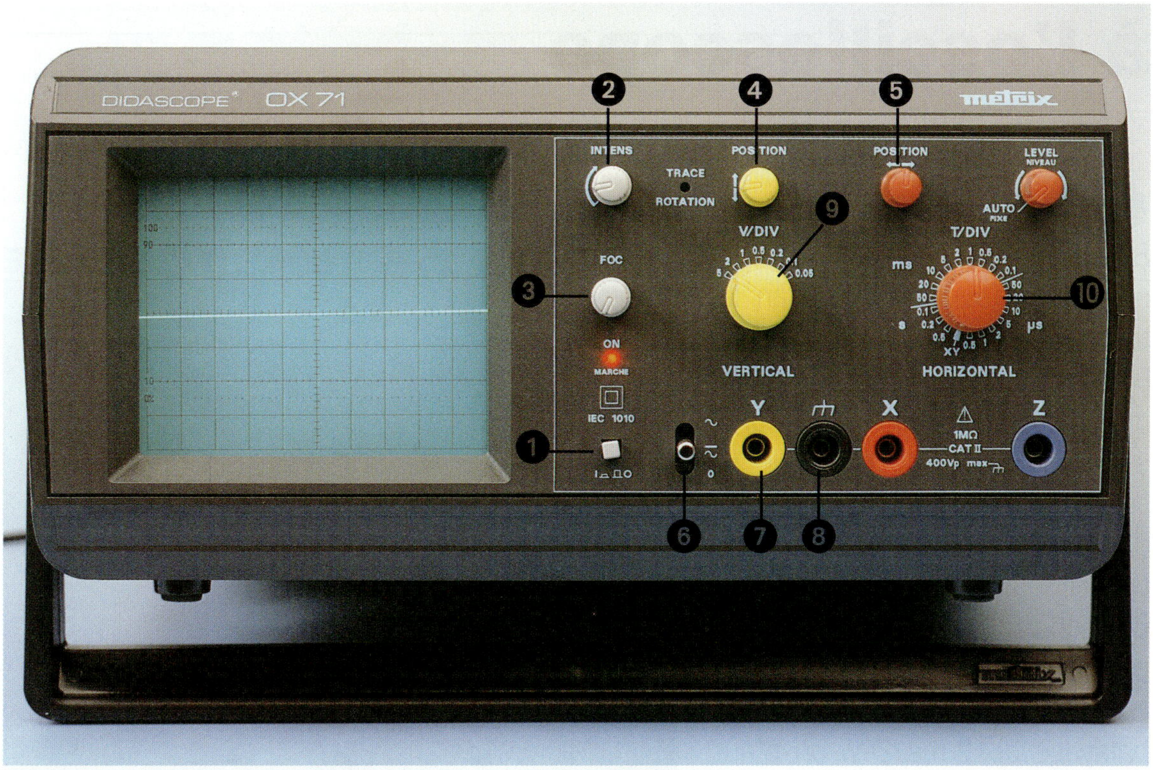

Comment obtenir une courbe sur l'écran

1. Avant d'appliquer la tension à étudier, mettre l'interrupteur ❶ en position Marche.

2. Se placer sur une position de balayage inférieure à 10 ms/DIV avec le sélecteur ❿ (base de temps). Agir sur le bouton ❷ pour régler l'intensité lumineuse de la trace et sur le bouton ❸ pour avoir une trace fine. Avec les boutons de cadrage ❹ et ❺, positionner la trace au centre de l'écran.

3. Placer le sélecteur ❻ sur ≂.

4. Appliquer la tension à étudier entre la borne Y ❼ et la borne de masse ❽.

5. Régler la sensibilité verticale : grâce au sélecteur ❾, choisir une sensibilité verticale telle que la courbe soit contenue toute entière dans l'écran.

6. Régler le balayage de l'écran : avec le sélecteur ❿ (base de temps) choisir un coefficient de balayage tel qu'il n'y ait que quelques périodes sur l'écran.

Mesurer la valeur maximale et la période d'une tension à l'oscilloscope

1 Les réglages

Suivre les indications de la fiche n° 4 pour visualiser à l'écran la tension à étudier.

Pour que les mesures soient les meilleures possibles, choisir une sensibilité verticale telle que la courbe s'étale le plus possible dans le sens de la hauteur.

Choisir le coefficient de balayage de façon à n'avoir que quelques périodes à l'écran. Sur l'exemple ci-contre, si on avait choisi un balayage de 2 ms/DIV, on n'aurait eu qu'un seul motif.

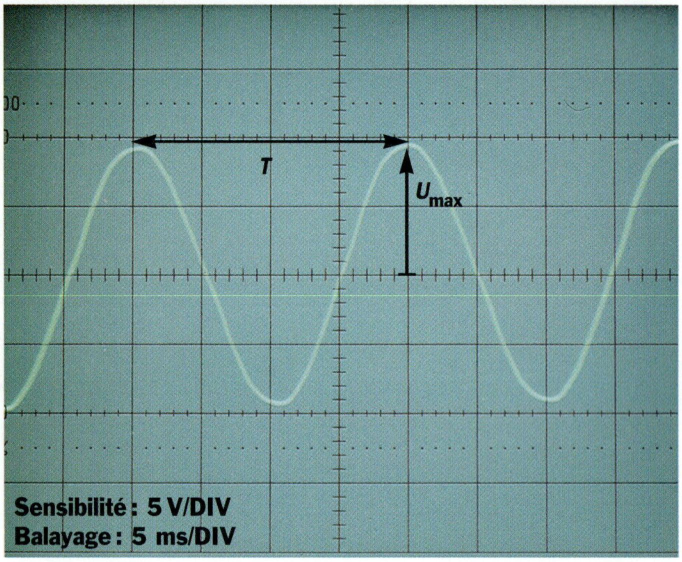

2 Les mesures

• **La valeur maximale U_{max}.** Compter, par rapport à la ligne médiane de l'écran, le nombre de divisions verticales correspondant à la valeur maximale de la tension. En déduire la valeur de U_{max} en prenant en compte la sensibilité verticale et son unité.

Ici, on compte : 1,9 divisions. Soit U_{max} = 1,9 (divisions) × 5 (V/DIV) = 9,5 V.

• **La période T.** Compter sur l'écran le nombre de divisions horizontales correspondant à la durée du motif. En déduire la valeur de T en prenant en compte la valeur du coefficient de balayage et son unité.

Ici, le coefficient de balayage est de 5 ms/DIV, la valeur de la période obtenue sera donc en ms. On compte : 4 divisions. Soit T = 4 (divisions) × 5 (ms/DIV) = 20 ms.

3 Le calcul de la fréquence f

On applique la formule : $f = 1/T$.

T doit être exprimée en seconde (s). On obtient alors f en hertz (Hz).

Ici, $f = 1 / (20 \times 10^{-3}) = 50$ Hz.

Mesurer une tension alternative

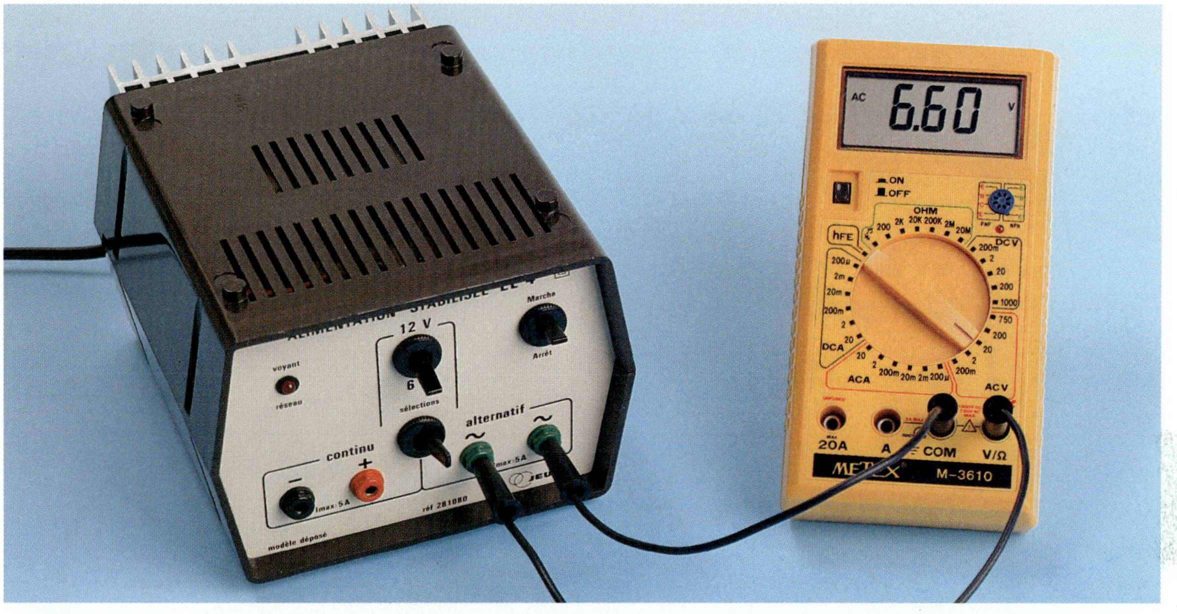

1 Placer le sélecteur sur la zone **ACV** (mesure d'une tension alternative) et choisir un calibre.
Si l'on veut mesurer la tension aux bornes d'un générateur, choisir le calibre immédiatement supérieur à la valeur nominale de la tension du générateur. Ici **20**.
Si l'on veut mesurer la tension aux bornes d'un dipôle dans un circuit série, on choisit le calibre immédiatement supérieur à la valeur de la tension nominale du générateur utilisé dans le circuit.

2 Placer l'interrupteur sur la position **ON** (Marche) pour rendre l'affichage visible.

3 Brancher le voltmètre en dérivation sur le dipôle aux bornes duquel on veut mesurer la tension. Relier une des bornes du dipôle à la borne **V/Ω** et l'autre à la borne **COM**.

4 La valeur efficace U de la tension est donnée dans l'unité du calibre. Ici l'appareil indique *6.60*. La mesure de la tension efficace est donc : $U = 6{,}60$ V.

5 Pour obtenir une mesure la plus précise possible, il faut utiliser le calibre immédiatement supérieur à la valeur de la tension mesurée. Si ce n'est pas le cas, tourner le sélecteur pour choisir le calibre plus approprié. Ici par exemple, le calibre **20** est celui qui donne la mesure la plus précise. Le calibre inférieur : **2** n'était pas utilisable car la valeur de la tension mesurée est supérieure à 2 V.

SAVOIR-FAIRE

Mesurer une intensité alternative

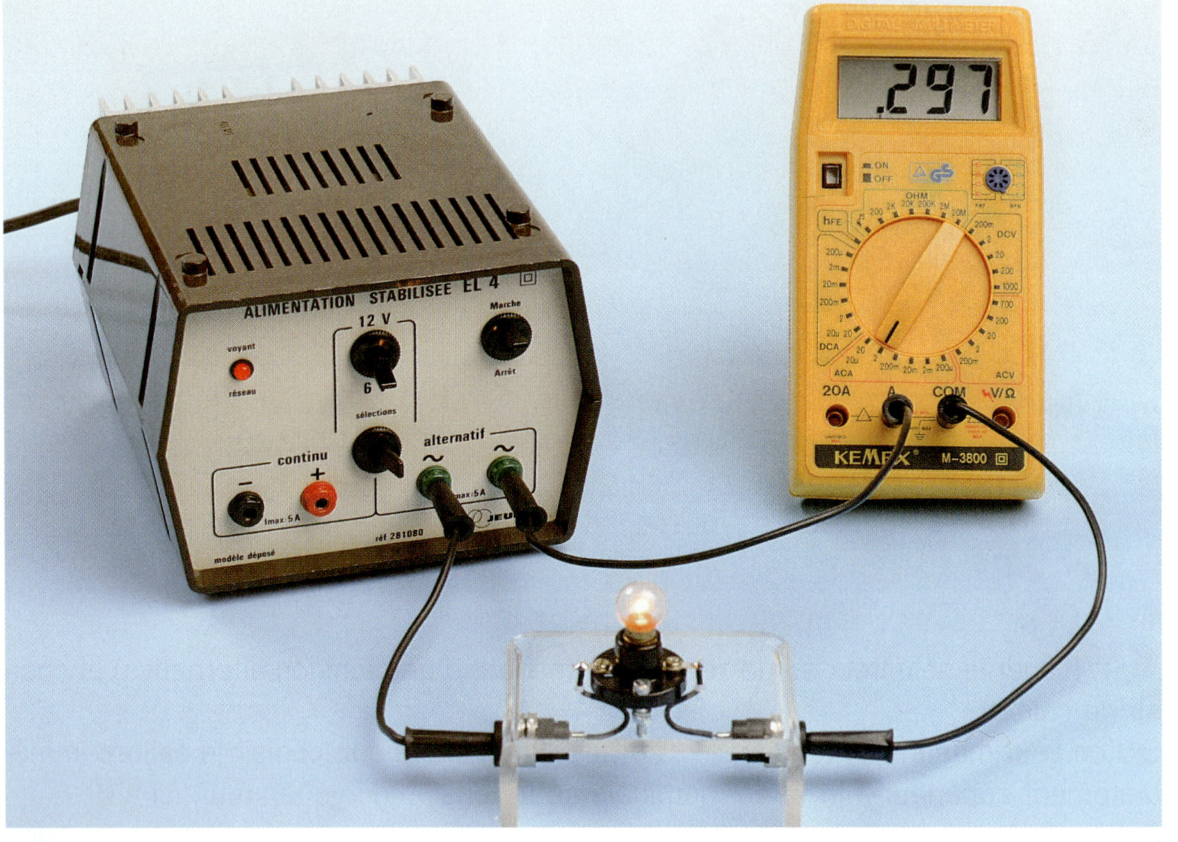

1 Placer le sélecteur du multimètre dans la zone ACA (mesure d'une intensité en courant alternatif).

2 Mettre l'interrupteur sur la position ON (Marche).

3 Brancher l'ampèremètre en série dans le circuit avec les autres dipôles en utilisant les bornes A et COM.

4 Choisir le calibre immédiatement supérieur à la valeur de l'intensité que l'on mesure. Si l'on n'a aucune idée de l'intensité dans le circuit, choisir le plus grand calibre et tourner progressivement le sélecteur vers les plus petits calibres.

5 L'appareil affiche la mesure de l'intensité efficace I dans l'unité du calibre. Ici, le calibre est 2, c'est-à-dire 2 A. L'appareil indique .297. La mesure est donc : I = 0,297 A soit 297 mA.

Se documenter et réaliser une présentation

1 Bien cibler l'objectif

Il faut d'abord avoir une idée précise de son objectif. Quel est le type de présentation : exposé oral, dossier écrit, affiche ? Quel est le type de public : mes camarades, le grand public ? Et surtout : quel est le sujet précis ? Le sujet « L'emballage du jus d'orange » par exemple n'est pas suffisamment précis. Faut-il traiter de l'histoire des emballages de jus de fruits ? de la fabrication de ces emballages ?

2 Rassembler une documentation

Les principaux documents utilisables sont : les livres, revues et journaux spécialisés, les encyclopédies sur papier ou sous forme de CD-ROM, les sites Internet. Le CDI du collège est le meilleur lieu pour démarrer une recherche. On peut aussi demander des documents à des entreprises.

• Utiliser le sommaire des documents pour trouver rapidement l'information utile.

• Trier les informations : ne garder que celles qui sont les mieux adaptées au sujet. Noter l'endroit où elles se trouvent et en faire un résumé succinct.

• Bâtir un plan. Retourner ensuite aux documents choisis et rassembler les informations de manière plus détaillée pour préparer le contenu de la préparation.

3 Réaliser la présentation

• Quel que soit le type de présentation, il faut :
– trouver un titre et respecter les consignes données : temps imparti pour un exposé, format et nombre de pages pour un dossier, format pour une affiche ;
– toujours citer ses sources ;
– écrire ou s'exprimer en langage clair. Ne pas reprendre telles quelles des phrases compliquées et mal comprises.

Le contenu doit être conforme aux informations recueillies et au sujet donné. Attention au hors sujet.

• Voici quelques conseils supplémentaires :

Pour un exposé oral. Utiliser des supports visuels : affiches, schémas au tableau, transparents, diapositives. S'exprimer de façon naturelle : ne pas lire ni réciter par cœur son texte. Parler fort et lentement. Solliciter les questions et y répondre.

Pour un dossier. Faire un sommaire. Soigner la présentation et aérer le texte.

Pour une affiche. Soigner la lisibilité : gros titres, grands schémas, peu de texte.

Équilibrer une équation-bilan

1 Identifier les réactifs et les produits

Exemple 1 : l'aluminium brûle avec le dioxygène pour donner de l'oxyde d'aluminium ou alumine.

Réactifs	Produit
aluminium, dioxygène	oxyde d'aluminium

Exemple 2 : l'acide chlorhydrique réagit avec le fer pour donner du chlorure de fer (II) et du dihydrogène.

Réactifs	Produits
acide chlorhydrique, fer	chlorure de fer (II), dihydrogène

2 Connaître la formule des réactifs et des produits

Exemple 1 :

Réactifs		Produit	
aluminium	Al	**oxyde d'aluminium**	Al_2O_3
dioxygène	O_2		

Quand la réaction fait intervenir des ions, on se souviendra, en écrivant la formule des réactifs et des produits, qu'un corps ou une solution doit toujours être électriquement neutre.

Réactifs		Produits	
acide chlorhydrique	$(H^+ + Cl^-)$	**chlorure de fer (II)**	$(Fe^{2+} + 2\ Cl^-)$
fer	Fe	**dihydrogène**	H_2

Exemple 2 : pour l'acide chlorhydrique, il faut 1 ion hydrogène (1 charge positive) pour 1 ion chlorure (1 charge négative). Pour le chlorure de fer (II), il faut 1 ion fer (II) (deux charges positives) pour 2 ions chlorure (2 charges négatives).

3 Écrire le « squelette » de l'équation

Exemple 1 : $? \ Al + ? \ O_2 \rightarrow ? \ Al_2O_3$

Exemple 2 : $? \ (H^+ + Cl^-) + ? \ Fe \rightarrow ? \ (Fe^{2+} + 2\ Cl^-) + ? \ H_2$

Il faut remplacer les « ? » par des nombres (des coefficients) dans chaque équation : on dit que l'on **équilibre** l'équation-bilan. Ces coefficients doivent être des nombres entiers et les plus petits possibles. Le nombre 1 ne s'écrit pas.

4 Équilibrer l'équation-bilan

Dans une réaction chimique, la nature et le nombre des atomes se conservent. S'il existe des atomes d'oxygène dans les réactifs par exemple, on doit en retrouver le même nombre dans les produits. L'équation-bilan doit traduire la conservation des atomes.

La formule d'un corps donne sa composition en atomes. On comptera les ions (monoatomiques ou polyatomiques) comme s'ils étaient constitués d'atomes. On considèrera l'ion sulfate par exemple comme s'il était constitué d'un atome de soufre et de 4 atomes d'oxygène.

Exemple 1 : pour équilibrer l'équation-bilan, nous devons choisir un des coefficients et tous les autres découlent de ce choix.

• Si nous choisissons de mettre le coefficient **1** devant Al_2O_3, alors nous devons mettre le coefficient **2** devant Al pour conserver le nombre d'atomes d'aluminium. Avec ce choix, il est impossible de placer un coefficient entier devant O_2. Il n'existe pas de moitié de molécule de dioxygène.

• Si nous plaçons **2** devant l'alumine, nous pouvons mettre **4** devant l'aluminium et **3** devant le dioxygène.

L'équation s'écrit donc : $\mathbf{4\,Al + 3\,O_2 \rightarrow 2\,Al_2O_3}$

On vérifie que les atomes des deux espèces sont conservés.

Exemple 2 : pour équilibrer l'équation-bilan, nous devons choisir un des coefficients et tous les autres découlent de ce choix.

• Si nous choisissons le coefficient **1** devant $(H^+ + Cl^-)$, nous ne pouvons pas placer de coefficient devant H_2 car il n'existe pas de moitié de molécule.

• Si nous choisissons de mettre le coefficient **2** devant $(H^+ + Cl^-)$, alors nous pouvons mettre le coefficient **1** devant H_2 pour conserver le même nombre d'atomes d'hydrogène dans les réactifs et les produits. Nous devons alors mettre le coefficient **1** devant $(Fe^{2+} + 2\,Cl^-)$ pour conserver le nombre d'atomes de chlore et **1** devant Fe pour conserver le nombre d'atome de fer.

L'équation s'écrirait : $\mathbf{2}\,(H^+ + Cl^-) + \mathbf{1}\,Fe \rightarrow \mathbf{1}\,H_2 + \mathbf{1}\,(Fe^{2+} + 2\,Cl^-)$

• L'habitude voulant que l'on n'écrive pas les coefficients **1**, on écrit :

$$\mathbf{2\,(H^+ + Cl^-) + Fe \rightarrow H_2 + (Fe^{2+} + 2\,Cl^-)}$$

Conclusion : les équations-bilans doivent satisfaire à 2 critères :

- **le nombre d'atomes de chaque espèce contenus dans les réactifs se retrouve dans les produits ;**
- **les coefficients utilisés sont des nombres entiers, les plus petits possibles.**

Autre exemple : une solution de sulfate de cuivre réagit avec une solution d'hydroxyde de sodium pour donner une solution de sulfate de sodium et un précipité d'hydroxyde de cuivre.

• Réactifs : sulfate de cuivre $(Cu^{2+} + SO_4^{2-})$; hydroxyde de sodium $(Na^+ + OH^-)$.

Produits : sulfate de sodium $(2\,Na^+ + SO_4^{2-})$; hydroxyde de cuivre $(Cu(OH)_2)$.

$$\mathbf{?}\,(Cu^{2+} + SO_4^{2-}) + \mathbf{?}\,(Na^+ + OH^-) \rightarrow \mathbf{?}\,(2\,Na^+ + SO_4^{2-}) + \mathbf{?}\,Cu(OH)_2$$

On vérifie que tous les réactifs et tous les produits sont électriquement neutres.

• Si nous choisissons de mettre le coefficient **1** devant $(Cu^{2+} + SO_4^{2-})$, alors nous devons mettre le coefficient **1** devant $Cu(OH)_2$ pour conserver les atomes de cuivre et **1** devant $(2\,Na^+ + SO_4^{2-})$ pour conserver les atomes de soufre.

Ce choix nous oblige à mettre un **2** devant $(Na^+ + OH^-)$ pour conserver les atomes de sodium.

$$\mathbf{(Cu^{2+} + SO_4^{2-}) + 2\,(Na^+ + OH^-) \rightarrow (2\,Na^+ + SO_4^{2-}) + Cu(OH)_2}$$

On peut vérifier que les atomes d'hydrogène et les atomes d'oxygène des réactifs se retrouvent bien dans les produits.

Convertir des unités de vitesse

1 Convertir une vitesse en mètre par seconde (m/s) en kilomètre par heure (km/h)

• **Une première façon à l'aide d'un exemple** : Un coureur à pied court à la vitesse de 5 m/s. Quelle est sa vitesse en km/h ?

En 1 s, le coureur parcourt 5 m. Calculons la distance parcourue par le coureur en 1 heure : il faut utiliser un tableau de proportionnalité.

Temps	Distance
1 s	5 m
1 × 3600 = 3600 s = 1 h	5 × 3600 = 18000 m = 18 km

(× 3600)

En 3600 s, soit 1 h, le coureur à pied parcourt 5 × 3600 m, soit 18 km.

La distance en kilomètres parcourue en 1 heure nous donne la vitesse en km/h, soit ici **18 km/h.**

• **Une manière plus rapide**

À quelle vitesse en km/h correspond 1 m/s ?

Temps	Distance
1 s	1 m
1 × 3600 = 3600 s = 1 h	1 × 3600 = 3600 m = 3,6 km

(× 3600)

On déduit du tableau : 1 m/s = 3,6 km/h.

Pour transformer une vitesse en m/s en km/h, il faut multiplier par 3,6.

Dans notre exemple : 5 × 3,6 = 18 km/h.

2 Convertir une vitesse en kilomètre par heure (km/h) en mètre par seconde (m/s)

• **Une première façon à l'aide d'un exemple** : Le T.G.V. se déplace à la vitesse de 250 km/h. Quelle est sa vitesse en m/s ?

En 1 h, le T.G.V. parcourt 250 km. Calculons la distance parcourue par le T.G.V. en 1 seconde : il faut utiliser un tableau de proportionnalité.

Temps	Distance
1 h = 3600 s	250 km = 250000 m
1 s	250000/3600 = 69,4 m

(: 3600)

En 1 seconde, le T.G.V. parcourt (250000/3600) m, soit 69,4 m.

La distance en mètre parcourue en 1 seconde nous donne la vitesse en m/s, soit ici **69,4 m/s.**

• **Une manière plus rapide**

À quelle vitesse en m/s correspond 1 km/h ?

Temps	Distance
1 h = 3600 s	1 km = 1000 m
1 s	1000/3600 = (1/3,6) m

(: 3600)

On en déduit : 1 km/h = (1/3,6) m/s.

Pour transformer une vitesse en km/h en m/s, il faut diviser par 3,6.

Dans l'exemple : 250/3,6 = 69,4 m/s.

Les tests de reconnaissance d'ions

Nom, formule, caractéristiques de l'ion recherché	Réactif utilisé	Commentaire sur le test
Ion chlorure Cl^- **Ion incolore**	Ion argent d'une solution aqueuse de nitrate d'argent.	Le précipité blanc de chlorure d'argent obtenu noircit à la lumière.
Ion sulfate SO_4^{2-} **Ion incolore**	Ion baryum d'une solution aqueuse de chlorure de baryum.	Précipité blanc de sulfate de baryum.
Ion cuivre (II) Cu^{2+} **Ion de couleur bleue** **Toxique**	Ion hydroxyde d'une solution d'hydroxyde de sodium.	Précipité d'hydroxyde de cuivre de couleur cyan.
Ion fer (II) Fe^{2+} **Ion de couleur vert-jaune très pâle** **Toxique**	Ion hydroxyde d'une solution d'hydroxyde de sodium.	Précipité vert d'hydroxyde de fer (II). L'ion fer (II) réagit aussi avec le ferricyanure de sodium pour donner un produit couleur bleu de Prusse.
Ion fer (III) Fe^{3+} **Ion de couleur orangée** **Toxique**	Ion hydroxyde d'une solution d'hydroxyde de sodium.	Précipité rouille d'hydroxyde de fer (III).
Ion zinc Zn^{2+} **Ion incolore**	Ion hydroxyde d'une solution d'hydroxyde de sodium.	Précipité blanc d'hydroxyde de zinc qui se redissout dans un excès de solution d'hydroxyde de sodium.
Ion aluminium Al^{3+} **Ion incolore**	Ion hydroxyde d'une solution d'hydroxyde de sodium.	Précipité blanc d'hydroxyde d'aluminium qui se redissout dans un excès de solution d'hydroxyde de sodium.
Ion sodium Na^+ **Ion incolore**		Lorsqu'on place dans une flamme une baguette imbibée de chlorure de sodium, la flamme se colore en jaune.

Les acides et les bases les plus courants

Nom de l'acide ou de la base	Contient de l'eau et…	Utilisations courantes et observations
Acide chlorhydrique	1 ion hydrogène pour 1 ion chlorure.	Décapage du fer, détartrant, rectificateur de pH de piscine. *Assez volatil : dégagement d'un gaz irritant (chlorure d'hydrogène).*
Acide sulfurique	2 ions hydrogène pour 1 ion sulfate.	Liquide pour batterie, décapage toute surface métallique. *Liquide lourd, détruit le coton.*
Acide phosphorique	3 ions hydrogène pour 1 ion phosphate.	Détartrant liquide, blanchissage du bois.
Acide acétique	1 ion hydrogène pour 1 ion acétate.	Vinaigre.
Acide sulfamique	1 ion hydrogène pour 1 ion sulfamate.	Détartrant solide qui se dissout dans l'eau.
Soude ou hydroxyde de sodium	1 ion hydroxyde pour 1 ion sodium.	Déboucheur d'évier, décapant. *Détruit la peau, les muqueuses.*
Ammoniaque	1 ion hydroxyde pour 1 ion ammonium.	Produit nettoyant, détachant, décapant. *Dégagement d'un gaz irritant (gaz ammoniac). Détruit la peau, les muqueuses.*

Principales propriétés des familles de matériaux

Familles de matériaux	PROPRIÉTÉS					
	Opaques	**Résistent aux chocs**	**Conduisent la chaleur**	**Imperméables à l'eau**	**Dégradables**	**Recyclables**
Céramiques	La plupart	Non	Difficilement	Certaines	Non	Non
Verres	Non	Non	Difficilement	Oui	Non	Oui
Métaux	Oui	Oui	Oui	Oui	Oui	Oui
Matières plastiques	Certaines	Certaines	Non	Oui	Non	Certaines
Cartons	Oui	Non	Non	Non	Oui	Oui

Propriétés des principales matières plastiques

	Polyéthylène téréphtalate (PET)	Polyéthylène haute densité (PEHD)	Polyéthylène basse densité (PEBD)	Polychlorure de vinyle (PVC)	Polypropylène (PP)	Polystyrène (PS)
Résistance aux chocs	Oui	Oui		Oui	Oui	
Souplesse du film		Oui	Oui	Oui		
Étirabilité		Oui	Oui			
Imperméabilité à l'eau	Oui	Oui	Oui	Oui	Oui	Oui
Imperméabilité aux corps gras	Oui	Oui		Oui	Oui	
Imperméabilité aux arômes	Oui	Oui		Oui	Oui	
Imperméabilité aux gaz	Oui	Oui		Oui	Oui	
Transparence	Oui		Oui	Oui	Oui	Oui
Opaque aux UV		Oui				
Résistance à l'élévation de température		Oui				
Résistance chimique	Oui	Oui	Oui	Oui	Oui	Oui
Soudabilité		Oui	Oui (et aussi avec l'aluminium)		Oui	
Résistance à la perforation			Oui	Oui		

Noms et formules de quelques ions

Nom de l'ion	Formule de l'ion	Nom de l'ion	Formule de l'ion
Ammonium	NH_4^+	Hydroxyde	HO^-
Bicarbonate	HCO_3^-	Magnésium	Mg^{2+}
Calcium	Ca^{2+}	Nitrate	NO_3^-
Carbonate	CO_3^{2-}	Permanganate	MnO_4^-
Chlorate	ClO_3^-	Phosphate	PO_4^{3-}
Chlorure	Cl^-	Potassium	K^+
Cuivre	Cu^{2+}	Sodium	Na^+
Fer (III)	Fe^{3+}	Sulfate	SO_4^{2-}
Fluorure	F^-	Zinc	Zn^{2+}

Corrigés des exercices

CHAPITRE 1

1 Objet et matériau
- verre : objet.
- bouteille : objet ; verre : matériau.
- vase : objet ; céramique : matériau.
- fer : objet.
- gourde : objet ; aluminium : matériau.
- gobelets : objets ; plastique : matériau.
- carton : objet.

2 Une famille de matériau
La famille des matières plastiques.

3 Les propriétés des matériaux
a. VRAI.
b. VRAI.
c. FAUX. Le Tétra Brik est constitué de plusieurs matériaux.
d. FAUX. Les emballages en aluminium ne sont pas attirés par un aimant.

4 Des matériaux recyclables
Sont recyclables : les verres, les métaux, certaines matières plastiques.

5 Un matériau à découvrir

ACIER
PLASTIQUE
VERRE
METAUX
CONDUCTEUR
ALUMINIUM

C'est le CARTON.

6 Une propriété de certains métaux
Le corps de la boîte **(a)** est en acier.
Le couvercle **(b)** est en aluminium.

7 Quelle est cette matière plastique ?
1. Polystyrène (PS).
2. Polyéthylène téréphtalate (PET).
3. Polyéthylène haute densité (PEHD).
4. Polychlorure de vinyle (PVC).

CHAPITRE 2

1 Les constituants des atomes
a. VRAI.
b. VRAI.
c. FAUX. Le noyau contient de l'électricité positive.
d. FAUX. Les électrons sont des grains d'électricité négative.
e. VRAI.

2 Masses et dimensions dans les atomes
a. *beaucoup plus grande.*
b. *légers.*
c. *nanomètre.*
d. *presque égale.*
e. *petit.*

3 Les ions
a. L'ion fer Fe^{3+} provient d'un atome de fer qui a perdu 3 électrons.
b. L'ion bromure possède 36 électrons.
c. Formule de l'ion fluorure : F^-. Il contient 11 électrons et 10 grains d'électricité positive.
d. L'ion calcium comporte 20 grains d'électricité positive et 18 électrons.

4 Le courant électrique dans les métaux

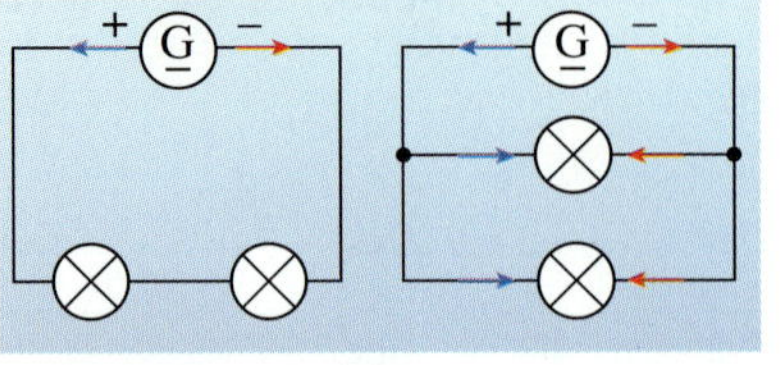

Le courant électrique dans les solutions conductrices

5

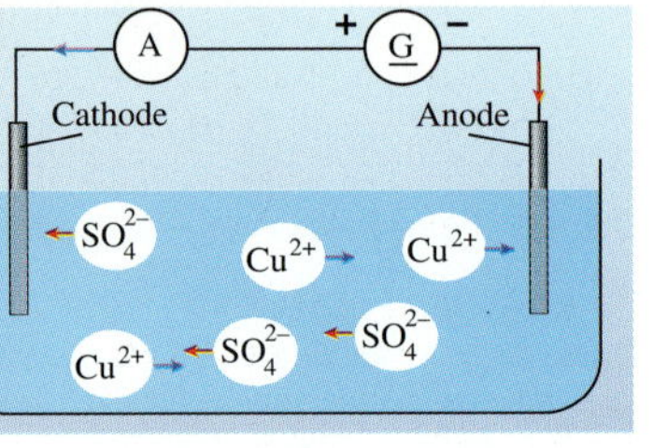

6 Dans le becher, il y a des ions sodium Na^+ et des ions chlorure Cl^-.

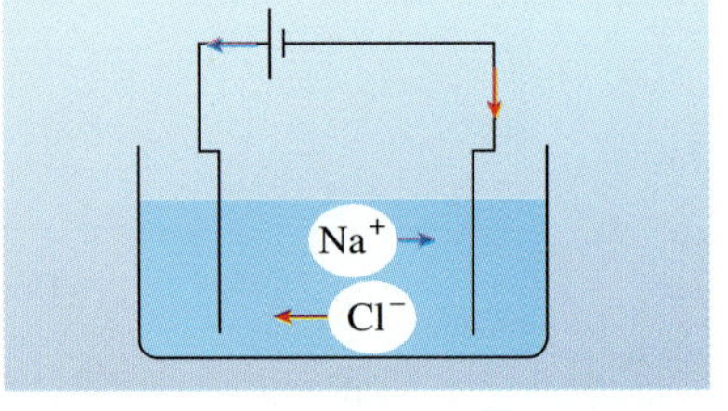

CHAPITRE 3

1 Le pH
a. FAUX ; **b.** VRAI ; **c.** VRAI ; **d.** FAUX. De l'eau qui a un pH de 7 est neutre.

2 Les ions dans les solutions acides et basiques
a. Des ions hydrogène H^+.
b. L'ampèremètre indiquerait également le passage d'un courant. Les ions apportés par la soude sont des ions hydroxyde HO^- et des ions sodium Na^+.

La dilution d'une solution aqueuse

3 L'acidité de la boisson a diminué. Le pH augmente.

4 La solution est basique.

5 Les dangers des acides
Il faut manipuler avec des gants et verser un peu d'acide dans de l'eau.

6 Un précipité
La réponse correcte est **b.**

7 Les ions en solution
a. VRAI ; **b.** VRAI ; **c.** FAUX.

8 Le test de l'ion cuivre
Ce sont les ions cuivre et les ions hydroxyde qui ont permis l'apparition d'un précipité d'hydroxyde de cuivre.

9 L'action de l'acide chlorhydrique sur le fer
a. De l'acide chlorhydrique et du fer donnent du *dihydrogène* et du chlorure de fer (II).
b. $2\ (H^+ + Cl^-) + Fe \rightarrow H_2 + (Fe^{2+} + 2\ Cl^-)$.
Les réactifs sont l'acide chlorhydrique et le fer. Les produits de la réaction sont le dihydrogène et le chlorure de fer (II).

10 L'action de l'acide chlorhydrique et de la soude sur les métaux

	l'aluminium	le cuivre	le fer	le zinc
L'acide chlorhydrique réagit avec	Oui	Non	Oui	Oui
La soude réagit avec	Oui	Non	Non	Oui

CHAPITRE 4

1 La composition de l'air
a. FAUX. L'air contient principalement du diazote et du dioxygène.
b. VRAI.
c. FAUX. C'est de la vapeur d'eau que l'air sec ne contient pas.
d. FAUX. L'air contient environ 4 volumes de diazote pour 1 volume de dioxygène.

2 La rouille
La bonne réponse est **b.**

3 La protection du fer
Les bonnes réponses sont **a.**, **c.** et **d.**

4 La protection des métaux
L'aluminium est protégé par une couche d'alumine ou oxyde d'aluminium, qui est imperméable à l'air et à l'eau.

5 La combustion des métaux
a. Il faut que le métal soit finement divisé (fil ou poudre) et qu'il soit porté à haute température.
b. Parce qu'elles produisent de la chaleur et de la lumière.

6 Les équations-bilans de combustions
a. $3\ Fe + 2\ O_2 \rightarrow Fe_3O_4$.
b. $4\ Al + 3\ O_2 \rightarrow 2\ Al_2O_3$.
c. $2\ Zn + O_2 \rightarrow 2\ ZnO$.

7 La combustion des matières plastiques
Il peut se former du dioxyde de carbone et de la vapeur d'eau. Si la quantité d'air est insuffisante, il peut se former du monoxyde de carbone qui est un poison violent.

CHAPITRE 6

1 Le téléphérique
a. Oui.
b. Non, le passager B voit le poteau ❶ se rapprocher de lui.
c. Oui.
d. Non, le passager B voit le passager E se rapprocher puis s'éloigner de lui.
e. Oui.
f. Oui.
g. Oui.

2 Le mouvement d'une balle au bout d'un élastique
– Entre les positions 1 et 4, le mouvement est accéléré ;
– entre les positions 4 et 7, le mouvement est quasiment uniforme ;
– entre les positions 8 et 12, le mouvement est ralenti.

3 La trajectoire d'une boule
1. Le mouvement n'est pas rectiligne.
2. Entre les positions 0 et 10, il s'écoule (10/25) s soit 0,4 s.
3. Entre les positions 0 et 6, le mouvement est ralenti. Entre les positions 14 et 20, le mouvement est accéléré.

4 La distance en fonction du temps
a. FAUX. Entre t_4 et t_5, le véhicule est arrêté ; **b.** VRAI ; **c.** VRAI ; **d.** VRAI ; **e.** VRAI ; **f.** FAUX.

5 La vitesse en fonction du temps
a. FAUX. Entre t_1 et t_2, le mouvement est accéléré.
b. VRAI.
c. VRAI.
d. FAUX. C'est la vitesse instantanée qui est représentée.
e. VRAI.

6 La distance, la vitesse, la durée
a. $v = 67{,}5$ km/h ; **b.** $d = 93{,}3$ km ; **c.** $t = 27$ s ; **d.** $v = 10$ m/s ; **e.** $v = 61{,}2$ km/h.

7 Les distances d'arrêt
a. Oui.
b. Non la voiture fait 140 m de plus.
c. Oui, la distance d'arrêt sur route sèche est d'environ 100 m pour v = 110 km/h, de 120 m pour v = 120 km/h et de 135 m pour v = 130 km/h.

CHAPITRE 7

1 Le poids et la masse
a. VRAI.
b. FAUX. La valeur du poids d'un objet dépend du lieu où il se trouve.
c. VRAI.
d. FAUX. La pesanteur dépend du lieu.
e. VRAI.

2 Les indications courantes
a. L'indication est correcte.
b. Il faudrait écrire « Masse nette : 380g ».
c. Au lieu du mot « Poids », il faut utiliser le mot « Masse » et l'abréviation du kilogramme n'est pas KG mais kg.

3 Le pèse-personne
Il suffit de multiplier par 10 l'indication du pèse-personne.

4 Le poids d'un satellite artificiel
Le poids du satellite à 300 km d'altitude est : 10 898 N.

5 Les plumes et le plomb
Ils ont le même poids puisqu'ils ont la même masse et sont en un même lieu.

Sur la Lune

6 La masse est indépendante du lieu. La recette est donc valable sur la Lune.

7 Ce sont les lancers (de poids, de marteau, de javelot) et les sauts (en hauteur, en longueur, à la perche) qui auraient les meilleures performances.

8 Un poids inhabituel
La pesanteur du lieu est : $g = 1{,}6$ N/kg. On a donc mesuré le poids sur la Lune. La masse peut être mesurée sur la Terre ou la Lune. Elle ne varie pas.

CHAPITRE 8

Des interactions

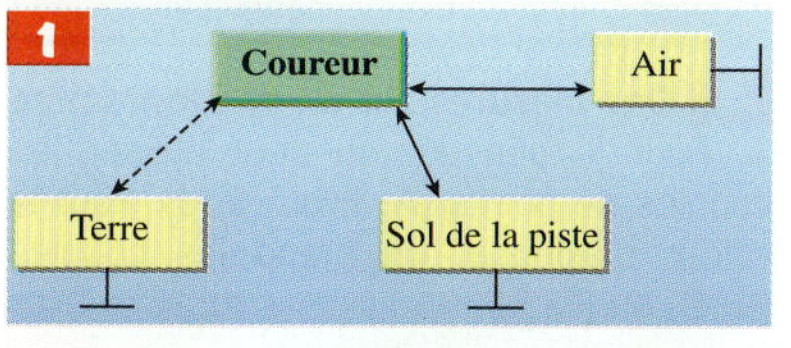

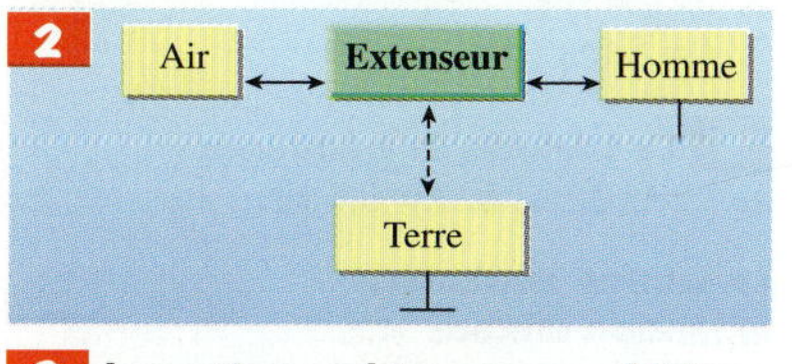

3 Les actions subies par un objet
La ficelle subit l'action de la main de Mathilde qui la tend et l'action du crochet qui la retient.

Les effets d'une action

4 L'action du parachute freine le mouvement de chute du parachutiste, alors que son poids l'entraîne vers le sol.

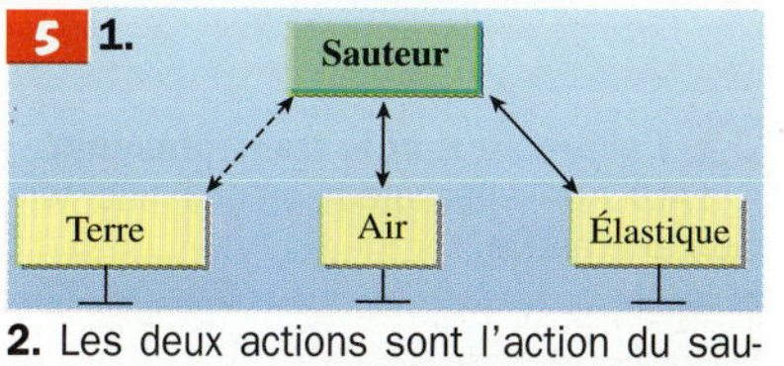

2. Les deux actions sont l'action du sauteur sur l'élastique et l'action de l'élastique sur le sauteur. L'action du sauteur a pour effet d'allonger l'élastique et l'action de l'élastique freine le mouvement de chute du sauteur.

6 L'action de l'araignée tend le fil vers le bas et l'action du fil retient l'araignée vers le haut.

7 Des forces
Les actions **b**, **c** et **d** sont des forces.

La représentation d'une force

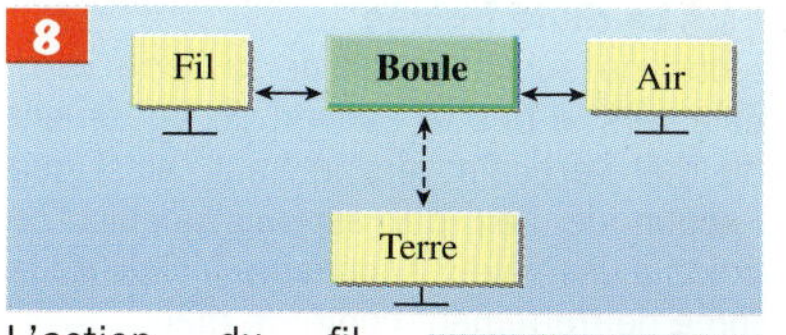

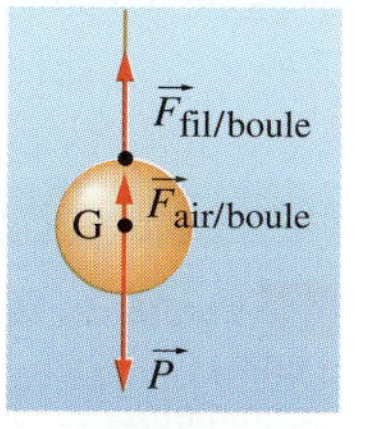

L'action du fil, $\vec{F}_{fil/boule}$, a la direction du fil et est dirigée vers le haut, celle de la Terre (poids de la boule), $\vec{F}_{Terre/boule}$ ou $\vec{P}$, est verticale et dirigée vers le bas, la poussée d'Archimède dans l'air, $\vec{F}_{air/boule}$, est verticale et dirigée vers le haut.

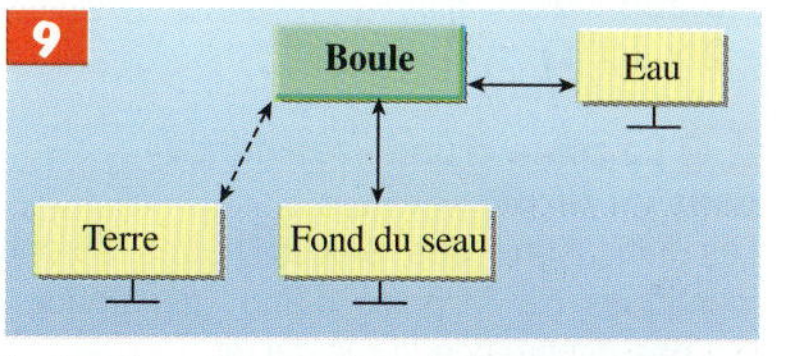

La boule subit l'action de la Terre (son poids) $\vec{F}_{Terre/boule}$ ou $\vec{P}$, verticale vers le bas, l'action de l'eau (poussée d'Archimède) $\vec{F}_{eau/boule}$, verticale vers le haut et celle du fond du seau, $\vec{F}_{fond/boule}$, verticale vers le haut.

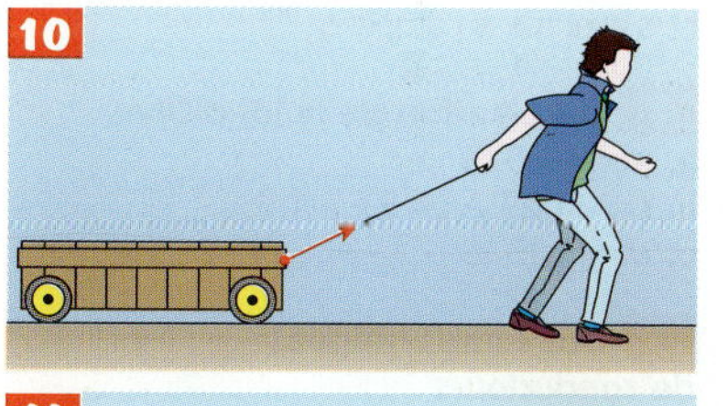

12 La mesure du poids
La pesanteur est de 9,83 N/kg. Le dynamomètre pouvait se trouver au pôle Nord.

13 L'équilibre d'un lustre
L'ensemble lustre-câble est retenu par le plafond, attiré par la Terre et subit la poussée de l'air. Ce sont des forces verticales, dont

Corrigés des exercices

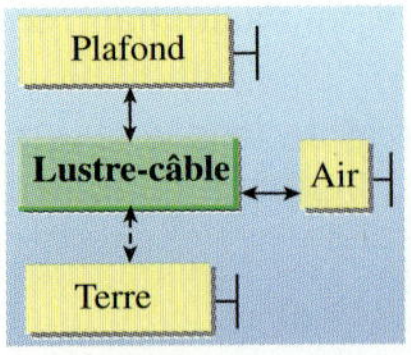

deux sont dirigées vers le haut, la troisième vers le bas. Si on néglige la poussée de l'air, la force exercée par le plafond et le poids se compensent et ont la même valeur : $P = F_{\text{plafond/lustre}}$ = 22,5 N.

14 La chute freinée
L'homme subit l'action de la Terre verticale vers le bas et l'action de frottement du mât verticale vers le haut, ainsi que l'action de l'air qui est négligeable. Le poids a une valeur supérieure à celle de la force de frottement contre le mât.

CHAPITRE 9

1 L'unité de résistance
– ohm ; Ω.
– ohmmètre.
– 1 800 Ω.
– 30 Ω.
– 0,226 kΩ.
– 2 x 10^6 Ω.

2 La place d'une « résistance » dans un circuit
Les indications des ampèremètres seront identiques car la place d'une « résistance » n'a pas d'influence sur le circuit.

3 La loi d'Ohm
U est la tension aux bornes du conducteur et s'exprime en volt ; *R* est la résistance du conducteur et s'exprime en ohm ; *I* est l'intensité du courant qui traverse le conducteur et s'exprime en ampère.

4 L'application de la loi d'Ohm
a. *R* = 46,9 Ω.
b. *I* = 0,027 A ou 27 mA.
c. *U* = 7,05 V.

5 Des caractéristiques de conducteurs
1. La loi d'Ohm s'applique à ces deux conducteurs car leur caractéristique est une droite passant par l'origine des axes.
2. C'est le conducteur A qui a la plus grande résistance car pour une même tension entre les bornes de A et de B, il passe un courant d'intensité plus faible dans le conducteur A que dans le conducteur B.

6 La caractéristique d'un conducteur ohmique
Ce résultat est faux car Béatrice n'a pas converti l'intensité en ampère. La bonne valeur est *R* = 2/0,002 = 1000 Ω ou 1 kΩ.

La valeur d'une résistance

7 1. Hugo a raison.
2. La valeur de 146 Ω est conforme à la détermination par le code des couleurs.

8 1. Entre (68 – 3,4) Ω et (68 + 3,4) Ω, soit entre 64,6 Ω et 71,4 Ω.
2. Entre (68 – 6,8) Ω et (68 + 6,8) Ω, soit entre 61,2 Ω et 74,8 Ω.

9 Marron, noir et rouge.

10 La résistance des matériaux
a. FAUX ; **b.** VRAI ; **c.** FAUX ; **d.** FAUX.

CHAPITRE 10

1 La tension continue, la tension alternative
a. *constante* ; **b.** *variable* ; **c.** *secondes* ; **d.** *hertz* ; **e.** *ne conserve pas.*

2 Les variations de certaines tensions
Jean a raison car l'oscillogramme est une droite horizontale.
Sylvie a tort car la tension n'est pas alternative. Elle est toujours positive.

3 Une étude d'oscillogrammes

Oscillogrammes	A	B	C
La tension est-elle continue ? Oui-Non	Oui	Non	Non
La tension est-elle alternative ? Oui-Non	Non	Oui	Non
La tension est-elle périodique ? Oui-Non	Non	Oui	Oui

4 Des mesures sur un oscillogramme
1. Pour la période, on peut utiliser les couples de points (A ; I) ou (C ; J). Pour la valeur maximale, on prend les couples (E ; D) ou (E ; F).
2. U_{max} = 5 V.
3. *T* = 8 ms ; *f* = 125 Hz.

5 La période, la fréquence
a. *T* = 0,02 s ; **b.** *f* = 0,1 Hz.

La tension maximale, la tension efficace

6 a. *maximale* ; **b.** *plus petite* ; **c.** *efficace.*

7 U_{max}= 325 V.

8 C'est Hugo qui a raison car la valeur efficace de la tension est toujours inférieure à la valeur maximale.

CHAPITRE 11

1 L'alternateur et le transformateur
a. FAUX. Un alternateur produit une tension alternative.
b. VRAI.
c. VRAI.
d. FAUX. Un transformateur ne modifie pas la fréquence de la tension.
e. VRAI.

2 La production d'une tension alternative
Il faut donner à l'aimant un mouvement de va-et-vient c'est-à-dire : avancer vers la bobine puis reculer et ainsi de suite.

Les transformateurs

3 1. 230 V est la tension que l'on peut appliquer aux bornes du primaire ; 12 V est la tension obtenue aux bornes du secondaire.
2. Ce transformateur est abaisseur de tension.
3. *Q* = 12/230 = 0,05.

4 1.

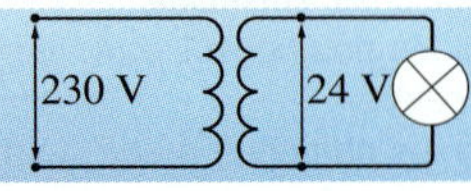

2. 24 V.
3. Sous une tension alternative.
4. Le rapport de transformation est de 0,1.

5 1. Le transformateur de rapport Q_2 = 1/2.
2. Ce montage convient car le premier transformateur fait passer de 12 V à 3 V, le second de 3 V à 6 V.

L'action des diodes sur le courant alternatif

6 L'oscillogramme O_2 correspond au montage M_1. L'oscillogramme O_1 correspond au montage M_2 et O_3 à M_3.

7

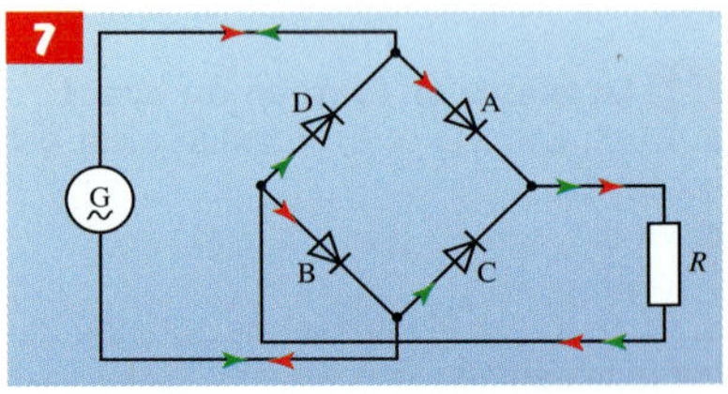

CHAPITRE 12

1 Les fils de l'installation électrique
La bonne réponse est : **b.**

2 La tension et l'intensité dans une installation électrique
a. FAUX. Entre la borne de phase et la borne neutre, il existe une tension alternative de tension efficace de 230 V.
b. FAUX. La tension reste pratiquement constante quel que soit le nombre d'appareils branchés sur une prise.
c. VRAI.

3 La protection de l'installation
Si les lampes fonctionnaient en même temps, l'intensité du courant dans le circuit d'éclairage serait égale à :
0,26 x 10 + 0,43 x 10 = 6,9 A.
Comme le fusible supporte 10 A, les lampes peuvent toutes fonctionner en même temps.

4 La sécurité des personnes
a. Non, la sécurité n'est pas assurée car il faut également un disjoncteur différentiel sur la ligne.
b. Non, la sécurité n'est pas assurée car il faut des mises à la terre en plus du disjoncteur. En outre, ce disjoncteur ne coupera le courant que si le courant de fuite a une intensité égale ou supérieure à 400 mA. Or cette intensité est dangereuse pour un être humain.

5 Les dangers du courant électrique
1. On risque une surintensité dans les fils de la prise. Le fusible coupera le courant ou il y aura échauffement des fils si la ligne est mal protégée.
2. Dans le cas où il enfonce la tige dans la borne de phase.

CHAPITRE 13

1 La puissance et l'énergie
a. *puissance*; **b.** *de puissance*; **c.** *0,4 A*; **d.** *kilowatt.heure*; **e.** *1000 W.h.*

2 La puissance de quelques appareils
La puissance de la cafetière est de 825 W, celle de la lampe à incandescence de 60 W et celle du radiateur électrique de 2 kW.

3 La puissance d'un fer à repasser
La puissance du fer à repasser est de l'ordre de 1200 W, le produit de 230 par 5,3 donnant un résultat très proche.

4 L'intensité dans un appareil
Dans la lampe de chevet :
$I = 40/230 = 0{,}17$ A.
Dans la cafetière : $I = 825/230 = 3{,}58$ A.
Dans le chauffe-eau :
$I = 2200/230 = 9{,}56$ A.

5 Les fusibles
1. Le fusible de 16 A n'est pas adapté au radiateur de 4 kW car l'intensité du courant dans le radiateur est de 17,4 A. Par contre, les autres fusibles sont bien adaptés : l'intensité du courant dans le fer à repasser est de 5,2 A ; de 10 A dans le lave- linge ; de 0,3 A dans la lampe.
2. Une des lignes avec un fusible de 25 A serait adaptée au radiateur.

La puissance de lampes de bicyclette

6 **1.** $P = 6 \times 0{,}4 = 2{,}4$ W.
2. $E = 2{,}4 \times 600 = 1440$ J
ou $E = 2{,}4 \times 1/6 = 0{,}4$ Wh.

7 L_4 (0,6 W) ; L_3 et L_6 (1,8 W) ; L_2 et L_5 (2,4 W) ; L_1 (6 W).

8 L'énergie électrique
Le téléviseur : 400 Wh ; le fer à repasser : 600 Wh ; la lampe : 750 Wh.

9 Une facture d'électricité
1. La puissance souscrite est de 6 kW.
2. L'énergie utilisée est de 1393 kWh.
3. La durée de fonctionnement est de 1393/6 = 232,17 h ou 232 h et 10 min.
Par mois, la durée moyenne d'utilisation est de 232,17/6 = 38,7 h ou 38 h et 42 min.
4. Le prix de revient hors taxes du kWh est : (163,92 + 743,72) / 1393 = 0,65 F.
5. L'énergie utilisée pour l'éclairage du bureau est : $E = 0{,}060 \times 60 = 3{,}6$ kWh.
La somme hors taxe dépensée pour cet éclairage est : 0,65 x 3,6 = 2,34 F.

CHAPITRE 14

1 Reconnaître une lentille

Schémas	C'est une lentille	C'est une lentille convergente	C'est une lentille divergente
	FAUX	FAUX	FAUX
	VRAI	FAUX	VRAI
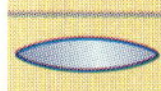	VRAI	VRAI	FAUX

2 Une lentille convergente et une lentille divergente
La lentille convergente est L_2.
La lentille divergente est L_1.

3 Une lentille convergente
a. FAUX. Une lentille convergente est moins épaisse sur les bords qu'au centre.
b. VRAI.
c. VRAI.
d. FAUX. L'image n'est plus grande que l'objet que si l'objet se situe à une distance de la lentille comprise entre une et deux fois la distance focale.
e. VRAI.

4 Les caractéristiques d'une lentille convergente

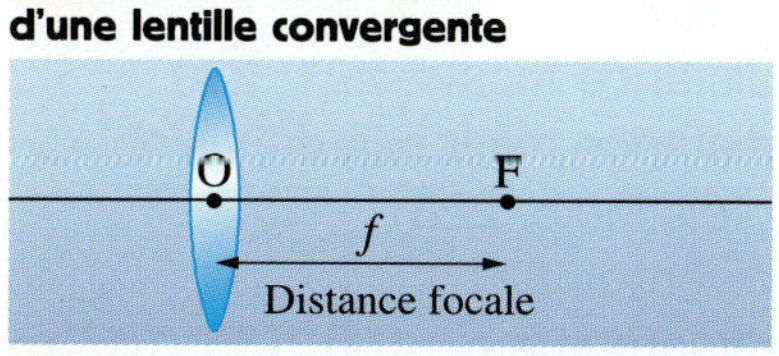

5 Des lentilles plus ou moins convergentes
1. La lentille L_1 est la plus convergente car la source lumineuse S étant située à la même distance de chaque lentille, la distance « L_1-image de S par L_1 » est plus petite que la distance « L_2-image de S par L_2 ».
2. C'est la lentille L_1, la plus convergente, qui a la plus courte distance focale.

6 L'image sur un écran
Les bonnes réponses sont **1.a.**, **2.b.**, **3.c.**

7 Un cache sur une lentille
1.
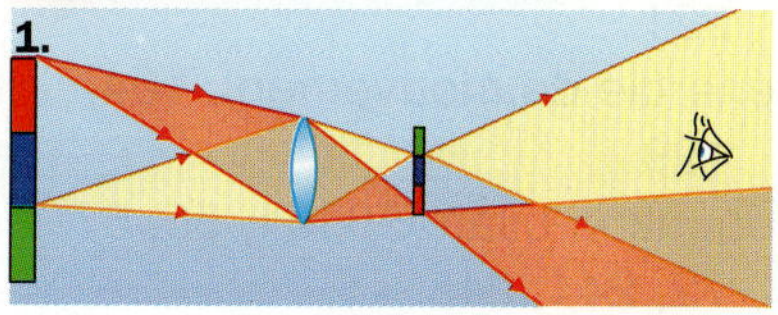

2.
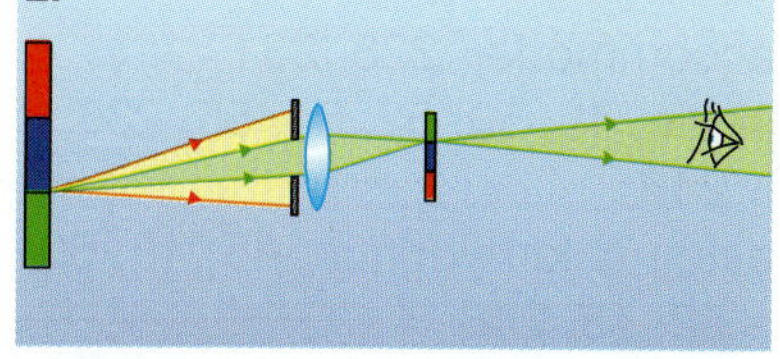

La présence d'un diaphragme devant la lentille a pour conséquence de diminuer la luminosité de l'image.

8 Dans tous les cas où on place une pastille sur la lentille, seule la luminosité de l'image sera modifiée par rapport à la situation initiale mais la netteté reste la même.
Dans le cas du diaphragme, la luminosité de l'image dépendra du diamètre de l'ouverture du diaphragme.

9 Le projecteur de diapositives
a. FAUX. La diapositive est l'objet.
b. VRAI.
c. FAUX. L'image est plus grande que l'objet.
d. FAUX. C'est la diapositive qui est l'objet pour l'objectif.

10 L'œil
a. L'iris joue le rôle de diaphragme.
b. L'ensemble formé de la cornée, de l'humeur aqueuse, du cristallin et de l'humeur vitrée joue le rôle d'une lentille convergente.
c. Les muscles ciliaires modifient la courbure du cristallin.
d. La rétine joue le rôle d'écran ; elle transforme le message lumineux en un message nerveux.

11 Les défauts de l'œil
1. Le cas **a** est celui d'un œil hypermétrope ; le cas **b** celui d'un œil normal ; le cas **c** celui d'un œil myope.
2. Dans le cas **a**, on corrige avec une lentille convergente ; dans le cas **c**, on corrige avec une lentille divergente.

3.
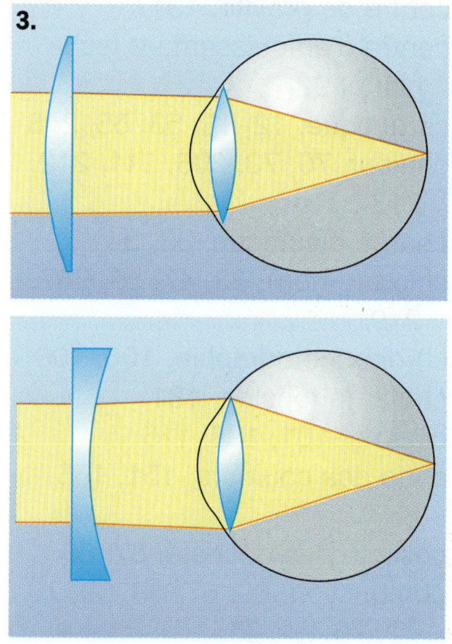

Index

Crédits photographiques

P. 10 : John P. Kelly/Image Bank • P. 11 (h) : Daudier/Jerrican • P. 11 (b) : M. Bührer/Cosmos • P. 12 (a) : Treal/Ruiz/Hoa Qui • P. 12 (b) : C. Valentin/Hoa Qui • P. 12 (c) : G. Gay/ Image Bank • P. 12 (d) : C. Valentin/Hoa Qui • P. 12 (e) : PhotoDisc • P. 22 (bg) : L. Castaneda/Image Bank • P. 22 (bd) : A. Ernoult/Image Bank • P. 23 (h) : Laude/Liaison/Gamma • P. 23 (bg) : M. Gunther/Bios • P. 23 (bd) : Pono Press International/Gamma • P. 24 (hg) A. Pasieka/SPL/Cosmos • P. 24 (hd) : N. Bariand • P. 24 (bg) : J. Fox/SPL/Cosmos • P. 24 (bd) : G. Tompkinson/SPL/Cosmos • P. 25 (h) : Photodisc • P. 25 (bg) : Keystone • P. 25 (m) : Gillette • P. 25 (bd) : NASA/SPL/Cosmos • P. 26 (h) : D. Clément/Explorer • P. 27 (h) : J. Smith/Image Bank • P. 27 (b) : Bramaz/Jerrican • P. 28 (g) : J.-L. Charmet/Explorer • P. 28 (d) : Mary Evans/Explorer • P. 29 (a) : Roger Viollet • P. 29 (b) : Roger Viollet • P. 59 (h) B. Lundberg/Bios • P. 59 (b) : S. Fraser/SPL/Cosmos • P. 60 (h) : G. Simeone/Diaf • P. 60 (b) : Matra • P. 61 (h) : B. Belly/Diaf • P. 61 (bg) : J. Ch. Gérard/Diaf • P. 64 : L. Bœgly/Archipress • P. 65 (h) : L. Isy-Schvart/Image Bank • P. 65 (b) : J.-L. Aubert • P. 69 : Vioujard/Gamma • P. 70 (hg) : e.l.m. Leblanc • P. 70 (hd) : Ph. Pons/Renault communication • P. 70 (b) : P. Aventurier/Gamma • P. 75 : A. Wolf/Hoa Qui • P. 76 : M. Garnier/Hoa Qui • P. 78 : S. Barbosa/Image Bank • P. 79 (h) : Ifa-Bilderteam/Diaf • P. 79 (m) : IFREMER • P. 79 (b) : J.-M. Labat/Y. Lanceau/Phone • P. 80 (h) J. Azel/Aurora/Cosmos • P. 80 (bg) : M. Ascani/Hoa Qui • P. 80 (bd) : Mura/Jerrican • P. 81 (h) : Agence PETER PEN pour le Groupe ACCOR - Auteurs : E411-FAUCHE-ADAM • P. 81 (bg) : J. Azel/Aurora/Cosmos • P. 81 (bd) : CIERA-SOLLAC • P. 84 (h) : Agence PETER PEN pour le Groupe ACCOR - Auteurs : E411-FAUCHE-ADAM • P. 84 (bg) : S. Demaud/Patagonia • P. 84 (bd) : Moschetti/Rea • P. 85 (hg) : M. Nascimento/Rea • P. 85 (hd) : S. Achernar/Image Bank • P. 85 (b) : D. Joubert/Rea • P. 86 (h) : Thomas/Sunset • P. 86 (b) : A. Soldeville/Rapho • P. 87 (h) : F. Brunel/Plastic Omnium • P. 87 (b) : Lerosey/Jerrican • P. 88 (h) : Saint-Gobain Emballage • P. 88 (b) : M. Jolyot/Rea • P. 89 (h) : F. Gibson/Bios • P. 89 (m) : Leimdorfer/Rea • P. 89 (b) : Jolyot/Rea • P. 90 (h) : D. Ansart/97-Photothèque Usinor • P. 90 (m) : L. Veiga/Image Bank • P. 90 (b) : Rosenfeld Images LTD/SPL/Cosmos • P. 91 (h) : J.-P. Silighini/Photothèque Unimetal • P. 91 (b) : Fuste-Raga/Jerrican • P. 93 (h) : D. Scharf/SPL/Cosmos • P. 93 (b) : A. Felix/Masai • P. 94-95 : R. Price/Westlight/Cosmos • P. 96 (h) : Elderfield/Liaison/Gamma • P. 96 (b) : Iundt-Rruszniewski TempSport • P. 97 : A. Le Bot/Gamma • P. 101 : AKG Photo • P. 114 (de haut en bas) : J.-M. Labat/Phone - J.-P. Ferrero/J.-M. Labat/Phone - Photo SNCF-CAV-Jean-Jacques d'Angelo - A. Ernoult/Ernoult Features/Image Bank - Ch. O'Rear/Cosmos • P. 115 (g) : AKG Paris • P. 115 (d) : Roger Viollet • P. 116 : E. Brenckle/Explorer • P. 117 : Digital Vision • P. 117 (bg) : AKG Paris • P. 118 : NASA/SPL/Cosmos • P. 125 (h) : Rev. Ronald Royer/SPL/Cosmos • P. 125 (bg) : Los Alamos National Laboratory/SPL/Cosmos • P. 125 (bd) : Wellcome Dept. of Cognitive Neurology/SPL/Cosmos • P. 126 (g) : Vandystadt • P. 126 (d) : Vandystadt • P. 127 (h) : NASA/SPL/Cosmos • P. 127 (b) : G. Rufino/DOT/Cosmos • P. 129 : Vandystadt • P. 138 (g) : St. Kempinaire/Vandystadt • P. 138 (d) : G. Vandystadt/Vandystadt • P. 142 (h) : J. Yeats/SPL/Cosmos • P. 142 (b) : Photothèque EDF • P. 143 (hg) : A. Ernoult/Ernoult Features/Image Bank • P. 143 (hd) : Ph. Gontier/Eurelios • P. 143 (b) : R. Martin • P. 160 : Lerosey/Jerrican • P. 161 (hg) : H. Raguet/Phanie • P. 176 : St. Saubitzer/Médiathèque EDF • P. 177 (h) : C. Caroly/Médiathèque EDF • P. 189 (h) : M. Kage/SPL/Cosmos • P. 189 (b) : Pagnotta da Fonseca/Cosmos • P. 190 : Gable/Jerrican • P. 204 : Sittler/Jerrican • P. 205 (h) : Gordons/Jerrican • P. 205 (b) : M. Morceau/Médiathèque EDF • P. 207 : Photo SNCF-CAV-Jean-Jacques d'Angelo • P. 209 (b) : Gibault/Jerrican • P. 212 : Gibault/Jerrican • P. 216 : OSRAM • P. 218 (h) : C. Ehlers/International ST/Cosmos • P. 218 (b) : M. Baret/Rapho • P. 219 (h) : Musée des arts et métiers/Photo Studio Cnam/CNAM, Paris • P. 219 (b) : M. Dohrn/SPL/Cosmos • P. 228 : Jeulin.

Photos non référencées : **Christophe MICHEL/Paxal Image**
Couverture : **RAMPAZZO**
Schémas : **Laurent BLONDEL/Corédoc**
Illustrateur : **FINZO**
Iconographie : **Marie-France NASLEDNIKOV**
Rédaction des pages Document et Magazine : **Anna HURWIC**

Nous remercions Madame Caby, professeur au collège Hélène Boucher, Paris 20e, pour sa participation.
Nous remercions également Monsieur Guille, Proviseur du lycée Stendhal de Grenoble pour son accueil lors de la réalisation des photos d'expérience, ainsi que le collège Fernand Léger de Saint-Martin d'Hères et la société Physique Plus (Vénissieux) pour l'aide matérielle qu'ils nous ont apportée.

Achevé d'imprimer en Mai 1999
par Maury-Imprimeur S. A. - 45330 Malesherbes
N° d'imprimeur : C99/70516
N° d'éditeur : 2465-02
Dépôt légal : mai 1999
ISBN : 2701124654
"Cet ouvrage est imprimé sur papier mince 60 g."

QUELQUES PUISSANCES DE 10

Préfixe	giga	méga	kilo	milli	micro	nano
Symbole	G	M	k	m	µ	n
Valeur	10^9	10^6	10^3	10^{-3}	10^{-6}	10^{-9}

UNITÉS

Grandeurs	Unités	Symboles	Autres unités et conversions
Longueur	mètre	m	
Surface	mètre carré	m^2	
Volume	mètre cube	m^3	litre (L) $1\ L = 1\ dm^3 = 10^{-3}\ m^3$
Temps	seconde	s	heure (h) minute (min) 1 h = 3600 s 1 min = 60 s
Vitesse	mètre par seconde kilomètre par heure	m/s ou $m.s^{-1}$ km/h ou $km.h^{-1}$	1 m/s= 3,6 km/h
Masse	kilogramme	kg	tonne (t) 1 t = 1000 kg
Force	newton	N	
Intensité	ampère	A	
Tension	volt	V	
Résistance	ohm	Ω	
Fréquence	hertz	Hz	
Puissance	watt	W	
Énergie	joule watt.heure	J Wh	1 Wh = 3600 J